资本无界
道通天下

杨光玉◎著

CAPITAL
UNBOUNDED
TAOISM INFINITE

中国经济出版社
CHINA ECONOMIC PUBLISHING HOUSE
北 京

图书在版编目（CIP）数据

资本无界 道通天下/杨光玉著．
—北京：中国经济出版社，2018.8
ISBN 978－7－5136－5112－7

Ⅰ.①资… Ⅱ.①杨… Ⅲ.①道家—应用—企业管理—研究 Ⅳ.①F272

中国版本图书馆 CIP 数据核字（2018）第 044278 号

责任编辑　宋庆万
责任印制　巢新强
封面设计　华子图文设计公司

出版发行　中国经济出版社
印 刷 者　北京力信诚印刷有限公司
经 销 者　各地新华书店
开　　本　710mm×1000mm　1/16
印　　张　21
字　　数　300 千字
版　　次　2018 年 8 月第 1 版
印　　次　2018 年 8 月第 1 次
定　　价　58.00 元
广告经营许可证　京西工商广字第 8179 号

中国经济出版社 **网址** www.economyph.com **社址** 北京市西城区百万庄北街 3 号 **邮编** 100037
本版图书如存在印装质量问题，请与本社发行中心联系调换（联系电话：010－68330607）

前言

我生于中原大地与齐鲁大地的交汇处，这里是华夏文明的发源地与繁衍腹地，老子、墨子、孔子、孟子、庄子、孙子等思想家皆诞生于此，这里自古以来也是中华群雄逐鹿的要塞所在。诸子思想在这里交汇、冲击、植根、繁衍……汇聚成道或非道的执念。到了近现代，在战乱和西方工业文明的冲击下，华夏文化呈现出碎片化的迹象。泱泱数亿人，承载历史巨变下的文明执念，并在纠缠的灵魂之间疗愈、觉醒和超越。我历经市场经济的洗礼和全球人文社科的熏陶，然而灵魂深处仍是中原文明的颜色，试图将所感受到的不同文化氛围融汇成一个完整的文明版图，于是便有了此书。

幼时对我影响最大的是奶奶。对人生的热爱、对亲友的热爱，让她始终生活在自我实现的人生状态中直达95岁高龄。现在回想起来，正是奶奶的自尊、自爱、自强、慎独以及由内而发的情义成为我人生最初的精神源头。奶奶的人缘甚好。我出生时受到百般宠爱，童年时期吃百家饭，这是我此后人生旅途中充沛的情感根基。我幼时受到鼓励的“自我实现意志”，开启了直面自我的文化本能。此后无论任何境遇，我都能坚持知行合一，凭内心深处的直觉去学习、工作、生活。自小直面自我的习惯，符合“致知格物”的原则，因此更能客观地看待万事万物，更能理解和学习到万事万物的规律。从小学到博士，我能在保证完成学业的同时做兼职、交朋友、玩网游、创业……人若能以空灵的思维框架接纳古今中外的思想文化，便能在求学路上和创业路上如鱼得水。我曾一度以为，众人皆如此，以自我天赋之最大能量融入全人类文明的演进中去。然而当我经历得越多，就越是发现：得道的自我实现者只是极少数，绝大多数人并没有足够的幸运能充分地释放自我的才华与能量。一次次地，我被卷入群体的灵魂纠缠中，在文化本能的袭击下，任何人都无法独善其身。我与他们一起，或囿于江湖，或耽于名利，或纠于情思……人性被饰掩，创造力备受压抑，资本效能被扭曲。研究这一切的原因，我从高校所学到的课程，以及从经济、企业管理等社科研究文献中不能获得足够的知识。我过去所做的关于经济、资本、管理的研究，面对实践，不过是空中楼阁。第一次，我尝试从文化的层面进行对资本的探究，于是便有了此书。

出于对数字的敏感，我从小对增长、博弈、流转等演变过程很是感兴趣；直至学习金融学和经济学，发现用数学模型来解析市场经济的种种现象实在是乐趣无穷。金融系统工程和博弈论不仅仅限于解析，在预测方面也发挥着重要的工具性作用；更重要的是，博弈论在传统社科分析框架基础上纳入动态演变分析方法，为资本研究提供了极佳的分析思路，将历史、文化、制度等非市场因素纳入经济学、金融学、管理学等规范分析范畴内。资本市场，严格来说，是一个以物理客观规律和人性博弈为基础的高维度世界，这个高维度世界最基本的符号单位便是数字，在这些跳动的数字背后，全是人性使然，而人性最终反映在文学艺术、哲学和神学上。每一门课程和学科，甚至每一个学者的思想，其实都是相对独立的体系——亚当·斯密的市场经济学是以人性自私论和分工产生效率为基点的体系；凯恩斯的宏观经济学是以整体效益最大化为基点的市场经济体系；马克思的资本论是以人的平等公正为基点的政治经济学。从横截面比较来看，这些思想体系相互冲突，当我们了解他们的思想理念的时候，如果不切换到思想者所在的历史社会背景，便难以理解个中真义；一旦切换到特定的历史社会背景，就更容易从体验的角度理解他们的思想理念。从资本的萌芽到资本制度体系的建立，直到如今全球资本争夺战，我将之与当时当地人们个体与群体的思想信念相对应。当与群体思想信念相对应的时候，人文艺术有着重要作用。人文艺术既跨越时空又紧密贴合时代，是非理性意识形态的外在表现。我热衷于对思想的探究，也陶醉于人文艺术的魅力。当将社科与人文艺术相对应的时候，会得出一种新的理论体系，而我有这样的机会和条件进行这项工作，经过无数个敲击键盘的日子，于是便有了此书。

在创办企业进行资本管理的过程中，我对资本有了更深入的感悟。投资成功与否，看似与创新技术、管理技术、品牌价值等企业要素相关，实际上更取决于人及其所秉持的信念。当人得道时，一个企业便能攻克技术难关、维护和提高品牌声誉、积累资金实力。而人的根本差异，取决于他所在的群体文化。不同的群体文化滋养不同的人才素养，越是得道的群体文化，其包容能力越强，越能自强不息、厚德载物、继往开来。在求学历程中，我接触到很多拥有济世情怀的名人学者；在创办公司进行资本管理的实践过程中，我接触到很多勇于开拓的真性情企业家。与他们深入接触，能真切地感受到他们强烈的自爱、自强、自律精神，以及由内而外的、强大的阳光能量。追寻这种阳光能量的来源，无论是自强不息的乾意志，还是厚德载物的坤情怀，都有着特定的代际传承的文化信仰和因果效应；而文化信仰和因果效应既可以焕发出生命强大的创造能量，也可消沉生命意志，将某些个体及其所在的群体卷入灰暗的处境。你以为世界是平的，但事实上世界终究是垂直的。你的根深蒂固的价值观，取决于你的父母、你的原生家庭、你所在的社会群体。追寻不同的人生轨迹，回顾不同的历史时期和人文著作，能探寻到这种文化信仰与因果效应中的蛛丝马迹，从而探寻出人类个体和群体幸福强大的文化基因。

前半生，受环境和自我能力所限，我通过迁就与周围环境达成和谐的统一，同理心让我能理解亲友和我所在的群体，我能读懂他人潜意识下或畏惧、或软弱、或霸凌的暗语；不知道从何时起，我发现自强不息的生命意志不仅仅是天生的，还可以唤醒和激发。从宏观经济到微观企业直至人的思想信念，都有着千丝万缕的关联，这种关联随着时间动态演化，人的思想信念甚至大脑神经都有着高度的可塑性；利用这种可塑性，借助于文学艺术，回归初心道念，激活生命能量，能产生强大的创造力与凝聚力，从而充分发挥市场经济的效能，实现资本的更新迭代与增值。人本性弘扬与资本增值，事实上是相互肯定、螺旋上升的过程。从这个角度而言，人的根本信念无非两种：一种是否认这种可塑性的自我欺骗与迷惑，可统称为弱势文化；另一种是肯定这种可塑性的自我成长、革新与超越，可统称为强势文化。前者是自我设限的，后者是无限可能的。前者是市场经济的枷锁；后者是市场经济的原动力，是生命成长繁衍、人类进化的原动力。

市场经济与独立、自由、民主、开放的思想观念相辅相成，这种相互作用力正是道家思想在当代社会的回响。道家的天人合一实际上是从心出发、实现人与自然合一，是达成个人与群体福利最大化的市场经济之源。现代社会分工日益细化，学科沟壑日益深邃，从而形成了不同的思维框架，唯有“天下兼相爱则治，交相恶则乱”。兼爱可以将不同思维框架之间的沟壑填满，从而更大程度地实现学科间、人文间、群体间的融汇交流。“兼相爱，交相利”，是现代市场经济的真实写照，是构建“不净”的、开放社会的现代法则。资本的利润成于合作、源于创造，而拥有道性的兼爱者更容易产生创造力与合作精神，市场经济制度为之提供了保障。但道性事实上是一个非常感性的词，受文化本能控制，大多数人很难持续地保持着天人合一的巅峰体验，从而抑制了自我的创造效能。万千理论思想，也无法让世人觉醒，而借助于文艺，却往往能取得惊人的效果；单凭文艺，又容易让人沿着文化本能进一步强化其人性中的软弱面或攻击面的非道执念。理性与非理性，大多时候是矛盾的，但在道念心学的基础上，却是统一的。破解文化本能的禁锢，逆转人性创造力的奇点，打开一个无限可能的未来世界，资本是“兼相爱，交相利”的纽带。

马克思的资本理论和亚当·斯密的市场理论，是将人本性与宏观经济联系起来的、经典的综合之作，其写作背景都是第一次世界大战之前的欧洲社会，此后的著作大多是对此两种体系的发展和深化，是用现代语言和制度符号对此进行更具象的陈述，但大多跳不出非左即右的框架。1945年，哲学家卡尔·波普尔的代表作《开放社会及其敌人》出版，作者属于少数派，但却也是西方社会20世纪最伟大的哲学家之一，他的学说并不容易被大多数学者们理解和接受，却获得了爱因斯坦、薛定谔、波尔、莫纳德、艾克里斯等具有杰出成就的学者们的支持。他的著作所透露的深刻洞见挑战了当时认知的极限，直到今天，仍是社会科学领域研究的前沿阵地。从体系出发点来看，马克思、亚当·斯密、卡尔·波普尔三者的思想相互排斥和冲突，而笔者却感受到他们思想的一致性和协调性，通过运用当代自然科学、社会科学和思维科学将他们的学说连贯起来，将产生一种全新的观点，此书正是这种新观点的详细论述。

在《开放社会及其敌人》中，第一章重点论述的是赫拉克利特的思想。赫拉克利特的名言“人不能两次踏入同一条河流”为我们所熟知，他是辩证法的奠基者。同时期的东方，出现了一个与他经历和结局都类似的学者——老子，他们同样出生于世家，历经变革洗礼，最终归隐。老子留下 5000 字的《道德经》，是中国辩证法思想的源头。然而当今之世，真正懂老子之人极少；事实上，弗洛伊德的潜意识理论、荣格的情结理论对应着《道德经》思想和八卦思想，以《道德经》推演现代资本市场经济制度，堪称完美体系。用本书理论重新翻译和解读《道德经》，会得出另一种意境。现代分工日益细化，而只有打破分工界限，才能避免陷入“只见树木，不见森林”的自我设限境地。这正是诸如《道德经》《开放社会及其敌人》的哲理书籍之意义所在。我们需要知识的统合，本书正是基于 21 世纪社科理论及 21 世纪之前的人文历史的一个尝试。

作为资本的管理者，我关注企业的成长发展，关注企业间的竞争，关注企业的社会责任与品牌声誉，更关注企业的生态环境——制度环境、市场环境、创新环境、人文环境。研究资本利润之本质——资本增值与消耗的根本区别，就在于资本管理者到底是悦纳变化的还是拒绝变化的。资本要不断地去创新，创新过程存在着风险，所以资本的回报是承担风险的报酬，是创新的报酬，是拥抱变化的报酬，是承受不确定性的报酬，是一往无前首当其冲勇敢者的报酬。核心在于追求变，不变的资本是没有生命力的。但承认和接纳这种变，是哲学思想上的根本逆转，传统所流行和推广的莫不是基于“恒”的信念而得以盛行的，满足了人类的确定性心理需求。这种文化强调权威、知不知、灌输学习，是隔离本我用超我引领自我的思想；但道家心学，强调的是可知、不断体验、探究式学习，是肯定本我意志的生命成长力量，因此能激发人们的创新探究精神。“道可道，非恒道。”基于“恒”的信念满足了人类追求确定性的心理需求，纵容了人类软弱懒散的劣根性，从而形成依赖强者的道德、期望破格获取的文化，也是期望救主的弱势文化。而强势文化遵循事物发展规律，悦纳变化和矛盾冲突，不断推陈出新，自我蜕变，富有生命力。强势文化更强调真、成长性、发展性的普世价值观，具体而言就是以兼爱、独立、自由、平等为基础的市场经济制度。这种弱势文化要素，在资本面前无所遁形。只有强势文化才能滋养出企业家精神，企业家精神的暗语是，“我很努力很强大，我希望你也和我一样”。弱势文化只会滋养出权势主义，权势主义的暗语是，“我很努力很强大，我希望你依附我”。强势文化中的个体是自我实现的，也希望他者自我实现，是群龙无首的状态。弱势文化是通过牺牲大多数人的自我实现成就少数人自我实现的文化。在人本性觉醒的时代，任何试图削弱他者的自我实现意志的意志都是毫无出路的，必然会导致矛盾冲突不断。我们强调企业家精神，也需要企业家精神，但企业家精神除了企业家本人强烈的自我实现意志，还在于他肯定、接纳和激发他者自我实现的能力与意愿。有人这样说：“任何团队的核心骨干，都必须学会在没有鼓励，没有认可，没有帮助，没有理解，没有宽容，没有退路，只有压力的情况下，一起和团队获得胜利。成功，只有一个定义，就是对结果负责。如果你靠别人的鼓励才能发光，你最多算个灯泡。我们必须成为发动机，去影响其他人发光，你自然就是核心！”这段话是企业家激励管理者自我实现意志的一个很好的诠释。然而本书无意书写一些励志的鸡汤文，本书的目的在于通过对资本本质的解剖——通过对资本利润的追寻，通过对资本管理者和企业家精神特质的解剖，揭开资本精神、企业家精神的核心文化基因，并且详细地分析哪种文化本能阻碍了这种资本精神、企业家精神的萌芽、成长。当考虑到资本精神、企业家精神的成长文化基因时，这又涉及认知心理学、脑科学、演变经济学等领域。

在弗洛伊德和尼采之前，人类的自我认知是非常有限的。弗洛伊德和尼采之后，人类进入潜意识研究领域，伴随着脑扫描等技术的普及，认知心理学、发展心理学、脑神经科学等极大发展，开启了真正战胜自我的文化思潮。其实这种思潮早在2000多年之前的古中国和古希腊时期就已经为智者们所认知，代表性人物便是老子和赫拉克利特。此后，欧洲国家走上了神学统治道路，中国走上了儒学统治道路，阻止了这种思潮的推广繁荣。过去2000多年历史中，尽管很多时候道家并未成为主流，甚至在儒佛的主导下被曲解，但道家思想作为文化形态之一从未停止发展演变，内化为民族魂的一部分。正因为如此，到了近现代，面临西方坚船利炮之时，国人能在极短时间之内以自强自主的方式觉醒和解放，又能以开放的姿态追上全球科技工业的发展水平。对于大多数人而言，我国的市场经济思想、独立自由民主思想是从欧美传来的，从某种意义上来说，是外迫接纳而非内在矛盾发展的结果。过去40年的文化环境和内外经济、技术环境决定了当时的社会是一个只需要努力学习就能不断进步的社会，所以我们能用40年追上欧美社会发展了300多年的工业科技水平。未来，在全球资本竞争中，唯有创新才能领先全球。创新需要继承前提下的颠覆与超越，超越之精神依赖强烈的自我实现，自我实现的根源在于自爱爱人的本能道性的激活。道家学派的根本在于向内求，通过自我修炼达成天人合一的境界，是从最微观的量子力学到最宏观的宇宙法则的哲学表述；用现代语言来理解，其实就是认知心理学、脑神经科学、市场经济学、演变经济学、开放社会价值观等学科的综合。道性心学，既简又深，存在于每一个人、每一个群体的潜意识深处，却又被深深隔离。道学式微2000多年，沿着来时的路，一点点唤醒、体验、面对、战胜，最终超越，才能达成强大的自我——无论是对于个体还是群体。

本书以人的三大本能动机为基础构建起了一种独特的资本理论体系。这个资本理论体系是基于哲学的思考而衍生出来的，是自洽完满社会的一种尝试。通过对资本本质、资本利润源的探究，揭示了市场经济下创造力的源泉，以及创造力达成的社会原则——与群体共振、引领时代发展。如此，资本管理者需要最大限度地整合当前人文科技的成果，通过严格的自律，进行再创造与超越，在这个过程中实现财富的增长与流转。与过往注重分工的市场经济分析框架不同，本书更侧重于整合和创新在资本中的作用。我认为，正是科技的高度融合和人性的兼爱产生了创新力、领导力、合作力，从而带来资本增长，促进社会进步，精益求精的分工只是资本网状思维中的一个维度。在资本的增长和流转过程中，自助者天助，得道多助，失道寡助。所以，打破界限，回复初心道念，摆脱非此即彼的思维框架，从个体最幽微的意念到全球化体系的运转，资本无界，道通天下。

我认同“知行合一”的理念，认为空谈误国、妄做殃民，本书实际上是在感受、学习、实践和反思基础上的总结。感谢我所经历和所拥有的一切，正是这些成就了我的思想理念。感谢给我启发的恩师同门，尤其要感谢徐印州教授和王海忠教授对我学术上的帮助，他们严谨的求学精神和济世情怀对我影响深远，但求余生尽力不负所望。感谢创业路上的兄弟们，感谢给我支持和信任的金融界、证券界的朋友们，感谢众多投资者、企业家的信任和支持，正是你们的信任和支持，才让我披荆斩棘、一往无前。感谢华尔资本的同人，愿流年不负，时光不悔，愿微笑依旧灿如夏花。另外，感谢审校此书的老师，此书出版前后历经一年多的时间，你们辛苦了！感谢我的家人，感谢所有的亲友，我爱你们，如同爱自己。

最后，感谢古今中外的思想者们——老子、墨子、王阳明、爱因斯坦、尼采、波普尔、丹尼尔、索罗斯、木心……年近四十，我能真切地体验到他们之情感意志并接纳他们的累累硕果。站在巨人的肩膀上，“执今之道，以知古始”。从本我出发，通过自强不息与厚德载物，直达超我，最终天人合一。真理在每一个具有自明能力的强者心中，但任何人都无法垄断真理。期待学者朋友们提出批评建议，期待学术辩论。波普尔有句名言：“也许你是对的而我是错的，但只有我们在一起，才更能接近真理。”但愿本书有超越之价值，也期望被更多学者们超越。

杨光玉

2018 年 3 月 18 日

序　言

市场经济的信仰

在人类历史上，学者们在分析历史发展成因的时候，往往会用冷冰冰的理性剖析一切。在当前主流的经济学、社会学中，都有着理性经济人的假设。人们相信，人类在做选择的时候都能以最经济、最理性的方式做出；人们相信，人类历史发展有着必然、清晰的脉络。于是，随着经济水平的发展，从原始社会到奴隶社会，再到封建社会、资本主义社会、社会主义社会、共产主义社会……人类似乎朝着理想国的样子一步步稳步前进。然而，生态环境日益恶化，在社会生活方面，全球价值观激烈冲突，开放网络充满暴力挑衅，每天睁开眼都面临着种种不确定性，人们费尽心思地去筹谋，疲于应对铺天盖地的海量信息，心灵鸡汤刷爆朋友圈也拯救不了那躁动不安的灵魂……试问：一个废寝忘食的现代人和一个中世纪的农民，哪个更幸福？高楼大厦的上班族、博古通今的学者、商海浮沉的企业主……有几个不为焦虑所困？

历史发展到今天，关于外界理性的探索一日千里，人类能发射火箭、制造核弹、遨游地球、探索深海，但对大脑里面的方寸之地以及由那方寸之地而引起的爱恨情仇、澎湃激情却千年难解。人类历史上，文明所到之处必然伴随着杀戮，上帝与撒旦如影随形，天使与恶魔总是同在。欧洲历史基本上就是一段围绕耶路撒冷的残酷宗教斗争史，人类以“上帝”的名义残杀同类，凶狠无情、惨绝人寰。中国历来尊儒重道，却每每盛极而衰，战乱纷争时期远多于和平时期……约3万年前，位于今天法国南部的一个山洞中，一名男子借助于闪着微光的油灯，在山洞的石壁上描绘了牛头人身的画像。无独有偶，1933年，大画家毕加索也创作了一幅与之相类似的画作——《牛头怪少女》。二人相隔3万年左右，令人惊讶的是他们却有着如此相似的作品。其实这并不奇怪，人类科技文明发展一日千里，但关于心灵之密码却形成于远古时代。从社会需求的人性动机而言，我们与古人并没有多大的区别。我们现在所感受的，我们由内而发的万千思想、爱恨情仇痴嗔怨念，在历史上都曾经有过，文化在探索人本性需求和文明发展之间的冲突中发展出不同的思想流派。古希腊的斯巴达人把儿童置于烈酒中，派青少年去屠杀奴隶以训练人们的铁血凶残；同是古希腊古城，雅典人将孩子置于自然中培养其身心灵性，将青少年送入军校培养其坚韧、自律的品性。斯巴达人相信武力意志是强大的标志，雅典人相信智慧才是力量所在，两城之间的千年战争史最后演变出象征和平与竞争的奥运精神。“人之初”到底是性本善还是性本恶？

其实，古往今来，初生婴儿的心灵地图都是一样的，都有着独立为自我和依恋为他人的本能。当他成长之时，他以父母对待他的方式对待世界，世界以他对待世界的方式对待他……人类社会文明演变史上，性本恶观与性本善观交替出现。斯巴达人凶猛无比，但希腊文明史上伟大的哲学家、演说家、文学家、艺术家中没有一个是斯巴达人，他们看不到世界的美；与斯巴达文化形成鲜明对比的是雅典文化，以智慧女神为象征的雅典出现了苏格拉底、柏拉图、亚里士多德、米隆、希罗多德、色诺芬等众多名人学者。尽管在文化历史上，性本善似乎取得了压倒性的优势，但在战争史上，性本恶出发的文化观往往又能在短时期内胜出，由此魔性点燃，战争爆发；战争平息后，一切价值观重构，容易发展出尊重人性的、道法自然的道家思想，于是道生一，一生二，二生三，三生万物。和平时间久了，价值观又再度陷入多元的混战状态，社会化和平合作的要求使文化在人性之上发展出神性，“以善为始”和“以礼教化”的佛家文化和儒家文化将占主流地位，然而一面是人的动物性，一面是人的社会性，神性与理性都不能解决人类的本性需求。在世界价值观的冲突变迁中，战争再度爆发，人类思想文化历史重演，于是治世道，乱世佛，由治到乱是儒家。在性本善与性本恶交织间，人类战争此起彼伏。在人性世界里理性一无是处，先知们所预测的正是结果的起因，先知们所担心的正是他们所诅咒的。理性理解得了世界万物却理解不了人类自己。推动进步的是科技，自我毁灭的是人性。人类并没有足够的长寿，让人类获得超越人性的智慧以拯救自身。于是，幸福何在？理想国何在？如果幸福是人类追求的终极目标，为何人们如此沉迷于悲剧之中？如果人类本性在于自我极力生长和扩张，让自己光芒万丈照耀万物，那为何强大的代价却是一轮轮自我毁灭式的战争？人类的本性如何在自我和社会中平衡？由竞争与合作演变出来的人类文明到底应该走向何方？源于族群部落祖先演化而来的人本性与一日千里的科学技术之间的矛盾该如何化解？摆脱不了植根于潜意识中的动物性的人类在没有神的年代，灵魂何处安家？而在引起如此巨大变迁的资本社会中，财富的力量到底又扮演了什么角色？象征着平等、自由的市场力量能取代神成为人类追求终极幸福过程中的共同信仰吗？

在人性与科技之间，有一个东西被称为“万恶之源”“万善之本”，那便是——金钱。金钱最初较为稳定的形态是贝壳，所以中国汉字中和财富、价值有关的字大多与“贝”字有关，如贵、资、贪、贫、财、购等。在人类演变史上，自从出现了金钱，人于部落族群之外多出了贫富贵贱的差别。金钱将人性潜意识中的社会性忧虑全部激发出来。生存意志、安全感、归属感、自我实现，全部有了新的变形，人们追逐金钱以显荣耀，人们藐视金钱以显清高。贫者害怕被排斥，富者害怕被掠夺。而最后，当人们或到达顶峰或跌落地狱的时候，发现都不过是游戏一场。当人类将根本性需求和生存意义寄托在一个工具上时，便注定是一条自我沉沦的道路。道尽人间性情的金庸写的《连城诀》便是关于财富宝藏争夺的，人们为争夺本不属于自己的财富而相互残杀，最终全部葬身于山洞……只有当人类认识到这个工具可以为人生创造价值的时候，财富才有了人道的意义。财富于今人是有创造价值的，财富资本化则是创造能量在当代市场经济中的外化形式。

本书将借助于经济学、社会学、证券投资学、心理学、脑科学等现代科学，结合古往今来的哲学思想，分析不同的文化体系演变出来的思想及其潜意识根基，以及财富在不同时期的象征意义和力量，从而展现经济社会之前世今生。在简述人类社会演化史的基础上提炼出人类的行为动机，揭示出人类性本善与性本恶的根源，揭示出理性主义和非理性主义的根源，从而在错综复杂的现代潜意识迷思中寻找自明的、道的能量之源，展示亘古不灭的属于每一个人类个体的创造力奇点①。

在人类历史长河中，生存本能自古有之，火的使用使人类结束了茹毛饮血的历史，同时也使人类进化出了更具社会性需求的人性。农业革命后，永久聚落的形成使人类固定下来繁衍生息，从而得以发展出人类社会特有的文化。文化的目的在于探讨天地人的道，一方面探索自然世界中的科学奥秘，一方面探索人类社会中的真理并试图在动物性、人性、神性中取得统一。石器工具的使用使人类脱离动物性；火工具的使用使人类在动物性的基础上发展出社会性和神性；金钱工具的使用更是将动物性、人性和神性都发挥得淋漓尽致。要试图理解市场经济的真相，仅仅有现代人文社科知识是远远不够的。市场经济绝不仅仅是冷冰冰的理性经济人假设能理解得了的，人类的根本性需求掩藏在种种高大上之下，那植根于潜意识中的连自己都不知道甚至习惯于自我欺骗和包装的现代人，用种种偏见、盔甲、文化、主义为自己粉饰遮掩，金钱作为市场经济的核心工具，在各种文化的冲击下变得丰富多彩、扑朔迷离。以金钱为导向的市场经济——蕴含着众生平等和自由、人类竞争和合作的人类理想的名利场上，或许最终将如同奥运会一样，是一场人类基于竞争与和平兼具的需要而自导自演的悲喜剧罢了——用市场经济的良性竞争取代人类社会的恶性斗争。毕

① 奇点是现代物理学关于宇宙大爆炸理论的一个概念，是从上一次宇宙收缩到一定程度，然后触发宇宙大爆炸的那个点。这个从收缩到大爆炸的转折点，就是奇点。奇点以后的宇宙大爆炸产生万物。

竟，生命总是要结束的，意义总是要长存的。酒足饭饱之后，人类总要找到一个精神归宿，用于不停地创造和体验自我实现的价值。人人公平竞争的市场经济会是最终归宿吗？资本能成为长盛不衰的正义之花吗？如果以制度建设为核心的资本市场是一场以性本恶为起点、性本善为终点、和平竞争为过程的全球竞技场，那么其中的必胜法则又是什么呢？古有《道德经》《孙子兵法》《圣经》……今有《国富论》《资本论》《开放社会及其敌人》……在道与术的衡量中，何谓人性的创造奇点？何谓资本的哲学？

是为序。

目　录

第一章　动机与社会

现代经济社会是由一系列制度构成的，在这个共同承认的制度规范下，人类个体拥有高度的自由，从而在思想上百家争鸣、在生活上百花争艳。经济社会制度的构成，是以性本恶和理性经济人为假设前提的，即衡量了人在性本恶前提下所可能做出的种种恶行，从而加以规范和制约；并假设人人都是理性经济人，会做出当前条件下对自己最有利的行为。现代市场经济制度被广泛接纳，根源于其众生平等的理念，以及在保障个体自由的同时也保障他人的自由。但事实上，人类的行为动机理论研究表明，人类的行为往往是非理性的，这种非理性，一方面源于理性的认知偏差，另一方面源于非理性的情绪波动。“金融大鳄”索罗斯出版了一系列著作，主题便是批判理性主义。他的开放社会发展观认为，人类社会的发展更多是人和人之间、群体和群体之间互动的结果，而这种互动存在着难以规划和预测的非理性成分，必须随时观察其变化以做出新的应对。随着近现代认知心理学的研究进展，人类对大脑、心理成长以及群体文化有了新的发现，一步步揭开了人类的非理性行为之谜；而这种非理性与人类的本能动机有关，人类心理本能的进化并不足以跟上科技的发展变化。换言之，人类理性探究出大自然的发展规律并发展出语言以传播科技思想，科学技术的几何级发展极大地改变着人类的生活方式，人类大脑以及心理本能却需要上万年甚至数十万年的时间才能进化出新的适应模式，所以过快的科技发展带来了新的生活方式，但人类的大脑和心理本能却来不及产生适应新生活方式的本能动机，而人类行为本质上又是受本能动机驱动的。因此，看似理性的行为背后却是连自己都解析不清楚的非理性动机在起作用。所以，要洞悉经济社会的前世今生，必须要洞悉人类历史上的非理性根源及其作用，以及这种非理性是如何在理性的“指导”下衍生出种种错综复杂的思想文化、社会形态的。

人类的发展历史是一部文明进化史，也是一部野蛮战争史。战争年代与和平年代交替出现，非理性主义与理性主义交相辉映。事实上，人类历史上从来没有绝对的理性或者非理性时期，人类本身就是一个矛盾结合体，既渴望理解世界万物运行之道，又渴望世界万物皆从我心。理性与非理性的本能渴求同时主导着人类的进化史。如同所有生物一样，人类最初的本能是生存本能，火的使用使人类进入聚落群居时代，人类根据不同的部落族群形成了不同的文化传承，并且在社会性的生存繁衍过程中形成了人类的社会本能和文化本能。生存本能、社会本能、文化本能，都是人类在理性和非理性的交织中演变而来的，然而就历史上的思想家自身而言，在20世纪之前，理性主义者和非理性主义者如两条平行线各自延伸难以交织，甚至相互颠覆和否定。直到弗洛伊德时代，人类才开始关注从意识到无意识之间的关系，从此正式进入了人类自我的非理性根源探究时期。然而，一方面是近现代工业化浪潮的迅猛发展，另一方面是因科技发展而带来的更大范围的文化融合与冲突以及由此带来的绝对真理的颠覆（上帝已死），在科技与文明的激烈对抗中，人类历史上相继发生了第一次世界大战和第二次世界大战。在第二次世界大战的后期也就是1943年，马斯洛提出了“人类动机理论”①，将人类需求像阶梯一样从低到高按层次分为五种，分别是：生理需求、安全需求、社交需求、尊重需求和自我实现需求。从此，人类的需求层次成为学者们的共识。有实验研究表明，通过满足人类群体的安全需求和社交需求，仅仅需要7天的时间就可以打造出疯狂的纳粹群体。② 由此可见人类非理性本能的强烈影响力。从人类进化史

---

① 马斯洛．动机与人格［M］．许金声，译．北京：中国人民大学出版社，2012：40.

② 电影《浪潮》，由丹尼斯·甘塞尔导演，约根·沃格尔、詹妮弗·乌尔里希主演，2008年3月13日在德国上映。

来看，最深层次、最根本的本能是生存本能（生理需求、安全需求），其后便是社会本能（社交需求、尊重需求、自我实现需求），最后是文化本能（社会制度、道德规范）。生存本能是人类与其他动物一样的本能，而社会本能是全人类特有的，是在人类聚落群居生活后发展出来的。而文化本能是在社会本能上衍生出来的，不同的群体文化根据地理、经济水平与社会本能的互动交织呈现出不同的文化本能，文化本能植根于人类成长过程中的童年，成为成人之后潜意识的一部分，是个体一生行为思想的动机。例如，童年被灌输理性主义的人会一辈子都以理性主义为根本世界观，童年被灌输宗教思想的人内心深处一辈子都有宗教情结，童年被灌输家国主义的人一辈子都会以忠君爱国为念……下面将详细论述生存本能、社会本能、文化本能这三大本能动机的进化与表现。

一、生存本能的进化与表现

人类的祖先住山洞、采野果、猎杀野生动物，同时躲避着凶猛野兽的攻击，那时候的人类已能直立行走，进化出了跟现代人极其相似的四肢形态。在钻燧取火出现之前，人类已经过了几百万年茹毛饮血的原始生活，人类有意识地利用的只是一些石头、骨头、树枝等较为简单的工具。在那个时代，人类虽然已进化出智人的基本形态，并且因为使用了工具而显得跟一般动物大不一样，但从本性上而言，人性和兽性仍是没有本质区别的。人类与其他动物一样，出于本能地觅食、争夺与占有。在他们看来，人和人之间只有力量大小、食物多寡的区别，他们并不会考虑别人怎么想，也不会衡量别的伙伴怎么看待自己，他们甚至还不能有意识地判断自己对他人和群体的感知是怎样的。所有行动几乎都出自本能——当他们看到猎物的时候，会像其他动物一样聚众猎杀之，然后撕其肉、饮其血，力量强大的人如首领会撕到更大块，但不会有人有意识地将更大块的肉留给和自己更好的伙伴。当他们看到凶猛动物的时候会躲避起来，当听到身边丛林中有“沙沙沙”响声的时候也会猛然跳开——这些便是人类数百年中进化出来的生存本能。这种生存本能延续到今天仍然存在——看到蛇会本能地害怕，豺狼虎豹也一直是穷凶极恶的代名词，看到比自己强大的人会本能地感受到威胁……这些都是远古时代生存本能进化的迹象。所谓生存本能，是一种不以自我意识为主导的能力，是动物界普遍存在的，是地球生物数百万年进化而来的一种本能。这种生物本能不需经过学习、练习、适应、模拟或经验，即能表现出某种协调一致的复杂固定性行为。如蜘蛛织网、蜜蜂跳舞和鸟类迁徙等，都是生存本能。本能不仅是对简单刺激的局部性反应，而且是按预定程序进行的一系列行为活动。如鸟类的筑巢，它能熟练地选择和安放筑巢材料，并拔下自己的羽毛排在巢内。本能是动物在种族进化过程中形成的，并固定下来遗传给后代的反射活动，虽然本能行为的程序有繁有简，延续的时间有长有短，但都是同种动物所共有的，这对维持动物种族生存、繁殖后代等都有重要意义。

人类的生存本能是人类最基本的本能，形成于数万年前。即使现代文明几经变迁，人类在文化的演变下呈现出不同的生存需求，但对于人类来说，那来自老祖宗的生存本能仍时不时如恶魔般跑出来左右人的思想和行为。现代心理学理论认为，生存本能是潜意识的一部分，是植根于基因中的非理性成分，是无意识的结果。当潜意识起作用的时候，人类会感受到没有理由的躁动不安或莫名兴奋。只有极少的人才能意识到“潜意识”的作用，从而有效疏导和管理它。例如，在商业谈判的时候，当遇到比自己更强大的人时，一般人会感受到威胁，从而产生攻击或排斥的心理和行为，从而拒绝和他合作，甚至任由“左脑解析器”的“小我”找出种种道德上的、善恶上的借口来排斥对方。而能洞悉自我潜意识的自明的人会知道那是一种错觉，能有效疏导和管理自我情绪，实在排遣不了就回家打一场游戏杀几个人，强化“自我力量”后恢复平静，继续和对方友好合作。出于对生存本能的考虑，我们一方面努力使自己变得强大、无畏无惧，另一方面努力使自己显得友好、无攻击性。在市场经济中，能胜出的通常是能意识到自己的潜意识，并且有效疏导和管理其非理性生存本能的人。生存本能若过强，以非理性形式主导着一个人的言行，就会导致个体充满攻击性和威胁感，呈现出原始、野蛮的状态，毕竟人之所以为人，就在于在动物本能的基础上进化出了聚居生活的具有人性特色的社会性。

二、社会本能的进化与表现

1. 社会本能的起源

传说在石器时代，燧人氏发明了钻木取火，我们可以想象在当时的人类看来，那简直是神力显灵：本来漆黑的夜晚亮起来，凶禽猛兽不敢靠近；烧熟的东西特别美味，而且吃了更少生病。于是，人们跟他学习火的使用，有火光的地方就有人类群聚。火便成为团结和义气的代名词。人们生起火来召唤同类，共同抵御猛兽。《易经》中的“天与火，同人。君子以类族辨物”便是此意。火的使用使人类的生活状态发生了极大的变化。

自从人类过上了有火的生活，人类群体的生活就大不一样了。看见火光，人就知道那是同类；有了火光，凶禽猛兽就不敢靠前……只要一群人在一起，他们就获得了比一般野兽更强大的力量，最初人类的安全感和归属感由此而生。经过数万年的演变，安全感和归属感变成了人类社会的本能需求。人类自从开始群体生活后，就体会到了合作的重要性，有了合作就出现了群体首领。群体首领在一段时间之内具有稳定性，在首领的带领下，人们共同狩猎野兽、保卫山洞。首领在群体里具有决定权和分配权，群体成员要获得更多的食物必须取得首领的认可，而首领地位要得到稳固，也必须要更强大、更聪明、更富有智慧，并且关爱群体成员。人类在族群中能找到归属感和安全感，并相信他们的首领无所不知、无所不能，而且会关爱族群成员。而另一方面，族群成员必须不停地自我成长，把自己最大的能量奉献给族群，以获得他人的认可，体现自己的价值。那些在族群中表现优秀的人会被更多的人信服，并且会在老首领衰老变弱后被奉为王，于是自我实现本能由此而来。

综上，火的使用使人类进入需要合作的族群生活，长期的族群生活产生了安全感、归属感、自我实现的社会本能。人类本质上有着强烈的控制世界和归属社会的信念。社会本能是人类团结起来对抗非我族类的社会性武器，是人类内群体理论发展的基石，也是人类区别于动物的最根本本能。

图1-1 早期智人用火场景

资料来源：张学亮．远古人类：中国最早猿人及遗址［M］．广州：现代出版社，2014：144.

2. 宗教信仰根源于社会本能

在人类的社会性需求上，正如马斯洛对人的需要进行的金字塔排序一样，人类在生存需求之上就是安全感、归属感的社会需求，然后是自我实现的需求。安全感、归属感、自我实现实际上是人类聚落以来进化出来的一种基于心理需要的社会本能。这种本能的力量在文化的激发下会显出更大的能量。在人类历史重要事件变迁中，社会本能的影响力更甚于生存本能的影响力。在科学的理性主义盛行之前，是神学占据着人类的主流思想。在文化演变中，人们都相信远古时期的部落首领是神，神开天辟地创造了一切，无所不能。中国的神是伏羲、女娲、神农、黄帝等，西方社会的神是上帝、耶稣、宙斯、赫拉、雅典娜等。每一个族群内部的成员基本上都相信着共同的神，他们相信神慈爱普照万物，他们相信身边的人都跟自己一样，在共同的信仰中找到了安全感和归属感，潜意识里的需求得到满足，内心深处获得了平静和幸福。但他们仍有自我实现的需求，希望获得他人的肯定和尊重。没有从神处获得满足的自我实现需求促使人类努力成长、思考、发挥自己的力量和作用，在自我实现效能的驱动下，人类努力探究万物，努力获取更富裕的物质、更多人的认可和更高的社会地位，此时的人类是以自我超越为目标的，人类社会由此得以进步。但进步的代价是发现了世界上还有非我族类，在地球之上还住着那样一群人，与自己相比仿佛处于野蛮状态，不相信神，或者说他们相信的神与自己的不一样。那种信仰被否定的感觉让人类无所适从，他们宁愿战斗到最后一刻也要坚定自己的信念。于是，围绕耶路撒冷的欧洲千年宗教战争由此而发，直到“二战”时期达到高潮。人们需要宗教信仰，以满足自身的安全需要和归属需要的社会性精神需求。但当宗教信仰变成文化本能，变成无法被否定和改变的执念，变成比自爱和爱人的宗教真义更重要的法则时，文明就变成了“鸦片”，导致社会团体之间的对抗和斗争。

3. 社会本能如何导致战争

“二战”时期的希特勒，幼年时期母亲的无限关爱导致了他饱含情感和活力的性格特质，但童年时代遭遇其父不负责任的举止言行。父亲的酗酒和肆意打骂以及母亲对父亲的否定都在童年时期的希特勒的心灵地图上种下了魔咒。在6～12岁期间，希特勒搬了7次家换了6所学校。他的童年时期是在严重缺乏安全感的环境中度过的。从脑科学的角度而言，希特勒是一个右脑发达左脑能力欠缺的人。右脑主导的思想意识使他拥有艺术家的天赋感染力，却缺乏左脑理智的控制能力。右脑一旦缺乏左脑的有效控制，人就容易处于极度不安全的情感状态，从而衍生出强烈的控制欲，希望自己能控制一切以安抚内心的不安全感，因此会导致畸形的权力欲。他必须在不断谋求权力的过程中弥补自己童年缺失的安全感，也就是说他努力的动机是对安全感的弥补而不是自我实现的动机。如果他一直坚持走的是艺术道路，或许真的能成为一个杰出的艺术家。可惜他走的是政治道路。当时欧洲社会民族主义、军国主义、沙文主义盛行，不同种族思想观念和信仰冲突激烈。以尼采为代表的唯意志论、非理性主义占据了主流地位，而这也正切合了希特勒的性格特征。借助于尼采富有感染力的思想，希特勒获得了极大的支持。尽管同是右脑主导的激情思想，但当时的人们却忽略了尼采是大爱人类的，而希特勒始于童年的潜意识里对人类却是怀着仇恨和嫉妒的。有史学家认为，率真、美丽、任性的格利若能理解舅舅希特勒的爱并接受他，或许希特勒就不会变成一个战争狂人。格利·劳巴尔是希特勒一生最爱的人，然而格利却在希特勒强烈而自私的爱护下选择了自杀，希特勒为她发誓要做一名独身者。格利自杀后，人间再也找不到疗愈希特勒童年创伤的灵丹妙药。希特勒披上种族主义、军国主义的盔甲，开始了史上最惨绝人寰的种族屠杀之旅。然而与其他纳粹一样，希特勒是真的认为他们是世界上进化得最优秀的人类种族，理应获得世界上最广阔的土地、最丰富的资源、最美丽的女人。他们认为他们能拯救全世界，团结起来将驱逐良币的劣币全部灭绝，以实现“世界大同”的至高理想。潜意识的恶魔被深深掩埋，希特勒至死也不认为自己是错的。在尼采的强者文化观里，视同情为恶德①，而希特勒灵魂深处最需要的其实是自己对自己的同情。

在以希特勒为首的纳粹军队里，他们以统一的标志、服装，以及钢铁一般的自我意志营造出一种至高无上的神圣气氛。自古以来，犹太人就被视为背叛基督的犹大的后裔，而犹太人以理性主义为基调的智慧文化让他们尽管遭遇无数厄运仍活跃在财富、科学等领域的金字塔上端。纳粹种族主义认为犹太人软弱、胆小而奸狡，他们对犹太人实际的心理感情是讨厌加上妒恨却又无可奈何，在此基础上，希特勒通过煽动人们对犹太人的仇恨而迅速“拉拢”了民心，于是犹太人就成了纳粹“凝聚力”的“替死鬼”。当时欧洲社会经历了两次工业革命，理性科技让经济高速发展，“无神论”泛滥，人们再也不相信基督能普照众生，神营造的终极归属感土崩瓦解，于是整个社会一方面是充裕的物质环境，一方面是躁动不安的社会

---

① 尼采．查拉图斯特拉如是说［M］．杨恒达，译．南京：译林出版社，2012：171.

环境。没有神的年代，军国主义让每一个纳粹者找到了归属，他们宁愿为此战斗到最后一刻，也不愿意否定那让他们内心激情澎湃的热血之源。然而最后，上帝的归上帝，恺撒的归恺撒。他们终究还是失败了。非理性的激情一旦变成排他性的群体运动，便注定是一场自我毁灭的悲剧。

综上所言，从群体心理层面而言，“二战”是社会本能焦虑的产物，是在宗教文化被颠覆的情况下，社会群体的归属感和安全感受到威胁，从而使群体短时间内寻求新的非理性的能弥补其归属感和安全感的所在——纳粹主义、军国主义、沙文主义。归根结底，这种群体心理是失道之后寻道过程中的非理性对抗状态，是人心失去信仰而至狂乱的癫魔状态，是社会本能焦虑中产生的文化本能的极致状态。

三、社会本能与文化本能

以“二战”为代表的欧洲史上的战争，本质上是文化本能与经济发展冲突引起的。经济的发展使相应的文化安慰没有跟上来，人们在贫富分化流动过程中产生了强烈的不安感和被排斥的担忧，从而激起了社会本能的反抗。每一个国家或朝代、种族都有其特定的文化基础。所谓文化，通常是人类将人性真善美化的过程。从通常意义上而言，文化是当时人们沿袭古今人文智慧知识而形成的。文化在历史上大多数时候，都能使人们的物质生活更美好、精神生活更强大。从人性本能的角度而言，文化对于一个群体的作用在于：使其所在的人群取得人性本能和当时的经济发展水平相协调的效果。当经济水平发展过快的时候，文化本能在更大、更高的理性视野下受到冲击，此时新旧文化要么融合，要么对抗。文化本能以教化的方式植根于当地人们的童年记忆中，成为潜意识的一部分，变成一种本能动机，左右其一生的所思所想。严格来说，一个人的文化本能通常与原生家庭有关，而原生家庭又受群体文化的影响。否定一个个体或群体的根深蒂固的文化认知，会在短时期内引起躁动不安，尤其是对于固执之人和群体，那是一种比死更难受的感觉。所以，受文化本能动机（信念）驱使而努力的人，当被否认或者失败的时候，当事人宁愿自杀。事实上，欧洲历史上围绕耶路撒冷的3000年恶战都是这样形成的：在经济发展过程中，在各社会群体融合冲突过程中，旧有的能满足其社会本能的文化本能遭到颠覆和否定，而新的能满足其社会本能的导人向善的文化本能却没有足够时间形成，于是在社会本能焦虑的威胁下，恶战在所难免。“十九世纪，资产阶级确信资本主义的成功，社会主义者确信社会主义的成功，帝国主义者确信殖民主义的成功，统治阶级认为他们注定要统治。现在这些确定性几乎都不存在了，考虑到人类今天面临的令人沮丧的复杂问题，如果它们还存在的话也应该是支离破碎的了。”这是加尔布雷思在《不确定的时代》的前言①中给出的题解。唯有接纳变化，包容不确定性的、成长发展型的思维模式才能对抗文化本能的执拗。

所谓文化本能，是指人类个体成长过程中经历的体验与教化所形成的具有相对稳定的认知。不同的群体拥有不同的文化本能，同一群体不同个体之间也有着不同的文化本能。文化本能若是出于主动选择，个体通常会选择最适合他性格特征的文化以支持自我的信念。文化本能若是出于被动灌输，就会接受当时最流行的文化价值观；而越是失去自我意志者越容易接受被动灌输的价值观，从而将其内化为文化本能，变成僵化的教条。此种僵化的教条一旦返侵自我意志，就会变成显意识对潜意识的压抑和歪曲，从而滋生非道的执念。所谓非道的执念是指失去爱己爱人的能力，或者说将这种本能深深地掩埋起来，使之难以进入显意识，从而产生恶念和恶行。关于文化的扩散、传播、演化，很多学者都用类似基因复制自身一样的具有文化复制和进化功能的“谜米”来说明，如戴维·多伊奇在《无穷的开始——世界进步的本源》中所说的，“谜米”分为理性谜米和反理性谜米。② 其中，理性谜米是指“通过理性和批判思考创造出来的新型谜米，依赖这样的思考来实现自身的忠实复制”；反理性谜米则是指“老式

① 约翰·肯尼思·加尔布雷思．不确定的时代［M］．刘颖，胡莹，译．南京：江苏人民出版社，2009：1.

② 戴维·多伊奇．无穷的开始——世界进步的本源［M］．王艳红，张韵，译．北京：人民邮电出版社，2015：420.

的、静态社会的那类谜米，通过使持有者失去批评能力来生存”。前者造就高创造性的动态社会，对应的是得道的文化；后者造就低创造性的静态社会，对应的是失道的文化。文化绝大多数是导人向善的，但文化变成本能，将人类最深处潜意识处的爱己爱人的本能封印，那么就可能让人在执念的引领下、在环境的浸染下无所顾忌地作恶。例如，沙文主义与尼采的强者意志成为纳粹攻城略地的文化本能，事实上是失去自爱与爱人能力的表现，是社会归属感和安全感严重缺失的表现。

生存本能源于动物性，社会本能源于人性，文化本能源于神性。从动物性到人性再到神性，人类文明有着清晰的发展脉络。然而现代科学研究通常将神学纳入心理学研究范畴，也就是说，神性归根究底仍是人性的产物，是人类无法面对人性中的丑恶面而滋生出来的超越人性之上的超人特性。神学与文化的作用一样，都是试图将人性中的阴暗面进行压抑掩藏。当神学与文化变成个体的文化本能，掩埋个体的真实潜意识，让个体在遭遇困难、挫折、困惑之时通过“自我欺骗”，通过左脑解析器的编故事功能为自我找到种种理由，长此以往，个体就会失去通往本我的途径，变成没有“心”的僵化的教条主义者。

生存本能、社会本能、文化本能共同构成一个人或群体潜意识的一部分。这三种人性本能历史上形成的时间越长久，则埋藏得越深也越难以改变、逾越，即对人类行为影响最强烈的是生存本能，次强烈的是社会本能，第三是文化本能。这些本能以非理性的成分作用于人类大脑，对抗理性带来的外界变化，并轻易激起汹涌澎湃的多巴胺，使之产生种种理性或者他人难以理解的非理性行为。自我否定是一种令人难受的感觉，外力野蛮否定一个人或群体的文化信念，会引起激烈的反抗，除非他自己从内在突破。醉酒的人，宁愿醉死也不愿意枯死。执念于某种单一文化信念的人也正如醉酒者，容不得否定。尊重任何他人或群体的文化信念，便是人道主义，这种人道主义意味着不轻易野蛮地否定或蔑视一个群体的文化信念。从人道主义立场上看，文化没有先进与落后之分。任何群体以思想族群优越性为名进行的打击、侵略、扩张都是非正义、非人道的。例如，风凰网2015年4月22日报道，北森提奈岛，位于孟加拉湾的安达曼群岛，是一个拒绝与外界接触的遥远的小岛。据估计，岛上的土著部落已经在那里生活了6万年。他们皮肤黝黑，身材矮小，是地球上最后几个拒绝与外部现代世界接触的族群之一。他们警惕地保护着自己这种与世隔绝的生活，任何外人在岛上登陆都可能遭遇土著人的万箭齐发。然而，当地人因接触外界常见而岛上没有的疾病死亡，因而与群岛上其他土著居民接触的类似努力（包括与大安达曼人和加洛瓦人的接触）都以悲剧告终。因此，一些团体呼吁不应强行接触森提奈人。在此压力之下，政府于1996年放弃了与当地人接触的计划，并宣布隔绝该小岛，小岛海岸3英里内生人禁入。可见，出于文化本能的人道主义，任何群体都不能以文明优越性为名对其他族群进行野蛮干扰。

不同的族群会衍生出不同的文化，同一个族群在不同的历史时期也会衍生出不同的文化。这些文化特征构成当时当地人始于童年时期的文化本能，将主导其一生的所思所想。文明在构建过程中遭遇外来的野蛮否定与干预，就会激起更激烈的对抗乃至两败俱伤。没有任何民族和个体不需要自强不息地从内突破的成长。下面简述历史上较有代表性的文化体，从这些代表性文化体可以看出人性与社会演变所呈现出来的精彩。

1. 斯巴达vs雅典：性本恶vs性本善

人类历史上存在鲜明文化对比的是古希腊的斯巴达城邦和雅典城邦。斯巴达以其严酷纪律、独裁统治而闻名。在斯巴达，母亲会用烈酒为婴儿洗澡，若受不了的，则任由他死去，这是因为斯巴达人只要最好的战士。斯巴达管理者故意让儿童忍饥挨饿，作为教育的一个策略，便是鼓励他们去偷公共食堂的食物，以不被抓到为荣；一旦被抓住，便要遭到毒打和挨饿的惩罚。斯巴达管理者故意派青年去屠杀希洛人。除了残杀，还采用各种手段侮辱希洛人，以此激起青年对奴隶的鄙视，培养他们凶残的品性。从小在世界的残酷中成长，斯巴达人认为人类是性本恶的，只有通过你死我亡的斗争才能繁衍生存。这样的文化，导致该民族对外十分好战，频繁发动侵略战争，最终就如同历史上多数好战民族的下场一样，短期内可以获得胜利，但在长期作战之后国力衰亡，或者在某一次失败后被后起之秀打败（斯巴达在波斯战争后为与雅典争夺霸权进行了长达20多年的伯罗奔尼撒战争，勉强胜利之后被底比斯击败，从此走向衰落）。尽管他们培养出了一大批英勇善战、纪律严明的斗士，但在希腊众多的哲学家、演说家、文学家、艺术家中，没有一个斯巴达人。斯巴达以战斗和英勇为美，在这样族群的个体的内心深处充满了不安全感和对人类的不信任感，便极有可能通过侵略、欺凌和控制来弥补社会本能焦虑。他们需要披上勇敢无畏、坚不可摧的盔甲以达到震慑的目的，从而产生一种迷幻的效果，让他们自身坚信他们代表着更优秀的人类，这事实上是一种心理的自我欺骗。斯巴达文化是“没有心”的文化，整个群体教化的目的就是将人心彻底隔离，从而滋生坚硬的抵御盔甲。传统看似恶的人，不过是自我实现意志被否认而呈现的抵御状态，他们宁愿被人说成恶也不愿承认自己才能的不足，也就是说，没有足够的勇气正视自己的弱点是所有恶之源，事实上是缺乏安全感而导致社会本能焦虑。社会本能焦虑是人类历史上性本恶文化的根源，即从童年时期便被植入的仇恨意识与不安全感，这样的文化实质上是对人类的不信任，他们认为自己一定要勇敢强大、不怕死才会获得安全，通过激发其安全焦虑（社会本能焦虑）而形成的一种文化本能便是性本恶的文化本能。如果一个个人或族群嗜战如命，那么他（们）内心深处就是对人类社会缺乏安全感的。这种安全感缺乏是自童年时期便被激发的社会本能焦虑，这种社会本能焦虑用现代心理学概念来说，属于心理碎片。在个体成长过程中会本能地去对心理碎片进行弥补，更确切地说，是一生都在寻找童年缺失的无条件的爱，对内表现为强烈的控制欲，对外表现为强烈的权力欲。这种权力欲与健全人格条件下以自我实现为目的的伟人有本质的不同。这种焦虑压力在物质缺乏年代或者说战争年代，确实可以帮助人们从战斗中胜出——正如我们现代很多患有焦虑症的人一样，尽管焦虑可以帮助其人生获得一定的成功，但却很难获得天才式的成功，因为任何焦虑作为一种人生动机，都会有满足和疲乏的时候，一旦被现实满足或者否定，当事人便容易无所适从；而事实上，焦虑动机也是阻碍创新和人类进步的极大障碍，更是市场竞争中获取长久胜利的障碍。

与斯巴达性本恶文化形成鲜明对比的是雅典的性本善文化。雅典是用智慧女神雅典娜的名字命名的历史古城。相传，古希腊时期，智慧女神雅典娜与海神波塞冬为争夺雅典的保护神地位相持不下。后来，主神宙斯决定：谁能给人类一件有用的东西，城就归谁。海神赐给人类一匹象征战争的壮马，而智慧女神雅典娜献给人类一棵枝繁叶茂、果实累累、象征和平的橄榄树。人们渴望和平，不要战争，结果这座城归了女神雅典娜。从此，她成了雅典的保护神，雅典因之得名。后来，人们就把雅典视为“酷爱和平之城”。雅典的文化追求的是一种身心统一的和谐发展的文化，追求身体美与心灵美的结合。雅典人将儿童置于自然的状态中，使其身体和心灵得到完全的发育，培养其成为身心和谐、既美且善且强的公民，他们所感知的世界和斯巴达人完全不同。

与斯巴达相比，雅典文化繁荣。公元前 5 世纪，雅典已成为希腊的文化中心，许多杰出的创作家或生于雅典，或寄居于雅典。如哲学家苏格拉底、柏拉图、亚里士多德，悲剧家埃斯库罗斯、索福克勒斯、欧里彼底斯和喜剧大师阿里斯多芬，雕刻家米隆、坡里克利特、菲狄亚斯，历史学家希罗多德、修昔底德、色诺芬，演说家安提芬、李西亚斯、伊索克拉底等。雅典的文化艺术成就不仅对希腊文明起到了重要作用，而且推动了整个人类社会的进步。

雅典将军伯利克里在阵亡将士葬礼上的演说很好地诠释了雅典性本善的文化观①：

“我们是自愿地以轻松的情绪来应付危险，而不是以艰苦的训练；我们的勇敢是从我们的生活方式中自然产生的，我们不花费时间来训练自己忍受那些尚未到来的痛苦。但是当我们真的遇着痛苦的时候，我们表现我们自己正和那些经常受到严格训练的人一样勇敢。”

“我们爱好美丽的东西，但是没有因此而至于奢侈；我们爱好智慧，

① 修昔底德．伯罗奔尼撒战争史［M］．谢德风，译．北京：商务印书馆，1985：132.

图1－2　伯利克里在雅典阵亡将士葬礼上的演说

资料来源：彼得·弗塔多．塑造世界的1001天［M］．钟旻，译．北京：中央编译出版社，2014：48.

但是没有因此而至于柔弱。我们把财富当作可以适当利用的东西，而没有把它当作可以自己夸耀的东西。至于贫穷，谁也不必以承认自己的贫穷为耻；真正的耻辱是不择手段以避免贫穷。”

“我们能够冒险，同时又能够对于这个冒险，事先深思熟虑。他人的勇敢，由于无知；当他们停下来思考的时候，他们就开始疑惧了。但是真的算得勇敢的人是那个最了解人生的幸福和灾患，然后勇往直前，担当起将来会发生的事故的人。”

这些演说很艺术化地呈现了雅典文化中关于真善美的内涵。勇敢、强大不是根源于从小被社会本能焦虑所威胁的侵略，而是根源于人类对真善美的认同而产生的捍卫精神，是在社会本能得到满足的前提条件下的无畏精神。这样的文化氛围从根源上满足了人类的社会本能（安全感、归属感、自我实现），因此人性得以极大地释放，从而产生了一大批影响深远的思想家。

同是古希腊城邦的斯巴达和雅典，历史上发生过多次战争，事实上，早在公元前8世纪，古希腊就先后建立了200多个城邦。城邦各自为政，无统一君主，城邦之间战争不断。到公元前5世纪，斯巴达和雅典成为古希腊势均力敌的两大盟主，为争夺希腊霸主，他们之间发生了长达百年的拉锯战，结果是以斯巴达为首的伯罗奔尼撒联盟击败了以雅典为首的联盟，史称“伯罗奔尼撒战争”。雅典被迫失去大部分权利，但是伯罗奔尼撒战争大大消耗了希腊城邦的国力，不久就被外来势力征服。修昔底德认为伯罗奔尼撒战争是一场空前的大悲剧，因为参战各方都有一批不负责任的政客，他们为了实现个人的野心和自私自利的目的，不顾国家的安危和人民的死活，使整个民族都卷入了这场非正义的、愚蠢的战争。事实上，任何战争对于主动发起的一方来说都是非正义的，必然会导致民生潦倒、内耗严重，最终两败俱伤。

斯巴达和雅典的战争，基于性本恶和性本善的交织，形成了竞争与和平。在社会本能需求上，人类既需要竞争以彰显自我的强大，也需要和平合作以满足安全需求和归属需求；竞争显示性本恶，和平合作显示性本善。群体文化在迁就人类社会本能上起到了关键作用：文化认为是性本恶的，人们就会以斯巴达的方式对待他们的孩子，从而产生和斯巴达一样好战的群体；文化认为是性本善的，人们就会以雅典的方式对待他们的孩子，从而产生伟大的人。从一定意义上来说，正是性本恶的出发点导致了性本恶，性本善的出发点导致了性本善。然而正如道家所说的，善恶本是相互交织、此消彼长的过程，无论是性本恶还是性本善，人类从来都不是只有一个模式，在群体中一味地偏执都会导致另一重反面。性本恶文化观让那些爱好和平、智慧的人难以发展，因此斯巴达骁勇善战的群体负面表现为无知和无人性；性本善文化观让好胜者难以发展，因此雅典的爱智慧、和平群体的负面表现为软弱、胆怯。无论是斯巴达的无知还是雅典的软弱，从人类的长久发展来看都是倒退的，两种截然不同的文化结合演变出包含和平与竞争的奥运精神。奥运会，最早产生于古希腊时期，随着各城邦战争的此起彼伏而逐渐为人们所推崇。人民厌恶战争，渴望和平，于是按照各城邦事先约定的规则在竞技场上一较高下。奥运火炬所到之处，战火熄灭，人类自强。奥运精神一直延续到现在，与当代的市场经济精神如出一辙：以事先和平协议的方式制定一系列大家普遍承认的、保证平等竞争的、导人向善向强的制度，在这个规则下，人和人之间、群体和群体之间相互较量，经济报酬就是对真、善、美、强的回报。

2. 欧美文化

2014 年，《耶路撒冷三千年》在中国出版，迅速成为哲学类畅销书。该书在全球引起了不小的波澜，它从人性的角度用叙事的方式叙述了耶路撒冷 3000 年的故事。“耶路撒冷曾被视为世界的中心，是基督教、犹太教和伊斯兰教三大宗教的圣地，是文明冲突的战略要冲，是让世人魂牵梦绕的所在，是惑人的阴谋与虚构的网络传说和二十四小时新闻发生的地方。”[①] 此书“前言”中的这一段论述是关于此书比较经典的一个概括评论。文艺复兴之前近 3000 年的欧洲历史基本上都是围绕耶路撒冷的宗教战争史，宗教对于人们而言，是神圣、蛊惑、预言、祝福与诅咒……所有人本性中未知的恐惧与期盼都包含其中，而对于统治者而言，掌握了宗教控制权就掌握了神的力量，所以在争夺耶路撒冷的过程中，人类以“神圣”的名义对自己残忍无道。宗教以真理之名义存在，哪怕是最有智慧的人也不可能从逻辑上对它进行证伪。“证伪”的概念来源于哲学家卡尔·波普尔的《猜想与反驳——科学知识的增长》[②] 一书，作者认为从逻辑上、可能性上不能被证伪的理论就是非科学的，如神学，它从逻辑上永远不可能被“证伪”，所以它是非科学的。而对于大众而言，一本《圣经》就保障了人们生生世世往生极乐，简单粗暴的背后事实上是：作为群体共同的信仰，神学满足了人类的社会本能——安全需要、归属需要、自我实现需要，也正因为人类社会本能的强大作用力，作为圣地的耶路撒冷才成为欧

---

① 西蒙·蒙蒂菲奥里．耶路撒冷三千年［M］．张倩红，等，译．北京：民主与建设出版社，2015：1.

② 卡尔·波普尔．猜想与反驳——科学知识的增长［M］．傅季重，纪树立，等，译．上海：上海译文出版社，1997：52.

洲各地区争夺的所在。当人类本能需要得到满足时，人类便能获得心灵层次的平和、宁静，从而无畏无惧，更富有创造性，更能掌握外界的物理规律，更善于改造周围世界。这是人类为了心目中的信仰拼尽全力的根本原因。但人们忘了，若真有灵魂的存在，那么灵魂必然是普世永恒的，与特定的神灵、种类、族群无关。

对于欧洲历史而言，宗教文化是深入骨髓的。宗教一旦作为一种文化本能植入一个群体的潜意识中，就会在社会的快速突变融合过程中成为自我毁灭的导火索。获得第三届茅盾文学奖的《穆斯林的葬礼》①，就描写了人类在经济社会快速的融合变迁中备受文化本能折磨的三代人的故事。故事中的主要角色，几乎人人都有着各自不同的坚定不移的信念，在冲突过程中殚精竭虑、耗尽毕生，最终却违背了人性，辜负了人类自身最重要的情与义。古往今来，悲剧故事都有着相同的唯情论元素：人类由内而发的情义与时代道义要求相背离的元素，或者说是人的生存本能、社会本能与文化本能背离的元素。悲剧和斗争，皆源于此。

文艺复兴时期（14—17 世纪），“日心说”提出②，理性主义觉醒，人性从宗教樊笼中挣脱，经济、文化、技术得到极大的自由发展。第一次工业革命开启，人类浩浩荡荡地进入了理性科技发展时期，与此同时，人类在经济快速发展过程中寻找文化的突破，“上帝已死”成为当时欧洲社会推陈出新的文化体系的根本诉求。文艺复兴将人性光辉发挥得淋漓尽致，然而仅仅只是觉醒而已，文艺复兴后的欧洲社会，既是充满激情与创造力的，又是欲望膨胀、贪婪横溢、邪恶滋生的；既是人文主义对基督教传统文化洗练的过程，又是一个旧信仰解体、新信仰脆弱的道德失范的时代。亚当·斯密于 1759 年出版的《道德情操论》，从理性的角度论述了情感和道德的来源和体系。它从人类的情感和同情心出发，讨论了善恶、美丑、正义、责任等一系列概念，是数千年宗教思想统治下形成的道德情感基础

---

① 霍达．穆斯林的葬礼［M］．北京：北京十月文艺出版社，2015.

② 1543 年哥白尼提出“日心说”，1600 年布鲁诺因维护“日心说”而被教会用火烧死。

的集大成者，是在理性觉醒之初对非理性情感焕发的解析，与中国儒家学说《论语》有异曲同工之妙。它事实上是一种僵化文化本能的系统阐述，既符合当时时代人性的真实，也是一种屈从——非理性文化本能与真实社会本能对抗下的屈从，是基于物质缺乏年代性本恶出发点的道德情操体系。同样是基于性本恶的人性自私论，亚当·斯密于1773年出版的经济学的开山之作——《国富论》，以“分工”“供需关系”和“看不见的手”为基础，构建了延续至今的市场竞争经济的基本理论架构。在笔者看来，这一创举与奥运精神如出一辙——构建一个大众共同承认的规则，让人与人之间、群体与群体之间和平竞争。亚当·斯密的《国富论》一出，当即风靡欧洲，成为资本主义世界的“圣经”，从此，市场经济取代神学成为各国政府奉行的经济管理准则。它首次让大众认识到，在神学之外，基于人性而言还有众生平等、自由选择的学说，这就解决了人类纠结千年的问题——就算人们彼此之间不是神的共同子民，但在市场经济国家，人与人之间还是一样平等的，可以通过自己的努力获得自己所需要的一切，人类的安全感和归属感由此而得到满足。国富论的基本思想是：价值来源于生产效率的提高，生产效率的提高来源于分工与技术创新，而分工与技术创新来源于资本；这中间并没有关于人的等级之分，只要你足够努力和创新并有冒险精神，你就能获得高于常人的价值。1776年，美国发表《独立宣言》，核心精神就是人人生而平等，这种平等是尊严和权利的平等。人人皆有自由意志与选择权利，并且为自己努力，为自己负责。在这种思想体系下，人们的社会本能需求（安全感和归属感）得到了极大的保障，反正大家都是一样的；而工业化的发展也使人们摆脱了生存的威胁，只要稍加努力，至少生存没问题。在这样的意识形态下，人们就剩下自我实现的社会性需求了，这也是一种良性竞争的社会性需求。常年下来就形成了一种独立、自由、自我实现的文化本能，这种文化本能是群体在较长时期物质充裕的基础上，在安全感和归属感得到保障的前提下而形成的以自我实现为人生动机的一种文化本能。这种文化本能使人的创造力得到极大地释放，能进一步推动科学的发展。比尔·盖茨、马克·扎克伯格、巴菲特、索罗斯等现代财富巨人都是这种文化本能的产物。

回到《国富论》出版后的英、法、德等社会。这些国家与新生国家美国最不同之处在于，它们拥有更强烈的传统群体的文化本能——宗教文化源远流长，渗透到了骨髓血液中，每一次人文、科学的进步对整个社会群体而言都意味着锉骨削肉般的疼痛。达尔文于 1859 年出版了《物种起源》，震动了当时的学术界。他用大量资料证明了所有的生物都不是上帝创造的，而是在生存斗争和自然选择中，由简单到复杂、由低等到高等，不断发展变化的。他提出了生物进化论学说，从而摧毁了“神造论”和“物种不变论”。自此，理性主义、人文主义如风卷残云般摧毁了欧洲根深蒂固的文化本能，自我意识觉醒伴随着肆意增长的自我放纵，人类曾经有多自我抑制和自我欺骗，觉醒蜕变之时就有多癫狂。典型代表是发出超强震撼音的哲学家尼采（Friedrich Wilhelm Nietzsche），他以犀利猛烈的哲理诗批判了当时道德的虚伪性、非人性，直言欧洲传承了上千年的道德体系是基于弱者和复仇者的价值观而建立起来的，需要推倒重建；他以天才的感悟肯定了艺术冥冥中对人性的释放与弘扬；他以“上帝”“父亲”为原型构建了理想中的“强者”“超人”的自我形象，其“生命意志”学说影响力甚至被误用而成为第二次世界大战爆发的一个诱因，以及成为后现代主义哲学的起点，至今仍振聋发聩。尼采对自己和自己所在的社会进行了深入潜意识的探究性分析，他是个敢于直面人生的天才，但他一辈子也摆脱不了母亲和妹妹在他心灵层面上的控制。“强者”“超人”皆是他理想中的模型，但他根深蒂固、基于宗教意识的文化本能决定了他一生的坎坷命运，最终疯癫而死。从本能上来看，当时的文化本能以及尼采所处的家庭环境都是违背了其社会本能的：一方面是从小父亲的缺位，另一方面是“上帝已死”宗教信仰的崩溃。尼采从中既难以获得安全感和归属感，自我实现的愿望又一直被压抑（竞争意识受到母亲和妹妹的“女性化”抑制，得不到兄弟或父亲的鼓励），而当时所有的新文化体系又一次次使他觉醒，当他直面自我和人生的时候，所有激昂澎湃的作品都是其自我疗愈的产物：一种理想的、充满生命力的精神力量。

在人生的疗养场中，传说只有真爱才是唯一的解药。尼采不可救药地爱上了莎乐美[①]——一个博学的、精通古今哲学艺术的、拥有超强自由意志的、美丽的奇女子。不久，尼采完成了《查拉图斯特拉如是说》（1885年）。尼采自评《查拉图斯特拉如是说》："它来自真理核心财富的深处，是取之不尽、用之不竭的泉水，放下去的每个吊桶无不满载金银珠宝而归。"[②]《查拉图斯特拉如是说》触及了人本性中最深层次的秘密。这个秘密就是生命意志，一种向阳的极力自我生长、自我超越的精神；实际就是自我实现的社会性需求，一种男性荷尔蒙驱使下的意味着竞争的精神，一种既是人类繁衍以来统领众生的终极武器，又是被当时文化本能严重压抑扭曲的人的社会本能。

在妹妹妒忌的挑拨离间之下，尼采最终和莎乐美分道扬镳，不再相见。尼采有着天才的感悟，他的著作充满心理学的洞见和艺术的奥秘，他以超前的洞悉力预言理想的社会文化、个人意志应该是怎样的，也知道以后会怎样。但他仅限于阐释"怎么样"的问题，真正探究出"为什么"问题的，是弗洛伊德——与尼采同时代并且与尼采所爱的人莎乐美保持亲密师生关系的精神分析学家。弗洛伊德构建了个人意志、社会心理的潜意识理论，将人的自我分成"本我""自我""超我"三层意识体系："本我"（完全潜意识）代表欲望情绪，受意识遏抑；"自我"（大部分有意识）负责处理现实世界的事情；"超我"（部分有意识）是良知或内在的道德判断，是自我的理想形象。弗洛伊德理论是现代精神分析学的开端，此后关于人格、精神、意志的分析脱离了传统文学式的善恶道德观而进入科学理性分析之路。弗洛伊德关注个体的潜意识，而荣格（Carl Gustav Jung）进一步将潜意识扩展到社群领域，认为一个人的人格形成于他所处的家庭、社会群体文化。荣格和弗洛伊德曾经保持了6年的亲密朋友关系，后来由

① 1885年，莎乐美的处女作《为上帝而战》在德国出版，她用小说的形式探讨了在失去对上帝的信仰后，"我们如何宽慰自己"。小说讲述的是一个悲剧故事。主人公库诺在莎乐美的笔下带有尼采的某种英雄的力量，他在失去信仰后找到了真正的自我，肯定了自己存在的意义，并用自由精神去完成了自己的使命。

② 尼采．看哪这人［M］．张念东，凌素心，译．北京：中央编译出版社，2005：11.

于理念不合而分道扬镳——再有智慧的人，在个人价值观方面都可能与他人存在思想鸿沟——你的经历决定了你的人生和你的思想，你怎么可能会完全理解另一个人？正所谓“子非鱼，安知鱼之乐”[①]。

自荣格之后，关于社群文化的科学化研究如繁花盛放，学者们聚焦于个体心理和社群文化心理如何相互影响并推动了人类文明的进步，结合现代科技日益发达的脑扫描术、社会科学化研究潮流，现代社会科学体系逐渐形成——认知心理学、脑科学、人类学、伦理学、制度经济学等学科相继成型。《人类简史：从动物到上帝》[②] 是以色列新锐历史学家尤瓦尔·赫拉利的作品。该书从人文关怀和科技发展、生物演变的综合角度论述了人类的演变史——从 10 万年前有生命迹象开始到 21 世纪资本、科技交织的人类发展史，填补了传统人类史的三大鸿沟：历史观与哲学观之间的鸿沟、人类和生态系统之间的鸿沟、集体和个人之间的鸿沟。

综合而言，在人类近现代史上，在欧洲文化发展过程中，工业化、资本主义、宗教信仰解体三条主线基本上是同步发展的。《国富论》从理论上架构起以资本为核心的自由市场经济体系，而历经长期资本主义萌芽的荷兰、葡萄牙等国家和地区的资本力量也渗透进欧亚大陆，并在欧洲信仰文化重建的乱象中迅速成为主导国家政治、文化的强大力量，此时的资本呈现出野蛮、蓬勃的生长态势，大有横扫一切正义、公平、人道之势。臭名昭著的奴隶贸易、密西西比泡沫、鸦片战争等便是自由资本主义的恶果，更遑论资本与权力相结合而导致的遍布当时社会每一个工厂、牧场的灭绝人性的奴役。资本的暗黑力量在文化信仰解体重建的近代欧洲社会汹涌澎湃。马克思的《资本论》以剩余价值为中心，对资本主义进行了彻底的批判。理想国理念席卷全球，公平、正义、民主的呼声日益高涨，欧洲各国纷纷主动或被动地改革行政体制，建立起民主体制、社会保障体系、工人联盟体系等促使全社会更公平公正的制度体系，以取得更大范围内的

---

① 陈鼓应．庄子今注今译［M］．北京：商务印书馆，2007：514.

② 尤瓦尔·赫拉利．人类简史：从动物到上帝［M］．林俊宏，译．北京：中信出版社，2014.

利益协调。如果说亚当·斯密的“自由市场经济”是鼓励竞争性的，那么马克思的“资本论”则是倡导公正性的。亚当·斯密构建了完全充分信息市场下的自由市场经济架构，但现实中信息从来都不是充分的，而是单方向和垄断的。一面是亚当·斯密的理想市场形态；另一面是马克思根据广大工人的现实，基于人道主义而提出的理想社会形态。1945 年，哲学家卡尔·波普尔（Sir Karl Raimund Popper）的《开放社会及其敌人》① 出版，对柏拉图、黑格尔和马克思三位思想家的社会政治哲学进行了批判。波普尔青年时代倾向于社会主义思想。正因为如此，波普尔领会到，任何只肯定一种理想社会形态的哲学思想一旦政治化都可能导致极权主义和斗争，容易导致民主悖论、宽容悖论、自由悖论。任何思想都要在体验和认同基础上自发认同，而不是通过被机械化的教育形成，尤其是不能通过政治化、道德化、制度化约束形成。正如《道德经》所言，“不上贤，使民不争”“绝圣弃知”“绝仁弃义”“绝巧弃利”，这些说的正是不应通过利诱形式影响人们的思想。最理想的方式是使民自化，让人们自己去选择所应选择的，从心出发。只要社会群体中有道心，个体自然就会遵从心之所属朝着性本善的方向发展自己的精神和思想。理想社会形态必须和现实社会形态相区别，现实社会形态是开放的、多元的、包容的——没有任何个人或群体不需要成长，没有任何个人或群体天生完美。制度经济学告诉我们，人类没有善恶之分。制度设计得好，坏人可变成好人；制度设计得差，好人也会变成坏人。制度设计具有路径依赖的作用，过去所选择的体制、所形成的文化信念都将深深刻印在当时当地人们的意识形态中，必须在尊重的基础上以和平对话的方式取得共识从而构建起良性互动的政府体制。面对全球化问题，欧洲社会逐渐形成了一种开放、包容、多元的文化观。

总之，欧洲社会在经历了宗教信仰激变、人文觉醒、工业化浪潮之

① 波普尔．开放社会及其敌人［M］．郑一明，等，译．北京：中国社会科学出版社，1999.

后，理性主义相对于非理性主义取得了压倒性的胜利。典型代表学说有：马克思关于社会哲学的唯物论、亚当·斯密关于国民经济的国富论、爱因斯坦关于宇宙观的相对论、达尔文关于生物演化的进化论。以这些理论为起点的现代工业体系、社会组织体系、互联网信息体系、科学教育体系与以往任何时期的社会状况相比，都取得了颠覆性的胜利——理性主义在人类经济生活方面的巨大进步使人类达到了前所未有的自大程度。然而，第二次世界大战爆发，惊醒了人类。伴随着全球化出现了生态恶化、网络舆论暴乱、恐怖袭击等，人类将探索的视野转向了自身的幸福与意义——科技和工业化怎样才能结束野蛮生长的态势，而与人类自身的幸福需求结合起来？于是，在文化对抗激烈的情形下，精神分析理论日益进入人们的视野。例如，弗洛伊德的精神分析理论、荣格的人格分析心理学理论，这些理论日益得到人们的重视，并且在当代重新焕发出光彩。从这些奇妙的、微观的精神分析入手，学者们对各个文化群体及其非理性成因展开了大量的深入人类潜意识的分析，而对历史上造成恶性竞争甚至世界大战的意识根源做了深刻剖析。《浪潮》（*Die Welle*）是一部拍摄于 2008 年的德国电影，根据真实的故事改编。故事讲述了某学校的一位社会学老师，在讲述纳粹主义的时候做了一个实验，当时的学生都以为纳粹离自己很远，但仅仅过了一个星期，数百名学生便深陷纳粹组织而不能自拔，有的学生甚至在最后老师宣布结束游戏的时候开枪自杀。回首第二次世界大战，群体归属感缺乏遇上个人的安全感缺乏，便导致了以极权者为首的凶残无度的纳粹组织。面对由个人精神层面和群体互动形成的极权，哲学家卡尔·波普尔在《开放社会及其敌人》中做了论述，认为极权源于组织对单一信仰的强调。索罗斯（George Soros），当代首屈一指的金融投机大师，波普尔学说的继承者和发扬者，写了《开放社会——改革全球资本主义》一书。书中分析了资本主义制度和全球资本主义体系所存在的缺陷与危机，指出了西方主流经济学——微观经济学“供需均衡理论”的谬误。同时他认为，市场价值不能取代社会价值，用市场机制来解决社会和政治问题也是导致金融危机的一个重要原因。他主张建立一种不完美但可能被不断改善的社会——开放社会。“开放社会”价值观与道家精神的“厚德”价值观、马克思的“辩证社会主义”价值观是相一致的，他倡导一种开放、包容、多元、动态发展的群体文化氛围。

为什么现代社科理论倡导创造一个开放、包容、多元、动态发展的群体文化氛围？因为这样的文化群体能最大限度地满足个体的归属感需要和安全感需要，在此基础上，人类自我实现的动机能得以充分弘扬，个人和群体的幸福感由此得以实现。另一面，任何单一的、绝对化的文化要求都会导致很多个性特出者由于意志受限而滋生恶意的自我保护的盔甲，因其被排斥或者被歧视却与自身本性相矛盾而导致执念滋生。这些执念，无论是根源于被称为“善之源”的女性化的同理心智慧，还是根源于被称为“恶之源”的男性化的竞争性创造力，在极端文化群体偏见下都可能导致过于软弱或过于富有攻击性；而只有包容的文化氛围才能使这两种特质转化为自我实现的动机（而非自我防卫动机）朝着有利于人类自身发展的方向发展。“天行健，君子以自强不息；地势坤，君子以厚德载物。”这两句话是人性社会“道生一，一生二，二生三，三生万物”的起点，也是人类社会的终极真理。人性——不同的天性、不同的经历、不同的背景、不同的意念导致了不同的人格和行为方式，道家的八卦演变逻辑早已预言了人生百态以及人生百态所呈现的人事变迁。更诡异的是，在人类意识与上帝的预言中，你所预测的正是你所祝福的，你所担心的正是你所诅咒的，而你的祝福抑或是诅咒也都将植入意识成为万事发展演变的起点。真实的人类社会，不可说，能说出来的不是恒久的道——“道可道，非恒道”——这便是中华文化数千年的智慧。没错，人类科技发展天翻地覆，而关于人类自身的研究，不过是转了一大圈，又回到了起点而已。

3. 中华文化

与欧洲社会不同的是，尽管中华民族也有自己的鬼神传说，但那不足以成为整个华夏的信仰，所以中国历史上基本上没有宗教战争。

中国较早结束狩猎生活进入农耕社会。进入农耕社会意味着人类开始探究动植物的生长规律，开始有目的地进行理性思考和预测，并有目的地传承人类的文化。农耕社会也使人类形成了更长久稳定的群体生活，协作意识更加强烈。因此，相对于欧洲文化，中国是一个偏重理性和智慧的民族——理性和智慧（以同理心为基础的人类社会群体协作能力）正是人类区别于其他生物的重要特征，是人类得以脱离动物性适应人性驯化从而得以成为“万物之王”的基本特征。

在中国悠久的文化体系中，典型的特征是家国文化。中国重视一国之君和一家之主。尽管现在看来有些不合时宜，正是家国给了当时人们安全感和归属感，从而满足了人们的生存本能和社会本能，使中华民族得以繁衍生息。

如前所述，生存本能、社会本能是人类进化数万年形成的。农业革命改变了人类的生存方式，但近万年的历史还不足以进化出更高级的生物本能来帮助人类适应社会。人类最大的特质在于拥有智能——能通过语言、文字沟通、传播的智能。智能的作用在于能根据不同的环境有目的地调节不同思想和行为。尽管人性本能在潜意识里无时无刻不在起作用，但人类能根据显意识有目的地做更有价值、更有效率的事情。这便是理性的最初形态。理性存在的特征之一是根据不同的需要压制、扭曲、美化非理性的本能冲动，从而形成文化。

追溯华夏文化之源，正是传说中的伏羲。伏羲仰观天上的云雨雷电，看地上刮风起雾，又观察飞鸟走兽，根据天地间阴阳变化之理，绘制了八卦，即以八种简单却寓意深刻的符号来概括天地之间的万事万物。伏羲八卦中所蕴含的“天人谐和”的整体性、直观性的思维方式和辩证法思想，是中华文化的原点。伏羲教民驯养野兽，这就是家畜的由来。伏羲开启了理性之光，然而理性的发展必然意味着非理性本能的压抑，于是发展出文化体系以使族群在理性需求和非理性需求间取得平衡。他首先变革婚姻习俗，倡导“男聘女嫁”的婚俗礼节，使血缘婚改为族外婚，结束了长期以来子女只知其母不知其父的原始群婚状态。伏羲创立了中华民族的图腾——龙，“龙的传人”由此而来；他为他的族群创立了归属感标识“龙”，这种原始图腾文化与现代社会盛行的 LOGO 文化如出一辙。伏羲始造文字用于记事，取代了以往结绳记事的形式，文化由此得以传承。伏羲发明了埙、瑟，创作了曲子，将音乐带入人们的生活，以释放或者抚慰人类的非理性本能。用音乐艺术安抚或释放本能冲动正是现代人常用的方式之一。伏羲还将其统治地域分而治之，而且任命官员进行社会管理，社会阶层由此形成。人类为了获得认可而倾尽全力，这便是自我实现动机的发展，与现代人努力的动机无二。在人类的文化发展传承上，文化是基于理性自然科技发展和非理性本能冲突的产物，在这一点上，远古时候的形式与现代形式有着惊人的相似。

在应对生存本能方面，中华民族饲养牲畜，种植五谷；在应对社会本能方面，中华民族用家国体系满足族人的安全感和归属感，激发其自我实现的动机。华夏文明由此得以独树一帜，灿烂了整个人类史。中华民族的家国体系促使人们很早就开始考虑人和人之间的微妙关系，正是因为对人本性的充分认识，中华民族很早就认识到人类“不患寡而患不均”的社会性文化。他们认识到，商业力量下自我实现的需求必然是和归属感、安全感需求相矛盾的；他们认为“不上贤，使民不争；不贵难得之货，使民不为盗；不见可欲，使民心不乱”，因此倡导中庸之道，衍生出了道家思想和儒家思想，主导重农抑商。在人性和商业的衡量中，他们相信只要不贵难得之货，则“人之初，性本善”。在这样的文化背景下，中国产生了诸子百家、四书五经、唐诗宋词、琴棋书画、戏剧武术等丰富多彩、令人叹为观止的文化。尽管在历史上曾经遭遇过“焚书坑儒”等削弱文化的事情，但仍不损其灿烂之态。即使到今天，世界各国的社会学者在面对错综复杂的社会问题的时候，也经常从中国传统文化中寻找智慧。可以说，在人性社会的领悟洞察方面，中华历史文化蕴含着与当今最前沿社科理念相媲美的深刻洞见。现代物理学基础之量子理论和计算机技术、现代社会学基础之精神分析和社会无意识理论的开创者都不同程度地感叹中国古代文化思想的精妙。20 世纪量子物理学大师尼尔斯·亨利克·戴维·玻尔一生最得意的成就是发现了“并协原理”。这个原理与《易经》中的“阴阳互补”原理有着内在的深刻共通性，而且这个原理的别称正是“互补原理”，尽管他未必看过《易经》，但他却在丹麦国王授予其荣誉勋章的时候将“太极图”作为族徽，见图1-3。莱布尼茨是德国历史上的一线哲学家和数学家，与牛顿各自独立发明微积分，是“二进制”（计算机基础）的主要发现者。作为历史上少见的通才，他被誉为“17世纪的亚里士多德”。莱布尼茨是最早且最为广泛深入地了解中国文化的欧洲人之一，且对中国文化抱有极大的热忱和高度的赞颂态度。此外，还有荣格——20世纪心理学尤其是潜意识心理学领域最卓越、最具影响的大师，他是分析心理学最重要的代表人物。他认为“《易经》彻底主张自知，而达到此自知的方法却可能百般受到误用，所以个性浮躁、不够成熟的人士，并不适合使用它，知识主义者与理性主义者也不适宜。只有深思熟虑的人士才恰当，他们喜欢沉思他们所做的以及发生在他们身上的事情”①。事实上，越是深入个体潜意识和群体潜意识领域，就越会发现道家思想之精妙。“假如有人想欣赏孔子、老子他们思想的特质，就不应当轻易忽略他们伟大的心灵。”②

中国历史上，“治世道，乱世佛，由治到乱是儒家”。这句话从历史实践上验证了思想意识对人性社会的相互作用力。意思是说，在和平社会里用道家思想，弘扬人的自然天性，能实现和平盛世。汉朝的“文景之治”，唐朝的“贞观气象”，无不与道家有关。一旦盛世到来，由于贫富分化加剧、阶级差别明显，儒家便起：明上下，立规矩，尊卑分明，阶层固化。当社会上的不正之风蔓延，贪污腐化，暗黑俗流滋生，人们反抗动乱遂致乱世，继而佛出，言五根清静，四大皆空，倡导慈善仁爱并敬畏鬼神，以图于世有补……

从道、佛、儒思想来看，道家的出发点是尊重个人本性，“真”为先；儒家的出发点是尊重社会性，“理（礼）”为先；佛家的出发点是仁，“善”为先。而艺术的出发点是“美”，能将人性的“真”“善”进行美

---

① The I Ching or Book of Changes [M]. Richard Wilhelm, Cary F Baynes, Translation. Princeton, New Jersey: Princeton University Press, 1977: 28.

② 同①29.

图 1－3　量子物理学大师尼尔斯·玻尔设计的族徽

资料来源：戈革. 玻尔的族徽——哥本哈根见闻之八［J］. 自然杂志，1990，13（6）：374－375.

化，追求真、善、美是诸子百家共同追求的最高境界。道家崇尚自然的人本性（非理性），儒家崇尚的是社会的礼（理性）；理性是人类为适应社会化生活（人得以脱离动物而成为人）而对人类非理性进行真善美化的过程。道家的境界是通晓万物理性而为自我服务，崇尚以“真”为出发点的情义理；儒家的境界是通晓万物理性而为众生服务，崇尚以“仁”为出发点的礼义情。从现代认知心理学的角度来看，人本性从文艺复兴时期开始觉醒，人性自私论认为人本性上是以自我为中心的，所有行为的出发点皆以自我为出发点。人本性的觉醒大大释放了人性，从而促进了近现代科技创新式的高速发展，这与中国历史上道家思想盛行而大大促进经济生产发展的情况高度相似。自我本性的觉醒同时也带来了对抗、暴力与世界战争。

现代科学研究发现人本性中还有一种叫作“同理心”的机制在起作用，限制着人类社会运行的暴戾倾向。所谓“同理心”，即我们能感知他人的情绪感受，将他人的情绪迁移到自我身上，因他人的喜怒哀乐而喜怒哀乐。“同理心”正是佛家和儒家思想的出发点。道家的情是自发的情；佛家和儒家的情，是迁移的情。这两种人本性中的情感是整个人类社会的情感基调，一边是自我，一边是他人，这是人性社会发展情感基调的二重性。就人类群体而言，每一个时期、每一个文化群体内都自发存在这两种情感基调，不过是道家文化盛行时期更适宜自我情感出发点的人本性的发展，而儒家、佛家盛行时期更适宜同理心出发点的人本性的个体的发展。而对于个体而言，不同的成长阶段也存在不同的情感诉求。男性在儿童时期更注重自我情感表现，女性在儿童时期更注重同理心情感表现。当自我意识情绪高昂时，意味着挑战、创新、激情、竞争；当同理心情绪高昂时，意味着仁慈、友善、合作、群体活动。显然，这两种情感基调都应该同时存在于一个具有完整人格的人身上——但对个人而言，不同的时期关注点又有所不同。有研究表明，男性通常只有有了孩子以后，同理心才会进一步觉醒，自私的本性得到收敛，变得更仁慈善良。① 总之，道家思想盛行的时候，社会更有活力和创新性，而小部分缺乏创新能力者有可能在相对劣势下变得好战；佛家、儒家思想盛行的时候，社会更友善、仁慈，而个别缺乏同理心者在极友善同一的环境中很可能会变得软弱、依赖、无能。这也许就是工业化革命发生于文艺复兴后的欧洲社会并导致极权霸权，而中国社会却在儒家文化中落后甚至晚清时期被侵略的文化层面的原因。

正因为认识到人性本能与商业竞争的巨大冲击力和由此而导致的争战，中国自周朝以来，历代帝王多喜儒家抑道家，并且重农抑商。孙中山说："中国由草昧初开之世以至于今，可分为两时期：周以前为一进步时期，周以后为一退步时期。"② 周朝时期诞生了中国历史上的两大思想家：老子和孔子。孔子受文化本能的影响强烈，强调权威、知不知、不断学习，是隔离本我用超我引领自我的思想；而老子直面自我最深处的潜意识，强调心学、可知、不断体验，是肯定本我意志的力量，并认为一切都是可知的、唯物的，因此能激发人们的创新探究精神。在两大思想对阵中，孔子因切合了政治大一统的需要而胜出，从此儒家学说成为和平治世的法宝，并被视为延续至今的中国正统文化的起源与代表。"官本位"文

① 詹志禹．年龄与同理心的性别差异［J］．教育与心理研究，1992（15）：259－276.

② 孙中山．建国方略［M］．北京：中华书局，2011：43.

化盛行，冥冥中却压抑了人本性中的创造力和竞争意识（但必须指出的是，错的并不是儒家，而是儒家变成一种政治用途的强制性学说，正如尼采的意志学说和达尔文的进化学说被纳粹利用变成一种政治用途的强制性意识形态一样）。因此，相对于西方文明，尽管东方文明在历史上以光辉著称，却没有发生工业革命。直到被坚船利炮打开国门，中国奋起抵抗，在抵抗的过程仍试图谋求众生平等的国策；在决定改革开放后，解放思想，实事求是，用了短短 40 年的时间达到了西方国家用近 300 年时间建立起来的工业科技水平。在全球文化价值观的激烈冲突过程中，在中国日渐强大的过程中，中国有足够的智慧主导全球文化融合。在经济力量的强烈冲击下，中国也一定能顺利实现与全球一体化。在习惯了“人人为我，我为人人”的家国文化氛围中，独立、自由、民主的意识将会强化，在人类社会本能对抗经济发展的过程中，也一定会破茧重生。在向中国古代文化寻根的过程中，道家文化也许能拯救世界使人类实现真善美强的统一。

第二章　三大动机与社会体系演化

在人类哲学史上，理性主义与非理性主义交替出现，唯物论与唯心论也是交相辉映，二元论与一元论在不同时期、不同文化体系中分别占据着主流地位。理性科学巨人牛顿和爱因斯坦晚年都致力研究神学。到底是物质决定意识还是意识决定物质？万物是有规律可循的理性主义还是无规律可循的非理性主义？宇宙法则到底是偶然还是必然？争论多年仍无解。或许这些争论和冲突真正的焦点在于，人类并不希望像解读世界万物一样解读自我，人类以文化为名否定自身和其他动物一样的生物本能，又以文化为名创造出神，当神论在理性面前一次次遭遇毁灭性冲击的时候，尼采发出的超人意志的人生哲学，却又成了纳粹攻城略地、种族灭绝的催化剂。在人性的天平上，根本没有必然法则，人类社会发展，实际上也就是一团混沌偶然的结果。“道可道，非恒道。”

从理性主义者的角度而言，除了理性科技带来的实实在在的结果，其他的——音乐、文学、绘画等文化都是心灵鸡汤，是一场场关于虚幻的艺术错觉，是人类在理性导致的科技文明与人类本能冲突的安慰剂、糅合剂。文化艺术的错觉作用在于使人民相信，人类在自身需求和科技发展之间是和谐、协调的，人类文明是不断进步的。

在非理性主义者看来，理性主义是虚幻的，人类终究是宇宙中的一个随机产物，人类永远不可能探究出宇宙的终极真理，否定了神学人类再无科学，唯有释放人性、弘扬人性的文化艺术才是人类的唯一价值所在，人生于世就应该及时行乐，让宇宙这随机的一个生命活出它自身所渴求的价值，即人类应遵从本能而生存，否定人本能的科学理性主义是不道德的。

然而无论理性主义如何否定非理性主义，或者非理性主义如何否定理性主义，不可否认的一个事实是，理性思维和非理性激情从来都不是分离的，而是任何时候都共同作用于人类个体自身和群体文化，正如左脑主理性，右脑主感性，而左脑和右脑共存于一个脑中一样。21 世纪，关于潜意识的理论研究揭开了理性主义与非理性主义之迷思。

一、自我意识探究的科学进展

21 世纪脑神经科学研究显示[①]，大脑神经是以“局域网”形式联系起来的，这些众多模块——大脑神经局部网络自动化的运作，形成无意识的运作状态，绝大多数不需要“意识”的参与。“意识”仅仅是“无意识”的冰山一角。且“意识”发生在左脑，左脑被称为解析器，为自己的感知和言行提供合理性的解析——尽管这个合理性的解析并不一定符合实情；换言之，左脑解析器即意识并不能完全理解无意识。有一些科学家如春山茂雄（著有《脑内革命》[②]）把左脑称为“自身脑”，把右脑称为“祖先脑”。右脑包揽着人的生活所必需的最重要本能和自律神经系统的功能，以及道德、伦理观念及宇宙规律等人类所获得的全部信息，它储存着 500 万年人类智慧的基础软件。与右脑相对应的左脑则储存着人一辈子所获得的信息，从时间上计算，最多不过三五十年，极其短暂。笔者将无意识的庞大体系分为三大类：生存本能、社会本能、文化本能。其中生存本能和社会本能都储存在人的右脑中，而文化本能则储存在左脑中。无意识是人类文明中非理性思想的根源，是创造力之根源，也是资本生命力的根源。

150 年前，专家学者开始研究人的两个大脑半球功能的差别，这也就拉开了研究大脑半球不对称现象的序幕。现代脑神经科学显示，大脑神经

---

① 迈克尔·加扎尼加. 谁说了算？自由意志的心理学解读［M］. 闾佳，译. 杭州：浙江人民出版社，2013：37.

② 春山茂雄. 脑内革命［M］. 郑民钦，译. 南京：江苏文艺出版社，2011：131.

是按照“用进废退”原则进行生长的，越是频繁使用的脑神经生长得越好。因此，不同的人沿着既定的思维框架便会发展出不同的人格特征。人类大脑整体而言分为左脑和右脑，左脑倾向于逻辑思维，右脑则倾向于艺术思维。大脑两半球具有一种合作关系，即左脑负责语言和逻辑思维，而右脑则负责做一些难以换成词语的工作，通过表象代替语言思维。左脑被称为“文字脑”，主要处理文字和数据等抽象信息，具有理解、分析、判断等抽象思维功能，有理性和逻辑性的特点，所以又称为“理性脑”；右脑，被称为“图像脑”，处理声音和图像等具体信息，具有想象、创意、灵感和超高速反应（超高速记忆和计算）等功能，有感性和直观的特点，所以又称“感性脑”。从认识论上来看，右脑主发现和创新，左脑主解释和探究。右脑发现怎么样的问题，左脑解释为什么的问题。从个人来看，不同的思维方式也导致了不同的价值观。右脑主导者要不停地去发现和开拓，左脑主导者要不停地去解析和归因。右脑主导者更喜欢拥抱变化，在不确定性中追求刺激；左脑主导者更喜欢确定性，在解析和归因中享受宁静从容。显然，对右脑主导者而言，无意识对其言行起着主导作用，其思维是跳跃的、网状的、综合的；而对左脑主导者而言，显意识对其言行起着主导作用，其思维是逻辑线性的、渐进的、深入的。对个人而言，同时用右脑感知和左脑思考的时候便出现了左思右想的自我意识斗争状态。可以说，不同脑力的相互作用形成了性格各异的人格特征，而这些人格特征，存在着自己难以觉悟的无意识动机，而要理解无意识动机，就先要了解弗洛伊德的潜意识理论。

1. 潜意识理论与三大本能动机

1900 年，弗洛伊德出版的《梦的解析》[①]，提出了潜意识理论，开了人类研究无意识作用的先河。在这些研究出现之前，人类对自身和所在群体的理解非常片面，人类以自己为出发点，以文化为圆周人为地为自己圈定了一个思想意识的框架，历史上只有极少数的人能突破思维框架打通左

① 西格蒙德·弗洛伊德．梦的解析［M］．赵辰，译．北京：西苑出版社，2013：263.

右脑通道获得卓越的成就。而近 100 年，借助于脑成像的技术、潜意识理论的深远影响，人类开始深入潜意识深处，由此再度产生了大量爆炸性的认知理论。因领悟这些奥妙而在历史舞台上异军突起的人物——马云、索罗斯等，都是当代大融合文化的受益者和倡导者。他们掌握了史上最有力量的意识神器，世界风云全在他们的一念之间。事实上，历史上的伟人无论是向左走还是向右走，无论是理性思维主导还是非理性思维主导，无论是唯心主义者还是唯物主义者，真正达到伟人境界的都是打通了左右脑，高度协调、融合而成就卓越的——必是对自己、他人、社会有了深入潜意识层次的领悟并有足够的力量如阳光般照射万物——古代神的传说由此而来；然而神终究不是传说中的神，大智者如爱因斯坦，深知神的恶，反对一切神化自我的活动，他宣称自己是“世界公民”，死后并没有举行任何葬礼，也不筑坟墓，不立纪念碑，骨灰撒在永远保密的地方，目的是不会令埋葬他的地方成为圣地——通晓非理性人性的理性主义者用自己的人生做了最好的阐释。

弗洛伊德的潜意识理论和荣格的人格理论，让人们认识到人类智能之下还埋藏着一座具有火山一样力量的神秘宝藏。这种力量主导着人类一生的所思所想，却从不为人类所认识。这种力量极善于伪装，它用尊贵、道德、正义、善良等至高无上的元素为“自我本能需求”穿上厚厚的闪闪发光的盔甲，这层盔甲是经由最爱的人——父母师友而来，在文化传承的谆谆教导中人类把自己最本真的需求掩埋，但这种火山力量又无时无刻不主导着人类的思想，让你以为你所选择的正是你所意愿的，这种力量便是潜意识。“人类一思考，上帝就发笑。”这说的正是人类无法正视自己的潜意识，而让显意识扭曲压抑自我，从而在显意识层面安排种种偏见的行为。例如，如果你总想控制、左右你的爱人、孩子，不是因为你有多爱他们，而是因为你缺乏安全感；又如，如果你面对可能产生争辩之事总是刻意回避，不是因为你有多善良，而是因为你懦弱；再如，当初有些德国人选择信奉纳粹主义，不是因为他们有多爱国，而是因为强权让他们有归属感……当潜意识被否认时，你只能理解你能理解的，你不能理解你不能理解的。你以为你是在思考，其实你是在安排新的偏见。你思考得越多，你离现实就越远。

“火同人，君子以类族辨物。”自从有了火的使用，人性逐渐脱离兽性而人得以为人——人类正式与动物界区分开来。火让人类脱离兽性而产生了人性，农耕社会让人类在人性的基础上创造出神性。自从有了神性，人类便有了潜意识，随之便进入了自相残杀的战争时代。世界历史上多次的末日之战、宗教之战便由此而起。现代聪明人很喜欢使用潜意识，他们纷纷努力地从儿童入手植入种种潜意识，以能移植他们自己的潜意识。但依笔者来看，潜意识还是和人性结合起来的好。过分的潜意识植入，一旦他日觉醒，就是灭顶之灾——要么疯掉，要么自杀。

在潜意识层面，正如前文所说的，人类行为动机分为三大类：生存本能、社会本能、文化本能。三大本能共同构成潜意识，其中生存本能（温饱、睡眠、性欲、健康）是源于生物本能，社会本能（安全感、归属感、自我实现）是开始社会化生产后形成的社会性本能，文化本能则是源于童年时期父母和社会群体所植入的文化本能。生存本能和社会本能通常“储存”在右脑，而文化本能则“储存”于左脑，由后天“驯化”而来。对于当今地球人来说，生存本能和社会本能是一样的，而文化本能则别有洞天——与原生家庭有关，与群体文化有关。总体而言，人类的行为动机主要是三大本能动机，而显意识的理性不过是对这三大本能动机的诠释与合理化解析，如图 2 -1 所示。

在人类的教育、文化的传承中，大多是发展左脑的理性思考能力，却往往压抑、否定右脑的自我感知能力和需求，由此导致左脑主导型文化的产生。左脑主导型文化通常是单一的、片面的、非此不可的。在这样的文化基调下，人类只有一种正确的价值观，社会发展是线性的，所以能以进步代替落后。右脑主导文化则是尊重人本性的发展需求，重视的是天人合一的和谐境界，是在承认人性的基础上发展社会经济文化，主导渐进的、包容的、多元的思维框架。无论佛家、儒家等学说，还是道家、开放社会学说，修炼的最高境界都是左右脑的高度协调发展，从而达到神化的境

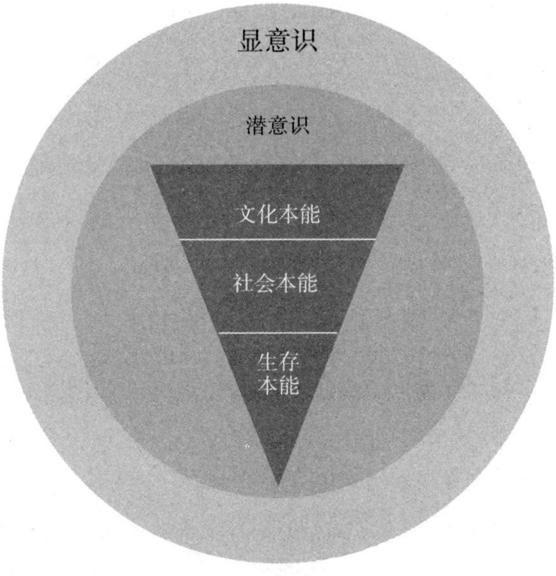

图2－1 意识的层次

界——每一个人都是自己的神，自我修炼、自我救赎、自我原谅，自我既伟大又渺小，自我既是宇宙的一切又微小如尘埃……

2. 人格特征与文化本能生成

卡尔·荣格（Carl Gustav Jung）等精神分析学家在沿袭弗洛伊德潜意识精神分析理论的基础上发展出了人格精神分析理论。人格精神分析理论认为人在“本我”“自我”“超我”互动中形成了具有相对稳定性的人格。在潜意识层面，人是趋乐避苦的，一旦现实情况超出自我的承受范围，自我就会为超我寻找合理性的解析，从而形成人的精神意念。沿着“用进废退”的大脑神经发展原则，人就会形成一定的人格。人格受情怀驱动，即文化本能，是将外界与生存本能、社会本能相协调的结果。当人遇到多重意识思想交汇，或者人的际遇遭遇到巨变时，就可能激发出多重人格。事实上，人的经历决定了他的所思所想，人的所思所想构成了他的人格。道家八卦（乾、坤、震、巽、坎、离、艮、兑）也预言了不同人格的特征和应世之策。本节将结合前面的分析内容，探究人如何在“道”的演变下呈现出各种人格特征。

古今中外，初生婴儿的心灵地图都是一样的，都有着“独立为自我，依恋为他人”的本能。太极生两仪（阴阳），独立性至阳，依恋性至阴。至阳者，天行健，君子以自强不息，如阳光自燃照亮天宇；至阴者，地势坤，君子以厚德载物，如大地博厚孕育万物。至阳至阴都是性本善的——本真、自信、独立、依恋，这些都是自我实现动机的基本出发点。自我实现的方式（意识中自我价值的认可方式）有两种：独立自我和关联自我。独立自我的人强调自我与他人的不同，而关联自我的人强调自我与他人的联系。[①] 完整人格的自我通常都是两者兼具，既强调独立自我自强不息，也强调关联自我厚德载物。但实际情况是，个体遗传天赋特性是有差异的，群体文化是有差异的，从而导致了不同的自我实现方式——人类依照自己的相对优势在“趋乐避苦”的原则下发展自己的能力和才华。无论是独立自我构建还是关联自我构建，其基本出发点都是性本善的，都是为了最大限度地发挥自我对社会、对他人的作用和能量。在人的自我意识中，右脑告诉你，你是太阳，你是月亮，你是宇宙的一切；左脑告诉你，你什么都不是，你连自己是谁都不知道。在婴儿的成长过程中，若能感受到照顾者对他们无条件的爱、接纳与包容，那么他们会在幼儿时期形成性本善的特性，左右脑意识能高度统一协调；反之，若照顾者对他们的哭泣要求置之不理，对他们的情绪持否认、命令甚至惩罚的态度，那么就会形成他们性本恶的特性。童年时期，父母的接纳是左右脑的融合剂，能培养出健全的人格；父母的否定则是左右脑的分离剂，会导致偏执型人格。文学艺术能从潜意识弥补童年缺失，正因如此，偏执型人格更容易成为文学艺术方面的奇才。正因如此，对真善美有多大程度的追求便意味着对假丑恶有多大程度的隐藏……性本善和性本恶的初始化会以文化本能的形式植入潜意识成为个体一生的思想根基和言行动机。

对右脑主导者而言，因其右脑感知、创新、发现功能更进一步，而左

---

① Markus H, Shinobu K. Culture and the Self: Implications for Cognition, Emotion and Motivation [J]. Psychological Review, 1991 (4): 224 – 253.

脑解析器功能相对滞后，“世界”在他们意识中经常是无解的也是不安全的，性本恶的初始化将容易滋生出具有强烈控制欲、强权、恶霸欺凌为心理动机的人格特性；性本善的初始化因感受到社会的包容和安全，则容易发展出富有激情、积极进取、具备良性竞争和创新性的人格特性。对左脑主导者而言，左脑解析器功能非常发达，性本恶的初始化会促使其将本我深深掩埋，忽视和歪曲自我和他人的感受，衍生出执念一样的信条，形成固执的、带偏见的文化信念，在这种条件下容易产生出盲从、软弱、懒散的人格特性；而性本善的初始化则由于其本我得到正视——理解、包容，从而激发其理性、友善、博爱、富同理心的人格特性。

性本善和性本恶的初始化取决于当时的群体文化及其养育者的人格特征。养育者若能提供无条件的爱，无论自己物质富裕还是贫困，无论孩子是聪明还是笨、丑还是美……无条件的包容和接纳孩子的一切情绪，给予满足和安慰，那么他就能在满足和平静中启动性本善的本能程序；反之，当养育者对婴幼儿的哭闹置之不理，或在其成长过程中经常质疑、威吓、惩罚、责骂打等，就会启动其性本恶的本能程序。在儿童时期，人若能感受到无条件的爱，就能获得空灵的、虚无的、广博的胸怀，从而完全以自我实现为人生动机，能最大限度地开发自己的意志潜力，成为极具创新性和领导者特质的人，更容易获得人生的成功；反之，如果经常受到否定、排斥、质疑、惩罚等负面情绪否定自我意志，就会用一生来弥补缺失——心理学上称为“碎片”，被意识所掩埋、扭曲、压抑的潜意识。若人生潜伏了大量无法被正视和宣泄的潜意识碎片，那么他几乎一生都在维护和搜寻这种无条件的爱，用于弥补心理碎片，用怀疑、焦虑和对抗与外界相处，并形成自己的思想意识，唯有真爱才能融化这些意识茧壳，所以，“只要能获得真爱，人生繁盛的概率就大幅度增加”[①]。值得一提的是，性本恶的初始化程序必须达到一定的程度，“意志否定”才会启动，即这种

---

① George E Vaillant. Triumphs of Experience: The Men of the Harvard Grant Study [M]. London: Belknap Press, 2012 : 52.

否定是在当事人精神承受力范围之外，或者长期习惯性的否定，才会启动性本恶的初始化程序。偶然的轻微的否定并不会改变其本性，反而会强化其本性，建立起反脆弱性的人格特质。事实上，所谓的“意志力”，应该是稍大的具有一定抗挫能力的儿童才应该培养的品质。婴幼儿在懵懂时期，有权利感受周围社会无条件的爱和接纳。

如果你不有幸在幼儿时期有一个慈爱、包容、理智的照顾者，那么恭喜你，你更容易形成良性的人生应对机制。反之，如果你不幸遇上颠沛流离的上一辈，他们可能会因为自己的焦虑而将焦虑和威胁传递给你，从而让你的心理意识结上层层茧壳，让你的意识充满疑虑、软弱或者攻击性；尽管如此，并不意味着你的人生就此不幸。大脑神经用进废退，文化思想传递、偶遇真爱、新的社群文化，这些都能促使你回复本我意念，重启性本善程序。只要忠于本我，从自我的舒适区里勇敢迈出一步，就能改变意识思想的轨道方向，为你打开本我与世界的大门，从而开启幸福成功的人生之路。在终极信念上，任何时候，都要相信世间的真善美、情道义；若有缺失，哪怕虚构一个神一样的超我出来，亦能助你无畏无惧一往无前。人生是一场修炼，植根于本我和超我的修炼就能获得自我的完满。

从性本善和性本恶的启动机制来看，在物质匮乏年代，更容易启动性本恶的程序；在物质丰裕年代，更容易启动性本善的程序。同理，同一时代不同的阶层也会衍生出不同的文化信念。在生存本能、社会本能、文化本能的关系上，当生存本能受到威胁，在物质缺乏年代或社群，由于物质利益是显而易见的彼长我消的，所以人们为了物质的竞争而呈现出性本恶，并且衍生出性本恶的文化思想意识；基于性本恶衍生出来的焦虑和盲从，从一定程度上而言，在物质缺乏年代有助于人民赢得战争、逃避危险和回避痛苦。在和平年代，或者物质丰裕年代，人们的生存本能得到满足，从而致力社会本能的满足，即人们的社会本能需求主导言行，社会本能中的归属感和安全感是共生共消的关系，在一个社会团体中，归属感缺乏者和安全感缺乏者是相互吸引的，所以是共赢的关系；一旦归属感缺乏者和安全感缺乏者都得到满足，两极吸引力就会消失，取而代之的是单纯自我实现的吸引力，表现为相爱的人相互疗愈碎片后开启自我实现的人生体验——满足了宁静平和的心理舒适区渴求后开启创造欲望的人性奇点的体验历程。在社会本能满足的层面，人们是性本善的——大多数人希望在社会中得到他人的认可、接纳，而得到他人认可、接纳的根本途径就是发挥自己的力量为他人和社会贡献力量，即尽量满足自己的自我实现动机。综上而言，在物质匮乏年代，生存本能主导意识思想，人容易形成性本恶的初始信念；在物质丰裕年代，社会本能主导意识思想，人容易形成性本善的初始信念。性本恶的信念是解决生存需求的，而性本善的信念是解决社会需求的。在物质丰裕年代，基于性本善衍生出来的创新性和理性友善文化本能更能促使社会的进步和繁荣，表现为科技的创新和人文的繁盛。在物质缺乏年代，右脑主导者以欺凌、控制、强权为特征的人格有助于其获得战争优势；而左脑主导者擅长的儒家和佛家以及宗教思想有助于人们的和平生存，以及维持文化本能上的幸福感，当然同时也会是软弱无能、懒散保守的避风港。

性本恶文化信念和性本善文化信念会以文化本能的方式进行代际传承，同一个时代不同的阶层也会形成两种截然不同的文化信念进行代际传承。哪怕后来物质条件、社会形势改变了，文化本能也仍以植入潜意识的方式在代际传承间发挥作用。这便是“龙生龙，凤生凤，老鼠的儿子会打洞”的意识层面的原因。性本善传承性本善，性本恶传承性本恶。人一旦传承了性本善的文化信念，即使遭逢变故、家道中落，也能在和平年代快速崛起，成为利己、利他的精英，而一旦传承了性本恶的文化信念，则几乎需要用尽一生来寻求回归本真的道念。

在代际传承中，文化本能（信念）的颠覆需要物质条件和精神条件的巨变。如从物质缺乏年代到物质丰裕年代（当代工业化革命和分工为全球多个经济体带来了短时间的物质条件的巨变），人们的价值观会从性本恶的价值观过渡到性本善的价值观，但需要长达百年的时间历练和传承。当物质条件、社会形势改变时，会衍生出新的文化需求，这就需要承接上一辈文化本能的人们具备足够的反叛、新生的智慧。在转变新生的过程中，在摆脱性本恶程序控制到重启性本善程序的过程中，在满足其社会本能需求重构文化的过程中，主要有两个阶段几乎是必经阶段：第一是满足归属需要和安全需要，只有满足这两者的需要才能进入第二阶段的发展，即满足自我实现需要。社会需求的两个阶段动机取决于其养育者和所在群体的文化信念，若是性本恶的文化信念，人在童年阶段若物质满足但感受到社会的排斥、轻视、利用、妒恨等负面情绪却没有有效疏导就容易导致归属感和安全感的缺失，这两者会成为其人生的基本动机，从而阻碍其自我实现动机的萌发。事实上，当前社会绝大多数人一辈子都在寻找归属感和安全感以弥补童年的缺失，那是一种物质缺乏年代基于性本恶文化本能传承而衍生出来的软弱、懒散、盲从人格或者控制欲、权力欲、欺凌霸权的侵略型人格，表现为归属感和安全感的弥补——源自父母无条件的爱的缺失。这种爱的弥补是一个极其漫长、细致的过程，很多人终其一生也寻觅不到这种无条件的爱。因为这种无法被意识正视的潜意识一旦成为人生动机，便会在生活过程中进一步被强化，从而时间越长茧壳越厚越难以破解，甚至固执到根本就容不得任何否定。如果被他人质疑，就会分泌出愤怒激素将茧壳进一步加固；如果被自我意识否定，就容易陷入自我怀疑的神经质状态，从而进入慢性死亡的平庸化退化状态。只有极少数的人能在真爱的感召下疗愈，真爱表现为对自我和他人的无条件的爱——历史上通常被称为代表光明和温暖的“神”的力量。

对于已经形成文化本能的个体而言，是极难改变的，甚至会在潜意识的暗示下衍生给下一代。例如，安全感缺乏的母亲，会对子女要求过于严格，并且高度控制子女的精神和生活，在这种条件下将促使子女要么变得霸道，要么变得懦弱。但若此时社会整体经济水平高速发展，社会文化趋向真善美的感化，则其子女可在成人后意识到源自上一代的执念，从而重构新的文化信念，但这种重构带着过往的顽疾，极难表现出完全的超脱以及天生的毫不怀疑的信念，所以精神文化重建更多的依赖第三代的新生重构。

借助于核磁共振等科技手段进行脑科学研究，发展出系统的科学性的研究方法以揭示人类的非理性意识之谜，结合人类幸福的研究课题，最后得出无条件的爱——关于光明和温暖的感召是人类行为最根本的动机。事实上，早在2000多年前，老子就揭示了人性之本：“至虚，极也；守情，表也。万物旁作，吾以观其复也。天物云云，各复归于其根曰静，静是谓复命。复命常也，知常明也。不知常，帀帀作凶。知常容，容乃公，公乃王，王乃天，天乃道，道乃久，沕身不殆。”[①] 翻译成现代文的意思是：摒弃一切执念，达到人性极致，人性极致表现为守情。万物齐生，我观其循环往复。万物纷呈，最后回归其根本，其根本就叫“静”。静，就是交还其生命时的状态。生老病死是常态。知道常态，才能洞察一切。不知道这种常态，就会帀帀作凶。知道这种常态，就能包容，能包容才能公道，公道才能天下归心，天下归心才能符合“道”，符合“道”才能长久，即使身死灵魂也不灭。可见，“静”是修身得道的根本——老子多次提到修道的关键在于“静”。哈佛大学21世纪著名的“格兰特研究（*The Grant Study*）”研究的是“什么样的人，最可能成为人生赢家”——这项研究始于1938年，花费超过2000万美元。结论是男子气概、智商、家庭的经济社会地位、性格这些因素都不重要，重要的是，只要遇到真爱，人生繁盛的概率就会大幅提升。[②] 人只有在生存本能、归属需要、安全需要得到充分保障的前提下——情感被满足的前提下，自我实现动机才能被充分激发出来——以最虚无的、灵变的思维框架实现自己人生的最大价值。生存本能满足则有赖于生产力、技术经济条件的提升，而归属需要、安全需要的满足则有赖于至亲的人给予无条件的爱和接纳。道家所谓的守情便是此意——人若能得一人与你无条件相爱相守，便能真正不念过去不畏将来。只有感受到无条件的爱，人才能真正地懂情，只有懂情才能移情，只有移情才能心怀天下无往而不利，所谓“修身齐家治国平天下”即是此意。只要心怀苍生，便会领悟到“躯体是客，灵魂是主人”的“道”的精神——古往今来，客人

① 熊春锦，校注．老子·德道经［M］．北京：中央编译出版社，2006：161.

② George E Vaillant. Triumphs of Experience：The Men of the Harvard Grant Study［M］. Cambridge，Massachusetts：The Belknap Press of Harvard University Press，2012 ：52.

常来常往，而灵魂一直在那里。

濒死体验研究表明，人在临死之际，大脑皮层意识会层层消失，此刻人们会以倒带的形式慢慢回想起过往体验深刻的事件，大脑思想意识沿着来时的路一路往回走，那些丢失的初念、捡起的累赘，通通如电影回放般呈现……最后，当意识消失，只剩潜意识的感受时，人们会看到鬼神、上帝、天堂、地狱等意象——文化本能；最后的最后，是社会本能，人们回归最初的渴望——光明、温暖，一种无条件的爱包容的感觉。光明、温暖、情义，这是濒死体验最后出现的共同感受。有人描述为“无条件的爱”——驱动和接纳生命力的源泉——正如婴儿初生时候的最初体验，生命发于此也归于此，即道家的“守情复命”。人的成长过程，若能觅得无条件的爱，深悟其中的真义，便能重启生命力、重启人生。综合而言，重启人生有两种普遍契机：遇到真爱、生养孩子。如此便可延年益寿、百病莫侵，得道成佛也不过是水到渠成……

个体根据其不同的人生体验形成不同的人格特征，这些人格特征有着特定的文化本能。其作用路径可归纳为图 2 - 2。在人生旅途中，当彻底领悟到无条件的爱，就能重启人生，释放生命能量。和平盛世，人间有情，风霜雨露皆为诗词歌赋；战争乱世，人情凉薄，惊雷闪电皆为鬼哭狼嚎。“一将功成万骨枯。”若能重来，人类社会是否会以另一种模式进化?

二、群体意识与社会体系演变

人类社会发展的五种形态，包括原始社会、奴隶社会、封建社会、资本主义社会和共产主义社会。其中的社会体系演变主线便是群体文化与经济水平的交汇。就经济水平而言，全球历史基本呈现出线性上升的态势，而群体文化意识形态，却往往处于周而复始的变化中。

古代农耕社会，人们日出而作、日落而息，这是长久以来墨客文人所向往的田园式生活，至今全球仍有一大批社会学者主张人类应该退回到农耕社会。其实，人们向往的并不真的是那几亩田地和几间茅屋，而是一种

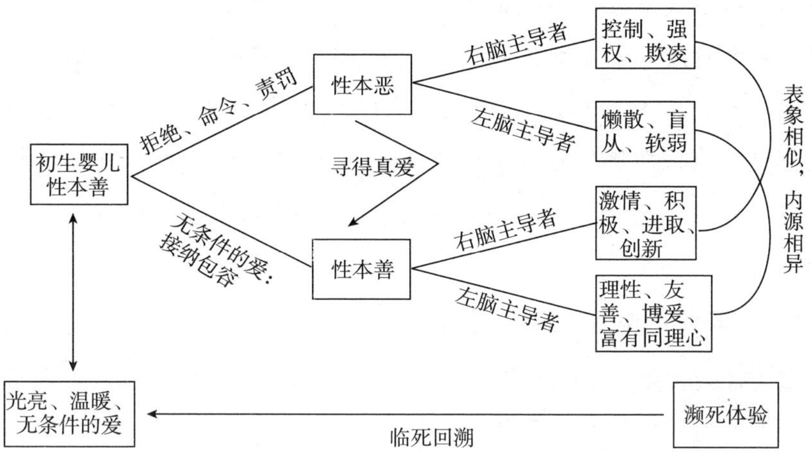

图2－2　人格特征意识

没有被污染和歪曲的人性社会，是能天然地满足人的生存需要、归属需要、安全需要的社会组织形态。在这种社会中，拥有同理心的左脑主导者将占主导优势，因其厚德载物而成为群体的领导者。无论人类如何向往乌托邦式的理想国，绝对的、纯粹的乌托邦都不可能存在——正如每个个体成长的一生，本身就不可能毫无瑕疵；任何一个社会群体，都不可能毫无瑕疵。而真正的理想国，恰恰是能包容而非排斥人性中的阴暗面的——源自生存本能、社会本能所形成的恶的一面——人性唯有得到正视，方能扬善消恶，转恶为善。乌托邦的理想国之所以失败，就在于它虽然满足了生存需要、归属需要和安全需要，但它满足不了自我实现动机的需要——人类心灵地图上的光之源。自我实现意味着成长、超越、强大，甚至是竞争，即道家所说的阳性，至阳而至乾，也就是现代脑科学揭示的右脑意识中无所不能的超人一般的自我意志。这种自我意志被否认和掩埋，或者说被驯化——在遗传过程中被淘汰，那么人类或许就进入倒退模式了，日渐倒退到猿猴一样的群体模式。若过度鼓励这种超人意志，鼓励竞争，对于不擅长竞争或者暂时不擅长竞争的人而言，在文化信念上又会滋生出妒、恨、怨的恶念，从而开启欺凌或软弱的人本恶性；走上全社会的恶性竞争途径，如历史上的斯巴达、纳粹主义，皆以欺凌、灭族、霸权谋天下——由此走上了人类自我毁灭的道路。当经济技术发展到一定程度时，性本恶的竞争模式必然会导致两败俱伤，末日预言由此而来。过往，天下大势，合久必分，分久必合；而当技术水平发展到一定程度，当核武器如悬在全球之上的警钟时，世界唯一的命运便是和平共存——建立一种包容冲突、包容异见的开放的社会价值观和社会体系。

1. 道家文化与开放社会价值观

欧美社会文化历来强调独立自我的价值观，他们理解不了中华民族性本善的价值观从何而来。直到近现代社会，关于同理心的呼声日益高涨。奥巴马在不同场合表达了同理心的重要作用，Simon Baron－Cohen 在《邪恶的科学：同理心和残忍的来源》中将邪恶与“同理心被吞噬”画上了等号，认为世界上绝大部分的苦难都归咎于同理心的缺乏。[①] 综观当今世界经济体，中华民族的同理心可谓首屈一指，儒、佛、道三家共生的文化信念使中华民族的群体情感共振和合作的能力得到极大的弘扬，形成了左脑主导的文化信念。换言之，在中华民族群体里，同理心发达的人会脱颖而出成为社会精英，甚至在社会优胜劣汰过程中因同理心优势而更利于其繁衍生息。所谓同理心发达，首先是要能正视自我情感，然后才能迁移情感，区别于道德绑架之下的伪善，即所谓善良、仁慈必须是一种自发的天性，现实中更多地表现为女性的阴性的智慧。而事实上，阴阳共同存在于个人意志当中，正如左右脑共同作用于人的意识一样。事实上，历史上真正的伟人都是雌雄同体的——他们在包容的环境下，在人生的不同阶段、不同的成长敏感期发展出了看似迥异实质一脉相承的阴、阳二性。但就群体文化而言，无论是向左强调同理心还是向右强调竞争创新，都是不正常的，都会因为群体文化的映射或者说道德偏见而否定另一面人的本性，而无论哪一面人本性被否定对人类而言都是不利的，要么因竞争创新性被压

---

① Simon Baron-Cohen. The Science of Evil：On Empathy and the Origins of Cruelty［M］. New York：Basic Books，2011：180.

抑而倒退，要么因同理心缺乏而恶性竞争。道家言：“绝圣弃智，民利百倍。绝仁弃义，民复孝慈。绝巧弃利，盗贼无有。”“不上贤，使民不争。不贵难得之货，使民不为盗。不见可欲，使民不乱。”如果人类有着天然自强不息的阳性和厚德载物的阴性，如果人类有着天然强大的自我意志和同理心意志，那么顺其自然，守情笃定，自然民利百倍，民复孝慈。何需圣人？何需道德绑架？何需在焦虑的担忧下自小就植入教条信念？就群体文化而言，独立自我和关联自我都是人性至善，无论偏重哪一种都是对另一种的压抑和扭曲以致衍生出恶的信念。道法自然，尊道守情，而民自化。

就社会理念而言，老子、庄子等人的道家思想和波普尔的开放社会价值观都是目前意识形态中既符合人性又能确保人类和平发展的社会理念，相信也是未来全球文化融合中的主基调。道家文化主张以自发之情、以天性之真为起点的修炼（或者说教育体系），既能张扬自我也能友善合作。这种社会理念主张开放的、包容的、自由的思想。能深入人类的潜意识，承认、肯定人本能（生存本能和社会本能）的存在并在理性的主导下发挥其真善美的特质。在承认人性的前提下，人类能正视自己，并且正视他人，通过艺术文化释放人的本性，从而使人类能以最本真的精神境界去生活，达到真善美一体的境界，能出于本能地意识到潜意识的所在，从而发挥其自身最大的生命能量。

2. 向左走，向右走

人类历史上不同的社会时期分别衍生出偏重不同文化意识的价值观，从人性阴、阳二性而言，不同的文化信念表现出明显偏重于某一性的价值观，同时对反面的另一性表现出排斥，如斯巴达和雅典的性本恶与性本善。右脑主导意识文化相信强者文化，在一个失效的制度背景下，在缺乏智慧支持的文化背景下，会衍生出恶性竞争。右脑主导意识文化张扬自我、激发创新，却容易磨灭左脑主导者的友善合作群体意识。中国在周朝采用孔子的儒家学说治世，当时的信息传输、制度规范并没有足够的能力阻止人类自我生命力竞争或扩张时的争斗，因此以理想的社会道德规范来

“教导”世人，凡事讲求客观唯一存在的“理”，但同时也抑制了群体、个体的创造力。绝对化的“主义”“真理”等百家学说的弊端在于，它否认了人类个体和群体都是一个差异化成长的过程，它每时每刻都以“正确的”“高高在上”的态度对个体进行评判——而人的自由灵魂、尊严价值或者说真性情根源就在于对自我意志的天然肯定，否定自我意志的文化便是倒退的文化——任何不以理解、认同、感同身受为起点的教化都是倒退的教化，表现为史上反复出现的标榜为“主义”“真理”“唯一”的学说；而中国的道家思想是“绝圣弃智”“绝仁弃义”的，是反对教条化而容纳众学说的。孙中山说“周以后为一退步时期”，即指儒家学说掩盖道家学说从而对中华民族造成的影响。就中国而言，道家起时，尼采哲学已生；儒家起时，尼采哲学便消。

文明的纵向传承和横向传播都有赖于理智的能力——基于左脑的解析、语言传达、理解他人思想的能力。历史上执着于探究真理的人，正是左脑极度发达的产物。不管怎样，没有左脑的理性思考传播能力，人类不可能上天入地，也不可能进行群体化分工协作生产；而对于个人而言，满足不了右脑的本能需要，左脑再聪明又有何用？左脑发展到一定程度，必然需要右脑的协调，所以左脑主导文化主张在符合社会规范道德的前提条件下满足自我；而天生善良的（同理心发达的、左脑主导情感的）在左脑主导文化氛围下将如鱼得水，他们更善良、友好、谦和，表现为女性特征。通常人们都将智慧女神化，而事实上女人天生圣母心是毋庸置疑的。8岁男孩回家跟父母说：“我们班同学去看电影，女生全部感动得哭了。”然后语调一转，自豪地说：“我们男生全都不哭！”可见同理心智慧是女性化的智慧，群体文化中过分认同赞誉女性化的同理心智慧会压抑男性化的创造力。所以，尼采认为女性特征会弱化人类的强者意志，而事实上，智慧、善良、同理心、仁慈同样以左脑迁移情感的方式存在于男性意志当中，只不过相对女性而言，男性的同理心发展得更晚而已；但在发展过程中如果被当作软弱而被否定，或因文化的鄙视而被否定则会导致非自然人道的懦弱人格或反其道的攻击型人格。

左脑主导文化群体在教育体系中更注重以“驯化”为目的的情感迁移能力，即同理心。在近现代的中国文化界，一直批判中国传统儒家教育导致国民的懦弱麻木。但事实上，善良、仁慈是一种天性，一种以同理心存在的同样促使人类分泌多巴胺的特质，它看似懦弱，为了所爱却能无畏无惧无比坚强。在《小王子》[①] 故事里，“驯化”的含义就是“建立连接”，哪怕曾经是千千万万人中普通的一员，当彼此“驯化”的时候，彼此是世界上唯一的，彼此就产生了连接，产生了感情和感情迁移，因对方的喜怒哀乐而喜怒哀乐。对于右脑主导者来说，理解他人往往是很困难的，“驯化”需要长时间一来一往的相互沟通和认同。对于左脑主导者，在为人处世中，未闻其言、观其态便察其意，简单来往几招便能洞悉他人的人格和感情基调，对于熟悉的亲人更能做到比其本人更了解他。所以左脑主导者更容易发生情感迁移，更容易被理想主义感染，更容易接受思想文化的熏陶，其极致还能产生柏拉图式的爱情——仅凭对方思想就能产生恋爱的感觉，即俗称的“灵魂伴侣”。在左脑主导的文化里，非常侧重于培养世人的“移情”能力，擅长以理达情，通过移情机制的建立而促使彼此建立联系。这种情感迁移能力发展到一定程度，则可以轻易感知到他人的喜怒哀乐，并影响到自身的喜怒哀乐。佛家“众生平等”的普世价值观即因此而来，佛家达到了高度移情的意境。

对于右脑主导者来说，以理达情是困难的，他们的情感模式是原生性的、自发的、第一感觉的，他们接受不了需要“思考、分析、判断”的情感，所以他们通常都是外向型人格，需要在即时反映中表达自我并考验他人（社会）对自我的接纳程度。在右脑主导者的意识里，人们更多的是以自我为中心，更擅长理解自己，表达自己，而且他们认为别人也应该是这样的。面对左脑主导者，他们要么觉得左脑主导者会因喜欢他而理解他，要么觉得左脑主导者会因理解他而欺骗和利用他。右脑主导者在左脑主导的文化里经常容易缺乏安全感，这是阻碍右脑主导者自由发展其灵魂意

① 圣埃克苏佩里．小王子［M］．马振聘，译．北京：人民文学出版社，2013：44.

志、创新能量、竞争意识的主因。在左脑主导型文化的社会中，右脑主导者因不擅长沉稳的理性思考而被排斥在高等教育的门外，所以左脑主导型文化无形中扼杀了创新人才。左脑主导型文化更擅长团体传播即学习而非创新，而且更擅长合作，更有集体荣誉感，他们更明白“团结就是力量”的道理。当全球经济一体化的时候，当中国追赶上国际前沿工业化、信息化技术水平的时候，创新力远比学习力更有竞争优势——右脑主导的精英比左脑主导的精英更有竞争优势。

中华民族的文化主要是儒、佛、道三大文化体系。尽管历史上大多数朝代以儒家作为正统学说，但中国的方块文字和文学艺术的繁荣无形中开发了右脑。繁衍至今，中华民族总体而言是拥有高度活力的左右脑协调发展的民族。儒家注重培养世人的文化本能，注重礼仪、道理，以理晓情。佛家（又名释家）注重培养同理心，通过佛经梵音感化世人；注重以善导人，满足世人的社会本能。道家注重真性情，修真得道，认为修真才能洞悉宇宙和人生本原，真真正正觉醒觉悟；道家正视和满足人类的生存本能、社会本能，性本恶得以疏导，性本善得以弘扬。在物质缺乏社会，儒家、佛家更适合惩恶扬善；在物质充裕社会，道家更适合彰显自我。吴承恩是典型的佛家思想主导；《西游记》[①] 讲的是佛（唐僧）对道（孙悟空）的教化。在《西游记》中，美女基本上都是妖怪，道士基本上都是恶棍。曹雪芹是典型的道家思想主导，《红楼梦》[②] 是人类七情六欲的迤逦绽放，是基于“真”的对人性的细腻刻画，那里没有道德判断——每个人的经历都决定了他的所思所想、自然而然的世间百态。

事实上，每一个独立的个体都是既需要满足其归属感，也需要满足其安全感的。这是左右脑协同发展必不可少的要素。自强是为了不息，生生不息是为了适应优胜劣汰；厚德是为了载物，孕育万物、理解万物以为己用。然而对于僵化的文化本能而言，左脑文化难以容纳右脑文化，右脑文

① 吴承恩．西游记［M］．张燕均，主编．北京：中国文史出版社，2014.

② 曹雪芹，高鹗．红楼梦［M］．北京：人民文学出版社，2005.

化鄙视左脑文化。所幸的是，中国历来是两种文化相互融合促进发展的，中国的方块文字和源远流长的音乐、绘画等深厚的文化为右脑文化提供了天然肥沃的土壤，道家文化就是其集大成者。事实上，每一种文化的终极关怀都是最大范围的人民群众，从来没有一成不变的精英阶层和权贵阶层，有的只是能最大程度为最多数人说话的文化体系，有的只是思维框架的差异。尼采是右脑人的代言人；希特勒、尼采是左脑思维占主流意识的社会对右脑思维偏见的产物，导致右脑框架者走向了极端；老子、苏格拉底是右脑思维占主流意识的社会对右脑思维推崇的产物，使右脑框架者走向了人道主义的普世价值观。

右脑主导文化提倡创新的、竞争的、开拓的强者文化，右脑主导者更擅长拥抱变化，在进取中享受新奇刺激，而左脑主导文化提倡理性的、平衡的、合作的集体文化，左脑主导者更擅长解析归因，在确定性中谋求岁月静好，即右脑努力发现“是什么”“会怎么样”的问题，而左脑努力解析“为什么”的问题。对于社会分工而言，企业家、资本经营者都是创新的、热爱冒险的，而社会工作者、工薪阶层、学者基本上都是风险规避型。因此，资本在本质上就是创新、风险的产物。资本的价格取决于它的稀缺性，取决于它所在的社会对竞争创新的支持度，取决于它所在的文化。

3. 人类社会不确定性演变

如前所述，人类进入文明社会以来，在任何群体任何时期，都同时存在着左脑主导者和右脑主导者。但何种文化意识成为主导则在不同的时期不同的群体中有着鲜明的特征。右脑主导者更擅长考虑和表达自我，左脑主导者更擅长考虑他人。只有将自我和他人、社会的根本需求结合起来的社会才是理想的社会。历史上杰出的科学家、艺术家、领导者都是左右脑最大程度协调发展的人，他们往往能突破思维框架和文化框架有所发现，既能顺应时势又能激进创新。真正传承千古而无憾的文化，不是僵化的，而是包容的，是满足人本能的，包括最初的生存本能、社会本能，以及在人生过程中由于种种原因而生发出来的自我保护和辩解的执念、碎片、茧壳，也就是文化本能。道家文化和现代开放社会价值观都是包容性的，而孔子、柏拉图、黑格尔等左脑主导型的思想家往往倡导唯一的、线性化的社会价值观，这对于错综复杂的人类社会而言，显然是悖论。从历史上来看，文化是一个不断繁荣、没落的循环过程。繁荣是基于人性解放、自由、包容，没落是基于文化固化、僵化成本能，正如中国历史上与道、儒、佛思想相伴而生的繁荣和衰退一样。

就社会形态的发展更替而言，人类并不是朝着唯一确定的进步路径发展下去的，而是由很多不确定的偶然因素固定了一些特定的模式，人类朝着某种模式发展下去，从而衍生出现代社会千姿百态的文化。以儒家学说为例，自东周开始，构建了中国2000多年以同理心为起点的仁、和、智的文化及以农耕为主的封建体系。在这样的文化氛围中，以“自我表现”为特征的人会受到极大的压抑，他们无法在包容的人文环境中变得富有生命力和创新能力，却因人文环境对他们的压抑、扭曲而变得富有攻击性和敌视戾气。长此以往，对于整个群体而言将扼杀右脑主导者的竞争意识和创新意识，阻碍中华民族科技的突破性进步。事实上，道家思想是包容儒家的，盛行道家文化的时候，往往也是百家争鸣的时候；而儒家却是排斥道家的，儒家思想盛行的时代，往往是独尊儒术的时代。如果自周朝以来，道家一直是中华民族的主导文化，结果又会如何呢？

社会体系不是以唯一确定性的进步方式演进的，而是根据过往所选择的“框架”发展而来的。《国富论》是西方国家自由市场经济体制的起点，后来的民主思想、工人运动、制度经济学、反垄断等问题的出现和应对策略思想都是由那个既定的“框架”所产生的问题发展而来的。社会主义公有制是新中国的起点，后来的人民代表大会制、改革开放政策、市场经济制度、国企改革、金融体系构建皆从那个既定的“框架”所产生的问题和应对策略思想发展而来。当我们阅读《国富论》的时候，假设的是“人人以自我为中心”的自私论，鼓励差异、分工和竞争，这里面无法兼顾到具备强烈同理心的人群的意志感受和道德诉求。当我们阅读《理想国》的时候，假设的是极度擅长“同理心”的人，即具有天然大善和大德的人作为社会统治者和精英，这里面无法兼顾到具有强烈创新性、差异化的人的意志感受和道德诉求。柏拉图式的恋爱不是没有可能，但它只会存在于具备超强同理心的人身上，而超强的同理心是一种可遇不可求的人本性，是一种天然的自幼年时期开始便自由成长的恻隐之心。所谓“善”和“德”，只有具备同理心的人才是真善和真德，同理心缺乏的人，在左脑文化的强权和偏见下，便容易滋生出伪善和伪德。所以，乌托邦式的理想国不是真正意义上的理想国。不同的历史时期造就了不同的社会组织体系，不同的社会组织体系产生了不同的文化信念，不同的文化信念产生了不同的思维框架，不同的思维框架又进一步强化了不同的社会组织体系。战争和冲突容易打破社会组织体系，衍生出新的系统，但到底新生系统是哪种却存在不确定性——在面对人类问题的时候，只有正视不确定性才是科学的，尽管在很多时候这种观念对于理性人来说如鲠在喉，正如量子力学对牛顿力学的冲突一样，不承认量子运动的不确定性，便无法容纳牛顿力学的确定性，尽管我们同意用相对论来暂时缓和量子的不确定性所带来的不适，但仍然没有从根本上证明决定论的正确，不确定性仍然清清楚楚地存在——它需要一种新的突现的理念，至于那个理念是什么，至少人类现在是不知道的。量子力学用概率云来描述不确定性状态，用相对论来描述不同层面不同物质的运动规律，而在人类社会组织体系层面，更是充满了不确定性状态和不同层面的突现系统。下面，笔者将用概率、突现等概念描述不确定性如何影响人类社会的组织体系进程。

4. 不确定性与社会体系突现

有人说，牛顿是天使，他给人类带来了光明，和他同时代的科学家都感叹再也没有可研究的了。直到魔鬼说“爱因斯坦，你去人间吧”，人类又重新回到了黑暗。这种黑暗指的是量子力学所带来的不确定性观点对抗牛顿力学的确定性。显然，要人类从意识上承认不确定性、承认非决定论是非常艰难的，正如无法让人类相信自己其实并没有自由意志一样，尤其是对于左脑占强主导意志的文化群体而言，不解析清楚为什么就无法凭直觉接受或者发现某些事物。事实上，能解析清楚的就已经是滞后的，主导人类社会前行的力量永远是变的、不可知的、创新的，甚至是随机的，只有变化才是永恒不变的。如前所述，社会组织体系以偶然的、突现的方式在演进。在真正的文化传承上，唯有承认不确定性主导作用的决定论观念才更符合人伦天道。尽管我们社会中存在着一个个井然有序的系统——交通系统、城市系统、教育系统……但这些系统并不是大自然中天然会存在的，也不是人类社会发展必然会出现的，而是人类根据特定的时候、特定的需要而衍生出来的。例如，教会系统只会存在于西方社会却不会存在于中国古代，农村合作信用社只会存在于中国农村而不会存在于法国巴黎。系统运行具有一定的规律，这种规律是人在特定时刻总结而出的。但当到了另一个层面，规律将失效。就像量子随机运行面对牛顿力学的系统运行一样。到了另一个层面，必须借助于另一套规律对其进行解析。这个突破口，却也是人类意识中面临着颠覆的痛楚所在。普朗克曾经说过一句关于科学真理的真理，它可以叙述为“一个新的科学真理取得胜利并不是通过让它的反对者们信服并看到真理的光明，而是通过这些反对者们最终死去，熟悉它的新一代成长起来”。这一断言被称为“普朗克科学定律”，并广为流传。普朗克定律得以广为流传的根本原因，是人类左脑的确定性意识严重压抑了右脑主导的概率云一样的意识，即人类绝大多数都是喜欢躺在心理舒适区里而不愿接受新的挑战——把一切归结为万能的神也是一种思想懒惰、心理固执的表现。在世纪的转折点上，上帝已死，人类从根源上承认自己的无知和伟大，从而才进入理论大爆炸的时代，出现了牛顿力学、量子力学、相对论、潜意识理论、市场经济理论、制度学理论等——每一种新生系统理论几乎都是在原来的零散系统上突现而来的。

所谓突现，是一种科学方法论的哲学表述，最早由20世纪初亚历山大（S. Alexander）、摩根（C. L. Morgan）、布劳德（C. D. Broad）和斯密特（J. C. Smuts）等一批英国学者提出。[①] 突现是指高层次的事物整体所具有而其组成成分所不具有的且事先不能由此加以预测的特性。例如，生

① 颜泽贤．突现问题研究的一种新进路［J］．哲学研究，2005（7）：101－107.

命之于无生命的物理化学特性，心灵之于神经细胞的生理活动，就是一种突现。就人类社会组织系统而言，突现就是商品交换系统之于农耕畜牧手工活动、分工系统之于商品交换活动、资本系统之于分工活动、金融系统之于实体资本活动，每一个层面的系统一旦构成便拥有单个个体所无法拥有的功能，并且这个新突现的系统也无法根据单个系统所拥有的功能而预测得了——新系统有着独有的区别于过往的、单个个体的运行法则。每当人类打开一扇新的窗，就展开了一场新的系统探究之旅。在生理系统上，人有动脉、心脏、血液、血管、大脑、四肢等。生理系统衍生出精神系统。在精神系统上，人有冷暖温饱、爱恨情仇、贪嗔痴怨念。精神系统衍生出文化系统。在文化系统上，人有风土人情、家国情怀等。现有的学科大多聚焦于特定层面的系统研究。尽管交叉学科早已为学者们所热衷，但众多学科交叉的研究和成果却异常罕见，而且人们习惯于对过往系统的学习与传承，对新生系统往往容易将之分散归纳于过往的零散系统。例如，极少有人将精神分析系统应用于社会文化演变系统，更少人将生理系统、精神系统与文化系统相结合，如人类大脑内部的下丘脑与杏仁核的关系，决定了群体文化是走向个人主义，还是走向集体主义。生理系统之于精神系统、精神系统之于文化系统，从突现向突现的转变，存在着比单个系统更为复杂的未知因素，存在着随机性。中华民族从秦朝开始重农抑商，关上了向金融体系突现的通道。千年之后，金融市场形成于英国的伦敦、美国的华尔街。金融市场运行法则是资本的相互作用和活动，资本的力量来源于价值的发现，价值的发现来源于需求、供不应求，需求来源于人性与科技的互动——满足生存本能、社会本能、文化本能的经济活动，而这一切的运行都存在着随机性，存在着只能以概率云状态存在的人性社会，存在于大量突现的系统概念如大数据、互联网思维等复杂互动的人类社会。唯有拥抱变化的、具备创新开拓精神的、深悟道家自我与群体意识的人，才能最大限度地掌握资本的力量，把握甚至左右社会文化、科学技术的发展潮流。

从狩猎社会到农耕社会、皇权帝国社会，再到民主社会，删繁就简，我们似乎能看清人类历史的演进，然而那是成千上万年的演进历史。就我们人类个体的生命而言，只有不足百年的时间，而能理性思考人类社会真谛的生命历程往往只有几十年的时间，再扣除其中的睡眠时间、忙于生计时间，每个个体用于自我思考、自我掌控并且判断大势，从而掌控自己命运的时间更是少之又少——任何一个个体几乎都是历史洪流里的一粒沙子，融入人群中，被某种力量主宰着自己的命运——当时当地，我们并不知道会走向何方，尽管我们的意识欺骗我们，告诉我们一切总有定论：要么是万能的神主宰着一切，要么是人类发展总有一定的规律——我们就那么心安理得地躺在心理舒适区里随波逐流，只有时过境迁才会幡然醒悟。不得不说，人类历史上绝大多数的人都是如此过来的。只有极少数的人，他们拥有空灵的思维框架，能以至正、至真、至纯的感悟力洞察自我、他人和群体社会，并且在自强不息的强意志力感召下，主宰自己的命运，左右社会发展的方向，他们基本上都是历史上的伟人，具有破旧立新的颠覆魄力——而到底具体是谁登上历史的舞台则有很多不确定性；并且，具体哪一个登上历史舞台对当时当地的人尤其是身边人，则有着生死抉择的权力。正如“薛定谔的猫”里描述的量子微粒的随机运动中，猫到底是生是死，无法确切预言，全赖粒子随机波动重叠交汇的结果。这便是“突现”的随机性。我们可以描述一种随机分布的概率状态，但永远没法确切地预言这种随机性可能导致的结果。换言之，我们每一个人其实都可以这样说，明天我们可能这样，也可能那样，但到底会怎样只有等明天到来后才能有确定性的结果，而这种新的结果又成为后天状况的起因。所以，以现在分析过往，归因过往的历史系统规则是容易的，而以现在预言未来，并且试图将过往规则应用于新的突现后的系统，却是困难的。真正有无限可能的，是未来，而教育总是灌输着必然。概率论为我们提供了很好的思维方式，尽管事物的发展不是以唯一正确的方向发展，但人类社会天然有一种吸引力存在，指引着人类社会往幸福的方向努力，这种吸引力便是满足自身的根本需求：生存需求、社会需求、文化需求。对真、善、美、强的追求，这种有时候被称为“灵魂”有时候被称为“精神”的事物，事实上是一种吸引力，在它的作用下，社会群体随机聚散，组织体系随机变动突现，呈现概率分布的量子运行状态。当随机突现形成的时候，并没有必然的规律，或者说因为这样的规律太多、太复杂，人类无暇去顾及，而跳过突现出现的无法理解的原因，直接去探究新突现系统的规则。就像当量子力学挑战牛顿力学的时候，我们至今解不开这两种层面之间的关联性，它们运动的方式为什么会不一样？但那不影响人们继续利用牛顿理论做出宇宙飞船，也不影响人们利用量子力学造出原子弹——从实用的角度出发，我们只关注对人类自身更有益的部分。所以，在人类历史上，我们研究原始社会、奴隶社会、封建社会、资本主义社会……从我们自己的角度出发，研究那一个个显而易见的突现后的系统。我们将之归因为生产关系适应生产力的发展。人类忽视了对自身的研究，忽视了那种精神引力场引起的概率性的随机结果。我们从内心层面不愿承认精神的决定论，我们至死也不愿相信自我意识是一种虚幻，人类到底是否有自由意志成为古今中外的千古难题。然而，若无法跳出人个体自我意志，又如何洞察他人的意志，如何感受群体运动的脉搏？人类个体的成长路上，需要多长的时间、多大的智慧、多强的意志才能趟过爱恨情仇的江湖、跨越意识的鸿沟成为一代伟人？而这其中，又存在着多大的随机性？老子和孔子，同一时代思维迥异却又互为吸引的两大伟人，若一念之差是否就改变了中国历史？我们今天所看到的一切井然有序的系统，都是偶然随机性自适应的结果，是混沌生成的。互联网有互联网的思维，天涯社区有天涯社区的江湖，金融市场有金融市场的精妙……下面，笔者将探讨这个混沌生成的世界经济体系和金融体系的形成，用一种概率云的视角、一种包含随机性和变化的视角来认识这个世界。

第三章　资本在全球的突现与演化

一、随机突现的立体网状系统

人类的三大本能——生存本能、社会本能、文化本能，犹如吸引力一般将世界凝聚成一个个有序运行的体系。撇开历史上所有过往的思维定式，现代社会是一个去中心化的自适应的交互作用的立体网状世界，其中三大本能是个体释放出来的宇宙吸引力，这种吸引力如云如雾聚散，既真实存在又无迹无影，或许是老子眼中的人道，或许是尼采眼中的意志，或许是弗洛伊德眼中的潜意识，无论它曾经被称为什么，在不同的人眼中有着多么不同的感知，它都是人类世界运行法则中的宇宙吸引力，让万事万物万千体系围之随机聚散——正如量子粒子围绕原子核随机运动一样。在资本体系中，它表现为工厂、机器、技术、工人；也表现为汇率、行情、指数、盈亏……其中都饱含着欲望意念。

当今的世界已经很难由一个人或一个团体的意志所左右，而是一个去中心化的相互影响和制约的世界系统，这个系统比以往任何时候都变化得更加复杂而迅速。蝴蝶振翅也能引起龙卷风，但你不可能知道哪只蝴蝶什么时候会引起龙卷风。世界各国的领导者、企业家、投资者、学者……随时都在观察各种最新的情况，随时做出新的应对与预测，正如天气预报一样，随时观测最新的风云变幻，然后根据新情况进行统计学计算预报。

在连接人性与科技之间，有一个东西被称为万恶之源、万善之本，那便是金钱。金钱最初较为稳定的形态是贝壳，所以中国汉字中和财富、价值有关的字大多与“贝”字有关，如贵、资、贪、贫、财、购等。金钱是个工具，就像刀枪一样，它的善恶仅仅取决于使用它的人。无论善恶，它首先要懂得自我生长才能成为力量强大的工具。而人的善恶，你信他善，他便是善；你信他恶，他便是恶。

二、人类的资本时代

自从人类社会产生了一般等价物，以贝壳、金银铜铁等各种形态存在的等价物就成了世人趋之若鹜的财富。尽管那时候由于技术的限制，人类等价交换的活动范围非常狭小，但人性是一样的，都有着生存本能、社会本能和文化本能。等价物作为财富的象征，在人类个体与群体潜意识中，都有着神秘的、不可抗拒的力量。耶路撒冷是欧洲文明冲突的要塞，据说它除了藏有上帝耶和华圣谕的“金约柜”外，还藏有数额巨大的“所罗门珍宝”。在欧洲社会，谁拥有耶路撒冷，谁就拥有让全世界基督教信徒进贡珍宝的权力。中国古代的皇宫，也是华夏大地上最为富丽堂皇之处。中国的丝绸，在欧洲成为贵族的奢侈品，甚至曾一度成为国际货币。[①] 丝绸之路是文艺复兴之前人类史上唯一知名的、具有国际化贸易特征的商贸流通路线。丝绸之路将欧亚板块相连，联结了罗马和华夏两大文明系。在哥伦布发现新大陆之前，欧亚大陆板块是世界文明演化的中心，其中东方世界是太阳升起的地方，传说“那里的富庶程度难以描述，田野的收获可谓奇迹，商品的数量令人难以置信，成群的牲畜让人目瞪口呆，产品出口量十分巨大”[②]。哥伦布远航也是在“地圆说”的信念下，为了到达繁华盛世的东方而起航。总之，在文艺复兴之前的世界历史上，财富都与生存本能、社会本能紧密相连，产生着神秘的不可抗拒的力量。在古代社会，财富无论是积累还是分配都具有较长时间的稳定性，分配格局通常能持续百年甚至数百年，形成极为明显的相对稳定的贫富阶层，并因此形成富裕阶

---

① 彼得·弗兰科潘．丝绸之路：一部全新的世界史［M］．邵旭东，孙芳，译．杭州：浙江大学出版社，2016：60.

② 同①67.

层（或者说特权阶层）的文化体系。特权阶层的意识形态体系自成，贫困阶层的意识形态体系自成，两种体系存在着明显不一样的层次信念。前者是物质富裕的基于自我实现的文化体系，后者是物质缺乏的基于焦虑、威胁的文化本能体系。即使是同一种思想理念在不同出发点的人的理解中也有着不同的意义。佛家对于富裕阶层而言，很大可能是道德制高点的怜悯众生；而对于贫困阶层而言，则可能是接受前世惩罚、回避后世地狱的威慑。当然“一人得道，鸡犬升天”的状况也时有发生，但与现代社会层出不穷的财富骤聚骤散有本质的区别。

人类经历了3000多年这样财富阶层相对稳定的历史，分合交替，善恶互动，由一般等价物带来分工，分工形成交易的市场（古代称为集市），交易市场的发展促进资本的形成。到了14—16世纪，文艺复兴，人们挣脱教会神学的束缚回归人本性，随之出现了近现代经济的高速发展。这个时候，人性极大觉醒，自由与探索日渐成为市场经济的主导灵魂。1492年，哥伦布在寻找东方文明帝国的过程中发现了新大陆——美洲，自此，一大批具有探索冒险精神的人纷纷从欧洲移居美洲。美洲的土著居民印第安人是25000年前从亚洲迁移而来的。① 亚洲人与欧洲人，相距25000年之后，经过大西洋和太平洋，再度重聚在美洲大陆上，激起了人类史上突兀而惨烈的对抗与屠杀。大量印第安人由于无法接受现代文明的驯化而惨遭杀戮，新移民在这片近似文化荒漠的土地上，割断旧文化重建新文化，构建了更彻底的独立、自由、民主的群体文化。于是，美洲——在远离人类历史文化中心的欧亚大陆之外，得以脱离人类2000年群体文化本能的禁锢。也正因为如此，美洲相对于欧洲显示出更强的创新能力，尽管它们在市场经济、工业化方面几乎同步发展。到18世纪，历经300年，欧美社会基本完成了资本的原始积累。资本原始积累以野蛮生长的态势冲击着一切旧有的文化本能，在满足生存本能和社会本能的冲动下，重构世界秩序，大批

① http：//baike. baidu. com/link? url = wklg3IK73NOp8ODyqrsFL2Q7 AHeKVJDtDs4u0X_3vK5oSG3XfaMBA2Ai2Ujgxe1zh2zgVLKDdvly4U_ _ Z2KDEXSxr7c4KLV0fzF9PP tKJlnrzXfJOskJULK4q9b9WVFC.

资本家迅速崛起，形成了与国家权力相对抗的全球资本权力网状结构。到19世纪初，资本主义带来工业化革命，英、法成为世界强国；与此同时，资本与工业化分工带来的利润如此显而易见，很多人一生下来便被训练成为某一技能的机器，分工的细化让社会绝大多数个体陷入了“只见树木，不见森林”的境地，由此带来人性的冷漠与禁锢，教条化信念滋生。在漠视大众利益与幸福诉求的资本强权下，无产阶级登上政治舞台。法国里昂工人起义、英国宪章运动、德国西里西亚纺织工人起义、马克思主义诞生，都对19世纪中叶及以后的资本市场产生了深远的影响。

战争平复后，工业化技术和资本市场继续发展，但在原先的野蛮体系下改良了很多，社会保障体系、民主体系、劳工保护体系得以进步完善，在主导世界潮流的大国中，生存需求、安全需求、归属需求基本上已经不成其为问题——在人类的心灵地图上，除了在新崛起国家中父母的焦虑传承，人类的生存需求、安全需求、归属需求基本得到满足，剩下的是自我实现的需求，必须通过自由的、独特的、竞争的方式方能实现。于是，到21世纪，关于公平、正义、幸福的探究成为人类在满足生存本能的基础上极力探究社会需求的主题。

索罗斯被认为是投机大师，曾被视为金融市场的破坏者，然而他以资本的力量推广开放社会的价值观，晚年成为万众瞩目的慈善家和哲学家。他以资本的力量成为自我实现者。资本所带来的财富的力量不仅仅限于生存领域，还有群体潜意识领域。财富代表力量，代表满足生存本能、社会本能、文化本能，代表话语权，所谓：“有钱道真语，无钱语不真。不信但看筵中酒，杯杯先劝有钱人。”[①] 在索罗斯成为富豪之前，他的哲学思想屡屡被人嘲笑，因为他有着孩童一样的本能意识，与理性社会多少有点格格不入——但他用自己翻云覆雨的资本掌控能力证明了自己的正确，证明了自我的价值。“脸书”创始人马克·扎克伯格给女儿的礼物是捐出自己所持有的公司99%的股份，市值约450亿美元，用于使他女儿所在的世界

① 无名氏. 增广贤文［M］. 崔钟雷，主编. 哈尔滨：黑龙江美术出版社，2015：13.

变得更美好，这是他证明自我价值的方式。去除人类文化本能的各种偏见，忠于人类最初始的真纯，便是生存本能和社会本能。当经济技术条件发展到一定程度时，生存本能满足了，社会本能的安全感和归属感也满足了，剩下的只是自我实现本能的需求。这些自我实现者，用自强不息的精神使自己和团队走向强大，再用资本的强大力量影响世界，使世界更美好，这是天然的自我实现本能的特性。马克思说，“生产关系适应生产力的发展”“资本主义是社会发展不可逾越的阶段”，只有生产力足够发达，人类生存需求、安全需求、归属需求得到满足，才会激发出自我实现的天性。自我实现是人类社会和平发展的个体原动力。当全社会中更多的人是自我实现者，他们不会基于生存威胁的本能而焦虑，不会基于安全感的缺失而霸凌，不会基于归属感的缺失而软弱。在这种情况下，自我实现是文化主基调和文化本能。在这种情况下，人类真、善、美、强是统一的，左思右想是统一的，向右的自我意识和向左的他人意识感知是统一的，表层的第一感知和深层的潜意识感知是统一的。在这种情况下，人的灵魂是平等的，人的差异是被承认的，人的个体价值和社会价值是相关的，人的神性、人性、兽性是同体的。在这种情况下，人是顺应天性成长的，越是自由本真的灵魂，越拥有无限空灵的思维框架，越容易成为竞争的强者。在这种情况下，人人生而平等，各尽所能，各得其所。每个人都是自己的神，自己掌握自己的命运，自己原谅、救赎自己的罪。人伦之间，相互牵连着无条件的爱，相互激发着由内而发的情义和才华。所谓理想国，不外乎如此。

资本就是这样的一种存在，它在物质匮乏年代，以不明觉厉的方式野蛮生长，从而促进经济和技术的高速发展，经济的高速发展在对抗文化本能冲突过程中产生了社会的动荡甚至战争。在动乱的表象之下，其实是一代人的生存焦虑和社会焦虑的对抗。只有当这些内置了生存焦虑和社会焦虑的一代人相继老去，当旧有的文化本能偏见日渐老去，新生的自我实现动机者成为社会主流，或者说当灵魂跟上来时，人的安全感和归属感得到满足，自我实现的动机便成为人类社会的主要动机，而那时，社会才得以在良性竞争的环境下和平发展。此时，经济会以良性竞争的格局高速发展；同时，符合人本性需求的精神文化层面的产品得以大量生产，资本以这种方式反馈人类社会的幸福诉求。由此可见，自我实现动机本身是自洽完满的。因为唯有符合人性需求的物质和文化产品才能获得他人的肯定，获得市场的肯定，从而为投资方带来收益。资本本身饱含着性本善的自我表现和社会信任。在这种情况下，资本对全人类而言，是社会物质财富和精神财富的原动力，是自我力量对社会贡献的衡量。资本本身包含着自强不息和厚德载物的双重能量，是道家乾坤太极图的同一体。资本和人一样，初始状态是没有善恶之分的，遇善则善，遇恶则恶，善恶的分割线是制度的建设——人类社会在充分沟通、融合、公平公开的前提下，构建起来的共同遵守的规则制度。

然而，即使有了共同遵守的规则制度，不同的人对财富的观点也有着极为不同的信念。为什么梵·高是穷死的，而毕加索是富死的？因为在梵·高眼里，财富是恶的；在毕加索眼里，财富是善的。两大画家，同样拥有着对自由美好事物的极度向往。但梵·高的一生是自我疗愈的一生，而毕加索的一生则是自我实现的一生。梵·高出生之前，他还有一个夭折的哥哥也叫梵·高。母亲为纪念失去的孩子而给梵·高取了和他哥哥一样的名字，并在他童年时期经常带他去墓地。母亲的思念和悲痛成为梵·高最初、最深层的潜意识，他是哥哥的替代品，他的灵魂之源——本应来自母亲的代表温暖和光明的无条件的爱，被悲哀和追思侵吞。再加上作为牧师的父亲的严格要求，梵·高的自我被严重地压抑和扭曲，他的潜意识深处认为自己是不值得被爱的，但他同时又拥有着对自由灵魂的极度渴望。他用悲哀和怜悯为自己披上一层金光闪闪的外衣，以掩饰那失落的无条件的爱。他用固执、任性对抗亲友，以至于无法维持他的每一份工作；他深入贫民窟布道，衣不蔽体、食不果腹；他割掉自己的耳朵，最后在贫困潦倒中自杀身亡。他用自戕的方式满足了母亲对他的“期望”——向死而生。就在他过世的前一年，1889 年 7 月 12 日，他写了一封信给母亲，其中有一段是这样的：“亲爱的母亲，关于忧伤，我们持续地失落、分离。

于我，似乎是本能，没有它，我们无法分开，也或许这样，它可以帮助我们，之后再去认得、寻找彼此。”[①] 梵·高30多年的人生生涯中，他与父母之间的感情联结是枯竭的，然而他仍显示出充沛的、热烈的、难以自明的情感色彩，统统表现在他的绘画中。对梵·高的研究文献，大多认为他是因为性格古怪、难以相处，从而造就了他艰辛贫困的生活，他靠弟弟的资助艰难度日，他渴望友谊，因此当他的朋友高更离开他的时候，他割掉自己的耳朵控诉朋友的离开，最后在精神疾病和贫困潦倒中自杀身亡。然而笔者认为，直到现今为止，仍没有人能真正理解梵·高。英国著名的梵·高艺术评论家马丁·贝利在新出版的《我心如葵：梵·高的画语人生》中提出关于梵·高研究的两个关键点：一是梵·高割掉耳朵并不是因为高更，而是因为得知弟弟提奥订婚的消息[②]；二是梵·高最后的画作并不是《麦田上的鸦群》，而是《树根》和《奥维尔郊外的田野》。[③] 这两点是马丁·贝利根据史实考证而提出的，但他对梵·高的心路历程并没有做充分的描述。梵·高仰慕高更，他本能地知道高更与自己截然不同的性格色彩有利于提高自己的绘画，高更让他凭想象力去绘画[④]，而不是像以往一样必须依靠实物写生。阴霾经不起阳光，潜意识害怕直白。事实上，梵·高在遇到高更之前，他的感情世界都是将自我隔离的，当他在高更的启迪下通过想象力感觉绘画，才开启了他直面自我的能量，才产生了后来惊世骇俗的作品——而也正是因为如此，才导致了他的疯癫痴狂：越是自我觉悟，越是难以承受。那么导致他疯癫的原因到底是什么？后世谴责高更不近情义，辜负了梵·高。事实上，高更根本不可能真正懂梵·高。高更的人生哲学是：“凡是违背自己本能、感情和理智的一切事，都不可去

---

① Leo Jansen, Hans Luijten , Nienke Bakker. Vincent van Gogh—The Letters: The Complete Illustrated and Annotated Edition (Vol. 1 –6) [M] London: Thames & Hudson, 2009: 787.

② 马丁·贝利. 我心如葵：梵·高的画语人生 [M]. 韩子仲，译. 上海：上海人民美术出版社，2016：87.

③ 同②112.

④ 同②68.

做。”[①] 高更眼里的梵·高是这样的：“毫无疑问，这个人是个疯子。”[②] 高更名义上是梵·高的启迪者，但在后者的感情世界里，前者充其量只是个过客，而梵·高自己，也是直到生命的最后时期才真正读懂自己。梵·高所有阴沉的颜色，都来自母亲对他早夭的哥哥的缅怀；他所有被潜意识掩埋的阳光温暖，都来自与弟弟提奥不愿割舍的感情联结：一种有别于正常兄弟情的、属于生命之源的、本应来自父母的错爱感情联结。梵·高得知弟弟订婚消息的当天割掉耳朵，研究者认为是因为他担心提奥再也无法提供经济的支持而悲伤。[③] 实际上对于梵·高而言，显意识是高兴地为亲爱的弟弟祝福，潜意识却悲伤得难以自抑而割掉了自己的耳朵，他自杀前两天画下《麦田上的鸦群》以表达他的痛苦和凌乱，他意识到“我的生活，从根基上被破坏，我的脚只能颠跛着走”[④]。（最后，在梵·高身上发现的致提奥的信）随后语调一转：“我担心我会成为你的负担。”其实此时梵·高的画已经逐渐得到关注，成名曙光在望，根本不是物质缺乏的焦虑而导致他的绝望，真正的物质焦虑会刺激求生意志，而不是消磨求生意志，消磨求生意志的正是他意识到他半生赖以生存的情感联结将面临威胁。他的真正的情感联结藏在他真正的最后一幅画——《树根》中，如图 3－1 所示。在他最后这个难以诉说的情感世界中，两棵树的树根紧紧相连在一起，粗壮得比树干还大；而依附在树根上的树，飘摇瘦弱，摇摇欲坠。其中的树根象征了他们的潜意识情感世界，树干则象征了他们的生活状态——这是一种不正常的情感依赖关系。

正是这种不正常的情感联结导致了梵·高悲哀而富有才华的一生，冥冥中积极高傲的高更吸引着他，让他学会了“依靠想象力”绘画，从而开启了他直面自我觉醒的心路历程，然而此时并没有新的情感联结给

① 尹成君，冯志才．高更　列宾［M］．太原：山西人民出版社，2012：32.

② 马丁·贝利．我心如葵：梵·高的画语人生［M］．韩子仲，译．上海：上海人民美术出版社，2016：122.

③ 同②86.

④ Leo Jansen，Hans Luijten，Nienke Bakker. Vincent van Gogh—The Letters：The Complete Illustrated and Annotated Edition（Vol. 1－6）［M］. London：Thames & Hudson，2009：903.

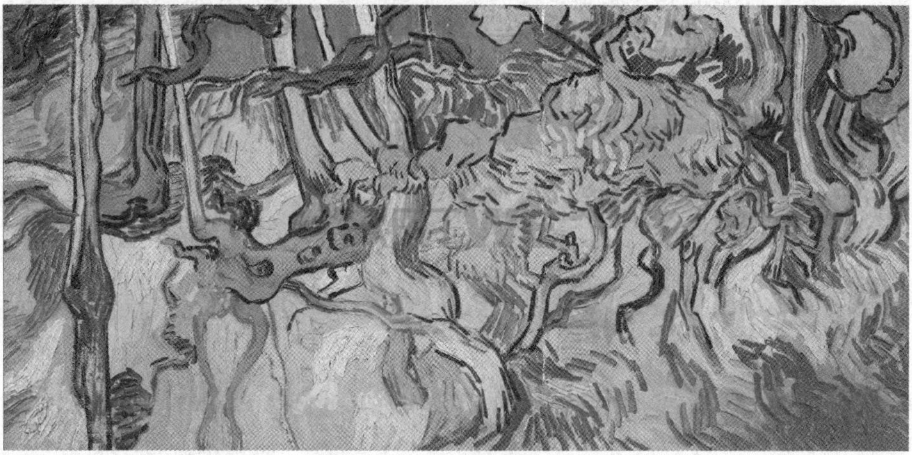

图3-1 梵·高《树根》

资料来源：梵·高博物馆。

予他，生无可恋，觉醒之际却也是毁灭之时。真正健康的情感，应该是基于独立的生命意志，从树根到枝繁叶茂的树干，都是独立生长的，尽管它们可以共享泥土养分，共享阳光雨露，但每一棵树都以独立的姿态生长着。人类是唯一出生一年后才蹒跚学走路的哺乳动物，其他哺乳动物基本上一出生就会走路觅食。人类直到6岁还算幼儿，文明化以后更是18岁才算成人。正因为人类需要更长的时间完成独立心灵图式的构建，人才能成为独立的人。人类割断脐带的那一刻，生命图式已成型，而精神图式却需经历更长的时间才能构建成型——也就是说，人的情感世界要从养育者身上索取无条件的爱以构建自我的人格体系，即建立正常的情感联结。与养育者正常的情感联结构成生命之源，如此才能在成年之后建立起良好的与外界沟通的模式。一旦生命之源受到挑战，就会滋生出不正常的情感联结，构成潜意识，构成自我欺骗的源头。梵·高渴望从父母那里获得的充沛的情感能量是缺失的，反而错滋生在弟弟身上，弟弟对他可谓是“无条件的爱”，很多评论家都认为弟弟非常支持、认同他的绘画。事实上，无论梵·高想干什么，弟弟几乎都是支持的——其实人世间除了父母和恋人，再也没有人有资格、权利、责任给予另一个人“无条件的爱”，因为当这种属灵的情感联结被取代的时候，对另一个人就是灭顶之灾。正如梵·高和弟弟的关系。那么，什么是正常的兄弟之情呢？正如木心所说：“高明的父，总是暗暗钟悦逆子的；高明的兄，总是偏袒桀骜不驯的乃弟。”① 在父与子、兄与弟之间，都应该毫不含糊地相互认同自我实现意志，只有基于独立意识的爱才是真爱。在人生的疗愈场上，有善、恶两种信念，梵·高是向善的自我疗愈，希特勒是向恶的自我疗愈。历史上几乎所有悲观色彩的文学艺术，都是向善的自我疗愈或自我沉迷。疗愈了，则能脱胎换骨，体会到人生的顿悟；沉迷了，则堕入深渊，万劫不复。穿越疗愈场，人生完满于自我实现——感受到温暖和光明之后对温暖和光明的创造与释放，如毕加索。

真正植根于本我的自我实现意志，其实是没有明显的善恶标志的。因为本身是性本善并且深信他人是性本善的，所以也就无所谓执念于善。正如老子所言，“绝圣弃智”“绝仁弃义”方得真我本色。毕加索出生于尽管不富裕却非常有爱的家庭，他的父亲荷塞也是一名画家，在城里的艺术学院教书。荷塞天性豁达，交游广泛。毕加索在成长过程中得到了父亲无条件的肯定和赞扬，哪怕他因学习成绩不好经常被罚，也能得到父亲的谅解并能兴致勃勃地在惩罚室作画。毕加索一生中画法和风格多变：蓝色时期、玫瑰红时期、立体主义时期、超现实主义时期、抽象主义时期等。他没有固定的主意，而且花样繁多，激昂或狂躁，可亲可憎，诚挚或装假，变化无常不可捉摸，但他永远忠于的是自由。世界上从来没有一位画家像毕加索那样以惊人的坦诚之心和天真无邪的创造力，以完全彻底的自由意志任意重造世界，随心所欲地行使他的威力。他不要规定，不要偏见，什么都不要，又什么都想要去创造。他在艺术历程上没有规律可循，从具象到抽象，来来去去。他反对一切束缚和宇宙间所有神圣的看法，只有绝对自由才适合他。他说过：“当我们以忘我的精神去工作时，有时我们所做的事会自动地倾向我们。不必过分烦恼各种事情，因为它会很自然或偶然

---

① 木心．素履之往［M］．桂林：广西师范大学出版社，2016：9.

地来到你身边，我想死也会相同吧!”① 1973 年，毕加索静静地离去，走完了他 91 年的漫长生涯，他如愿以偿地度过了一生。相比梵·高，毕加索的人生灿烂辉煌。到辞世时，毕加索留下了 7 万多幅画作、数幢豪宅和巨额的现金。他是有史以来第一个活着亲眼看到自己的作品被收藏进罗浮宫的画家。据测算，毕加索的遗产总值达到 395 亿元人民币之巨。

卓越的才华、自由的灵魂、显赫的名声、巨额的财产，完美地融合在一个人身上。探究毕加索的一生，会发现他是拥有健全人格的自我实现者，童年时期感受到的爱和肯定让他一生都能正视自己和社会，并努力追求自我和社会的完满。他能深刻地懂得自身的感受和需求，也能懂得他人的感受和需求。他和身边的重要人物包括众多的画廊经销商、芭蕾艺术经营者都建立起了亲密的关系。他们在一定时期内彼此坦诚协商、彼此信任，建立共赢关系。画商康维勒曾公开承认毕加索希望获得商业上的成功，毕加索曾跟他说过：“我想像有钱的穷人那样生活。”②毕加索不希望人生目标是单纯地追求金钱，但他同时也认为金钱能给他带来生活和精神上的满足，能让他获得更大的创作自由。在这里，金钱是一种可以充分利用的工具，就像古人用石头作为工具狩猎的道理一样。毕加索不为任何偏见所左右，他能忠于自己和他所在的时代，他的潜意识里相信性本善，因此他能和他身边的人，和他所在的环境产生亲密的连接互动，就连他作品的色彩，也跟随着时代共振。从第一次世界大战前的立体主义风格变为战后的新古典主义风格，在当时的舆论界产生了很大的反响。毕加索不仅在战争中生存了下来，还建立了新的审美标准和经济上的联盟，成为 20 世纪最有影响力的画家。与毕加索植根于人性的灵变思维方式相类似的还有索罗斯。索罗斯的父亲是犹太人，在民族被迫害的过程中，他隐姓埋名帮助同胞逃离被屠杀的命运，这种基于人道主义与时代群体意识共振的情感传递给了索罗斯并伴随索罗斯的一生，使索罗斯仿如掌握资本神器一般让自

---

① 王志艳．告诉你一个毕加索的故事［M］．天津：天津人民出版社，2013：266，279.

② Michael C FitzGerald. Making Modemism—Picasso and the Creation of the Market for Twentieth - Century Art［M］. Toronto：Harper Collins Canada Ltd.，1995：33.

我强大并反馈影响他所在的社会。

财富与资本并没有善恶之分，它只是一把锋利的刀刃，可以向善开天辟地，也可以向恶震慑苍生。在梵·高的意识中，金钱是罪恶的，他认为画作的买卖玷污了画作本身。在他作为画廊销售人员的时候，经常对顾客强行灌输自身对画作的见解，从而惹恼顾客。梵·高的情感意识停留在童年时期，从不曾从母亲的悲怯中分离。他对外的情感模式是封闭的，他无法感知到他人的情感意识，无法与他人、社会建立一种紧密的共振关系。金钱作为外界物质连接的一般等价物，也无法为他所接受。他陷入自我意识的旋涡中，任自由和欲望在扭曲中奔腾，潜意识牢牢地封锁住他，他找不到和潜意识对话、妥协的通道，越是忠于自我越是找不到自我，只能在画作中释放。话说如果他真能解脱出来，还能画出如此惊世骇俗的作品吗？看梵·高的画作，能感受到那种对自由和温暖的极度渴望，也能感受到那种扭曲疯狂的压抑与呐喊。而毕加索的画作，却让人感受到一种生命的丰满、完美，一种糅合了情欲与理智的温暖、平静，一种源于童年时期的天生的向阳的力量。梵·高的画，除了自画像基本上都是风景画。毕加索的画，则大多素材是人、人群、女人，充满了爱与人际互动。

图3-2　梵·高《星空》

资料来源：纽约现代艺术博物馆。

图3-3　毕加索《阿维尼翁的少女》

资料来源：纽约现代艺术博物馆。

对于毕加索、索罗斯、比尔·盖茨、扎克伯格等这些自我实现者而言，资本是一种可以被充分利用的力量强大的工具，可以让自我和他人获得更大程度的生命能量。真正的自我实现者，既能于困境之中奋斗出辉煌殿堂，也能于富贵之巅创造出更大的阳光能量。在现代社会，资本市场为自我实现者提供了气势雄伟的龙腾虎跃的舞台。中国改革开放40年来的经济奇迹就是一个明证。

三、“弯道超车”的中国资本

中国经济的高速发展是古今中外的经济奇迹，尽管这一发展历程已反反复复地被学者们探讨，但却不曾给出让人信服的经济学解析，一方面中国经济并不是单纯的市场经济，西方经济学理论不能充分解析；另一方

生产，形成了更大的生产力……

2. 阳光激昂的资本时期

从改革开放到2010年的30多年间，对个人而言，是机遇型社会，遇到机遇并且有足够的勇气和魄力抓住就能收获巨额财富。2010年以后，中国以强硬的姿态推行反腐败，迅速、精准地肃清风气，政治生态无疑有极大的改观。未来30年，将是构建一个真正公平、公正的市场机制的极佳时机。在这样一个经济社会里，必然是有能力者和努力者能收获市场经济的最大力量——财富资本；另一方面，财富资本必然是为绝大多数人的幸福而服务的。换言之，真正有效的市场经济，应该是良币驱逐劣币的，而不是像转型期一样出现劣币驱逐良币的情况。在这样一个社会里，财富是对才华和努力并因此产生的服务大众的价值的回报。过去40年是机遇型社会，人们只要有足够的勇气和机遇就能收获巨额财富；未来30年是能者的天下，才华与智慧是社会竞争的焦点所在，与此相对应的是，高端行业将进入全面发展的阶段，智能科技、文化产业、生物科学等将凸显出巨大的财富效应。

如果说直接受益于体制变革下的财富积累者依靠勇气和机遇，那么近10年来，在互联网、电商、智能产品等行业异军突起的企业家则更多的是依靠才华与智慧，他们或有学贯中西的渊博知识，或有跨界资源整合的睿智，在财富积累道路上走得阳光而激昂。放眼中国商业在全球的地位与形势，目前能应用于市场的全球最新最高尖的科学技术，中国也丝毫不逊色；目前全球能整合的资源、跨界整合的商业模式，中国也发挥得淋漓尽致，在面对全球商业竞争优势上也有着自己的优势。各行各业各形态，皆已有民间力量或被动或主动地日渐成为主力。中国经济高速发展40年，民间已积累了巨大的财富，伴随着富豪排行榜一年比一年让人瞠目结舌的巨额数字，一个个赫赫有名的企业家应运而生，除此之外，民间还有大量隐形富豪。在市场经济体制下，中国形成了更成熟的行之有效的经济制度、法律制度、金融制度等。但在文化本能方面，由于经济的高速发展，社会价值观变化冲突激烈，中国形成了具有强烈色彩的代际文化。

从代际文化上来看，中国分成明显的三层：第一层是中老年，他们生于物质缺乏的年代；第二层是中青年，他们生于物质充裕、精神相对缺乏的年代；第三层是青少年儿童，他们是以自我实现为人生目标的一代。中国20世纪50—70年代出生的人，大多是物质匮乏的一代，他们一辈子都在努力寻求物质的富裕，这种物质匮乏观所导致的焦虑感影响其一生。即使后来物质富裕了也难以摆脱这种思想的左右。80—90年代出生的人，社会物质基本满足，然而上一代会将焦虑情绪转移给下一代，在给予物质满足的同时却无法给予充分的精神支持。这一代人一辈子基本都要生活在对安全感和归属感的寻求中。90年代后出生的人，他们的物质和精神可谓双满足，是以自我实现为本能的一代。尽管人类的代际传承中会将上一代缺失的本能延续到下一代，然而生命意志力的作用就在于具备强烈的自我成长欲望，所以社会上往往会产生一批以反叛、逃逸、脱离上一代意识控制的人群，从而使社会得以新生、进步，演变出新的文化意识，再将这种新的文化意识延伸给下一代，让他们去传承和突破。因此，伴随着经济技术的飞速发展，唯有拥抱变化的人才更可能引领时代潮流的发展。

中国经济风云变幻，世界潮流峰回路转。人类对外界的探索一日千里，然而对头脑的方寸之地却进展甚微。在中华大地上，工业、信息、生化技术迅速渗透到人类生活的方方面面。财富、梦想、公平等价值观在市场力量的冲击下显得杂乱无章。可以预见的是，未来数十年，中华民族发展之重心都将是精神文明的重构。这种重构，不仅仅是知识与智慧的累积，而且是从物质匮乏时代的价值观到物质充裕时代的价值观之重构。犹记在当代世界财富风云中异军突起的投资大师索罗斯，赚钱对他而言是源于本能的天赋能力，但他真正带给世界的震撼在于借助于财富的力量推广开放社会价值观——一种多元的、融合不同社会价值观的社会文化。或许对世人来说，与索罗斯同一时代的巴菲特是容易理解的，索罗斯是难以理解的。但很难说谁比谁更优秀，索罗斯毕生致力开放社会的研究，正是缓解财富矛盾的金钥匙。中国经济形势和价值观变迁与世纪转折点的欧洲社会颇相似，如果没有道家思想和开放社会价值观的普及，在激烈的社会价值观对抗过程中，恶性斗争在所难免。世纪转折点上的尼采认为，人类应该以自己最本性的方式努力向阳生存和发展以变得更强大；索罗斯认为尊重和接纳任何不同思维框架、不同社会团体的价值观，便是人道主义。基于人道主义的全球融合创新、和平发展才是大趋势。

尽管以生存意志为根本诉求的动机在漫长的人类演变史中是最重要的，但就短暂的人类文明史而言，引起历史重大变迁的或许更多的是社会因素。货币作为连接生存意志和社会意志的媒介，在人类近代史中又发挥了重要的作用。我们现在要分析的就是，在人类历史上，财富如何渗透人类意识成为主宰人类生存意志和社会意志的媒介？天赋人权、生而平等的市场力量如何取代至高无上的神的宗教力量成为人类潜意识里的信仰？财富在现代经济社会的游戏里到底扮演着什么角色，人类到底应该如何对待财富，我们是拥抱它，蔑视它，还是抛弃它，回到男耕女织的时代？在冰冷的理性和灼热的感性两端，资本如何能将神性、人性、动物性集于一体？财富对人类而言到底意味着什么？资本市场的公平竞争精神能像奥运精神一样，成为人类的终极游戏规则吗？资本的本质到底是什么？它将如何演化？……

第四章　资本本质与模型构建

一、学术资本观

21 世纪以来，工业技术、信息技术所带来的全球经济高速发展，使史上所有经济理论、资本理论都相形见绌。

但没有什么革新不需要传承，没有什么颠覆不需要既往。沿着历史上所有曾被视为“真理”的经典，我们依稀能找到来时的路。

1. 欧美主流经济学资本观

（1）亚当·斯密的资本观。“现代经济学之父”亚当·斯密，1776 年出版了其著作《国富论》，当时正值英国资本主义成长时期，英国工厂手工业正在开始向机械化过渡。《国富论》通过剖析当时的工厂分工模式，系统论述了资本主义促进经济发展的原因，首次使经济学从哲学等学科中独立出来成为一门专门学科。《国富论》一出，当即在英国本土和欧洲其他国家引起了轰动，它在当时看来简直是一种完美的关于个人和国家财富来源的理论，直指财富来源于效率的提高，而效率的提高来源于分工。资本使工厂模式成为可能，而工厂正是大规模分工生产的前提条件，资本的利润来源于分工所带来的效率的提升。在宏观方面，自由市场这只“无形的手”能使大规模生产和消费实现供需均衡，由此带来整体经济发展水平的提升。亚当·斯密被称为“自由企业的守护神”，在此后 300 余年的欧美社会发展过程中，一次次挽救濒于崩溃的资本市场经济。

《国富论》中的均衡市场经济有两个假设条件。一是理性经济人，假定人都是利己的，并且能理性地做出最好的选择。二是完全充分的信息市场，假定信息、价格、资源都是公开透明的，市场参与者都能获得充分的信息。然而弗洛伊德以及大量精神分析学家、心理学家认为，人并不是理性的，意识只是无意识的“冰山一角”，人类是非理性的。针对第二条假设，后来很多学者也提出了质疑，以科斯为代表的制度经济学者提出了交易成本理论，认为市场大多数情况下是无法实现完全信息的。《国富论》以人性自私为起点构建起的资本帝国，在自由市场经济下，充分肯定了资本的性本恶，认为资本的本质是追逐利润，在追逐利润的过程中实现企业和国家财富的增长。这种自由市场经济确实在极短的时间内促进了资本帝国的快速发展，带来了科学技术、工业技术、企业管理的高速发展，但同时也带来了经济危机和共产主义运动。

针对经济危机的改良和颠覆，存在两派明显的学术阵营。一是否定资本正义性的以马克思为首的共产主义。“共产主义”一出，当即席卷全球，成为常年笼罩在西方资本主义帝国上空的幽灵。二是在经典经济学体系框架下通过改良资本主义体系发展而来的演化经济学、宏观经济理论、福利经济学、制度经济学等。其中，凯恩斯的宏观经济学与亚当·斯密的微观经济学相得益彰。

（2）凯恩斯的资本观。回看当时的欧美社会，在经济危机和共产主义运动的双重夹攻下，1936 年，凯恩斯发表了《就业、利息和货币通论》，从而创立了以国家干预经济为其灵魂的宏观经济学，通过货币政策和财政政策挽救了濒于崩溃的资本主义国家。“二战”后，宏观经济学得到了广泛的传播，并一跃升为主流经济学。凯恩斯认为拉动经济增长可以依靠“三驾马车”：投资、消费、出口。国家通过货币政策和财政政策可以调节“三驾马车”，刺激经济增长。在《就业、利息的货币通论》中，凯恩斯从投资乘数原理出发，对贸易差额与国民经济盛衰的关系做了进一步阐述。他认为投资的乘数作用表现为，一个部门的新增投资，不仅会使该部门的收入增加，而且会通过连锁反应，引起其他有关部门的收入增加，引起其他有关部门追加新投资获得新收入，致使国民收入总量的增长若干倍于最初的那笔投资。面对大萧条时需求不足和严重失业的现象，凯恩斯在书中提出了政府干预的必要性和重要性。政府可以通过建设桥梁、大坝等公共项目，雇用失业人员。这批人就业后用领取的工资购买食品等货物，从而刺激了对这些货物的需求，生产这些货物的厂家又会雇用更多的人。这些就业人员又刺激了另一轮的需求，增加了另一些人的就业。凯恩斯最后得出结论：市场中不存在一个能把私人利益转化为社会利益的“看不见的手”，经济危机和失业不可能消除，只有依靠“看得见的手”即政府对经济的全面干预，才能摆脱经济萧条和失业问题。为此，凯恩斯主张政府通过收入分配政策刺激有效需求来达到充分就业。为了刺激社会投资需求的增加，他主张政府采取扩大公共工程等方面的开支，增加货币供应量，实行赤字预算来刺激国民经济活动，以增加国民收入，实现充分就业。自凯恩斯以来，市场中“看不见的手”和“看得见的手”就随着经济的起起伏伏而一次次被新生经济学家批判或者延伸。自由还是干预？这个问题几乎是所有经济学家观点中逃避不开的问题。

凯恩斯开宏观经济学的先河，在自由市场“看不见的手”的基础上肯定政府干预这只“看得见的手”的作用。他实际的结果是通过强化政府功能，增加政府收支，从而强化了政府二次分配的作用，使自由资本的私人利益转化为公共的社会利益。在凯恩斯的资本观里，资本具有乘数效应，通过举债的赤字促进经济增长是可行的，因此高通胀和高增长并存。这种方式到了一定的程度，在高通胀预期下增长失效，从而出现“滞胀”局面，即高通胀和低增长并存局面，最终仍回到技术创新刺激增长的传统老路上。原则上似乎所有经济手段都具有短期效应，从长期来看，唯有创新和技术进步所带来的经济增长具有可持续性。

凯恩斯被称为“宏观经济学之父”，其理论简言之，就是鼓励国家增加公共事业的投资，从而产生溢出效应，推动国民的收入、消费和私人投资，带动经济的发展。凯恩斯理论在西方国家，对于政府而言，往往意味着增加赤字；而在中国，则意味着为庞大的国家资产找到了出路，中国40

年改革开放的高速路，其实也是伴随着大量基础设施投资的建设路，城市化基础设施、修桥铺路、高铁地铁……中国在一轮轮的巨型投资建设中，与“市场经济的放开”和“外资技术的引进”一起，合力构成了中国发展的强大动力。基础投资如此强大，同时也为“一带一路”倡议打下了坚实的基础。如果说亚当·斯密的资本观是微观的、个体的资本价值观，那么凯恩斯的资本观则是宏观的、集体的资本价值观。

2. 发展演变资本观

主流经济学基本上都是基于横截面对经济进行探讨，研究的是某一个特定状态中的经济因素。这种被视为科学、主流的经济学资本观，是因为它符合一定的“科学”的研究范式。这种研究范式是可以通过数理模型推导而来的，具有前提条件的假设性、推导的严密性、结果的确定性。与之相对应的是另一种非主流的经济学思潮，主张动态、演变的经济学思路，这种思路认为历史的发展存在不确定性、路径依赖性，以往所选择的制度模式决定了历史往何方演变，主张动态、演变的历史发展经济学说。典型的学说有马克思资本论、创新理论、制度经济学、开放社会学说。

（1）马克思资本论。《资本论》将资本利润分为绝对剩余价值和相对剩余价值。相对剩余价值的增加，主要取决于劳动生产率和技术装备水平的提高；而绝对剩余价值则是通过提高劳动强度、增加劳动时间而形成的剩余价值。绝对剩余价值是马克思认为资本非正义性的根源。正是因为绝对剩余价值的存在，产生了剥削和奴役，使工人的工作强度增加，资本家利润增加，贫富差距拉大，这是经济危机的根源，是社会不平等的根源。尽管他不否定对“相对剩余价值”的角逐提高了科技水平和生产技术水平，但他仍认为更高的技术水平只是在更大程度上提高了资本家对工人的剥削。当时正处于资本主义成长的中期，工业技术也处于发展中期。整体而言，当时仍处于物质匮乏年代，人们的价值观基础是物质缺乏焦虑；与此同时，完全竞争市场和人性中自我的高度解放和自由，导致了人和人之间情感的淡漠和恶性竞争，资本与权力的结合促使制度方面忽视整体社会福利尤其是工人的福利。马克思用动态、演变的唯物史观对人类历史进行了剖析说明，认为当时的资本主义社会是存在压迫和剥削的，要求无产阶级团结起来争取自己的权益，建立人民民主专政的社会主义国家，最终实现共产主义社会。

对于当时正统的经济学理论而言，马克思的政治经济学显然是“另类”的，但他的影响力却如幽灵一般震动了世界，引起了人们对资本的恶的广泛关注，也引起了欧美社会关于人性同理心被吞噬的广泛关注——尽管欧美社会事实上是到21世纪初才对同理心达成了共识，而且是在中国崛起之后中华民族的影响力下才觉悟到同理心的力量，但在当时马克思的论著深刻揭露了资本主义早期的侵略、欺凌的本质，直接促进了欧美社会工人联盟、劳工保护、国家保障体系、自由民主体制的发展与完善；后来共产主义传到中国，在一穷二白的中华大地上迅速得到响应。面对日寇的侵略，共产党借助于共会主义美好理念的感召，迅速团结国人，坚持了十四年抗战，从而最终取得了独立发展的主权。没有一个民族不需要自强不息的成长，任何野蛮入侵都是非人道的。中华民族能走到今天，正是坚持用自己的语言理解世界、掌控世界的结果。马克思的哲学观与中国传统道家意识文化有着高度的相关性，成为中国理解世界和自己的一把“金钥匙”。新中国成立后，由于国家生产技术的极度落后和长期的战争消耗，当时物质水平长期处于匮乏状态，人们的生存焦虑非常强烈，生存本能处于第一位；在社会关系认定上，群体潜意识是深深的生存焦虑；文化道德上则处于团结对抗的意识形态中。在内贫外战交困的情况下，人们用共产主义的美好信念来自我支持，从而实行了公有制、国家统一分配的社会制度。后来经历了三年困难时期和“文化大革命”，邓小平提出了解放思想、实事求是、发展经济的新思路，中国开始走上市场经济发展之路。在中华优秀文化的引领下，工业技术、信息技术迅速发展起来，与之相对应的是中国文化思想兼容并包、百花齐放。

（2）创新理论资本观。亚当·斯密认为资本的利润来源于分工产生的效率的提升，马克思认为资本的利润来源于资本家对工人的剥削，此外还有一种经典资本观，一直在西方市场经济理论中占据主流地位，那就是资本利润来源于创新。关于创新理论，其中较有代表性的是约瑟夫·熊彼特（Joseph Alois Schumpeter），他的创新演化学说至今仍有着强大的影响力。1912年，熊彼特的《经济发展理论》[①] 发表，在书中，他首先用静态方法分析了“循环流转”，假定在经济生活中存在一种所谓“循环流转”的“均衡”状态，类似于传统经济分析框架中的均衡分析。在此基础上，熊彼特从“动态”和“发展”的观点分析了“创新”和资本主义。他通过引进“企业家”和“创新”导出了资本主义，认为创新是破坏传统均衡的发展动力。按照他的观点，创新就是建立一种新的生产函数，也就是说，把一种从来没有过的关于生产要素和生产条件的“新组合”引入生产体系。在熊彼特看来，作为资本主义“灵魂”的“企业家”的职能就是实现“创新”，引进“新组合”，所谓“经济发展”也就是指整个资本主义社会不断地实现这种“新组合”。熊彼特认为，资本不是具体商品的总和，而是可供企业家随时提用的支付手段，是企业家和商品世界之间的“桥梁”，其职能在于为企业家进行“创新”提供必要的条件。他还运用创新理论分析了经济周期的形成和特点。他认为，由于“创新”或生产要素“新组合”的出现，不是像人们按照“概率论的一般原理”所预料的那样连续均匀地分布在时间序列之上，而是时断时续、时高时低的，有时群聚，有时稀疏，这样就产生了“商业循环”或“经济周期”。同时，在资本主义的历史发展过程中，“创新”是多种多样、千差万别的，因而对经济发展的影响就有大小、久暂之分，这就形成了周期的升降起伏波动。

熊彼特首提创新理论，将资本和企业在社会动态发展过程中的作用提升到极高的地位。他的理论与当时的主流模式即均衡经济学模型系统有本质的差异，他认为亚当·斯密、瓦尔拉斯、凯恩斯等经济模型是横向的模型，而他所构建的模式是纵向演化的发展模型。然而不可忽视的是，熊彼特的资本观和马克思的资本观在当时可谓天南地北。在本书资本分析过程

---

① 约瑟夫·熊彼特. 经济发展理论［M］. 何畏，易家详，等，译. 北京：商务印书馆，1991.

中，笔者试图融合这两种资本观，认为在一定的情况下，两种资本观是可以完美相融的。创新源于自我实现意志，自我实现意志源于无条件的爱的包容，无条件的爱的包容源于人人平等的高度的社会包容性，高度的社会包容性意味着人人各取所需、各尽所能。人人各取所需、各尽所能正是马克思、柏拉图等伟大哲学家所假定的理想国形态，而这也正是本书所构建的符合人本性的开放社会价值观下的资本观。

（3）制度经济学与博弈论。制度经济学的最初起源可追溯到19世纪40年代以F. 李斯特为先驱的德国历史学派。该学派反对英国古典学派运用抽象的演绎的自然主义方法，而主张运用具体的实证的历史主义方法，强调从历史实际情况出发，强调经济生活中的国民性和历史发展阶段的特征。19世纪末20世纪初，在美国以T. 凡勃伦、J. R. 康芒斯、W. C. 米切尔等为代表，形成了制度经济学派别，尽管这并不是一个严格的、内部观点统一的经济学派别，但制度学派的经济学家们基本上都重视对非市场因素的分析，诸如制度因素、法律因素、历史因素、社会和伦理因素等，其中尤以制度因素为甚，强调这些非市场因素是影响社会经济生活的主要因素。因此，他们以制度为视角，研究"制度"和分析"制度因素"在社会经济发展中的作用。

制度学派反对主流经济学，强调立足于个人之间的互动来理解经济活动，认为首先应该确立人与人之间的关系，以此作为研究的起点。制度学派反对以一个确定的、总量的标准对整个经济活动做出安排的研究思路，虽然反对主流自由市场经济理论，但其起源却可以追溯到主流经济学的鼻祖——亚当·斯密的理论。亚当·斯密发表了《国富论》这一不朽著作，开了现代经济学的先河；但在《国富论》出版之前，亚当·斯密还发表了著名的《道德情操论》。他在《道德情操论》中分析了人与人之间关系的微妙和不确定性，认为人与人的关系取决于人的情感，而不同的情感又源于人的不同想象。因此他提出，维系和处理人与人之间关系的最佳经济运行方式是市场，因为市场没有违逆人与人之间的这种情感和想象，市场是人的情感不确定性的集中和体现。但主流经济学在以后的发展过程中，一味地对市场进行所谓的科学分析，逐渐把市场描述为一架精巧的、可预测的机器，从而背弃了亚当·斯密关于市场不确定性的思想和研究思路；而制度经济学则试图将社会因素——制度、文化、伦理道德等因素纳入经济学的研究范畴——从人与人之间的现实关系来阐释市场经济的运行状态。

制度经济学的典型理论是交易费用理论、产权理论、路径依赖理论。所谓交易费用，是为了完成交易所必需的度量、界定和保证产权、搜寻交易伙伴和交易价格、进行交易谈判、订立交易合约、执行交易和监督违约的行为并对之制裁、维护交易秩序的各种费用的总和。这一概念意味着交易活动是稀缺的、可比较的，因此可以纳入经济学分析的范畴。产权理论认为，私有企业的产权人享有剩余利润占有权，产权人有较强的激励动机去不断提高企业的效益，所以在利润激励上，私有企业比传统的国有企业更灵活。能够保证经济高效率的产权应该具有以下特征：明确性、专有性、可转让性、可操作性。路径依赖的含义是指人类社会中的技术演进或制度变迁均有类似于物理学中的惯性，即一旦进入某一路径（无论是“好”还是“坏”）就可能对这种路径产生依赖。一旦人们做出某种选择，就好比走上了一条不归路，惯性的力量会使这一选择不断自我强化，并让人们轻易走不出去。文化本能的表现之一便是路径依赖的作用。

交易费用理论、产权理论、路径依赖理论三大理论构成了制度经济学的基本分析框架。中国放开市场经济，借鉴的正是制度经济学理论。在制度经济学的分析框架下，历史没有对错，存在就是合理，所有既成过错都值得原谅，也值得反思。在制度经济学分析框架下，我国企业产权逐渐明晰，交易逐渐自由、频繁，民间资本形成，资本的再投资和利用大放异彩。

根据科斯的交易费用理论，资源存在公共性与私有性。公共性产权是低效率的，私有性产权是高效率的。机会主义的存在使交易费用提高。社会运行充满着不确定性，在市场中，一项交易从发生到完成总要持续一段时期，在该时期中可能会发生很多影响交易双方权利和义务的事件，从而影响交易契约的执行。又由于合同执行者很可能有机会主义行为，那么，当市场条件变化对他不利时，他可以借口契约的前提改变而停止履行合同，在不违反法律的情况下给交易伙伴造成损失。为了避免这种情况的发生，交易双方会尽可能把契约写得十分复杂，力图包括一切未来的可能性，以及每一种情况发生时双方的权利和义务。但是，任何契约都不可能是完全的，总会给机会主义行为留下可乘之机。其基本态势是，交易本身越复杂，交易谈判及其所达成的契约越趋复杂化，交易费用就越高，市场作为一种交易的管理机制效率就越低，甚至不能完成交易。

机会主义的存在产生了博弈论。罗伯特·约翰·奥曼（Robert J. Aumann）认为，博弈论描述性的名称应是“交互的决策论”。因为博弈论是研究决策者的行为发生直接相互作用时的决策以及这种决策的均衡问题的，就是说人们之间的决策与行为将形成互为影响的关系，一个经济主体在决策时必须考虑到对方的反应，所以用“交互的决策”来描述博弈论是再简洁不过的了。奥曼还以经济主体的理性为分析出发点，认为博弈论是交互式条件下的“最优理性决策”，即每个参与者都希望能以其偏好获得最大的满足。如果仅有一个参与者，通常就会产生划分明确的最优化问题；而在多人参与者的博弈论中，一个参与者对结果的偏好等级并不意味着是他的可能决策的等级，这个结果也取决于其他参与者的决策。在个体动机与社会动机方面，托马斯 C. 谢林于 2005 年出版了《微观动机与宏观行为》，该书主要是通过分析种种社会现象中隐含的个体的动机以及造成的事实，来说明个体动机和个体行为（即微观动机）与所带来的总体结果（或宏观行为）之间的相互关系。该书事实上是分析了人与人之间、人与环境之间不断博弈、互相适应的过程，这个过程是一个动态的、不断变化的过程。事实上，博弈论研究的是大量个体相互合作抗衡如何产生整体效应的问题，也就是人与人之间的关系、决策在不同的制度文化背景下的互动以及由此可能产生的后果。基于此，大量学者研究了不同的思想形态、文化意识所可能产生的群体性事件，即单个个体即使是基于高尚灵魂、睿智知识所产生的思想成果一旦成为群体思想模范，就有可能导致极权，包括历史上的宗教意识、沙文主义等。学者们研究这些在当时看起来正统的思想意识带来群体运动的内因和机制，卡尔·波普尔的《开放社会及其敌人》，就研究了僵化的文化本能如何导致极权，这种辩证的思想与中国道家的“绝仁去义”“绝圣弃智”有着异曲同工之妙。

综上而言，在制度经济学里，产权的明确有利于资源的最优配置，而产权的明确正是资本得以积累和发挥作用的起点。西方国家资本原始积累是长期、缓慢形成的，有别于新中国成立之初国有资本占主导地位的局面。因此，制度经济学的兴起对西方经济学而言是非主流，而对中国经济学界而言，却有着初始化中国产权的作用。制度经济学对于我国市场经济的建立、民间资本的积累、市场转轨等进程有着非凡的意义。

（4）基于不确定性的开放社会资本观。关于市场经济的思想理论，最初得到广泛传播的是亚当·斯密的《国富论》，它以分工产生效率原理为基础的市场经济理论，至今仍统领着人类主流社会。以此为基础的微观经济学和宏观经济学构成经济学理论的基本理论体系，这种思想事实上是基于静态均衡的横向理论思想，是一种剥离文化差异、制度差异、人际差异、种族差异的理想化理性模型，后来的马克思主义经济学、制度经济学等发展演变的经济学观都是对它的修正，强调不同的历史时期、不同的制度安排、不同的思想意识文化下不同的经济学观。这些思想体系的特点在于，尽管根据过往的人类历史和文化揭露出人类历史的发展规律，融合了进化论的思想，但本质上仍认为人类历史的发展有着确定性和必然性的规律，是理性可以分析和支配的，是有规律可循的。哈耶克（Friedrich August Hayek）（1899—1992）在《致命的自负》《科学的反革命：理性滥用之研究》《通往奴役的道路》中对理性主义思潮展开了猛烈的抨击，认为社会科学研究者利用理性分析社会科学的思潮是导致人类社会群体性动荡和奴役的根源，是使人类社会在进化路上倒退的根源。哈耶克倡导一种动态的、演进的、不确定性的、包容的社会进化观点。与之相类似的还有加尔布雷思（1908—2006）（Galbraith John Kenneth）的《不确定的时代》《富裕社会》，以及卡尔·波普尔（1902—1994）的《开放社会及其敌人》《历史决定论的贫困》《科学发现的逻辑》《客观知识：一个进化论的研究》等，这批处于同一时代的社会科学家的共同特点是对理性主义在社会科学领域滥用进行批判，主张动态的、演化的、不确定性的、随机系统的社会演进观，并同时对旧传统道德观、价值观、学术观展开批判。这种社会价值观可以统称为不确定性环境下的开放社会资本观。

（5）开放社会资本观下的人性奇点。与社会科学中揭示不确定性环境下的开放社会资本观的思想家同时代的还有20世纪最伟大的科学家爱因斯坦，他以颠覆性的思想提出了相对论，对抗当时根深蒂固的牛顿力学理论，为人类揭开了一个视野之外的更宏观和更微观世界的奥秘。如果说20世纪之前，人类智慧的焦点都集中在看得见的世界，那么从20世纪开始，人类开始关注潜意识、量子、宇宙等更难以触摸的神秘世界。在这个世界观里，旧有的、传统的规律和知识都遭到颠覆，尤其是在人类社会学方面，神学、传统礼仪道德、非此即彼的价值观都被各个领域的思想家、学者、实践家、作家等一次次检视和批判。在牛顿的确定性力学理论体系里，能量是相互作用转化的；在爱因斯坦的不确定性波动量子力学理论体系里，能量是聚合裂变的。已知对应未知、确定性对应不确定性、有限对应无限，这是人类灵魂导致行为结果差异的能量差异之源，也是认识论上的人性奇点。它表现在经济学观上便是确定性的规范理性经济学体系与不确定性的随机动态经济学体系，而后者是资本价值之源，是人性创造力大爆炸的奇点。基于确定性的资本观充满了斗争与掠夺，充满了非此即彼的执念与排斥；而基于不确定性的资本观充满了开创与奉献，充满了多元包容的道念与引力。在人类历史上，20世纪之前都是确定性的光明时代和不确定性的蒙昧时代，而直到21世纪初，不确定思想的价值观才得以被正视。所有研究出的、已知的规律都是确定性，而未知的只能以概率性论述的知识规律都是不确定性。确定性心理动机是人类共同幸福的基础，是团结、同盟、量化生产、组织的基础。不确定性心理动机是人类“领头羊”的开创动因，是历史上的伟人、王者、领袖、冒险家、企业家、资本持有者的共同灵魂特质。确定性是一种寻求安稳、回避困难的心理动因，而不确定性则是寻求挑战、冒险、成就感的自我实现的必要心理动因。

自我实现是一种天性，传统道德价值观对此多加抑制，神的惩罚、七情六欲的掩抑、权威的遵从都是对这种天性的无形扼杀，是特定文化本能作用于人类个体的结果。人类的心理动因始于童年时期——是受鼓励而不停挑战，还是受威吓利诱而收缩自我本性？人的心理动因成年后没有足够的情境刺激极难逆转，并在成长过程中一次次喂养自我偏好的情绪需求从而强化某种特定的心理动机。传统经济学观点认为，外在的激励形成人们的行为，而心理学恰恰相反，认为内在的激励才是决定行为的因素。丹尼尔·卡内曼（Daniel Kahneman）看到经济理性这一前提的缺陷，认为外在因素不能解释复杂的决策行为，因此正式将心理学的内在观点和研究方法引进了经济学研究中。他最重要的成果是关于不确定情形下人类决策研究，证明了人类的决策行为如何系统性地偏离标准经济理论所预测的结果，并因此获得了2002年的诺贝尔经济学奖。确定性心理动因与不确定性心理动因，是人类幸福追寻的两种截然相反的心理活动，本身并没有对错之分，却构成了疗愈人生和自我实现人生之间的巨大差异，是人性创造力收缩和爆炸的中间奇点。

人生是一种体验，没有体验到足够的安全感和归属感，便难以开启自我实现的体验需求，当然“体验”这种经验，可以是一种实实在在的外界的爱与包容，也可以是一种深信的想象的爱与包容，只要能体验到并且深信无条件的爱，便能开启自我实现的人生动机。《秘密》《吸引力法则》《硅谷禁书》《水知道答案》《与神对话》《气场》《世界上最神奇的24堂课》等著作都试图让人们通过想象来达到对无条件的爱的体验，从而改变潜意识的能量场，最终实现人生的愿望，开启创造力的人性奇点。这些书之所以畅销，是因为它们跳过了艰难晦涩的自我和他人探究历程，告诉读者它是神奇的，正在读此书的你一定也会是神奇的，你只要相信，你就能拥有——它缩微了个体创伤和疗愈的过程，让人们唤醒最初的身心状态——一种饱含力量的自我实现心理动机。但被思想文化严重“污染”的现代理性人，并不是所有人都能接受和体验到这种自我实现的快乐——需要高度感性的体验、丰富的想象力才能突破根深蒂固的偏见束缚，获得这种想象力带来的"经验"，即社会中并不是所有人都有机会体验到无条件的爱——一种充沛的安全感和归属感，所有的敌意挑衅、欺凌、压迫、怨恨、嫉妒、自怜、屠杀、自杀以及建立在这些负能量要素上的道德价值观，根源上都是对爱的求助，也同时是负能量的传播场、群体斥力的传播场，唯包容与肯定个体自我价值的群体文化价值观才能化解个体的戾、怨、妒、恨、卑等负能量。开放社会价值观主张包容的、多元的、动态演变的价值观，正是为了对抗唯一的、真理的、尊卑的、正邪的、高下的、排斥的传统道德价值观。开放社会价值观为所有人自我实现体验的开启提供了可能，任何人任何时候在不侵犯他人权益的基础上都有权以自己独有的、自己选择的方式去生活而不会受到干涉和指责，更不会受到惩罚，这是独立、民主、自由的基础，是市场经济的基础。

在开放社会价值观的市场经济体制中，公共权力是全民公共约定的产物，是以全民的独立、自由、民主方式保证全民的独立、自由、民主。公共政治权力和资本权力是严格分离的，因为资本权力是以与公共权力相反的力量运作的，在公共权力下，人人平等、独立、自由、民主，其群体心理动因是爱和平和——平等的、趋同的、公众的、安稳的；在资本权力下，人是差异化的，其群体心理动因是自我实现——独特的、差异化的、创造性的、挑战性的、不确定性的、波动性的。资本统领下的市场运作存在着越来越难以逾越的分工鸿沟以及思想鸿沟，从而产生每个独立个体独特的自我实现价值。一个理想的现代社会运行机制，应该是群体中的绝大多数成员都在潜意识深处达到独立、自由、民主的自我意志，基于这样的自我意志而构建公共权力和资本权力两条看似背道而驰、实际相互吸引平衡的制度基线。这两条基线构成了现代社会组织赖以运作的基本要素，是人类社会总体幸福追求的一个平衡，是文化适应生存本能和社会本能两种基本本能形成的现代社会共识。开放社会价值观使公共权力得以成为真正的公共权力——每个个体都有表达意志的权力和自由。开放社会价值观使资本权力成为真正的资本权力——自我实现者通过最大限度地创造有利于他人的福利而增加自身的福利价值。开放社会价值观是一种“人人皆帝”的社会价值观——前提条件是人人都能体验和坚信自由意志的真谛，而要在群体文化中达成共识是一个长期、缓慢的过程。

综上所述，关于资本的观点和作用，经历了由萌芽到纠正、弘扬，再到否定打压，再到纠正、弘扬的思想历程。亚当·斯密的《国富论》在极大程度上宣扬了资本的力量，以理性经济人假设为基点的自由市场经济理论被称为经典经济学体系。经典经济学的资本观认为，资本是自由市场经济的必然要素。交易来源于社会分工，社会分工提高生产效率；资本能对生产进行分工，从而产生利润。分工产生效率，这是古典自由市场经济学的基点。其后，在人类史上发生了资本与权力结合的黑色资本时期，在独立、民主、自由的观念没有深入人心的年代，资本权力侵染政治权力在人类社会组织中横行无忌，在坏的制度上好人也会变成“坏人”，于是产生了马克思的资本论。学者们试图一统传统经典的经济学理论，结合最新的脑科学、心理学、文化学、信息学等一系列基础学科理论，形成新的更趋于哲学性的、概括的经济学科，涉及人类个体和群体能感知到的和隐秘的幸福诉求，从差异、博弈、合作的角度解析人类财富与幸福之源，形成新的福利经济学、创新经济学、制度经济学、开放社会经济学等观点。在这些观点中，资本权力和政治权力两条看似迥异而又相互吸引的能量体系逐渐形成并达成共识。在这种情况下，重新认识马克思，事实上又有了另一种解读。马克思认为生产关系要适应生产力的发展，如此看来人类历史根据科技发展水平从而存在两种截然不同的价值观——物质匮乏年代的价值观和物质丰裕年代的价值观。在工业化革命之前，人类处于物质匮乏状态中，资本是掠夺、压迫的工具；在工业化革命开始之后，物质丰裕，人人都有自我实现的根本需求，人人都是自利和利他的结合体，此时资本是神一样的创造力。在满足生存需求、安全需求、归属需求后，人们将开启自我实现的人生体验需求。下面将详细论述道念心学下的资本本质特性。

二、资本本质特性

1. 资本本质

市场经济是总结人类社会演变史而构建的和平发展的竞技场，在这个史上范围最广的竞技场上，资本是人类创造力核聚变裂变的中心。

从历史上看，资本是在货币成为一般等价物的共识之下、在分工成为社会发展的必然要素之下产生的。财富所有者通过财富形成特定的组织，这个组织包含土地、工厂、机器、工人等生产特定产品的必要因素。这个财富就是资本在实体产品经营中的形态，也是资本最基本的功能。后来的资本指能产生更多利润的财富投入。在现代社会，投资多种多样多层次。例如，投资实体工厂，用于生产具体的产品；投资贸易公司，用于低买高卖，促进商贸流通，提高资源配置；投资影视文化传媒公司，用于制作影视剧、音乐娱乐产品，充实社会群体的文化娱乐；投资创新市场，挖掘、扶持未来有价值的创新发现……

总之，现代社会的资本已经有着非常多的种类和形成途径。尽管种类繁多、形式各异，但资本本质是不变的，那便是对利润的追求。为了获得利润，资本必须保证其投入的是有价值的，是被社会中他人认可的。从这个角度而言，资本一边是自我，一边是社会中的他人，所以资本是利我和利他的结合体；而为了达到利他的目的，资本所致力的必须是要满足人类的三大本能需求。立足于人本需求的资本才有生命力。另外，资本的利润还受到社会供求的影响，如投资的某一产品供过于求，利润是产生不了的。必须挖掘缺少供应的需求，才能获取更大的利润，这就要求资本不断地去创新，而创新过程中存在着风险。所以，资本的回报是承担风险的报酬、创新的报酬、拥抱变化的报酬、承受不确定性的报酬，是一往无前、一马当先勇敢者的报酬。资本的核心在于追求变，不变的资本是没有生命力的。

资本的本质在于极力地自我生长、繁殖，外在表现在于对利润的持续追求。这就意味着资本必须时刻处于时代竞争的最前沿，代表着时代中最具价值、最有意义的综合指向。它需要与时代共振——与时代技术共振、与时代群体意识共振，从而获得当时强大的力量。因此，资本具有时代引领、时代突破、时代前沿的特征。

资本对于人类而言是一种工具，一种无所谓善恶的中性工具。遇善则善，遇恶则恶。在物质匮乏年代，在政治权力和资本权力结合的年代，群体文化意识更多地倾向于性本恶，所以资本也呈现出更多的自私、掠夺、欺凌、强权，甚至是群体侵略的特性，如欧洲古代的城邦霸权意志；治世过程中的社会制度需要依靠“圣人”威慑、高压政治、强烈道德规范。而在物质丰裕年代，在独立、自由、民主的政治权力和资本权力相隔离的年代，群体文化意识更多地倾向于性本善，所以资本呈现出更多的共赢、互利、团结、自由，甚至奉献的特性。这是一种以自我实现为人生目标的驾驭资本的品格和能力表征。治世过程中的社会制度更多的是基于民主，建立、健全完整的最低限度的制度规范并对大众给予充分的自由。社会群体连接是去中心化的人人自我实现的网状结构，社会价值观倾向于真我、独立、自由、信任。综上所言，在物质丰裕年代，在独立、民主、自由的体制下，资本本质可概括为：资本是自我实现的工具；资本是自利与利他的支点；资本具有积累、消亡的流转特性；有意义的创造是资本增值的方式。

2. 资本与自我实现者

自我实现是个体生存价值的终极目的，历史上无论是政治领导者还是企业领导者，都有着强烈的自我实现愿望，人生越早全身心投入到自我实现中，其成功的机会就越大，人生就越幸福。自我实现意味着差别化个性竞争。政治领导者以权力达成自我实现，企业领导者以财富达成自我实现，学者以思想达成自我实现。任何一种自我实现方式都是以自己能理解的并且在能力范围之内的利己与利社会的集合，都力求证明自己对社会、对他人的价值，希望获得社会的认可。人和人之间必然有差异，绝对的财富均等是不可能存在的。当人们为了财富的绝对平等而去战斗的时候，其实是在纵容少数人权力的不平等。亚当·斯密认为公平和效率是一对必然的矛盾，而笔者认为真正的矛盾在于个体差异化是否得到认可：当人们承认人的差异化价值的时候，是鼓励效率的；当人们否认人的差异化价值的时候，是鼓励公平的。真正的公平、公正，是人的灵魂的公平、公正，是人的自我实现的公平、公正，是每个人在追求自我的生存本能、社会本能、文化本能上的自由选择。人的初始灵魂都是一样的，都有着独立为自我、依恋为他人的本能，都有着温暖和阳光的自我实现本能。在成长过程中，呈现出千姿百态的众生相，但只要给予足够的社会认可、接纳，个体就能找到自我实现的途径。在资本出现之前，人的自我实现在西方表现为对宗教神的接近，在中国表现为光宗耀祖和忠君爱国。在资本出现之后，人的自我实现更多地表现为人对整个社会进步贡献的力量。资本是全球性的，它必须最大限度地利于更大范围的大众，才能最大限度地实现其增值，因此资本本身的意义并不会局限于一国一民族。这就是现代社会迅速达成经济全球化的根本原因。

自我实现意味着自强自立，意味着信任，包括父母对子女独立的信任。父母对子女最大的祝福在于相信孩子在成年之后有足够的能力让自己过得更好。对自我价值的认可，是自我实现价值观的最高原则。对孩子最大的爱就是相信他们的自我价值。他们依靠自己的努力所得，就是自己的骄傲所在，全世界都应该给他们祝福。把巨额财富留给不思进取的后代，是对他们的诅咒；把财物施舍给不思进取的懒散而穷困的人，同样也是对他们的诅咒，是在他们本来就溃烂的灵魂伤口上再撒上一把盐。同情、施舍、怜悯都是恶德。有多少恩施，就有多少高高在上的俯视；有多少施舍，就有多少道德制高点的诅咒。微末的恩赐，满足了你的圣母心，却是以物质诱惑他人的自我折损。真正的帮助，是人格平等上的信任与扶持，是肯定对方自我实现价值的尊重。若提供帮助，请提供让别人可以独立的、自由选择的、自强不息的帮助。授人以鱼是恶德，授人以渔方是正途。只有那些无论身处何等逆境仍自强不息的人，只有那些无论社会环境如何侵染仍坚持只取自己所得的人，才是真正值得帮助与扶持的人。这是在物质丰裕年代基于独立、自由、民主的道德观，是自我实现的道德观，是财富之源、生命意志之源。

然而这种道德观现在尽管有些微复苏，但同时也引来了很多误会。地铁站里面肆无忌惮的喧闹者、吵架者，马路上动辄开远光灯的司机，公交车上拒不让座的年轻人……道德重建不等于道德否定，恰恰是为了唤醒人类最根本的道德诉求，即心中有自我和他人的天然情感，不会因为自己的所作所为导致他人的不快，更不会因为站在道德制高点而恣意妄为。纳粹大屠杀是将时代“道德”凌驾于人道真义之上的悲剧，实际上是一种僵化文化本能的反映。要避免这种情况，必须从小学开始对孩子进行人道主义的道德教育，即要告诉他们道德背后的人道真义。当你告诉他不能喧闹的时候，要同时告诉他这样喧闹有可能会影响到别人；当你告诉他要遵守规则的时候，要同时告诉他规则背后的原因。人必须有独立的思考、判断能力，而这种能力要从小培养。只有具备人道主义的本能，或者说这种本能没有被遮掩，道德文化才能根据时代发展更新换代——而不是恰恰相反，背道而驰。然而，对于发展过快的经济体而言，群体文化意识发展显然滞后。所以，中国亟须发展文化产业，让优良、糟粕的思想意识在群体高度互动过程中自动筛选、过滤，形成包容的高度互动的群体文化，从而促使更多的群体成员成为自我实现者，而唯有自我实现者的本能才是自利与利他的资本本能。

3. 资本是自利与利他的支点

资本善恶的分割线是生产力（技术水平）+制度+群体文化，制度和群体文化相互确认，形成资本的性本善或者性本恶。你以为世界是平的，但事实上世界终究是垂直的。你的根深蒂固的价值观，取决于你的父母、你的原生家庭、你所在的社会群体。我们必须具备反思自身偏见的能力，才能真正接纳全球化的观念，才能在和平公正的心态下对话。若以偏见安排偏见，不过是激化矛盾，自我的再一次作茧自缚罢了。

在物质匮乏年代，政治权力主导社会发展方向，它与资本权力相互连接形成资本性本恶，穷人、普通劳动者、弱势群体需要抱团取暖，对抗强者的垄断，以赢得生存和发展的权利。以地狱、末日审判震慑为恶者，以来世、天堂劝导为善者，以使民顺承。君臣父子、今生来世、帝国天权等都是在利用人们的无知、恐惧、蒙昧来压抑人性，否定人类个体独立成长潜能的产物。贾宝玉好好的一个人，在父亲贾政——一个正统儒士面前便是冥顽不化。在儒家、佛家、帝国皇权的统治下，会形成顺承、僵化的群体文化，这个群体文化在代际传承过程中，通过父对子的强权教化而成，因为个体价值观源于童年时期，所以僵化的文化本能或者说“执念”形成于父权，形成于社会中父亲对子女独立成长的自我实现价值的施压与扭曲，并通过群体舆论文化共同作用和强化这种文化本能，使人类尤其是男性失去了自我实现的差异化的良性竞争意识和能力。这种僵化的文化本能极易受到煽动和操控，那是一种迷失人本性，或者说是迷失道家精神，或者说是迷失宗教真义的僵化文化信念的产物，即失去了温暖和阳光的终极追求本能，失去了心中有他人的人道主义精神。当人类失道的时候，便易陷入极权的陷阱，在生存焦虑、安全焦虑、归属焦虑的情况下受到舆论和群体文化的操纵和把控，极权统治由此而来。从这个过程而言，极权根源于父权。正是因为父权在代际传承中的关键作用——以爱的名义施加的威吓利诱，使群体形成文化本能，文化本能汇聚成信仰执念，从而导致社会极权。极权是独立、自由、民主的反面。当文化本能形成时，便会统治人的思想意识一辈子甚至数辈。真正的自由与民主需要极权社会中基于生存焦虑、安全焦虑、归属焦虑的极大程度的消融，在人类社会传承上表现为父权、神权的消融，需要长时间甚至百年时间的演化。通俗言之，就是要等待习惯于极权社会的人群老死，然后社会才能获得真正的民主与自由；否则，民主与自由不过是另一种形式的操纵与奴役，而且是群体式的操纵与奴役。摆脱极权思想的人才是真正的自我实现者。中国改革开放 40 年，事实上也正是处于信仰寻根、文化价值观突破重建的阶段。工业化后期的中华民族，自我实现者在日益增多，相应的群体文化在道家精神复苏下得以突破重建。

综上而言，群体文化支持僵化信念的、不以自我成长为出发点的，如光宗耀祖、优等民族论、金钱至上等，则资本性本恶。为达到目的无所不用其极，因为有“道德正义”的制高点，事实上往往是个人自我的抛弃、自尊的抛弃、人道的抛弃，历史上绝大多数时候绝大多数人都是这样的状态。性本恶的资本必然导致对抗、消耗和毁灭。例如，第一次世界大战和第二次世界大战的爆发，与资本的恶所导致的经济危机和信仰危机是分不开的。避免世界大战的根源在于建立资本性本善的体系，在自由和充分民主的前提下，建立起整个人类的良性竞争态势，确保满足人类的生存本能和社会本能。对于过往僵化的文化本能，需要长时间的缓解。全球一体化过程中，各个地区的文化本能冲突激烈，要缓解这种冲突，就需要构建开放的与道家精神如出一辙的基于人本性的包容的文化共识，而唯有自我实现的本能，方是所有人类从古至今、从出生到入死都执着追求的幸福所在。

群体文化支持自我实现的，则资本性本善。所谓群体文化支持自我实现，事实上是支持人在不同的成长阶段都有其独特的自我实现价值，是高度包容个性的群体文化氛围。在这样的群体文化中，甚至认为衰老也不过是被旧文化本能灌输的概念。在这样的文化中，从孩子到老人，始终都能直面自我内心最本真的需要，从群体认同中吸收能量，再将自我价值反馈回群体，是一种圆融、动态的价值观，伴随着客观的自我认知与群体认知。在这样的文化氛围中，资本财富被视为个人能力的象征，因为只有利他的能力才能使资本增值，资本实际上是利我与利他的结合体，是个人为社会做出贡献的象征。在自我实现者的资本财富观中，人必须努力地积累财富、努力地将财富资本化、尽力地使资本增值。在自我实现的群体文化中，所有人的灵魂都是平等的，没有高低贵贱之分；有的只是分工的不同，是效率的不同，是职能的不同。尽管个人收入根据个人的能力、努力程度和创新程度有所不同，但人和人之间是相互尊重的；而且，最重要的是，人们有选择的自由——只要你有足够的创新和组织能力，创投市场中大量投资可为你带来第一桶金，为你的资本积累之路开疆拓土。自我实现动机，对于所有人而言，是与生俱来的，越早寻回，越早使之努力实现，便越能获得成功，并且资本在失去自我实现动机人手中，也会消散。这就消除了代际传输的不平等根源，即伴随着资本持有者自我实现动机的增强或削弱，资本本身也会呈现出增加或消散的趋势。

4. 资本是财富增长与消亡的过程

资本伴随着资本家自我实现动机的增强和削弱而积累或消散。自我实现是每一个个体与生俱来的天赋，是灵魂最本真的模样，但在成长过程中会被不利条件侵染，尤其是被文化本能侵染，这样的生命意志就会被削弱，呈现出倒退的迹象。消耗生命意志的状态是生命力的倒退，不以自我实现为人生目标的人生是加速走向衰亡的人生。要避免灵魂的侵染，和自我实现动机的削弱，需要建立“反脆弱性”，即失败、挫折、误会、打击等不利条件都能转化为更强大的生命能量，而不是相反。“反脆弱性”是塔勒布在《反脆弱：从不确定性中受益》[①] 中提出的概念，他长期关注和研究“黑天鹅事件”，关注“不确定性”运行的混沌世界。塔勒布的反脆弱思维几乎就是老子那种行道如水方法论的当代回声。在一个充满变数的时代，这种思维应该是更有效的。尼采有句名言：“杀不死我的，只会让我更坚强。”正如人体骨骼在负重和压力下反而会越发强壮，谣言和暴动在遏制和镇压下反而愈演愈烈一样，我们生活中的许许多多事物都会从压力、混乱、波动和动荡中受益。塔勒布在书中所定义的“反脆弱性”，是那些不仅能从混乱和波动中受益，而且需要这种混乱和波动才能维持生存和实现繁荣的事物的特性。拥有正念，才真正拥有“反脆弱性”，否则会适得其反。脆弱性是理性系统造成的。要提高反脆弱性，就要学会在失败中成长。在人类意志方面，反脆弱性人生表现为自始至终都坚持自我实现的动机和行为，但真正能以自我实现为人生动机的人是极少的，大多受制于文化本能和压力创伤，甚至陶醉在这种文化本能和压力创伤中。具有反脆弱性的人能在挫折、失败中变得更强大，也就是无论何时何地都以自我实现为行为动机，直面自我潜意识中最深处的诉求，并努力不懈。资本在

---

① 纳西姆·尼古拉斯·塔勒布．反脆弱：从不确定性中受益［M］．雨珂，译．北京：中信出版社，2014：3.

自我实现动机者身上积累起来，而在非自我实现动机者手中消散。当然，在实际流转过程中并不是那么严格地遵从线性规则，而是表现为随机性的熵态势。对于个体来说，自我实现动机在其一生中也是时强时弱的，其增强的极端状态就是痴迷于某事物，其削弱的极端状态就是自杀的执念。人的成长过程就是一种熵的状态，即自我和社会相互不停地吸收能量和释放能量，以维持自身和群体生命力的发展。人的自我实现越是得到发展，生命意志能量越强，正能量越强。自我实现动机最根本地首先取决于人 3 岁前的体验，若体验到无条件的爱，他的自我独立需求和依恋需求得到满足，其生命意志之种子能量越强烈；其次是在成长过程中从社会群体中吸收到的正能量；再次是在青年时期获得真爱；最后是在子女身上获得真爱。通常而言，出生是人生最初的自我实现机遇，童年经历是第二次自我实现机遇，遇到真爱是第三次自我实现机遇，养育子女是第四次也几乎是人生最后一次自我实现机遇。人生完满于自我实现。但正如现实所显示的一样，自我实现者是人群中的稀有资源，至少在 21 世纪之前的人类史上都是如此。正因为如此，资本的积累不会如封建社会世袭权力般的代代相传，传统皇权以权力保证他们的利益代际遗传；在资本作为普世价值观的社会，资本会在自我实现者手中增值，并且会在非自我实现者手中消散。在这种社会中，资本的不断流转是一种基本道德观，坐享其成式的守财奴被视为生命灵魂的浪费、消耗——他对自己都不自重自爱了，财富也必然会消散，财富资本化也必然会失败。从市场经济规律而言，如果一个人越能感受到自我和群体社会的情绪脉动，他就越能从周围的环境中识别出最有利的要素并且有能力让之为己所用，从而创造出他人所需要的产品，为自己积累财富。另一方面，如果一个人失去了自我实现动机，既不懂自爱，也不懂爱他人，那么他就无法感受到自己的真正需求，也不清楚自己的真实能力，更不可能感受到他人和群体的需求，在这种情况下，他不可能有能力创造出他人需要的产品，即使勉强将祖辈父辈留下的财产进行投资，也会因得不到市场的回应而以失败告终，从而导致资本消散。在资本的增值和消散过程中，“得道者多助，失道者寡助”。凯恩斯供需理论认为经济危机的根源在于供过于求，而事实上，经济危机的根源在于资本的失败。一旦失败，就需要寻找新的创新出路，开发生产更好、更美、更强大的产品，让消费者有更好的体验，让那些失败的投资自动消散，让那些纯粹消费而不生产的财富自动转移所有者并从其原持有者手中消散。从资本的哲学角度而言，没有恒久不变的财富，也没有恒久不变的贫困；有的只是自我实现动机的增强与削弱、生命意志的增强与削弱、创造力的增强与削弱，以及灵魂的扩张与收缩——与之相伴随的就是财富的增长与消散。仇恨财富和蔑视财富，根源于自我价值的贬抑，认为自己不配获得财富，也认为他人不配获得财富，从而将财富无意识地拒于门外。

中国经济高速发展40年，财富在个人手中快速积累、消散、转化。财富风云榜上，各领风骚数年。从改革开放之初靠实业起家的企业家，到后来靠房地产改革、国企改革、金融改革起家的企业家，再到借助于互联网技术、智能科技而叱咤财富风云榜的企业家，财富在一代代地更新迭替。在2005—2016年，电商席卷中国大地，传统商业模式风光不再，这一次变革彻底淘汰了过去机遇型暴富者、投机主义者、特权主义者。中国财富风云榜日新月异。在这一历程中，每一代资本都以出其不意之态颠覆旧有商业体系并重建其价值之源，而中国整个商业经济也在一次次的颠覆重建中焕发出惊世骇俗的光彩。不能与时俱进者其财富要么在通货膨胀中贬值，要么在僵化思维中消耗殆尽。例如，在中国作为世界工厂的时代，很多实业家抓住这个机遇，由此身家成倍增长，成为亿万富豪。如今，中国廉价劳动力优势不再，大面积的低端制造产业无法升级转型，等待它们的，只有破产和财富大量缩水。凤凰涅槃，浴火重生。没有破旧的勇气，就没有立新的魄力。在中国的一些城市，有的道路刚刚修好没几年又变得拥挤然后又扩宽重修，有的楼房尚且坚固耐用就被摧毁重建，有的商铺、房子装修不到一年半载又被易主重新装修营业或居住……有人呼唤，让经济慢一点吧，让灵魂跟上……但是笔者想说，灵魂从来都不离不弃，它一直如影随形，只是你看不见罢了。你不愿意跑，没有人会停下来等你。《爱丽丝漫游奇境》中红皇后对爱丽丝说过一句话：“你得尽自己最大力气跑，才能保持在原地。”① 这被称为“红皇后假说”。对于以疗愈、寻爱、回归为人生动机的大多数人而言，不停地跑意味着疲累，当他们没有足够的能量跑时，就选择逃避、抱怨、攻击；而对于自我实现者而言，不停地跑是一种本能，是一种生命力的自然状态，他们热衷于挑战、不确定性、变化，在永不停息的创造中体验生命的快乐，正如马云所说：“活着，就是为了颠覆世界。”② 在自我实现者意识中，当资本增长不再的时候，便是提醒他们该是破旧立新的时候了。他们舍得也有勇气去断臂求生，而对于缺乏勇气、魄力、智力和毅力的人，资本只会在其逃避、抱怨中消耗。所以，在资本的增长、消散过程中，没有任何道德、是非上的借口；即使有差错、误解、打击，也全部转化为更强大的动力。在资本的增长与消亡周期中，自我实现意志的强弱以及由此导致的创造力的强弱是唯一的评判标准。

5. 创造是资本的利润之源

在宗教信仰和传说中，神创造一切，但神同时有言——你必须皈依我，才能进入天堂。神事实上也是自利与利他的结合体。如果我们有幸体验到天人合一的灵性境界，那么就会体验到自我实现动机的强烈感召，它事实上是一种渴望创造万物、改变万物从而彰显自我力量的愿望，是一种神的意志力量，从自我实现的灵魂角度而言，人人皆帝。女人的创造是孕育生命，抚养孩子，通过爱改变世界。男人的创造是直接改变世界。这种创造愿望若能从小获得无条件的爱，承认个体价值，那么他将终其一生致力自我能力的发展与确认，在这个过程中实现自利与利他的外在表现诉求，从而实现神、人、兽一体化的自由意志精神。这个自我实现的创造过程是不断探索、挑战、体验的过程，在这个创造过程中，自然界和社会自动给其回应，给予其应得的报酬——权力、财富、名誉——除非他潜意识深处拒绝宇宙回报给他的一切。例如，画家梵·高，他一边是自由环境下的自我实现意志强烈爆发从而画出流传经世的巨作；另一边是自我意志压

---

① 刘易斯·卡罗尔．爱丽丝漫游奇境［M］．黄健人，译．北京：中央编译出版社，2015：214.

② 刘世英，彭征．马云正传［M］．海口：南方出版社，2014：封面．

抑从而拒绝一切社会给予的善意，这根源于他童年时经历的灵魂折损。母亲无条件的爱已经倾注于大儿子，童年的梵·高从母亲的悲戚中分不清自己到底是自我还是母亲心目中大儿子的替代品。梵·高的自我因此在满满的母爱中割裂，形成他潜意识深处的自我折损，他认为他不应该获得外界给予的一切。当他的陶瓷作品获得父母的热烈夸奖时他愤而砸碎[①]，事实上他从来都做不到坦然接受外界给予的一切奖赏回报——从这个角度来说，历史上以殉道为己任的堂吉诃德般的精神都是鸦片，人必须先自爱，然后才能真正地爱人。从这个角度而言，悲剧主义的盛行、对伤痛的迷恋、同情心的泛滥、殉道的武士道精神……都是人类精神的瓦砾场、文明的废墟城，是一次次滋养人类自我意志折损的罪魁祸首，这些精神鸦片以群体文化道德的名义、以祖先传承的爱的名义强加给一代代人，让人深信那就是真理所在，让人类天生的自我实现意志在疗愈人生中消亡，对应着创造力的消亡与财富的消亡，体现在人类的人格表现中就是懒散、软弱、自卑、霸凌、剥夺等。这些人格对社会的重要特征是只有索取没有贡献，或者只有贡献没有索取，他们单纯消耗财富和剥夺财富，资本的增值不属于他们这些灵魂折损者，而属于创造力充沛的自我实现者。

在传统经济社会中，热爱冒险和挑战的资本家、企业家也是少数，大多是风险规避型的工薪者。在互联网经济年代，由于科技的高度发展，物质文明的极大富裕，自我实现者增多，人人都有拥有资本的可能，资本通过资本市场和互联网的信息高度共享，使创造力无处不在，“人人皆帝”的思想逐渐成为一种共识，只要你有惠及大众的创业想法和才能，就能在互联网社会获得资本的回应；只要你有足够的自我实现动机，就能摆脱一切束缚从互联网中汲取所需的知识、智慧和技能，让自己的梦想得以实现——现代开放社会使一切自我实现折损的逃避精神无所遁形，使一切软弱、懒散的借口无所遁形。你必须努力去创造才能维持生命意志的可持续性。

① 梵·高．梵·高艺术书简［M］．张恒，翟维纳，译．北京：金城出版社，2011：2.

不停地跑是一种本能。这种永不停息的创造力能量来源于爱，没有具备孕育天性的母亲的无条件的爱，创造力能量就无法得到充分的孕育和发展。所以，现代人要获得充沛的创造力，要获得自我实现的体验动机，首先要揭开潜意识中不安全感和排斥感的原生根源，正视它和谅解它，和自己的潜意识即“上帝”获得和解，从而获得内心的平和。这样，自我实现的体验动机才会复苏、发芽、成长，然后你才会获得自利和利他的创造力量。在教育理论中，蒙台梭利主张在幼教中给予充分的爱与自由，从而让孩子构建起完整人格的自我意志；华德福主张在早教过程中，首先要教育孩子世界是善的，事实上也是为了让孩子获得自我实现创造力的基础能量。只有基于饱满的信任和爱才能激发出由内而发的情怀和意志，也只有由内而发的情怀和意志才能激发自利和利他的创造力；否则，僵化的文化信念或信仰只能是恐惧的饰掩、不确定性的逃避和软弱的借口。

真正的创造力是充满激情的，充满了自我张扬，充满了人的自信，充满了对他人和社会的深切关怀和友善。真正的创造力，是盘古开天辟地之力，是上帝创造万物之力，是最初使用石头作工具、使用火光驱逐野兽之力，是让孔子惊诧的老子的腾龙之力——是万物进化宇宙膨胀的唯一动力，是人类得以脱离动物性、统御生灵的基本进化动力，是至今为止仍在改变着地球、探索着宇宙的唯一动力。你必须去创造，你的生命才有意义。寻求安稳的人生是没有意义的，因其不符合人类发展演变的规律。当你不动的时候，当你满足于既有状态的时候，细菌会在你体内滋生，病毒会在你体内扩散，社会暗黑能量围绕着你打转，然后你会陷入恶性循环中，任自我意志的灵魂被打败而消极直至生无可恋进而自杀。重申一遍，“你得尽自己最大力气跑”。上帝平等地给予每个人创造力，在市场经济年代，每个人的创造力都可以淋漓尽致地挥洒自如——关键在于你是否相信它、接纳它并发扬它。

创造意味着破坏重建，意味着创新与改造。人类历史是一个不断革新重构的历史。在创造过程中，道是永恒不变的吸引力，即爱自己、爱世人的上帝之精神、创造之精神，表现在人类社会实践过程中，就是满足人类的生存本能、社会本能、文化本能这三大需求。远古三皇五帝观天地运行，教民种植、养殖是创造；帝国王者开疆拓土、与民生息是创造；现代企业家运筹帷幄、量化生产也是创造。沿着人类永不满足的创造意志、自我实现意志，人类得以成为一个共同体，探究宇宙万物，统领苍生。没有比大力发展市场经济更能消除全球饥饿的办法；没有比大力发展市场经济更能满足人类精神需求的模式；没有比全球经济一体化更能整合全球异见的体制——因为创造力天然地存在着这些特性，让自己和他人满足的特性。当创造力产生利润的时候，也就是创造者利己和利他的时候，也就是创造者自我实现的时候；而创造力所需要的，不过是永不停息的创造勇气与智慧。在《无穷的开始——世界进步的本源》中，戴维·多伊奇认为创造力是世界进步的动力，而其中承认知识的无限性并且不断地探究是创造力产生的本源——“（波普尔的）易谬主义是知识开启无限增长之路的关键”①。知识的无限性使人类生存延续具有无限扩展性，生物圈本身无法支持人类生活，从人类进入文明时代以来，“就只有人类知识才使得这颗行星勉强可供人类居住。我们的生命支持系统的能力得到的极大增强，完全归功于人类知识的创造”②。承认知识的无限性是规避人类资源争夺战争的关键所在。在人类历史上，创造是世界进步之力，来源于得道的群体文化，来源于理性谜米所造就的动态社会；争夺战争是退步之力，是反理性谜米的结果，是失道文化造就的结果。因此，创造力来源于通过理性谜米文化营造的动态群体社会，来源于悦纳反叛、挑战、创造的群体社会。

生命的意义在于创造，资本的意义也在于创造。没有创造力之际就是资本失败之时，也是经济萧条之时。应举全社会之力包括教育、文化等各种形式支持创造之力，并享受这一过程。所有阻碍创造之力的助力都应该肃清，包括来自父母的有条件的爱、来自亲友外界的道德制高点的怜悯布施、来自群体外的威吓利诱……如果灵魂被这些暗黑力量侵染，请

---

① 戴维·多伊奇. 无穷的开始——世界进步的本源［M］. 王艳红，张韵，译. 北京：人民邮电出版社，2015：11.

② 同①55.

先自我救赎，肃清意志助力，开启创造力奇点，然后创造之力才能焕发出光彩。

当然并不是所有创新皆能获得利润，过于超前和过时的创新都难以获利，如宣扬“日心说”被烧死的布鲁诺、提出“强力意志”的尼采，他们的思想远超同时代的人，尽管人类历史记忆为他们留下了一席之地，但他们生前并没有获得世人的认可，就他们自身来说，他们的人生过得并不算幸福，后来人自然记得和感激他们，但他们自己的人生呢？真正完满的人生，不仅能张扬自我意志，还有足够的能力驱散一切阴霾，让身边人和世人为之触动并加以认可。真正自我实现者，还必须能和时代人的灵魂共振，以自己的阳光之力驱散暗黑的文化本能——古往今来，灵魂的样子、心的样子都是一样的。所以，真正有价值的创造，必须与时代人的接受能力和认知能力结合起来的需求才是有效需求。就现代社会而言，明白时代人的消费动机以及由此而产生的特征和需求非常重要，你必须做到比消费者更懂他们，必须深入人类的潜意识深处，即明白人类的生存本能、社会本能、文化本能三大根深蒂固的基本动机。此正所谓“世事洞明皆学问，人情练达即文章”[①]。能做到洞明世事、人情练达，便能站在时代前沿，引领时代突破发展。与时代共振、与宇宙共振的能力，是右脑最大限度开发运用的产物，也是利他的最高境界，也是拿破仑、索罗斯、马云、比尔·盖茨等伟人的共通点。

具有创新意义的科技或产品，可以由资本持有者向创新者购买，向学者、研究者、发明者购买；而时代共振能力、探寻消费趋向，却是企业家、资本持有者必须独立判断的事情，即资本必须判断创新的科技是否有价值。判断正确才能获利，判断错误将会遭受投资损失。

综上所言，创造是资本利润之源，而创造力则是自我实现者与时代共振的产物。

---

① 曹雪芹，高鹗．红楼梦［M］．北京：人民文学出版社，2005：69.

三、资本模型构建

1. 资本模型的哲学假设

综上所述，资本具有在社会运动过程中持续地谋求增长的动能。于人类而言，资本是自我实现的工具，是自利与利他的支点。资本具有积累、消亡的流转特性，有意义的创造是其增值的方式。根据资本的上述特性，我们可以构建起资本模型。在此之前，正如大多数经济理论模型的构建一样，需要进行一些基本的前提假设。这些假设将成为本书中资本模型构建的基础。

（1）人的行为动机。传统经济学理论认为，人类的行为动机是外在的经济因素。本书认为人类的行为动机是内在的心理因素。外在社会制度、经济发展水平形成群体经济文化，群体经济文化反作用形成人类个体的性格特质，从而影响其心理动机。心理动机具有隐蔽性、自欺性和演化性。人的心理动机主要源于人的三大本能：生存本能、社会本能、文化本能。这三大本能的需求是渐次上升的，其中社会本能分为三个层次：安全感、归属感、自我实现。个体满足了生存需求，便会寻求安全需求、归属需求，当安全需求、归属需求得到满足时，便会寻求自我实现。人类在满足不同层次的需求过程中形成了不同的文化本能，包括满足生存的文化本能和满足安全感的文化本能、满足归属感的文化本能、满足自我实现的文化本能。越早形成的、越是单一粗陋的文化本能影响力越大。

在物质匮乏年代，群体文化在个体心理动机上种植上诸如天堂、地狱的诱惑与恐吓、祖先的祝福与诅咒；在物质丰裕年代，群体文化支持个性发展的自我实现，人人皆帝，一切随心。在物质匮乏年代，传统道德观、价值观适用；在物质丰裕年代，自我实现的道德观、价值观重构。在物质匮乏年代，富裕家庭更容易产生自我实现者；在物质丰裕年代，自我实现者的出现有随机性，取决于个体的原生家庭、成长经历和社会群体环境。自我实现的道德观是，一切有助于自我实现的行为都是善的，一切有违自我实现的行为都是恶的；而自我实现的终极目的，必是自利与利他的结合。

自我实现的文化本能越早形成，个体在历史上成为伟人的可能性越大，在现代社会获取丰厚财富回报的机会越大。从传统文化本能到自我实现文化本能，需要摆脱源于传统道德观的极权思想，形成尊重自由与民主的文化理念。真正自由与民主的达成需要极权社会下生存焦虑、安全焦虑和归属焦虑极大程度的消融，在人类社会传承上表现为父权、神权的消融，需要长时间的演化。通俗言之，就是要等待习惯于极权社会的人群老死，然后社会才能获得真正的民主与自由；否则，民主与自由不过是另一种形式的操纵与奴役，而且是群体式的操纵与奴役。自我实现者在工业化革命完成之前的人类史上都属于极少数。在工业化革命之后自我实现者增多。自我实现是物质匮乏年代的奢侈品，是物质丰裕年代的必备品。

对于自我实现者，资本权力和政治权力是两条平行的通道，为政者不为财，为财者不谋权。在政治权力之外，自我实现的途径有很多，但连接自我利益和社会利益的唯一衡量标准是资本和财富。如果一个人对社会的贡献非常大，他理所当然就会获得丰厚的财富回报。奉献远大于收获的时候，是体制安排的过失。资本钟情自我实现者。自我实现者更容易获得各行各业的成功，更容易获得投资，使资本增值。很多行业都可以通过资本形成个人和他人的利益统一体。资本是纽带，将个人价值以满足社会需要的方式充分释放出来。

（2）基于道的演变发展观。社会是以道为核心吸引力的矛盾运动统一体。道是自爱爱人的信念，围绕此信念，社会处于永恒的运动中，由此导致了个体和群体的演化性。从心理动机的演化上而言，人类社会发展意识形态有两条明显的途径：一个是善，另一个是恶。当基于善的时候，人类是在真、善、美、强的途径上突破；当基于恶的时候，人类是在“厚黑”的途径上突破。善以真为前提，恶以自我掩饰为前提。所有尊道的行为都是善的，所有背道的行为都是恶的，无论表面看起来多么大义凛然。群体欺霸得以盛行的根源在于文化信念对“道”的背离，在于道德制高点上极权对人性的否定。当我们对子女进行道德文化教育的时候，一定要告诉他们道德背后的人道精神，即心中有他人的精神，而不是教育他们盲从、屈服。

人类幼儿时期都拥有最初的两大需求——独立为自我、依恋为他人的本能。人们最初的依恋风格决定了自我（关联自我、独立自我）一辈子的情绪取向。独立自我和关联自我是自我建构两个截然不同的方面，有着不同的关注点和目标。[①] 独立自我关注的是自己与他人隔离开来，强调个体与其他人相比脱颖而出；而关联自我关注的是自己与他人建立连接，强调自我在团队协作中的作用。[②] 关联自我者潜意识缺乏归属感，独立自我者潜意识缺乏安全感。安全感缺失将导致右脑主导，归属感缺失将导致左脑主导。缺失程度决定主导的控制程度，而控制程度决定主导脑的发达程度，即左脑主导定式形成，越强烈，左脑越发达，如哲学家、思想家；相反，右脑主导定式形成，越强烈，右脑越发达，如艺术家。但一旦到达顶峰，机缘巧合总能找到左右脑的融合点，从而感受到参悟人生的真谛，体验到心中有自我和他人的祥和光芒，达到天人合一的境地，此时是个体自我实现之时，也是个体在某方面有非常突破之时。

在人类个体的童年时期，若独立需求和依恋需求这两种情感得到满足就能获得无条件的爱的充分能量体验，避免开启潜意识的归属感和安全感搜寻动机，能更早达成人生的自我实现动机。自我实现者植根于完整的人格，完整的人格是自我的完整性，是神、人、兽的统一体，自我成长，自我原谅，自我救赎。任何时候，都不要否定人类自身的真、善、美。每个人都有神的潜质和力量，以及趋向。为让更多个体更早地达成自我实现的行为动机，社会应该提供一个自由、宽容、提倡个性的群体社会环境。对于个体而言，社会、长者、他人是值得信任的。

个体依据其经历安排偏见，接纳不同的价值观，从而产生种种人格，

---

① Markus H, Shinobu K. Culture and the Self: Implications for Cognition, Emotion and Motivation [J]. Psychological Review, 1991, 98 (4): 224 - 253.

② 同①.

从而产生偏好和分工。分工使现代生产组织得以形成，资本得以运行。个体价值观源于童年时期。民主、自由的思想根源于父对子的民主、自由。独立、自由、民主三者相伴相生。因此，极权根源于父权，父权形成文化本能，文化本能汇聚成信仰执念，从而导致社会极权。社会极权的表现形式是专制、排他。消除社会极权的方式是独立、自由、民主。独立、自由、民主的运行体制是个人拥有充分自由选择的市场经济。市场经济运行的“领头羊”是资本。

从历史演变角度来看，历史不断发展，新发现不断出现，从而让个体和群体不断更新认识。真理属于人类，错误属于时代。资本的恶是过去的，资本的善是未来的。在人类群体生活中，很多的暗黑能量在隐秘地流转。植根于人道主义者能拥有不被侵染的防范机制，能坚持自我实现的本性，能有足够的智慧和能量驱散阴霾，传播温暖和光。越是自我实现者多的群体，其经济发展速度越快。在快速变化的经济体中，由于文化本能的存在，从人道主义角度而言，政权主体应该让群体成员有过渡的时间和空间，应该有充分宽容的人道情怀。

在人类文化演变过程中，人文科学有利于开启人类的潜意识本能。某一文化群体对真、善、美有多大程度的追寻，他们对假、丑、恶就有多大程度的隐藏。人文科学的本质是人性，人性的本质是情感，情感的本质早在数十万年前的狩猎时代就已定性，其后数千年都是通过文化对人性进行塑造（压抑、扭曲或弘扬）。情感如气如水如雾变幻。绘画、音乐、文学、戏剧等艺术本质上是虚幻的技术，是心灵麻药，是将人性真、善、美阳光化的技术。人类必须要如此“自欺欺人”才得以成为人类，才得以脱离动物性而成人，这也是人类创造意义的一种本能需求。

从人的心理这个基本动机出发，“道生一，一生二，二生三，三生万物”，这正是基于道的演变发展观。

（3）人人生而平等和性本善。所谓平等，是灵魂的平等。灵魂就是自我实现本能，即追求和给予温暖和阳光的自由和权利。人之初就有对温暖和阳光进行体验的能量，只是在成长过程中被侵染而散失或扭曲，导致怨、恨、妒、恶的滋生，从而使其无法完成自我实现的终极体验，从而压抑资本创造力的发挥。

人是性本善的。天生有着独立为自我、依恋为他人的本能，即人天生有自我实现的善的本能。资本天生有创造之力。每一个个体都以他当时所能获得的知识智慧和自我能力进行选择和解析并传播，即使导致了历史的错误或者被他人或后世评价为罪恶也是为他自身的智能所限制，而非道德恶意。所以，资本所有者本质上没有道德的善恶之分、正邪之分。社会中所有恶意都源于感受到自身的善被歪曲、被歧视，从而将感受到的恶传播出去，进一步侵染他人。群体的恶是个体恶相互侵染的结果，同时也是资本恶意的根源。

从“人人生而平等”和“性本善”的角度出发可衍生出新的道德观。传统道德理念是基于大多数人的疗愈需求而建立起来的。物质丰裕年代的道德理念应该是基于自我实现的需求而建立起来的。人们需要的是同理心而不是同情。怜悯、施舍皆是恶德。助人只能助一时之困，而非长久之计。物质的直接施舍是在失败者的悲惨上再度施加灵魂的枷锁。肯定自我实现本能就是肯定强者价值，否定自我实现本能就是支持弱者价值。人们需要赞赏而不是打击强者的骄傲，需要安慰而不是嘲笑强者的一时之败。资本是强者最有力的武器。道德本身不应成为一种追求。你善了，别人相对就恶了，道德世界没有你高他低、你善他恶。真正的道德诉求，是尊道守情，在欧美社会被称为宗教真义，是一种心中有自我和他人的结合体。道德情感不能被利用。所以，要绝道德的制高点，去算计的智识与谋略。“为道日损”“绝圣弃智”“绝仁去义”。在资本的世界里，创造是唯一前行的方向；人类以文化本能的方式削弱创造意志，其实是人类进化路上的倒退，是反创造的。全民资本时代道德观：消耗的财富多于赚取的财富便为失德，生而无为便为失德，能而不作便为失德，好逸恶劳便为失德，喜好施舍、怜悯便为失德。

资本的恶源于资本权力与政治权力的结合。资本的善源于人个体的自由，源于权力保护下的自由。权力保护下的自由意味着人不是被逼屈从于资本的意志，而是自由选择的结果。所谓自由选择，就是有很多途径实现自我幸福，如可选择退隐山林农村，也可选择从政的社会，更可选择诗书画茶。你若想安稳幸福就自给自足，你若想光耀万丈就可从政经商。所谓自由，不但要保护普通者的选择权也要保护才华杰出者的选择权。分配不均向来被视为社会不公平的根源，其实“不患寡而患不均，不患贫而患不安”，皆因政治权力的侵入，因历史上政治权力在分配中所占的支配地位而致，因政治权力的争夺和欺凌而致，是社会本能需求受到严重威胁的表现。当人真正获得自由、感受到被尊重和幸福，并且不受生存威胁的时候，是不会因为物质的多寡而不平的。财富和幸福感的相关关系是一条抛物线，当物质财富增长到一定程度时并不会带来幸福感的增加，幸福感的增加有赖于自我实现的增强。社会工薪阶层，当物质财富增加到一定程度时，单纯因为物质财富的增加而增加的幸福感也会递减。越是精英越需要自我实现的激励机制，所以财富拥有者会寻找投资途径，以实现自身更大的社会价值。对资本的偏见会影响企业家精神的普及，影响个人能量的发挥，影响社会整体福利的提升，影响以创新为突破的社会发展。当群体文化普遍认同“人人生而平等”和“性本善”的时候，也就是更多的人达成自我实现之时，资本也更多地呈现出性本善的特性。

（4）自我感知是衡量幸福的最佳标准。自我感知是衡量幸福的最佳标准。除了自由交易的市场经济，没有任何方式能明确一个人的自我幸福定义从而实现均衡分配。古代的权力社会使自我实现者限于极小的范围，现代自由市场使每一个人都有机会成为自我实现者。

自我实现者需要自由，也要保障他人的自由。每个人都需要听从自我最深处的幸福感召，通过所有可能的努力实现自我的幸福与满足。财富是自我满足的衍生品，是对他人、对社会力量贡献的可衡量的标记。一个画家，必须出于自身内心深处的感召而绘画，绘画被认可的程度决定了他的价值被他人认可的程度，财富的回报是他人因其绘画价值而给予的社会回报，是他自我价值的认定标志。梵·高的绘画在他生前得不到社会的认可，他本身不是自我实现者，而是自我疗愈者，社会所有想给予他的回报都被他的“执念”挡了回去。当我们欣赏历史上所有悲剧作品的时候，其实，是在欣赏作者的灵魂之伤。

人们钟情悲剧、战争，是灵魂疗愈的需要，是自伤与他伤的宿命，是物质匮乏年代人性扭曲所致。资本做不到在这样的人和群体身上生长。自伤与他伤者，不会有良好的自我意识和利他意识，不可能做到基于人本性基础上与时代共振，因此资本不可能成功，财富落在这些人身上也会消融和失败。

灵魂是平等的，差异化是必然存在的。衡量个体差异化，给他人和社会带来价值的是资本，也就是说，社会尊重你的个性差异。但你要获得社会和他人回馈的实在利益，就需要你为他人和社会做出相应的贡献。对别人没有意义的自利方式和对自己没有好处的利他方式，都不能获得资本的回报。制度和文化的建设应该建立这样的市场机制和文化认同。每一个个体都是值得尊重的，每一个个体都拥有自由选择的权利。当社会尊重个体的时候，就能维护和建立与生俱来的善与德。当自我和社会的利益出现冲突的时候，自我实现者能尊重人道主义，能自觉地从利己和利他的均衡出发，不会为了一己之私而置他人的利益于不顾。通俗地说，他们的自尊不允许他们违背天道人伦，这是人性和善德的真义，是道家的真义，是宗教神的真义。帮助他人实现自我价值和社会价值的统一，是最大的善，是资本的真谛所在。

尊重人的差异性，同时意味着尊重人的自我幸福诉求。也只有自我，才是自我幸福、自我价值的最佳确认者。每个人都应该深明自我的幸福诉求，并为之不懈努力，在持续运动中体验自我实现的爱与被爱的生命真谛。“自我实现”是因，“资本运动”是过程，“社会繁荣”是果。

（5）资本的增减与人的特质具有相关性。资本本身是无所谓善恶的中性工具，但对于致力使资本增值的企业家而言，资本具有利己与利他的特性。资本的利润差异源于人的差异，尤其是主要领导者的差异。领导者的特征会吸引与之相适应的人与事物。“得道者得天下。”得道者能为自己和团队乃至社会创造更大的利润。失道者不但不能获得利润，而且会将资本消耗殆尽。人类自身的本能追求在于温暖和阳光二重性：温暖意味着社会性的满足；阳光则意味着永不停息的成长激情，对创新的持续追求，对人类极限的探究和对未知的探究，对更好、更新、更美妙的探究，是人类的永恒追求。

自我实现者有两种：一是左脑主导型的，以追求确定性为情感模式的学者、工薪阶层、教师等；二是右脑主导型的，享受不确定性获利的挑战风险的企业家、领导者。右脑主导型的自我实现者努力搜寻社会中的创新因素，将之用于社会实践，从而获得更大的资本价值。他们是天生的王者、强者，他们能忍受常人不能忍受之心理不适，能将所有不利因素都转化为自我成长的动力，他们的思维是发散性的、综合性的，能以本能感受时代脉搏，资本是他们释放能量的最好途径，他们能综合所有可获得的资源与时代共振。他们能直面失败，在失败中变得更强大。投资者本身是自我实现的企业家，并且是热衷于从不确定性中获利的冒险家。资本的自我实现方式，连接着技术创新和人文需要。不符合人性需求的创新是没有资本价值的，没有创新的人文需求是饱和的。

资本的进入使学者等自我与社会价值连接起来，形成了自我与社会双赢的局面。对于制度安排来说，差异是必然存在的，人们应该依其奉献能力获得相应的报酬。教师重要吗？那就理应获得更多的财富报酬。学者重要吗？那就给他们高于社会平均财富的报酬。让资本进入，给自我实现者应有的待遇，给那些真正优秀的教育者、学者以优渥的待遇。

资本需要自强、创新、冒险精神，而不是躺在财富堆里蹉跎时光，抑或是宣权泄恨。财富只有转化为资本，参与到资本的优胜劣汰中，才是有意义的。没有创造的人生没有意义，虚度光阴是生命的折损，没有价值的财富是暴殄天物。

优秀企业家首先是自我实现者，没有自我实现的动力将会小富即安。单纯为财富而富有者不是自我实现者，其信念被财富本能侵染，没有自我与他人，因而没有足够的资本感悟力。所有不能全身心投入的工作都不是自我实现的工作。所有不能感知消费者需求的企业家都不是好的企业家。完整的灵魂，能将所有失败的要素变成自身更强大的催化剂，能将所有不利因素变成自身成长的动能。不怨、不恨、不悲、不责，只平等交流、自由选择。

（6）资本的利润源于人的创造力。资本具有增加、消耗的特性。资本产生于创造，消亡于创造。个人或原创团队通过高创造力（创新能力）而获得资本的青睐，从而也有机会成为一个资本持有者。资本投资失败则意味着资本的消亡。资本在再生和消亡的轮回之际实现了财富人际流动，实现了社会的整体更新流动，确保了社会创造力历久弥新。

创造力是一种竞争资源，是资本竞争的所在。创造力在于个体的学识、能力、努力程度。个体的学识、能力和努力程度千差万别。资本持有者本身是一种稀缺资源，越是有价值的资本持有者越稀缺。自我实现价值观下的资本没有固化的阶级之分，即使有过往意义的阶级，也能在创造力的激发和消亡过程中实现阶级转化。资本的本质在于搜寻自我实现者，唯自我实现者才能摆脱一切羁绊，在资本之路上越走越远。

就人性而言，通常都是厌恶风险的，是追求确定性的。这是理性思维的本质，其核心在于追求静。资本的回报是承担风险的报酬，是创新的报酬，是拥抱变化的报酬，是承受不确定性的报酬，是一往无前、一马当先勇敢者的报酬，其核心在于追求变。在接纳和推动社会变化中，可以实现资本的持续增加、流转。现代社会承认人的个性差异，从某种意义而言，财富的多寡是个人创造力大小的表现。

（7）资本的社会意义。资本具有溢出效应。资本利于其所在团体和消费者，通过投资方式利于当地社会群体。

资本的本质是满足人类三大本能：生存本能、社会本能、文化本能。企业要满足员工和消费者的三大本能。资本会生长、消亡、移植，在这个过程中实现灵魂与灵魂之间的分配转移。越是保持初心的灵魂越容易获得资本的青睐与成长。财富不是代际传承的垄断资源，灵魂才是。妄图以财富或权力传承自身的千秋万代是人类文明的执念之一，是不可能实现的。资本只有落在自我实现者身上，即既能利己也能利他的人身上，才能实现成长增值，否则就只能伴随着自我的分解和扭曲而至财富的消散。留给后代过多的财富而不给他完整的灵魂，是对后代的诅咒。后代若有完整的灵魂，即使没有过多的物质财富也能充分地实现自我的价值。这也许是很多超级富豪热衷于散财的原因。

资本权力取代政治权力成为人类自我实现动机的最优出口。资本权力运用出错不过是资本的亏损；政治权力运用出错却极容易导致专制极权，甚至开启奴役之路。资本与资本之间的竞争，是光明正大的竞争。资本权力与政治权力的结合是时代群体的错误，是所有资本性本恶的根源。消除资本性本恶的根源，需要资本权力与政治权力的严格分离，需要充分的自由与民主。人类史上大多恶性斗争都源于争权夺利，源于政治权力和经济权力的交叉；市场经济制度使政治权力和经济权力分离，使争权夺利的动机自动瓦解。社会的恶都可以通过自由、民主下的制度建设消除，一国之制度约束的对象应该是该国全体，而非特定的人或群体。传统文化认为，“天下之大，莫非王土”，人是性本善的，金钱是性本恶的。这种观点强调了社会的大同，忽视了人的个性，认为金钱是不均的罪魁祸首，是不合理的，是基于群体文化中社会本能焦虑的产物。古人潜意识里真正害怕的不是财富的不均，而是被社会群体歧视、排斥，甚至欺凌。

资本生生不息，依附于完整的自我人格灵魂。来源于恶的财富，罔顾他人利益的利己者，如偷盗、抢夺、欺骗而来的财富，都会受到诅咒。这些财富不可能成为资本，即使成为资本也极容易失败，因为他的灵魂已被侵染，他的人格不会被周边人从内心深处认可，他的经营有违人道，所以财富会消散转移。除非他完成了自我救赎的心路历程，才可能重获新生。在互联网年代，个个都是资本掌控者。人以自己的灵魂禀赋奉献于整个人类，人类以财富的方式反馈于他。这样的状态通过信息技术成为可能。资本越是增多，灵魂越是暖亮，对他人的贡献越大，越值得更多人的拥护与帮助。

资本宣言：资本与创造同在，它钟情任何有活力的灵魂，它普照世人，伴随着生命力的生长与消亡而生生不息，它流动、变幻、增长、膨胀、收缩、消融……更新迭代，将人类的创造力发挥得淋漓尽致并绵延不绝。

2. 总模型示意图

从三大本能出发，构建资本的总模型，即资本的理论体系。满足三大本能需求是资本运作的目的所在，针对资本目的，有三大创利方式：科技创新、跨界融汇和精益求精。要实现这三大创利方式，需要与时代共振的能力，即站在时代前沿、引领时代发展、突破时代局限；而要达到与时代共振的能力，则资本持有者需要有自爱与爱人的得道精神，需要创造能量的自我实现的乾的意志。这种意志在人的成长中具有自强不息的精神，具有反脆弱性，具有空灵的思维框架，因此善于拥抱不确定性，善于拥抱变化。资本理论总模型如图 4 -1 所示。

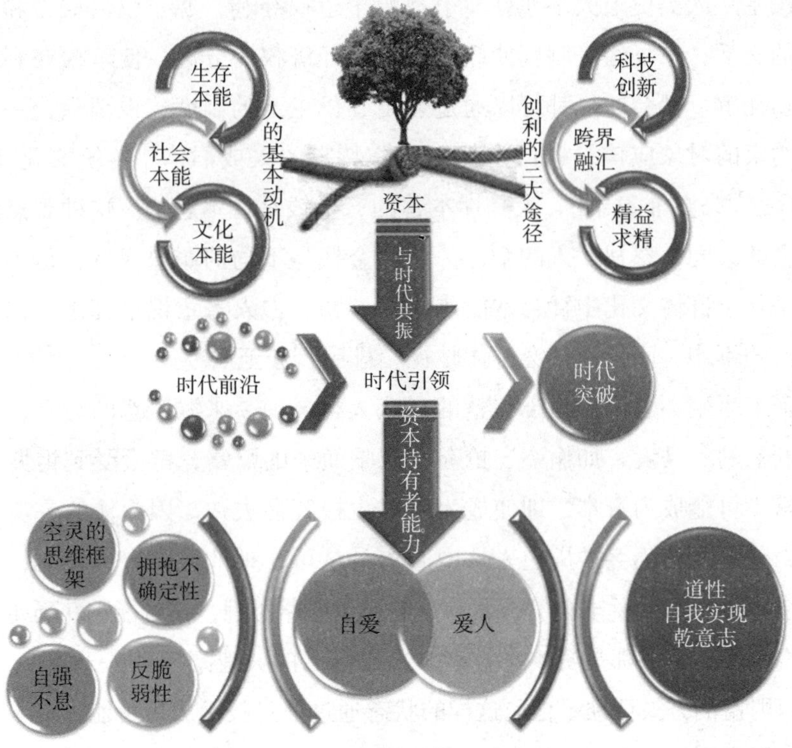

图 4 -1　资本模型

资本的直接目的在于利润，但必须满足他人的需求，也就是利他才能实现目的，所以资本是利己和利他的统一体。完全自由市场意味着资本利润趋于零，要获得利润必须创新，即创利。创利有三大途径：科技创新的纵向创新、跨界融汇的横向创新、精益求精的专注创新。

资本必须满足人类的需求，也就是满足人类的三大本能：生存本能、社会本能、文化本能。当资本满足人类的基本需求时，才能获得市场认可，从而获得自身的利润回报。

资本本着满足人类需求的目的而发挥创造性，创造性产品必须与当时或者可预见未来的社会需求结合起来。落后和过于超前的产品都难以获得市场认可即与时代共振的能力。它意味着必须极大程度地了解时代人群的思想演变、精神态势，意味着要深刻领悟“道”“神”这些关于人的本质，意味着要在更大范围内了解当时的科技人文，表现为站在时代前沿，引领时代方向，突破时代发展需求。

与时代共振的能力是一种宇宙能量的表现形式，这种能力对资本所有者的要求极高。对资本持有者而言，对内，他必须拥有自强不息的乾的意志；对外，他必须拥有厚德载物的坤的人文情怀。乾坤结合便是自爱与爱他人的能量，而这种能量来源于道家天性，来源于自我实现动机，来源于阳光普照万物的乾的意志。这种意志在物质丰裕年代，在市场经济体制日趋完善的年代，是一种入世的一往无前、所向披靡的创造力，是一种自强不息的、反脆弱的、拥抱不确定性的空灵的思维框架，是一种让万众风靡的乘风云而上天的“见首不见尾”[①] 的腾龙精神。

3. 自利与利他的感知

什么样的人更容易使资本增值？那便是能将自利与利他变成本能能力的人，是关于“自我”价值的认可和确认原则。现代脑科学和精神科学对“自我”的研究成果显示[②]，人的自我意识往往有双重性，即左思的意识和右想的意识。右脑负责感知，左脑负责解析。左脑被称为解析器，对事物的解析结果反作用影响右脑感知。人类进入文明时代以来，便重点育化人类的左脑，音乐、绘画和悲剧作品，都是在培养人类的情感迁移能力——左脑情感感知能力，这种情感培育有利于人类开发左脑的理性思考能力，有利于人类学习和传承既有的理科知识；与此同时，左脑对右脑进行理性

① 孔子评论老子语。

② 迈克尔·加扎尼加．谁说了算？自由意志的心理学解读［M］．闾佳，译．杭州：浙江人民出版社，2013：37.

控制，也同时控制了右脑的感知和创新能力以及非凡的记忆能力。因为右脑一旦失去左脑解析器的控制，人类的自我意识就容易陷入疯狂失控的状态，记忆庞杂凌乱，思维飘忽诡异，如博弈论创始人、诺贝尔经济学奖获得者约翰·纳什就曾一度陷入精神幻觉中难以自拔，就是因为右脑意识过度活跃不受左脑解析器的控制，从而出现错将幻觉当成现实的情况。反之，如果左脑意识过于发达，严重压抑和扭曲右脑的情感感知能力，那么也会出现僵化文化本能和退化人类意志以及蜕化创造力的情况。右脑能深入潜意识深处挖掘自我；左脑能意识到他人和群体的情感。两者的高度协调和统一是一种天人合一的境界，是一种将自利与利他相结合的情绪体验，是一种基于事实的自我与他人的客观判断；两者若长期不协调，左脑长期靠编故事欺骗右脑，或者左脑没有足够的智慧对外界进行符合事实的解析，那么长此以往，左脑偏见成堆，文化本能结成一层层茧，严重影响右脑的真实自我感知和对他人对社会的感知，如此便难以产生与周围共振、与社群共振、与时代共振的情感和能力。左右脑的相互作用正如道家阴阳互动的图一样，是一个相互作用、你中有我我中有你的作用力，如图 4－2 所示。左右脑的具体功能如图 4－3 所示。个体若能达到天人合一的境界，便更容易拥有入世的一往无前、所向披靡的创造力，自强不息的道家精神，拥抱不确定性的空灵的思维框架，从而更容易带来资本的增值。

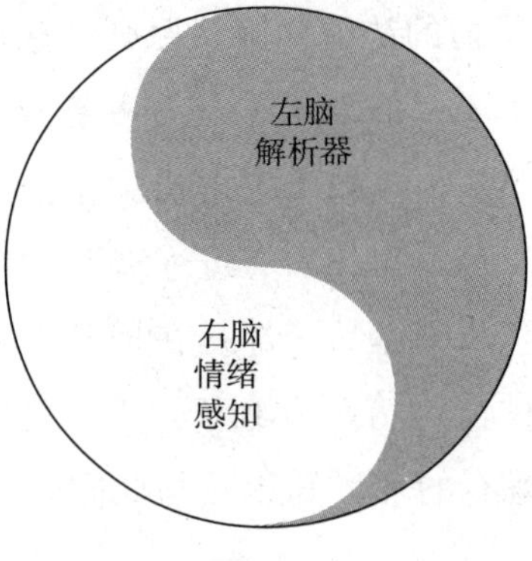

图 4－2　左思右想的自我意识

资料来源：笔者绘制。

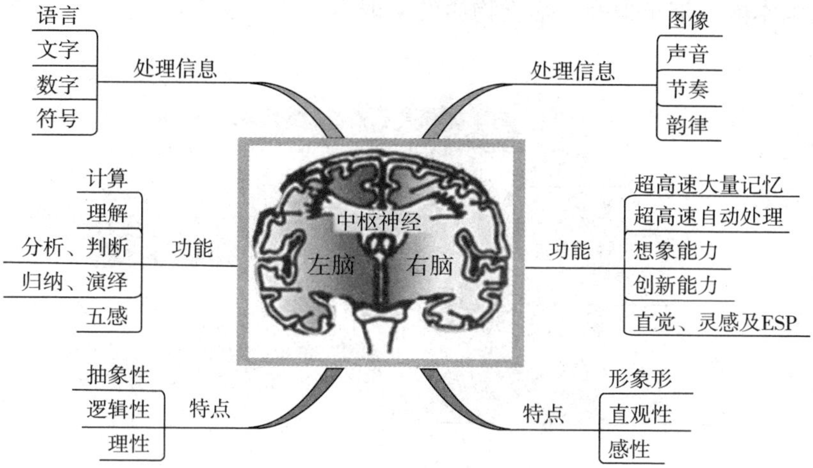

图4－3　左右脑功能示意

资料来源：搜狗百科，www. baike. sogou. com/h55147237. htm? sp＝I55150918.

4. 人类基本需求动机——三大本能

人类文化总是试图通过培育人类的左脑解析器控制右脑，左脑犹如蚕茧一样遮掩自我和歪曲自我，从而形成文化本能，如阿Q精神、堂吉诃德精神，以及一切罔顾现实、否定真道的主义、信念、偏见等。在现实生活中，左脑控制右脑达到一定程度便会产生僵化的文化本能，这种文化本能大多形成于人类的童年时期。

人类行为的心理动机主要分为三类：一是因感官而至的生存本能，表现为六欲；二是社会本能动机，包括安全感、归属感和自我实现交织而至的七情；三是童年体验形成的持续一生的文化本能。如图4－4所示。其中，文化本能是在群体文化满足群体生存本能、社会本能的基础上对个体始自童年时期灌输的价值观、世界观。“善建者不拔，善抱者不脱”说的正是人类文化本能形成的状态。得道的文化本能是基于无条件的爱的体验满足的自我实现动机，这种动机从人性基本情绪来看主要有两种：一种是以自我价值确认为出发点的乾意志的自我实现动机；另一种是以大爱为出发点的坤意志的自我实现动机。乾坤意志是得道的文化本能，是自爱与爱人的统一体。另外，还有以恐惧为出发点的软弱文化本能，基于妒忌、恨的斗争本能，基于缺爱、缺乏物质的索取本能。

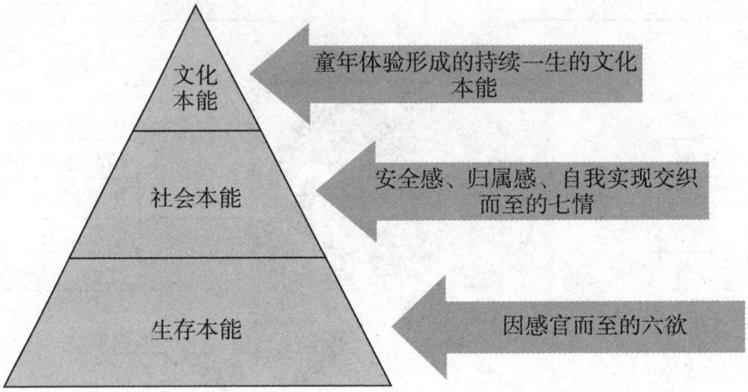

图4－4　人类的三大本能

5. 自我意识与文化本能

初生婴儿都有着独立为自我、依恋为他人的本能。当他试图独立地坐起来、往前爬的时候，是他的独立意志在发挥作用；当他饿了哭、被大人逗笑的时候，是他的依恋意志在发挥作用。当他的独立行为得到肯定的时候，他会习得自强不息的乾的意志；当他的独立行为经常被阻挠的时候，他会习得懒惰、退缩的反道的意志。当他的依恋行为得到回应的时候，他会习得他善的社会意志，即厚德载物的精神来源；当他的依恋行为经常被漠视或抑制的时候，他会习得他恶的反道（反社会）的意志。如图4－5所示。

从人性的角度而言，当我们承认天性、顺应天性的时候，是得道的自强不息和厚德载物；反之，是反道而行的懦弱、退缩或者强权、霸凌。为得道而生的文化信仰是开放的、自由的、百花齐放的文化信仰；为反道而生的文化信仰是僵化的、教条的、强迫性的、威慑恐吓的文化信仰。尽管人类史上大多数时候，得道与反道总是相伴而生，同样的文化信念在两种截然不同的人身上也能有所体现，但在个体理解上却可能会背道而驰。对于强者意志，尼采是基于他善来理解和阐释的，他就像鲁迅一样呐喊，想唤醒麻木不仁的民众；而希特勒则是基于他恨来理解和阐释的，他利用这个观念来诱惑同样具有他恨的民众，进一步挑起民族仇恨和对抗，从而弥补其自身内心的不安全感，他本质上具备强烈的欺凌的控制欲及其导致的权力欲。真正得道的领导者，是在自强不息的基础上对他人、社会有正面影响力和作用力的人，是能积极化解团体内外对抗的人，而不是相反——逃避矛盾对抗或者激发对抗，是将蛋糕做得更大的人，而不是一味只想着瓜分蛋糕的人，是市场经济社会良性竞争的佼佼者。

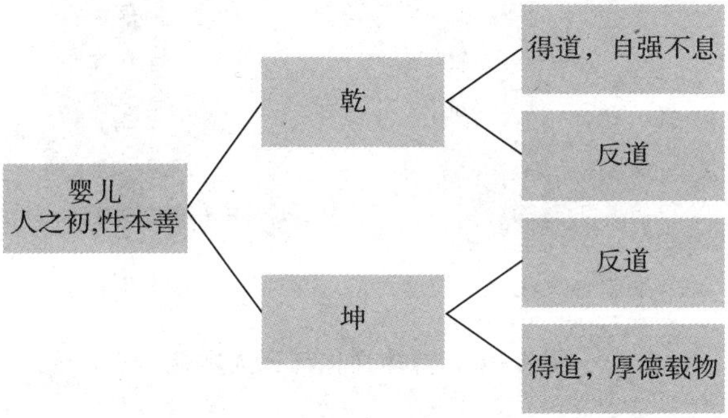

图 4－5　自我意识生成

群体文化对个体自我意识和由此而导致的个体性格具有强烈的塑造作用，承认个体价值的群体文化更容易形成开放、自由的文化信仰。在教育体系中，注重植根于人本性的教育，以启发、引领个体成长的方式进行育化，在个体思想意识中，其文化本能和生存本能、社会本能之间是一种相互吸引、融合的性本善的群体文化；反之，如果主张单一、绝对的文化信仰，那么教育体系会更多采用灌输、移植、洗脑的方式，使个体迷失自我，在个体思想意识中，其文化本能和生存本能、社会本能之间是一种相互排斥的性本恶的群体文化。在基督教文化中，原罪意识使信徒认为他们来到人间都带着原罪，需要诚心赎罪才能避免在末日审判中接受炼狱惩罚。当他们背着精神枷锁前行的时候，便无法真正地接纳自己、融入社会，从而无法释放自己天然的创造力。如图 4－6 所示。

主张单一、绝对的文化信仰的群体，往往假定人是性本恶的，因此需要用特定的精神意志对个体加以约束和规范，可以说传统道德规范是一种看不见的制度约束力，这种与现代社会看得见的制度规则相比，会导致人们之间

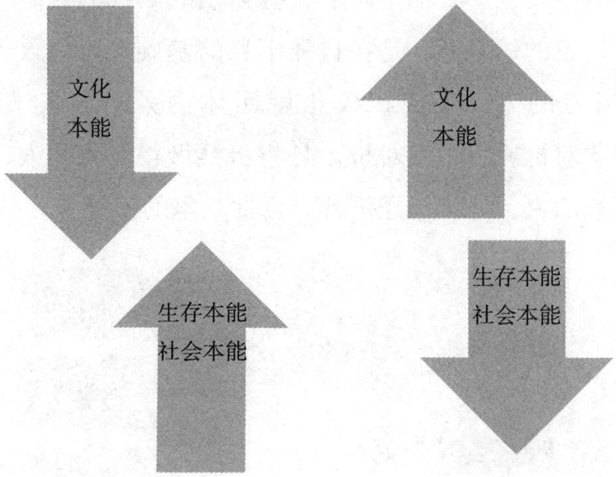

图 4-6 群体文化与三大本能

的阴谋算计。所以，如果一个文化群体越是排外，群体内部就更多阴谋算计；反之，越是开放、自由、民主的群体，越是由内而发地团结和友善。

在性本恶的群体文化中，文化水平越高的人，其生存能力和社会能力并不会因此而增高，如图 4-7 所示。文化水平越高，其文化本能越强，反而制约了其感知能力和创新能力，所以并不一定更容易获得人生的成功。

在性本善的群体文化中，人们的文化水平越高，其生存能力和社会能力越高，其关系如图 4-8 所示。这是因为性本善群体文化假定人本性善良，因此给予任何人自由发展其个性的机会。人们无须掩饰、压抑、否定自己的个性，因此其文化水平与个体的本性意志相伴而生，文化本能作用影响式微，其文化水平和生存能力、社会能力相伴而长。在现代社会包容文化体系下，高文化水平的人创业更容易成功，资本更容易增值。

在人类文明史上，在物质匮乏年代，更容易形成性本恶的群体文化，这些文化群体通常奉行单一的、绝对化的道德信念，此时是左右脑相互排斥的文化，如古城邦斯巴达勇士文化无法容纳友善、仁慈的人，而古城邦雅典智慧文化无法容纳自我张扬的人；历史上理性主义者批判非理性主义者，非理性主义者痛批理性主义者；还有宗教之间的分歧与差异，

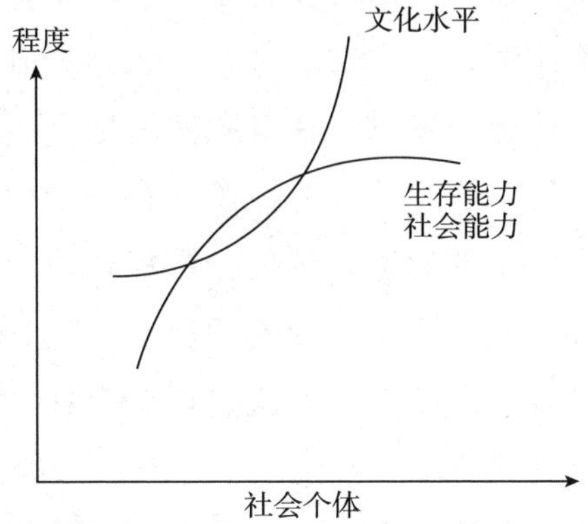

图 4－7　性本恶群体文化

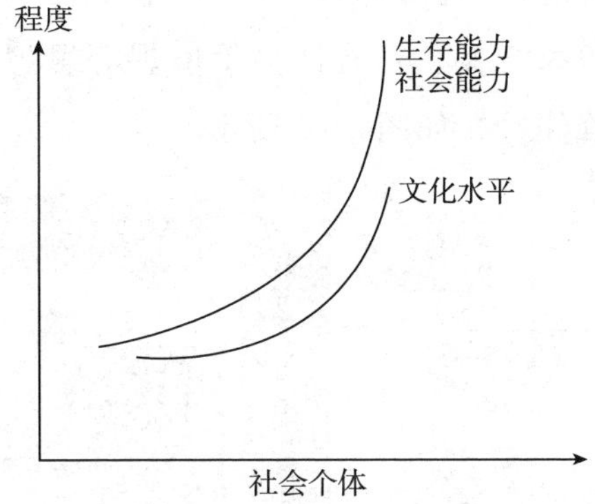

图 4－8　性本善群体文化

文艺复兴反对神学……在某种意义上看来，人类文明史就是左右脑相互搏斗的过程，尽管其中有交汇融合的瞬间，但总会被人群“自我”意识的自动偏执性成长接纳和过滤，形成风格鲜明的流派。道家思想相对具备植根于人本性的兼收并蓄的内涵，但很快就被主流文化排斥。道家思想给人的印象是浅显易懂又艰深难测，事实上却是对抗人类执念的有效法宝。文艺复兴之后，人类的执念——伴随人类史而生的覆盖在全人类意识上的怨、恨、妒、懒等日渐被自我实现的阳光能量驱散。工业革命后，进入市场经济，人类的物质生活极大富裕，可以通过共识达成市场经济建设，实现丰裕的物质生活。在物质丰裕时期，人类聚焦于精神幸福探索，从终极动机而言，人生的意义在于创造，在于自我实现，在于以己之力造福他人、社会的愿景；在自我实现之前，人需要获得自我实现的体验能量——一种无条件的爱的体验。在物质匮乏年代，人群中绝大多数一生都在寻找无条件的爱，仅极少数能达成自我实现。处于物质丰裕时期的人们，大多追寻无条件的爱的历程，这种社会也仍然充斥着怨、恨、妒等痴念。对个体而言，当这些执念存在的时候，不是去否定它，而是去接纳它，满足它，并疗愈它——与一个个“潜意识小我”达成和解。这种时候尊道守情就变得尤为重要，而其中又以爱情为疗愈药方之首，夫妻之间应彼此相爱。对群体文化而言，采取开放、独立、自由、平等、民主的思想意识能最大限度地满足不同个性的人不同成长时期的精神需求，即道家文化、开放社会价值观等思想意识更容易达成人的自我实现人生巅峰体验，如图4－9所示。

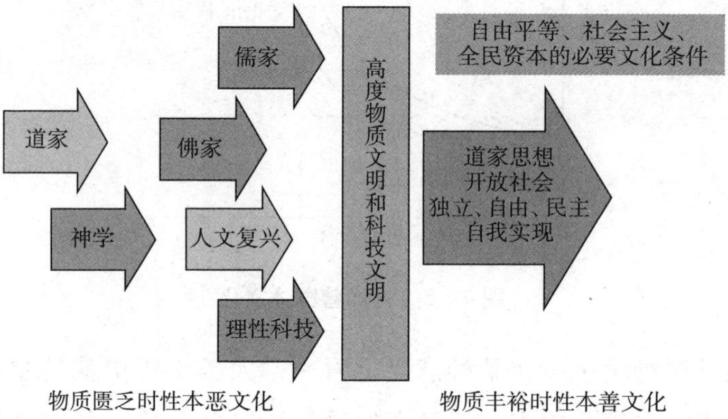

图4－9　物质与文明

6. 社会行业精英与领导者

中国有句俗语：“三岁定终生。”指的是三岁之时，人的性格特征便已确定。因为群体文化信念在一定的时代具有较长时期的稳定性，因此当一个婴儿性格特征确定的时候，对人生有洞见的长者便能察觉出他是否能从群体中脱颖而出。事实上，人一生有不同的成长敏感性，无论人之初是何种性格，无论人生之路有何波折，只要社会群体接纳，便能将产生的恶念逆转成善，正如乾坤八卦一样，每一种卦象其实都有对应的破解之法、逆转之道，关键在于你要先有道念——所谓乾坤命运，事实上就是一种自爱与爱人的终极信念，拥有道念便拥有无所畏惧的反脆弱性，能将困难转化为向上的动力，达成自我实现的人生巅峰。历史上的伟人、杰出领导者、卓越科学家都是自我实现者，如图 4－10 所示。

图 4－10　伟人的自我实现体验历程

人在婴幼儿时期就容易形成右脑主导或者左脑主导的思维定式，尽管后来文学艺术育化可能有一定的改变和逆转，但人的基本性格特征和情绪取向却极难改变。当幼儿是右脑主导的时候，他的左脑解析力、控制力相对较差，对外界更容易缺乏安全感，所以情感特征上趋向于寻求安全感；当幼儿是左脑主导的时候，他的理性思维能力更强，但右脑的第一本能能力稍弱，其人群共振、宇宙共振的即时性能力更弱，因此在社群中容易遭到排斥从而衍生出归属感需求。安全感和归属感是人的情感属性中的两大基本取向，是人类社会各种各样执念的来源，是爱情吸引力的来源，是人际交往中爱恨情仇的来源。当人的安全感和归属感都得到满足，从无条件的爱中得到验证，完成人生的疗愈历程时，便能开启自我实现的动机。自我实现动机有两种：左脑主导的学者、工程师、律师等和右脑主导的领导者、艺术家。人成长的两大方向是右脑主导和左脑主导，人群中的大多数是先天左脑主导者，那是逻辑推理正常脑，文理科学习大多是运用左脑，各个学科都泛属于逻辑能力，除了艺术。高校中学历高的人大多是左脑主导者，他们能成为杰出的学者、律师、工程师等；而右脑主导者一般不是天才就是艺术家，因为右脑是祖先脑。右脑主导者反应灵敏，能综合判断，拥有超强的直觉判断力和感染力，是天生的强者、领导者；在市场经济中，他们是自强不息的企业家、资本持有者。所以，如果某人一旦是博学的右脑主导者，那么在市场经济时代，他们就是天生的赢家——他们能站在人类文明的最前沿，整合各路精英人士，共享资本盛宴。

7. 自我实现者与社群文化

物质匮乏年代和物质丰裕年代形成了鲜明的性本恶与性本善群体文化特征。在物质匮乏年代，人们同时背负着无名的精神枷锁，自我实现体验只是极少数悟性极高人士的专属品；而在物质丰裕年代，人们的精神得到极大程度的滋养，自我实现者在人群中的比例明显增多（见图4－11）。当资本持有者潜意识中坚信性本善的时候，他能轻易与万物产生感情联系，洞悉人情世故，产生更大范围的团结凝聚力，从而达到群体共振；当资本持有者潜意识中怀疑性本善的时候，那是被文化本能侵染，自我已经竖起了防护墙，将本我隔离在万物理性、群体情绪之外，难以达成群体共振。随着互联网时代的来临，大众资本化日益普及，以创造力为聚焦核心的价值体系得以形成，自我实现者也将普遍化——如果人人都能各尽所能，各取所得，也就是人人自我实现之时——你必须于他人有所益，才能获得他人之益。

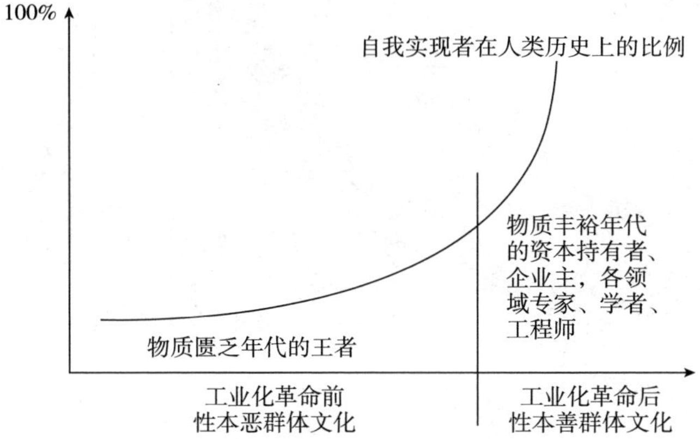

图4-11　自我实现者与社群文化

8. 自我实现者与资本的增值消散

在互联网时代，资本形成以创造力为核心的价值权力体系，通过自我实现者将创造力变成现实。如果说在自我实现者意识中，道是一种天性，那么他必然拥有直面潜意识的情绪识别和管理能力，拥有统观全局的本能，拥有此时此刻悦纳人生百味的自觉——右脑的潜能得到充分发挥的能力。这种潜能使个体最大限度地拥有思维的开放性、创新性、发散性，并拥有能将风险、不确定性、失败转化为动力的能力，因此时刻处于自我实现的人生巅峰体验中，如图4-12所示。事实上，自我实现的体验是一种得道的精神意志，能使资本持续增值。失道则是一种疗愈生存焦虑、安全焦虑、归属焦虑的体验，是一种失去自我实现动机的疗愈人生，这种人生追求岁月静好，表现为安稳、平淡、无激情、无创新，在这种精神主导下的资本极难获得增值，是一种消耗生命意志能量的过程，资本也会随之消散。

9. 资本全民化的制度要素与文化要素

如果说自我实现是人人皆有的一种天性，那么事实上人人都有投资的天赋条件，这在物质丰裕时代、互联网信息技术高度发达的年代、金融体系构建日益完善的年代，人人皆是投资者成为一种可能。换言之，在现代社会，资本全民化。

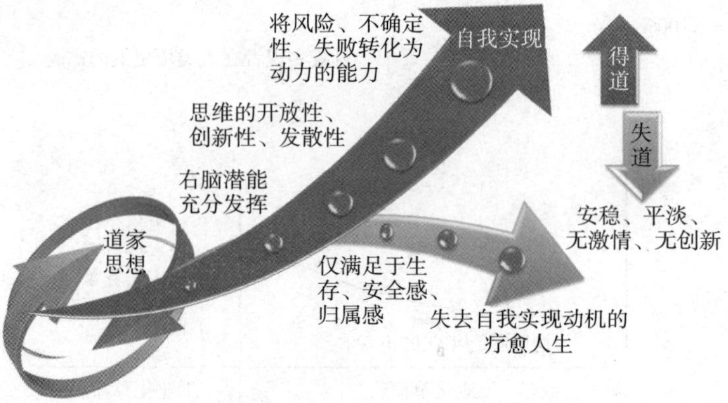

图 4－12　资本的增值与消散

在物质匮乏年代，资本也许只是被政治权力抑制和歧视的仅属于极少数人的生产力。在物质丰裕的现代社会，人人都有了成为资本持有者的可能，但资本全民化需要一定的社会条件、制度条件和经济条件。从经济条件上看，群体需要解决基本的温饱问题，也就是市场经济、工业信息技术得到极大程度发展的时候，是全体人温饱问题基本解决的时候。从社会群体意识上看，必须极大部分个体拥有独立、民主、自由的潜意识天性，如此才能构建起充满活力和生机的透明的民主制度，而制度的存在，也是为了保障每一个个体独立、民主、自由的意志。也就是说，资本全民化有三大社会制度要素：独立自由民主的文化本能、工业化信息化的高度发展、透明完善的民主制度建设。如图 4－13 所示。

制度是人类约定俗成的规则，好的制度可以让坏人变好，坏的制度可以让好人变坏。历史上的奴隶制、封建制等，这些制度与现代制度的最大特征是制定制度的人群意志的不同。旧制度反映的是少数皇权和精英者的意志，而民主时代的意志反映的是绝大多数人的意志。现代社会制度是在全民积极参与的前提下通过最大程度的沟通协商而制定出的大家共同遵守的规则。遵守规则是善的，违反规则是恶的。违反规则（违法）意味着侵犯他人或社会群体的权利，理应受到惩罚。独立、民主、自由的个人意志同时也意味着维护和允许他人独立、民主、自由的意志，意味着无条件的爱的获取和给予的本能，意味着承认个体自我实现的最根本本能，意味着鼓励以和平发展为基调的竞争创新意识，意味着以构建资本为外显的市场经济竞争体系。

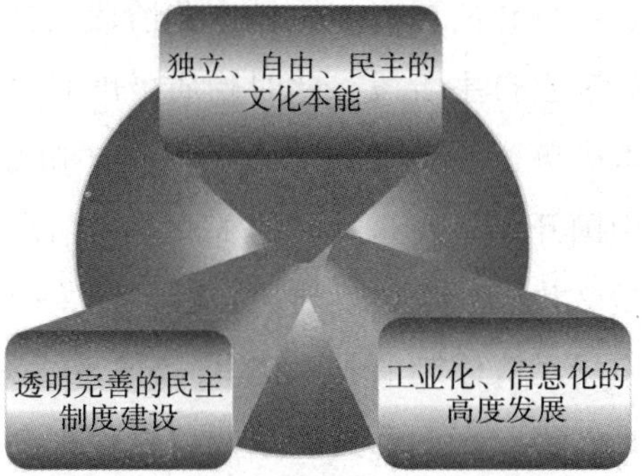

图4－13　资本全民化要素

资本全民化实际上是以互联网、市场经济、金融体系为依托的一种理念。这种理念有点类似社会主义普世价值观，也就是各尽所能、各取所需的理念。它有四大要素：源于父母的无条件的爱的普遍化、心中既有自我也有他人的得道精神、贯穿一生的自我实现理念、多元的包容的开放的群体文化。如图4－14所示。

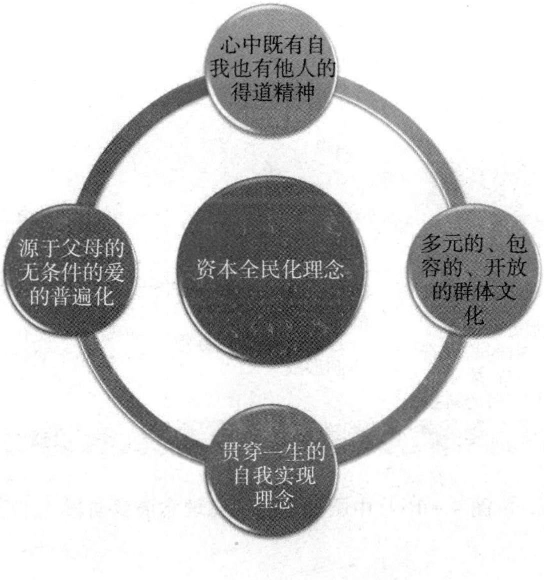

图4－14　资本全民化理念

如前所述，资本全民化理念需要长时间的构建。就近现代中国发展历程而言，先后经历了三个明显的价值观演变时期：一是民族谋求独立自主阶段，二是工业化、信息化阶段，三是社会化阶段。如图 4－15 所示。新中国成立前后是民族独立自主阶段，此时物质极度匮乏，民主、自由的思想在部分先知先觉者中苏醒。此后，邓小平提出“解放思想，实事求是”的改革开放路线，中国开启了高速发展的工业化、信息化市场经济发展道路。与之相伴随的是文化破茧迭代重建、自由与民主的人民代表大会制度完善、逐渐放开的市场经济体制形成。其中，“摸着石头过河”“不管黑猫白猫，捉到老鼠就是好猫”……都是改革开放过程中渐进演变的标志，是中国构建一个自由的、包容的、演变的开放社会价值观最好的范例。当人人实现财富累积、市场经济体制基本构建完成、互联网信息技术高度发达、金融体系构建完善……人人便有了自我实现的物质条件和精神条件，此时的社会主义才是真正的社会主义。在不久的将来，中华民族将以中华文化为主导，在自强不息的基础上融入全球经济一体化进程，悦纳全球。中华大地上自由民主制度完善，生产要素最优配置，社会福利帕累托最优，资本全民化……

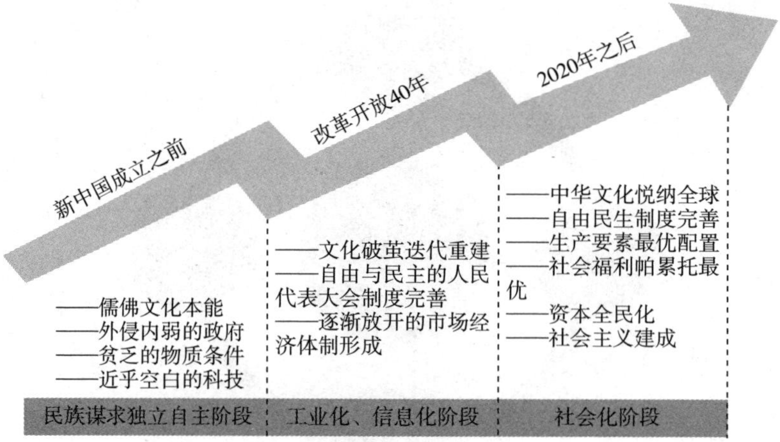

图 4－15　中国资本全民化理念演变阶段

10. 资本模型理论小结

综上所述，在物质丰裕年代，在工业技术、信息化技术高度发展的年代，资本是自我实现的工具；人和人之间各取所需、各尽所能。独立、自由、民主的制度保证每一个个体自我幸福追求的权利。社会群体文化是一种高度包容的、互动的、开放性的社会群体文化。此时，整个群体的创造力是高度发达的。创造力的大爆炸需要人本性的极大满足，是生存本能、社会本能的极大满足，是在对"无条件的爱"的充分体验的基础上开启的自我实现动能。人若能从内心深处达成对"无条件的爱"的体验，然后深信人类的性本善，那么便能极大地释放创造力，能与万物达成高度的互动协调，能和时代共振，与群体共振，从而为自己和所在的社会创造出更美好、更幸福的生活。这个人性创造力奇点的逆转，需要思想的更新、思维的逆转，需要用成长型的思维不停地去思考、感受和交流。对于绝大多数人而言，逆转思维是一个困难和痛苦的过程，然而唯有善于逆转思维、拥有自我反思能力者，唯有坦然面对自己"无知"的人，唯有"知不知"者，才是真正的得道者。就当今社会而言，人们的思想观念建立在非此即彼的对立面价值观上，真实的社会并没有那么多的对立面，人都是性本善的。区别只在于人的能力是否配得上他的欲望。若配得上，就能自我释放一路成长发展；若配不上，则会陷入自我封闭、堵塞的泥潭。所以，《道德经》言："不见可欲，使民不乱。""罪莫大于可欲，祸莫大于不知足，咎莫憯于欲得。故知足之足，恒足矣。"人若能体会到无条件的爱，就能恒久知足，然后开启不断体验和创造更多爱的历程。这种自我实现动机是全情投入的恒久知足的状态，是在"知不知"的基础上肯定"可知"的心理状态，与基于生存焦虑、安全焦虑、归属焦虑的奋斗动机有着截然的不同。前者在平和、宁静之下能达成天人合一的境界，更善于理解万物统筹万物（如墨子和爱因斯坦，在性本善的信念下理解宇宙万物）；后者焦虑不安，在人与人的关系中过度地索取、攻击。传统道德观大多基于后者，是在对立面的价值观上形成的非此即彼的偏见。这种偏见导致了人性的两极演变。唯有道的精神才能化解人间蔓延的怨、恨、妒、忌、伤、怜、卑、怯等潜意识暗能量。道的精神可纳百家、破尊卑、超善恶。得道者看待万事万物，不过是在彼岸看此岸，无论是谁都有着神一样的创造意志和能量，只要他能找到通往彼岸的路径。就天道而言，人无所谓善恶，只要时机恰当，善恶转念一瞬间；万事万物无所谓对错，只看是否合时宜；文化理念无所谓先进落后，只看是否适合当时当地。本书的资本理论构建了人性创造力奇点的演化过程，详细分析了文化本能的成因和类别，沿着这些成因的路径追溯，寻找人性创造力奇点所在。人们唯有从心出发，感受到生命本源的渴求，不再自我欺骗，才能真正做到“解放思想，实事求是”。本书的理论构建与传统的资本理论差别主要有：

（1）经典经济学理论如亚当·斯密经济理论的前提是理性经济人假设。本书认为人都是非理性的，其中理性动机只是冰山一角，非理性动机却浩瀚无边。本书将非理性动机分为三大类：生存本能、社会本能、文化本能。其中，基于生存焦虑、社会本能中的安全焦虑和归属焦虑而构建起来的文化本能是性本恶的；而基于社会本能中的自我实现本能而构建起来的文化本能是性本善的。群体文化越是支持性本善，个体越是性本善，个体和群体的创造力越强。文化本能具有一定时期的自我强化性，突破和逆转文化本能需要天时、地利、人和的配合，包含着一定的冲突、对抗、矛盾、挣扎的痛苦历程。一旦逆转成功，将会引爆人性的创造力奇点，开启人生自我实现的巅峰体验。

（2）马克思资本理论实际上是“建立在长期生产率增长为零的严格假设之上”[①]。本书认为，在创造力大爆炸的时代，经济增长率可以长期为正。如果人们达成自我实现的需求体验，需要不停地创造更美好的生活，需要不停地认识、解读宇宙万物，那么经济就没有停滞的理由。尽管事实上经济总会有波动的时候，但只有战争、恶性欺凌争夺、软弱懒惰这些反道的暗黑能量才会导致创造能量的消耗，导致经济的倒退。这些以消耗代

① 皮凯蒂.21世纪资本论［M］.巴曙松，陈剑，余江，等，译，北京：中信出版社，2014：28.

替发展的方式显然应该是全人类努力避免的——以战争回避经济困境的方式显然应该是全人类努力避免的。

（3）宏观经济学流派和制度经济学流派经常使用宏观统计数据进行资本的效用测量和评估，以此说明资本是人类社会分化中不平等的根源。如《21世纪资本论》，用了大量真实的数据进行各国在近现代历史时期的资本情况测量，通过对资本收入和劳动收入的对比得出资本不平等的结论。的确，从宏观的角度而言，资本的作用越来越强大，资本对经济的影响力越来越强大，资本在国民经济总产值中所占的比例也越来越大，相比而言，劳动收入就会下降。从资本收入和劳动收入的总量对比来看，甚至从财富集中度来看，的确存在着不平等的现状。但正如《21世纪资本论》作者所言："书中提到的'资本'均不包括经济学家们经常提及的'人力资本'。"① 也就是说，在论述资本所造成的不平等状况中，排除了人的能力的差异。人的创造力因素与资本的关系正是笔者所要论述的，正是人的精神的差异化成为不平等的根源。人若真能体会到幸福不依赖外在的评判，就能将自我实现能量最大化，就能将创造力最大化。但人的经历体验产生了思想意识，没有相应的外在性本善的群体文化刺激，没有相关的天时地利人和的配合因素，极难逆转思维，或者说极难开悟。尽管逆转思维必然伴随着痛苦，但如果不逆转思维，必然会被市场经济淘汰，甚至自我的根深蒂固的文化本能为商业所利用——现代商业利用人性弱点的恶俗营销不胜枚举，任何反道的"执念"都难以达成潜意识想要的结果；然而，社会群体中若确实存在大量的人性弱点，那么这些弱点在商业领域被利用进而释放总比在政治领域被利用进而释放要好得多——对社会总体损害要轻得多。我们的社会灌输了过多关于财富和资本的仇恨意识，笔者论述了资本和财富的恶之源，也论述了如何消除恶，如何以正念提升创造力和积累财富。要达成财富观念的逆转，达成人性创造力的奇点逆转，达成自我和现代市场经济高度契合的境界，则需要从爱自我、爱他人、爱社会、爱现代

---

① 同①.

市场经济的心理角度入手，《钱是你的朋友》[①] 给出了关于财富心理的切实可行的操作指南：人们只有认同财富的价值理念，才能收获财富。过往基于宏观经济学和制度经济学体系所采用的数据不足以论证资本在公正性方面的作用表现，因为其中排除了人的价值因素。人各有其天赋才华，各有其追求，只有自己才是自己生存价值的最佳度量者和负责者。从这个角度而言，目前基于宏观数据的统计数据仅反映了概率性的群体分化现象，但无法反映出资本在个体之间的流动转化现象，以及单个个体一生中的起伏波澜状态。“富不过三代”是一个流行语，财富风云榜上人才辈出，年年更新迭代——尤其是基于机遇而形成的财富效应，更新迭代速度更快。中国改革开放中充满了机遇，而机遇总体上对每一个人而言都是平等的。植根于机遇的创富方式也只是短期效应，真正让一个企业家、资本持有者持续强壮起来的，是始终悦纳变化、站在时代前沿突破求新的开创精神。从这个角度而言，公正的社会，应该是创造条件让更多的人通过自己的能力致富，这种能力不仅仅是“努力”，还包括精神意志强者豁达的心智和魄力。每一个人，只要他潜意识深处愿意，他就能在现代市场经济社会中通过自己的能力和努力达成自我人生的幸福圆满。这是一种普世的价值观：人的价值和幸福，不以特定的条件、背景、对立面为依据，仅仅以自我实现、自我超越为人生体验的依据，而其中饱含着爱己爱人的、得道的、符合宗教真义的强者精神意志。

---

① 菲尔·劳特．钱是你的朋友［M］．宋庆万，夏炜，译．北京：中国经济出版社，2010.

第五章　资本与道家精神

一、《道德经》与资本哲学的契合

《道德经》，又名《老子》，是全球发行量仅次于《圣经》的著作，然而对于《道德经》的理解，众说纷纭，几乎每年都会出现不同版本的解读。《道德经》原文至今有三个版本源头：一个是相传从河上公传下来，魏代王弼注释的版本，是现代通行本的祖宗；另一个是20世纪70年代马王堆汉墓出土的《老子》甲、乙两个版本；还有一个是郭店楚简中的《老子》残编。考古证明，马王堆汉墓出土的甲本帛书很有可能是直接从战国时期的竹简上转抄过来的，是迄今为止所发现的保存最完整、最接近原貌的版本。笔者对最接近原貌的湖南长沙马王堆3号汉墓出土的《老子》①原文进行了重新梳理解读，仅凭借原文语境意译，从中得出了与现有解读版本很多截然不同之处。最重要的是，老子当年一气呵成之作，如此解读后前后也能相互印证，没有以往很多解读版本模棱两可、自相矛盾之处。同时，笔者也发现，《老子》思想正是现代市场经济的思想源头——它与亚当·斯密的自由市场理论、弗洛伊德的潜意识理论、尼采的强力意志哲学、荣格的人格理论、马克思的科学社会主义理论都有高度的契合。最让中国人感到兴奋的是，国际前沿的、一流的社会科学家现在所热烈关注的主题——人类的行为动因与社会制度、万物运行法则等都能在《道德经》

① 高明．帛书老子校注［M］．北京：中华书局，1996.

中追寻到蛛丝马迹，更能体会到资本的哲学和力量。可以说，用现代语言、现代社科理念重新诠释《道德经》，或许更能发现市场经济的本质和力量。

重新诠释《道德经》是有必要的。20 世纪人们发现对它的理解存在着两种截然不同的思想，《道德经》本拥有强烈的创造力和生命意志，但在歪曲、误解之下却成了中国 2000 多年精神退化的暗黑之始。当时，老子等道家学者没有做详细的、体系的论述，所以对他们的作品，仁者见仁、智者见智。迄今为止，没有任何权威的作品论述“道”的真义，至少没有明明白白地说出来。道的真义恒久不变，而道的外在时常在变。模棱两可的艺术化，却使道变成了非道的源泉。在现代社会，其实没有什么道理是说不清楚的，如果不能明明白白地论述出来，要么是作者本人都搞不明白，要么就是语言表达能力有问题。事实上，再深奥玄妙的道理，都能用明明白白的语言表达清楚。

《道德经》本身就是一本天书——不同的断句有不同的理解，你自己的心是如何就会如何去理解——这是先知的本质——你的心决定你的思想意识，你的思想意识决定你看事物的态度。所以，给你布道的不是老子，而正是你自己，唯有自我实现者才能悟其全貌。不同的人对老子的不同解读，依其影响力对大众产生了不同的影响。其中，通行版是封建帝制 2000 多年中为政治权力目的而进行篡改和解读的样板，与马王堆出土的甲、乙版本从字面和解析上有很多地方都是完全不同的，如通行版的很多地方主张“静”“无为”“功成身退”。而马王堆出土的甲、乙版本相应的主张是“情”“为无为”“功成更要自强不息”，其中的“为无为”不是叫你什么都不干，而是主张管理者应该尽量用最简单的尊道的方法制定规范，规范应该让人们尽量自然生息，即不要用政治权力干预经济运行。另外，《道德经》全文很多地方提到“声人”“圣人”“仁义礼”“学”等，提倡要“绝圣弃智”“绝仁弃义”，如果无法理解本书关于文化本能的观点，就很难理解老子为何如此深恶痛绝所谓的圣、智、仁、义、礼。如果不深入理解潜意识理论，也就无法全面理解《道德经》中诸如“大成若缺”“大盈若盅”“大直如诎，大巧如拙，大赢如肭”等看似自相矛盾的字句到底是什么意思；如果不认同尼采的生命意志的强力理论、纳西姆·尼古拉斯·塔勒布的反脆弱性理论的话，也无法理解老子多次提到的“兹”“芮”“葆”“曲则金”“枉则定”等字词的真实内涵；如果无法理解开放社会价值观、民主自由独立、政治权力与经济权力分离等思想，也就很难理解老子的“为无为”“民自化”等思想；如果你不知道诺贝尔经济学奖获得者丹尼尔·卡内曼为什么会提出心理动机是人类行为的根本动机，那就很难理解为什么说《道德经》全篇都是关于人的自我意识心理与人类社会关系的专论；如果你不知道人类至今整合牛顿力学、量子力学、相对论……以及试图大一统的弦理论与“道”的思想的惊人契合，你就很难想象中华文明曾经有多么辉煌……另外，值得一提的是，马王堆汉墓的《道德经》版本是“执今之道，以知古始”，而不是通行版的“执古之道，以知古始”。也就是说植根于你所在的时代、你的当下、你自己，才是领会道的关键所在！心灵的方寸之地是最接近上帝的地方，只有“我”所真爱着的一切才能成就上帝之魂，真理存在于“此时此刻”。总之，与通行版迥异的马王堆汉墓版本《道德经》中的思想，正是全球20世纪至今人类仍在反思和感悟的哲学思想。

按照现代社科理论对《道德经》的阐释，“道”是宇宙的终极能量，是构成万物最基本的要素，是弦理论中的震动弦，是使万物成型的吸引力；而在人类社会中则是爱的能量，人类社会的“道”实际上是一种自爱和爱他人的自我实现精神，自我实现精神依赖自强不息的生命意志，外在表现是一次次的自我超越。在得道的社会中，众生平等，人人独立、自由、民主；经济权力与政治权力严格分离，任何公开公平的政策都会使整体更好而不会使单个或部分人的利益受损，社会资源达到帕累托最优，尽管也会“化而欲作”，但任何波动异样非道的苗头都会使开放社会变得更强健，前提是社会不能失道。下面将马王堆出土的甲、乙版本整合修订出来的《道德经》全文进行解析，再用现代社科理论进行相应的说明。先是《道德经》原文，紧接的下一段为原文的意译，意译的文字后面是对该原文段落的阐释。

二、《上篇·德经》翻译与解读

上德不德，是以有德；下德不失德，是以无德。上德无为而无以为也。上仁为之而无以为也。上义为之而有以为也。上礼为之而莫之应也，则攘臂而扔之。故失道而后德，失德而后仁，失仁而后义，失义而后礼。夫礼者，忠信之薄也，而乱之首也。前识者，道之华也，而愚之首也。是以大丈夫居其厚而不居其薄，居其实而不居其华。故去彼取此。

品德高尚者不强调德，所以有德；品德一般者强调外在的不能失德，所以内心实际是无德。品德高尚者不强调德，是因为不带有目的性。上等的仁慈普度众生，是因为觉得他人是有仁的。上等的义气有所作为，是为让他人以同样的义气对待他。上等的礼要求礼尚往来，当认为别人不回应的时候，就会生气攘臂而扔之，从而产生恶恨的根源。所以，社会中群体文化失去道就会强调德，失去德就会强调仁，失去仁就会强调义，失去义就会强调礼。礼仪繁多的地方，实际上是忠诚、信任极度缺乏的地方，是祸乱即将兴起的地方。前意识，是道精华的外显，同时也是愚昧的首因。大丈夫应该厚德而不应薄德，应该信道的真义而不是道的外在表现，所以应有所取舍。

自我实现者不以自己为高、他人为低，灵魂平等，所以从没有高低贵贱之分，即去除道德制高点的言行，是上德的得道行为。得道的自我实现者不干涉和控制他人，是因为没有必要，尊重和允许他人实现自我人生体验，此乃上德无为。执念于仁慈的人关怀他人，是因为觉得别人会不仁，当他宣扬仁慈的时候是期望获得社会的认可，其实是归属感的缺失而致的过度渴求，是一种疗愈人生希望平和宁静，是“失道而后德，失德而后仁”的行为。执念于讲义气的人孜孜经营，以为能和他人共同谋事，这种精神是一种“抱团取暖”的精神，是一种容易导致种族主义的内群体精神，也容易导致群体欺凌行为，本质上是利用他人的归属感和安全感而作恶的行为，既没有仁慈之念也没有道的信念，所以“失仁而后义”。执念于讲礼仪的人，当以为别人对他无礼的时候，便生气、恶行恶言相向，事实上是一种自卑作祟的过强自尊心的体现。当恶行恶言产生的时候，便产生了相互传染的负能量，所以执念于讲礼仪的人精神上根源于忠信的缺失，会导致自我掩饰与扭曲，是世间祸乱的开端。

根据潜意识理论，前意识即显意识，是人的意识的冰山一角，而潜意识则浩海无限。人所能觉到的意识，是道的外显形式，但同时也是特定情境下的德的外显形式，是一小部分，因此当人们错将意识当信条，用意识反控自我、反推社会的时候，就是所有愚昧的根源。20 世纪全球各地流行用某种特定的思想、主义、信念来理解社会，用单一的“德”否定其他的“德”，所以重点不在于社会中是否存在德，而在于到底是“厚德”还是“薄德”。厚德是多重德的集合体，是包容各种德的，而薄德则是排斥其他德的。尽管对于一个社会群体而言，德是必不可少的，但道才是更根本的人类发展的密码。所以，大丈夫应“居其厚而不居其薄，居其实而不居其华”。即，传道授业之时，应传道之本质，即爱己爱人的精神，而不是外显形式的“德”“仁”“义”“礼”；当解惑释疑的时候，应肯定其自我意志，接纳和释放其担忧、恐惧，从而助其自我超越和自我实现。对于资本持有者而言，如果真悟透潜意识理论，那么既可以非德的逆反利用通过害他人而利己，也可以厚德的顺他人潜意识需求而助其自我超越从而通过利他而利己。例如，很多恶俗的营销皆是前者，因为很多人利用了大众的归属心理和不劳而获的心理。非德行为显而易见，非道行为却往往披着各种德的外衣，难以为人所识。资本持有者投资应根据得道厚德的原则进行真正有利于客户的项目，而规避只注重外表、华而不实的投资项目，规避那些激发和利用人性弱点的投资项目。

得道的人，自然而然地拥有仁、义、礼的天性，即使面对不仁不义、无礼的言行也能以道化解之，因为了解了人的最深的天性，始终拥有爱己、爱人的能量，也相信他人拥有爱己、爱人的能量，始终尊重别人的自我意志，所以一切怨、恨、念、责都能在他面前消散。在现代社会，自由的选择、自我意志的表达，都是道的生成基础，是市场经济的基础，是资本统领下平等交易的基础。得道的人，只需忠于本心便能事事顺意——爱自己的至亲，爱自己的朋友，爱自己的生活，爱自己的工作……不爱的、不喜欢的就不要勉强自己去接纳，不要强行以“德”“仁”“义”“礼”之名要求自己和他人。当提出这样的要求的时候，便是意图掩饰无德无礼、不仁不义的言行，让自己和他人的真实“自我”感知到质疑和歪曲，变成潜意识更强烈而不自知的反击力。所以，“夫礼者，忠信之薄也，而乱之首也”。

> 昔之得一者，天得一以清，地得一以宁，神得一以灵，谷得一以盈，侯王得一而以为天下正。其致之也。谓天毋已清将恐裂，谓地毋已宁将恐发，谓神毋已灵将恐歇，谓谷毋已盈将恐竭，谓侯王毋已贵以高将恐蹶。故必贵而以贱为本，必高矣而以下为基。夫是以侯王自谓孤、寡、不谷。此其贱之本与，非也？故致数与无与。是故不欲禄禄若玉，硌硌若石。

对于得道的人而言，天得道是清明的，地得道是宁静的，神得道是灵验的，稻谷得道是充盈的，侯王得道就能天下归心。因此，我们可以得出这样的结论：如果天不清则崩裂，地不宁则发作，神不灵则停歇，稻谷不盈将枯竭，而侯王将相则是高处不胜寒。所以，贵以贱为根本，高以下为基础。侯王自称孤、寡、不谷，是因为一直都以贱为根本吗？不是啊，故意索取的不可能索取得到。所以，不要忙忙碌碌地期盼像珍贵的宝玉一样，而应朴实得像石头一样。

此处说的是得道者的状态。人若得道，便可以爱的信念和独立的自我实现之意志阻止动乱纷争，从而成为领导者。真正的领导者，自称孤、寡、不谷，不是因为以贱为本，而是因为防止以己之意志权力左右、控制他人的自我实现意志的成长，防止在人的意识上布下威吓、生气、畏惧、软弱、退缩的暗黑能量，防止动乱纷争的根源滋生。所以，真正的领导力不以居高临下地满足自我权力欲为目的，只有帮助他人自我实现成长的自我实现者才是真正的王侯将相（领导者）——只有灵魂平等的人才能成为灵魂的领导者。因此，“故致数誉无誉。是故不欲禄禄若玉，硌硌若石”。

得道的资本持有者，倾向于寻求和鼓励更多的人自我实现意志，在这种情况下得道多助，资本自然而然地会获得最大化收益。

上士闻道，勤能行之。中士闻道，若存若亡。下士闻道，大笑之。弗笑，不足以为道。是以建言有之曰：明道如昧，进道如退，夷道如颣。上德如谷，大白如辱。广德如不足，建德如偷。质真如渝。大方无隅，大器免成，大音希声，大象无形，道褒无名。夫唯道，善始且善成。

上士闻道，勤勉地遵照行之；中士闻道，有时信之有时疑之；下士闻道，大笑不屑一顾。别笑，是根本就不够资格闻道。所以，给予下士的建议是："越是清明的道理越是模糊烦琐，越是前进的路越是往回追溯，越是开阔的道路越是诸多曲折。"崇高的德行如山谷，纯洁的灵魂包容瑕疵，宽广的胸怀好像需求不足，建立功德而不示人，坚持真我如同渝节。真正的宽广没有边际，真正的大器不需要人为修成，天籁轻妙细微。天道实际上是没有刑罚的，道的真义是一种振动能量而且没有名字。只有道，能创造万物也能使万事成功。

反也者，道之动也；弱也者，道之用也。天下之物生于有，有生于无。

逆反的力量，是因为对道的否定；柔和宁静的力量，是因为得道的体验。宇宙万物是由看得见的物质相互运动生成的，看得见的物质是从看不见的振动能量中产生的。

此处说的是道与万物的关系。自我实现者才能接受自我实现的生命意志，生命意志折损者感受不到也无法相信道的真义，所以"上士闻道，勤能行之。中士闻道，若存若亡。下士闻道，大笑之。弗笑，不足以为道"。潜意识的力量和显意识的力量在生命意志折损者、失道的人的意识中，是两种相反的力量。对于"下士"这些不相信道的人而言，他们无法直面自我的潜意识，所以修道的路途非常艰难，他们会感觉越是清明的道理越是自相矛盾，越是前进的路越是要追溯，越是开阔的道路越有诸多曲折。当你能直面潜意识的时候，当你能尊重自我本能的时候，你的意志是："上德如谷，大白如辱。广德如不足，建德如偷。质真如渝。”

关于“大器免成”。史上的伟人，大多是得道者，而且是从婴幼儿时期开始就拥有道的天性，是在父母的包容、接纳、鼓励的基础上形成的爱己爱人的能力，而大多数人受固化文化本能的影响大半生都要在修道寻道的过程中，所以很多得道的老者，看人能“三岁看老”。拥有道的精神的人，从婴幼儿时期到成年，都会遵从本真去生活，他们的超我、自我、本我是一体的，他们在人生成长的每个关键期都会尽本心去成长得很好，而无须人为干预，所以他们在成长的过程中显示出各方面的灵性，极富创造力，而且当他们到一定的年龄程度时，便能融会贯通，成为人类史上具有广博而精深知识的大师。在人类认知的巅峰，各种知识、文化都是一体的，没有明确的界限，所以就道与俗世成功的关系而言，三岁看终生，大器晚成。

关于“大象无形”。天道是没有刑罚的，天道只有因果报应。人类文明结果之一就是将惩罚的意识植入人类的潜意识之中。天道不会惩罚任何人，神不会惩罚任何人。当畏惧惩罚的时候，就是自我意志折损之时。然而对于已经将惩罚或奖励的观念内置为文化本能的群体而言，骤然去掉惩罚与奖励，将会无所适从，暴乱丛生，此时群体文化又何以自处？

当失道的时候，就是对自我意志的否定，没有体验到无条件的爱，从而引起躁动不安，所以反也者，道之动也，是失道的一种体验；平和、柔弱、宁静的力量，是得到道的体验，是无条件的爱获得满足的感受，因此显得平和宁静。宇宙万物是由看得见的物质相互运动生成的，看得见的物质是从看不见的振动能量中产生的。振动能量产生被人类感知为“爱”的吸引力，吸引力众多相互争夺而产生被人类感知为“厌”的斥力，更多的吸引力和斥力再度相互作用产生更大的能量，从而产生万物。万物是由终极能量振动而产生的，万物自身负阴而抱阳，从中得到平衡，气顺自然能和。此处关于道的论述，与人类社会经历过牛顿力学、量子力学、相对论以后而提出的试图大一统的弦理论极其相似。弦理论认为万物最基本的组成是振动的能量弦——无形无迹随机混沌的能量状态，这些能量相互作用产生有形的粒子物质，粒子物质相互作用产生中子、原子、电子等，正是“道生一，一生二，二生三，三生万物”的现代诠释。

善于投资者勤而行之，他们拥有强烈的直觉思维能力，能直面投资市场中所有的不利因素，包括失败、恐惧等；而不善投资者，否定恐惧、不相信失败。善投资者，接纳变化、波动；不善投资者，漠视变化、波动。善于投资者，没有各种各样固化的偏见教条，能做到“大方无隅，大器免成，大音希声”。

> 道生一，一生二，二生三，三生万物。万物负阴而抱阳，冲气以为和。天下之所恶，唯孤、寡、不谷，而王公以自名也。物或损之而益，益之而损。古人之所教，亦我而教人。故强梁者不得其死，我将以为学父。

道生一，一生二，二生三，三生万物。万物自身负阴而抱阳，从中得到平衡，气顺自然能和。天下人最讨厌的是孤、寡、不谷，而王公以自名。正是因为自谦才能进一步收益，而自满则会遭受损失。别人所教导的，我也将教给别人。所以，得道者具有强盛的生命意志，生命意志能传承而生生不息，我将以此作为言行的准则。

这是由于社会中相互作用力的存在，生命意志都是一样的，自我实现意志都是一样的，若处于别人以为的高处则自谦以平等，若处于别人以为的低处则自强自信以平等，若处于别人以为的平等则能从我心。越是成功的投资者，越是谦和，也需要谦和——发自本心的谦和，祈愿他人也能达成自我实现的谦和。

> 天下之至柔，驰骋于天下之至坚。无有入于无间。吾是以知无为之有益也。不言之教，无为之益，天下希能及之矣。

天下柔能克刚，看不见的能量能深入没有间隙的坚硬事物。由此我知道无为的好处，无言自能教化，是能量传递的最好方式，但天下人极少能领悟到这种无言自明的相互之间能量共振的美妙作用。

得道的资本持有者，言行处事，都让身边的人感到舒服。他们擅长以身作则，极少主动去教育他人。他们本身，就是一种标杆。

名与身孰亲？身与货孰多？得与亡孰病？甚爱必大费，多藏必厚亡。故知足不辱，知止不殆，可以长久。

名声与身体哪个更亲近？身体与身外之物哪个更多？得到与失去哪个更糟糕？过于执着于某事物必然会耗费自身能量，过于收藏财物必然会导致过多的失去。所以，知足就不会感觉到屈辱，知道适可而止就不会危险，应该消除执念，才不会伤害身体，才能收获长久。

此处的本意是让人们去除执念，保持心态平和，以保养自身。重点不在于说名声和财物不重要，而在于说自身的身心更重要，勿为外物所累，而要不以物喜，不为己悲。在物质极大丰裕的当代社会，只取自己所需就够了，若甚爱、多藏，则会过多地消耗自身的能量。如果有富余财富的话，就投资吧，让多余财富进入生产领域实行再创造。消费是有限的，而创造是无限的。投资是物质丰裕年代规避“甚爱”“多藏”的极佳方式。犹太人的财富观：金钱是能力的象征，应该尽力去赚钱，尽力去花钱，尽力去投资。所谓“知足”“知止”，不是叫人们无所作为，而是说要从心理上满足自己所拥有的，不纠结于贪念所带来的无穷需求。当满足当下，自然而然地为自我实现的需求努力——为满足人的基本的、自然的欲望需求所努力。那样便处于恒久的知足状态中，处于一波又一波自我实现的高峰体验中。你的灵魂所拥有和需要的一切，只要服从它，一切自然而来。关键在于人们能认识到灵魂的本真模样，不执着于人生经历所衍生的种种外在执念。

大成若缺，其用不敝。大盈若盅，其用不穷。大直如诎，大巧如拙，大赢如朒。躁胜寒，静胜热，清静可以为天下正。

完满的灵魂好像残缺，但作用永远不会过时；丰盈的精神好像空虚，但作用无穷无尽。真正的正直可以弯曲，真正的灵巧可以笨拙，看起来吃亏却是得人心的真正赢家。运动可以战胜寒冷，清净可以战胜炎热。平和清净的心态可以帮助社会弘扬正气、平息争端。

自我实现意志的能量是无穷无尽的，不会满足于某一个状态，也不会纠结于某种外化的形式。对于资本持有者而言，拥有自我实现意志，就能每时每刻统观全局，将身边乃至宇宙中所能使用的最适合灵魂所需的一切统筹而成。他谨小慎微而又不拘一格，他尊道守情而又肆意洒脱。这种大巧若拙的能量无穷无尽，道的能量无穷无尽，自利与利他相结合的资本的创造能量无穷无尽。

天下有道，却走马以粪。天下无道，戎马生于郊。罪莫大于可欲，祸莫大于不知足，咎莫憯于欲得。故知足之足，恒足矣。

天下有道，不会有战争；天下无道，战争不断。最大的罪是刺激欲望，最大的祸端根源于不知足，最大的罪过莫过于期盼不属于自己的事物。唯有满足于当下，珍爱自己所拥有的一切，才能得到恒久的满足。

天下有道的时候，人们自我实现，自强自立，尊道守情，守望相助，创造力最大化，整个社会良性发展，物资充裕。天下无道的时候，强权欺凌侵略泛滥，对应着产生软弱、无能、奴化，社会竞相掠夺，政治权力与经济权力相互渗透，创造力萎缩，物质匮乏，普通大众无计可施、无事可做。天下有道的时候，资本是良性创造力竞争的正能量工具；天下无道的时候，资本是相互欺凌、斗争的负能量利器。

当人们刺激欲望、不知足、期盼的时候，意味着人们一次次在潜意识中植入这些不属于自己的负能量，这些都是产生争夺、欺凌的意识源泉，从而在人生运动中产生斥力，进一步将自我带入更悲惨的命运。所以，能体会到对所热爱事物的满足，才会带来所热爱的事物，才会带来长久的满足。当我们将人分成三六九等、将学生分成优劣、利用奖励诱惑人们、利用惩罚威胁人们……如此便是犯了刺激欲望的罪过。自我实现本身具有优秀的天然品质，但若故意为之，就否定了自我实现意志，变成为外物、外欲、外思想所左右了。满足于当下，自然的努力、自然的创造力，方是道的真实模样。

此处被后人经常解读为老子主张人应该清心寡欲，但事实上老子反对的不是正常的欲望，而是后天被刺激之欲望。他认为，人们应该“饱其腹”“强其骨”“情是谓复命”，温饱、冷暖和情感是人类的基本欲望。老子主张满足先天之欲，去除后天的使人偏执之欲（“可欲”“欲得”）。明白自己最本真的欲念需求，不为后天之欲念需求所烦扰，就叫自知者明。过度匮乏和过度的满足都会影响人关于先天欲念的真实感知，如过度的物质匮乏就会促使人们一生以弥补物质匮乏为人生目标，哪怕余食赘行了也仍孜孜不倦地追求过多的物欲，由此造就了守财奴和拜金者；又如过度的情感缺乏会导致安全感缺失和归属感缺失，从而导致人们之间的霸权欺凌或者胆小软弱，如在儿童时期过度、过早地刺激人们的竞争意识，就会衍生出妒忌的执念。事实上，老子反对的不是先天之欲，而是后天之欲，是人为故意刺激的欲望，是群体文化造就的欲望，是父母长辈强加的欲望，如为勇而勇、为善而善、为德而德、为竞争而竞争等。

在人类自然欲望的阶梯上，类似马斯洛的人的需求层次：最底层是物质需求，中间层是安全感、归属感的社会性需求，最高层是自我实现需求。前两层的需求都是有一定限度的，满足即可，过度即空虚；唯有自我实现需求是无止境并且永恒的。社会中不同的人有不同的需求，唯有自己才是自我需求的最佳衡量者，所以自由选择是使人们自我衡量和选择的基础，而自由选择、平等交换的市场经济相对于极权的统一管理、统一分配具有先天优势。这就不难理解，自从资本诞生后，人类创新一波又一波，工业革命迅速席卷全球，物质前所未有地极大丰裕，在工业化革命率先完成的国家和地区，人们的温饱问题基本得到解决，从而进入人类精神探索领域，从而出现大量基于人本的社科理论和文艺作品，如经济学、心理学、社会学、管理学、资本论、创新论等。整个20世纪，都是人类科技和理论相互促进而突飞猛进的时期；不过，人们在20世纪的社科领域都是关注和研究群体效应和个体创伤疗愈艺术的。直到21世纪，人们才开始广泛关注成功者、史上的伟人，研究他们的杰出之处和成功基因，研究他们的相通之处以及可供借鉴之处。然后，就开始聚焦于“自我实现”。自我实现是一种体验，是一种始终运动着的恒久满足的人生巅峰体验，是史上差不多所有成功的王者、三皇五帝、得道成佛者都会有的自我努力的成功体验。但这种体验不是所有人都有幸获得，它是在整个人生中忠于自我最本真需求而去努力从而一次次达成自我满足的生命意志体验，它需要极强的自明能力，需要始自幼年时期开始植入的道性意识；若缺失，则需要自修以达到此种境界，然后才可能摆脱执念惊扰走向成功之路。这种自我修炼的思想在21世纪初异常风行，伴随着关于精神分析、脑科学、意识探索等前沿社科理论的发展，《秘密》《与神对话》《水知道答案》等书在资本和市场的双向作用下也风靡大江南北。有关自我的感知，人类走了2000多年，才解开老子的《道德经》之谜——蕴含了人类的终极秘密，一种在过去只能意会不能言传的精神意志感知，一种关于恒久知足人生巅峰的秘密，一种无论处于何时何地都能使自己获得最佳生命意志体验的密码，现代通用名为“自我实现”——植根于本我需求，通过自我努力获得他人和社会肯定的意愿与能力。资本是近现代社会使更多人达成自我实现的强大工具。没有资本，人类的精神意志仍被围困在物质饥饿焦虑中；没有资本，人类的精神意志仍被围困在情感缺失焦虑中。资本在工业化过程中满足了人类第一层次的物质需求，在信息化过程中满足了人类第二层次的精神需求。可以预见的是，在未来的资本社会里，自我实现将占主流地位，其他一切都将为之失色——真正将自我实现意志植根于人类群体文化中以后，所有物质焦虑、精神焦虑都如影幻灭。人们能真正做到恒久知足——不断自我努力自我超越、不断运动着地恒久知足。

不出于户，以知天下。不窥于牖，以知天道。其出弥远，其知弥少。是以圣人不行而知，不见而明，弗为而成。

得道者能知道万物之互动演变，不出家门而能洞悉天下事；不观窗外而知日月星辰；他走过的路越多，其偏见越少。所以，得道的圣人即使不行万里路也能知道时易世异，即使不与人相见也能将自我能量传递出去，即使什么不做也能达成心愿。

得道者心中有自我，有他人，具有空灵的思维框架，极擅长感知万物、预知万物，坐着就能看千万里，这是王者、领导者、企业家、资本持有者的个人特质，是得道者的精神境界。

为学者日益，闻道者日损。损之又损，以至于无为，无为而无以为。取天下也，恒无事；及其有事也，不足以取天下。

学习的过程是日益增加、累积的过程，而闻道修炼的过程是日益减少偏见的过程。把人生关于偏见的茧一点点剥离，发现什么也不用刻意做了，尊道守情，不刻意为之才能无所不为。取天下，恒无事；及其有事，不足以取天下。

这里说的是学习和修道的关系。在传统教育系统中，往往过早地灌输种种思想、主义、必然，用超我压抑、扭曲本我而建立新的自我，从而为思想安排种种偏见。修道则是去除偏见回归本我，让本我、自我、超我一体化的过程；在现代精神分析中，则是去碎片化，让情感的碎片化拼接成完整自我的过程。修道就是修正自我的过程。你正了，你的周围才能正，你的世界才能正，所谓“修身齐家治国平天下”就是此道理。

根据道家的理论，为学与修道两者都是人生必不可少的。在现代社会中，为学就是学习人类迄今为止所积累的有关一切统御万物的知识体系，包括数学、物理、化学、社会科学等。修道则是正心正己的过程，是抛开成长过程中一切附加的怨、恨、仇、妒、伤、贪等执念回归本我的过程。在19世纪之前，人类错将为学当为道，反其道而行之，将大量人类积累的怨、恨、仇、妒、伤、贪当作反面形成矫正文化植入人类意识，要强先激其妒，要爱先引其恨，要勇先发其惧……人类文明史有多辉煌灿烂就有多阴霾潮湿。真正自我实现的群体文化，基本上是在公元前数百年，其中包括古希腊的荷马史诗、中国的道家思想等；进入公元纪年以后，人类就进入作茧自缚的年代，大量艺术作品、文学作品都是为疗愈而生，如莎士比亚作品、《红楼梦》等，仅有的自我实现精神偶尔出现也如流星划过天际，如莫扎特作品、毕加索作品等。欧美社会在文艺复兴后觉醒，日本在“二战”后觉醒，中华民族在反抗外来侵略中觉醒。越早觉醒的社会群体，创新意志越强烈，自我实现意志越强烈。中国年轻人喜欢韩剧、日剧，因为韩、日的文化是疗愈的文化，就资本持有者、创业者、企业家而言，最理想的个人状态就是自我实现意志非常强烈者，其次是疗愈途中向着真善美回归意愿强烈者；而对于失道而否德者，是必须避而远之的，让他自然、自动地觉醒，即披上过强的怨、恨、仇、妒、伤、贪而拒绝借助于人文精神自我疗愈觉悟的人，他们的存在就是暗黑能量场，伤人伤己，而他人的任何干预都将激化。后世上千年，欧洲人奉耶稣为上帝之子，仇恨害死耶稣的犹太人和犹太教廷。此后，欧洲围绕耶路撒冷展开了千年的斗争。“二战”爆发，屠杀犹太人惨绝人寰，而在上千年的绝境生存中，犹太人繁衍出极强生命意志的能量，在21世纪市场经济中成为金融、银行等关键行业的领军人物。自我实现意志从来就是一样的，不允许干预与控制，哪怕是神也一样，没有自我意志的张扬，任何道德都是困境。笔者想说的是，犹大的撒旦意志是被耶稣的神权控制生生逼出来的，染上撒旦之魂的何止犹大？千世众生都因此而被侵染，导致围绕耶路撒冷的仇杀世代不已。所以，“无为”是人类灵魂拯救的最好方式，不以救世主自居的救世主才是真正的救世主，“绝圣弃智”“绝仁弃义”“我无为而民自化”。

就资本而言，得道者为资本增值就是最理想的神性，是允许他人和自己自我实现的神性，是无须相互控制和干预的神性。市场经济环境下的资本交易简单明白，只有自主、自愿才有公平的交易。所以，资本事实上是借助于众生之手将自我实现意志相互扩散的能量聚合场。就具体产品而言，除物质的丰裕以外，人类的审美精神日益强烈，这个审美精神标准是契合人类数万年演变的潜意识需求的，而不仅仅是近2000年文明的需求。文化产品除疗愈以外，就是将人本性美化张扬的过程，这个过程达成产品生产者和使用者的自我实现。可见，得道的资本持有者，能洞悉人类群体文化的演变基因，拥有强烈的时代群体文化共振能力，能基于当时当代所拥有的技术资源条件，优化配置达成个体和群体的效用最大化，同时实现资本自身的增值。

> 圣人恒无心，以百姓之心为心。善者善之，不善者亦善之，德善也。信者信之，不信者亦信之，德信也。圣人之在天下，歙歙焉，为天下浑心。百姓皆属耳目焉，圣人皆孩之。

得道的圣人是没有私心的，但能感受到百姓的心。无论是友善还是不善，都同样地对待他，因为相信性本善，相信外表看起来恶的也是饱含着善的。对于忠信者相信他，不忠信者也相信他，因为忠信是圣人的本质，宁愿吃亏也要保持灵魂的正念，防止被侵染。圣人对于天下，是公正无偏私的，有着天然本能的同理心，百姓的所思所想皆能感受到，所以百姓皆属其耳目，圣人也都以对待孩子的仁信对待百姓。

就耶稣与犹大的关系而言，耶稣是早就对犹大心生怀疑了，而这种怀疑本身就是不道的。在犹大看来，耶稣过于软弱，否定人间俗世的意义。耶稣若真能感受众生，便能化解犹大的怨恨，而不是相反激发其怨恨——否定犹大的自我实现意志。

出生入死。生之徒十有三，死之徒十有三，而民生生，动皆之死地之十有三。夫何故也？以其生生也。盖闻善摄生者，陵行不避兕虎，入军不被甲兵。兕无所投其角，虎无所措其爪，兵无所容其刃，夫何故也？以其无死地焉。

生死之事，有人长生有人短寿。为什么呢？因为生命要用生命滋养啊。我听说生命意志强烈的人，出行不遇兕虎，参战不被俘虏。其气势强烈，兕虎都被其气势镇住，兵刃也避其锋芒。为什么呢？因为生命意志强烈而呈现出的生命气场使其无死地。

生命意志强烈者，绝境也能逢生。这一点往往被人误以为是无论什么情况下都应该勇者无畏。事实上，基于生命意志的勇和为勇而勇有着截然不同的出发点和态度。基于生命意志强烈者是对生命和大自然充满了热爱，他面对战争和灾难时显示出悲天悯人的性情，面对世事显示出谨慎求真的恳切，能在困难和挫折中越来越理性、强壮而不失真我本性，具有现在所说的“反脆弱性”，是一种越成长越强盛的生命活力。斯巴达和武士道精神将勇猛无情自小植入人的潜意识中的文化，是舍本逐末的文化，这种精神是消磨生命意志的强悍，是使气过强则易折的状态，是枯木而强硬的情况。现代社会中，尤其是资本市场中的人，很多都没有危机意识。不懂恐惧的人不适合资本市场，对资本市场不抱敬畏之心的人不适合资本市场，被文化本能强烈控制的人不适合资本市场，失去真我本性的人不适合资本市场，不能与群体思想共振并自我控制和管理的人不适合资本市场。只有用生命意志灌浇生命意志的人，才是资本市场上的赢家。

> 道生之而德畜之，物形之而器成之。是以万物尊道而贵德。道之尊，德之贵也，夫莫之爵，而恒自然也。道生之，畜之，长之，育之，亭之，毒之，养之，覆之。生而弗有也，为而弗恃也，长而弗宰也，此谓之玄德。

道创造万物，德养育万物，万物呈现千姿百态，环境使其成长。所以，万物尊道贵德，这是毋庸置疑、不容否定的，尊道贵德是自古自然的事情。道的能量生成万物，养育万物，使万物自立成熟，使万物得到滋养与庇护。生育而不占有，扶持而不控制，管理而不主宰，这是弦能量的德行。

人世间所有的一切，都是人类意志创造出来的。宇宙飞船、核能电力、钢筋大厦、万家灯火、神话传说、大数据、影视音乐艺术等，都是人类意志创造出来的。“道生之而德畜之，物形之而器成之。”只有遵从人类最本真的道，学会万物的德，借助于万物之型，才能生成创造万物。这是人类意志与万物的关系，也是现代资本成败的关键所在。资本持有者尊道贵德，才知道如何创造出世人所需要的万物，使世人皆获得自我实现的阳光能量。

以无条件的爱养育生命，让生命自身实现意志上的成长，从而传递道的真义，生生不息，此之谓玄德。无条件的爱是人伦传递的关键所在，是亲子关系、夫妻关系的关键所在。无条件的爱是对内的人伦关系，自我实现是在无条件的爱的基础上对外的创造力。老子非常重视“守情”，认为万物旁作的关键在于人们不懂得守情，不懂得无条件的爱的传递。正因为无法从至亲处获得满足的“情”，才向外寻求，过度索取，从而造成人间的爱恨情仇，衍生出痴、怨、贪、恨、妒等执念。所以，只有至亲之间守情，人才能尊道，才有创造力，才有向外发散的自我实现的能量；而无条件的爱中，很重要的一点是，“生而弗有也，为而弗恃也，长而弗宰也”，这样自我实现意志才能从为人子女中成长。换言之，资本是自我实现者和自我实现者之间的游戏。对于缺爱者、失道者，还是得先修道悟佛、从父母意志中寻回自我再说，否则便容易让资本消散。

天下有始，以为天下母。既得其母，以知其子；既知其子，复守其母，没身不殆。塞其兑，闭其门，终身不勤。启其兑，济其事，终身不救。见小曰明，守柔曰强。用其光，复归其明。毋遗身殃，是谓袭常。

天下有始，源于创造力之母。知道创造力之母，就知道如何让创造力传递，尊重创造力传递的真义，就不会消亡。阻塞刺激欲望的要素，封闭利益寻求的通道，人们的能量终身用之不尽。刺激欲望诉求，救济他所需所欲，人们终身都无可救药。能见微知著方是明白人，有能力坚守柔和的才是强者。用自我实现的乾的阳光意志，照亮一切阴霾复归其光明坦荡，如此人生没有遗憾身体不会遭殃，所以说这是一种传承自然的常规的生命意志。

在市场经济环境下，如何发现创造力和使创造力发挥作用？如果知道自我实现意志是创造力之源，那么，就不能有过多过杂的欲念妄为，而应从遵从本心出发，让自我能量由内而发。在这种情况下，对于父母来说最忌故意刺激孩子的欲望需求、为扶持孩子心高气傲而额外满足他们的所欲，这样将会失去自我实现意志，从而终身都需要接受别人的救济。对于自我实现者而言，他的精神意志是“见小曰明，守柔曰强”，是一种容纳挫折和柔微的本心的自然而然的生命旺盛状态，而不是心气过强或者过弱的向外寻求爱的状态，就是“不作死就不会死”。换言之，资本就应该是以资本增值为目的，以利他而利己为目的，而不是单方面的索取或者单方面的奉献。

使我絜有知，行于大道，唯迤是畏。大道甚夷，民甚好径。朝甚除，田甚芜，仓甚虚。服文采，带利剑，厌饮食，资财有余。是谓盗竽，非道也哉。

我顶天立地光明磊落有了知觉，为人处世遵从道的真义，却独独害怕施舍怜悯。大道宽阔平坦，但人们偏偏喜欢钻牛角尖。朝廷奢靡腐败，田地荒废无人耕种，仓库空虚贫困。人们诡思巧辩以文采谋官，耀武扬威以利剑行霸权，热衷于饱食终日而自己拥有能资助他人的丰余财物，这是一种不劳而获的道德制高点的思维。盗竽的思想不是道的真义。

以文统治天下，以武统治天下，以同情施舍怜悯为美德，都是盗竽之风，都是以折损他人的自我实现意志为统治之法。武器侵霸的强权会导致极权，理念主义也会导致极权，施舍怜悯是诱惑他人服从理念主义，从而产生自我意志折损的罪魁祸首。

资本的目的在于使自身增值，使自身增值不是为了使自己能施舍怜悯，而仅仅是为了证明自身的能力，通过资本证明自我实现创造的意志，证明有生之年自我实现的能量到底能有多大。资本所带来的利润再度转化为资本，资本与自我实现意志一样，是一次又一次永无止境的自我超越。资本一旦成为财富停止投资，那么它自我实现的能量也就随之消失，成为余食赘行，成为盗竽，成为侵染他人灵魂和引致他人争夺的暗黑能量。满足生活所需以外的财富只有变为资本，才能规避盗夸和非道的命运。

> 善建者不拔，善抱者不脱，子孙以祭祀不绝。修之身，其德乃真。修之家，其德有余。修之乡，其德乃长。修之国，其德乃丰。修之天下，其德乃博。以身观身，以家观家，以乡观乡，以邦观邦，以天下观天下。吾何以知天下之然哉？以此。

善于建立信念的人不容易更改，善于拥抱信念的人不容易摆脱，子孙也传承不绝。信念修于自身，其信念就变成了真的；信念修于家庭，其信念就开始传播；信念修于乡群，其信念就延伸扩散；信念修于国家，其信念就丰富繁盛；信念修于天下，其信念就广博。以自身的感知可以观察自身的思想，以家庭的氛围可以观察家庭的精神，以乡群的关系可以观察乡群的文化，以国家的制度可以观察国家的理念，以天下的人文科技可以观察天下的思想意念。我为什么能知道天下运行的奥秘？依据正是如此。

这里说了文化本能形成的路径，人的信念以群体传播、代际传承的方式进行文化本能的传播。道的外在是永恒变化的，其中包括不断融合变迁的群体文化。但文化的本能特征之一就是固化，借助于神权、皇权、父权对文化本能进行群体传播和代际传播。得道之人，能依据某人的言行举止推测他所在的群体文化，能依据群体文化推断出不同个性的人产生某种个性的内在原因，也能推测出个体性格和群体文化相互演变及其可能产生的言行举止和群体信念的演变。此处说文化信念的作用，下一段则说的是“厚德”，即能包容不同德行、不同文化信念的程度。厚德才是得道，能植根于道的真义、自我的真义，贯通古今中外从而整合不同的价值观（德），使自我和群体进一步超越。唯有变化才是唯一不变的外在。尤其是在瞬息万变的资本市场，更要规避固化的教条，但那也不等于否认不同资本市场的运行规律。资本赢家的关键在于谁能植根于当下发现最新的规律，并在这个规律被大众发现之后过时之前获利了结。

> 含德之厚者，比于赤子。蜂虿虺蛇弗螫，攫鸟猛兽弗搏。骨弱筋柔而握固，未知牝牡之会而朘怒，精之至也。终日号而不嗄，和之至也。知和曰常，知常曰明，益生曰祥，心使气曰强。物壮即老，谓之不道，不道早已。

含德之厚者能容纳不同的思想理念，就像赤子。蛇蝎不叮咬他，猛兽不搏击他。骨弱筋柔而双手拳头握得坚固，未知牝牡之会而朘怒，精气充沛的缘故啊。即使整天号哭也不沙哑，这是和气的缘故啊。和气意味着平常心，知道平和的人才能清明，热爱生命的人才能安详。通过刺激人心使其心气过高，心气过高就会争强好胜，也必然会导致过度强壮，而过度强壮即面临衰老。这是不遵从自然之道的，不遵从自然之道的情况下就容易过早衰亡。

资本市场是人性的反映，必须遵从自然之道。就一整段态势而言，强者恒强，但不同时代的态势又有不同的演化。得道之人懂得把握这种演变的本质和趋向，不偏、不激、不执着。很多投资者都以长线投资为自己的偏执做借口，为自己的失误找理由，凯恩斯有言：“从长期来看，我们终将死去。”① 长期观点是学者和专家要做的事情，资本持有者只能因势利导，直面失误，自我珍惜，谨慎而行，由内而发自我超越和强壮。马云的成功不是因为执着于海博翻译社，不是因为执着于中国黄页，不是执着于

① 余辉．干预与出清［J］．中国金融，2016（3）：104.

阿里巴巴批发贸易，甚至也不是执着于淘宝。真正让马云异军突起的是“支付宝”的设立，解决了网上支付的问题，从而反馈淘宝，再反馈阿里巴巴——真正让马云引领世界的是金融行业的第三方支付工具创新。就精神方面而言，真正让马云成功的是其百折不挠的自我实现意志——不拘于特定行业领域的自我实现意志，是在失败和挫折中成长起来的统筹全局的能力，是厚德意志的表现。如果当初马云坚持将海博翻译社发展壮大，或者坚持将中国黄页发展壮大，那中国现代互联网格局也许就要重新改写了吧！

知者弗言，言者弗知。塞其垅，闭其门，和其光，同其尘，挫其锐，解其纷，是谓玄同。故不可得而亲，亦不可得而疏；不可得而利，亦不可得而害；不可得而贵，亦不可得而浅：故为天下贵。

知道的人不说话，说话的人不知道。堵塞其欲望的刺激源泉，封闭其欲望探求的门路，遮掩其锋芒的光亮，使其与尘埃一样平凡，通过挫其锋锐而解决纷争，这是一种玄妙的趋同。故，不可因有所“得失”而亲近或疏远，不可因有所“得失”而有利害之心，不可因有所“得失”而生贵贱之意。

以正治邦，以奇用兵，以无事取天下。吾何以知其然也哉？夫天下多忌讳，而民弥贫。民多利器而邦家滋昏。人多知巧，而奇物滋起。法物滋彰，而盗贼多有。是以圣人之言曰：我无为而民自化，我好静而民自正，我无事而民自富，我欲不欲而民自朴。

所以，为了天下，应该以正治理国家，少用兵器，尽量不干涉人民而取天下。我是怎么知道事情会这样的呢？因为发现越是忌讳多的地方人们越贫困；越是武器多的地方统治者越是昏庸；人们知道，渴望得越多，怪事越是层出不穷；规章越繁杂的地方盗贼反而越多。圣人说：“我不控制他们，他们自动化育。我喜欢安静，人们自动公正无私。我不干涉他们，他们自动谋得财富。我不热衷于显贵，人们自动诚朴。”

人的内心，应该是平衡的。人们所渴望的应该在能力所及的范围内，付出多少就应该收获多少，这些是自然而然平衡的事情。若过度刺激其欲望以使其努力，使其心气过高或过低，衍生出安全感、归属感、权力欲、控制欲的渴求，这些渴求就会内化在人们的潜意识深处，无法为自我意识所左右、控制，影响其一生所作所为，并会为外界所左右，从而丧失独立感知和思考的能力，折损其自我实现之生命意志，消耗创造力之能量。所以，应该以“正”修身治国，国家不应以政治权力干预经济权力，经济运行法则应该以独立、平等、自由为交换的基础，人和人之间的感情不以经济利益得失为衡量亲疏远近的标准。换言之，若爱，便是无条件地爱；若不爱，便是以自愿交换为原则的市场经济关系。不可因有所得失而生亲疏贵贱之意，这样才能真善一体；若灵魂相合，自然地相互吸引，真爱是念情不念恩。经济权力与政治权力相分离，独立、自由、民主的思想其实是一种基本常识，但人类潜意识深处的阴霾长期笼罩不散，致使即使是常识也常常被遮盖，根源就在于人类自童年时期起便被长辈和所在的群体文化故意煽动或压抑的情绪体验。归根到底是为人父母者、夫妻间不懂得无条件的爱，只有内在曾获得无条件的爱的体验，对外才存在独立、自由、民主之思想，平等交换的市场经济才能构建起来，资本的作用力才能得到正的发挥。国之稳定，从夫妻、父母和子女的关系开始。老子后面将提到“守情，表也”。

综观当今时代各个国家和地区，越是发达的地方，其制度越清晰、透明，其人际关系越简单、清晰，其七情六欲越直白、真挚。民多忌讳的地方，不过是人类的情感七弯八拐以后才能到达的潜意识所在。这些七弯八拐又是滋生怨、恨、悲的根源，是人类借助于这些自我成长的绊脚石。不能面对真实的自我、真实的世界，是人类自我欺骗意识产生的根源。尽管这些暗黑能量在特殊时期是人类自我保护的天然盔甲，却不能成为人类创造意志前进的借口。进入物质丰裕年代，人类有理由认识到人性软弱的一面，抛开那些自我保护并且散发暗黑能量的怨、恨、妒的盔甲，全面进入创造力大爆炸的人类意志奇点时代。

其政闷闷，其民惇惇。其政察察，其民狭狭。祸，福之所倚；福，祸之所伏，孰知其极。其无正也，正复为奇，善复为妖，人之迷也，其日固久矣。是以方而不割，廉而不刺，直而不肆，光而不耀。

公正自然，人们就能充足富裕。公正明察，国家强健清廉。祸，福之所倚；福，祸之所伏。为什么都在两个极端游走呢？是因为没有了公正啊！公正是稀奇的事情，仁慈也就成了外表华丽的妖魔。人们迷惑的思想由来已久。所以，人们应该方正而不人格分裂，兼容而不违背常理，直爽而不扭捏，光明坦荡而不刺目。

除了市场这只“无形的手”，人类至今没有找到能使人与人之间公正、平等的社会管理制度。正是市场经济，使近现代社会凭借创新快速完成工业化革命，从而开启人类有史以来的物质充裕年代，正是“其民屯屯”“其邦央央”的现代显现。市场经济制度公开透明，公正无偏，人人在法律面前平等。只有在这种环境下才能诞生大批自我实现的企业主、资本持有者，他们的人格能做到“方而不割，廉而不刺，直而不肆，光而不耀”。这是一种得道的、植根于本我的、尊重现实的唯物主义者的态度。

治人事天莫若啬，夫唯啬，是以早服，早服是谓重积德。重积德则无不克，无不克则莫知其极。莫知其极，可以有国。有国之母，可以长久。是谓深根固柢，长生久视之道也。

管理天下，没有比爱惜更难能可贵的精神了。唯有爱惜，人们才能更早产生自爱、爱人的服从道的精神。早服意味重视积德，重视兼容各种品德。重积德则能厚德，厚德则没有什么困难是克服不了的，没有困难克服不了意味着人生体验没有极限。没有极限的思想，才能管理国家。有了国家的道的精神，可以永久流传。所以说，得道者如同拥有深深植根的、稳固的根基，他的精神可以长生不灭，永远被看到。

对于资本持有者而言，每一分钱都有其价值，绝不能奢靡浪费。奢靡浪费者不是得道之人。只有爱惜之情，才能珍视自我，珍视万物，从而拥有创造更多的能量。为创造、发挥作用而珍惜守俭与守财奴看似一样，但精神实质却不一样。为创造、为发挥作用而珍惜守俭是得道的，为更多的运动体验而生，但守财奴则是将财富金钱意识变成文化本能，是否定道的产物。当财富与道相冲突的时候，前者会选择尊道，后者会选择财富。

> 治大国若烹小鲜，以道莅天下，其鬼不神。非其鬼不神也，其神不伤人也。非其神不伤人也，圣人亦弗伤也。夫两不相伤，故德交归焉。

管理大国如同烹饪新鲜佳肴，用自然之道公示天下。就算是鬼也不愿意做神仙了，因为神仙不会再伤害他啊！非但神不伤人，圣人也不会伤人。各自相互之间不伤害，故德的表现是上下归心而精神交织、统一。

若社会群体文化信奉开放社会价值观的话，事实上是允许人人自我实现的，即各种经历、各种个性、不同成长阶段的人相互之间都能和谐相处，人人自爱自重，没有人会羡慕别人，当然爱慕除外。《小时代》反映了不同个性的人自我实现的风采，获得了极大的时代认同。在市场经济社会，人人自我实现，无论鬼神，不相欺。

> 大邦者，下流也，天下之牝。天下之交也，牝恒以靓胜牡。为其靓也，故宜为下。大邦以下小邦，则取小邦；小邦以下大邦，则取于大邦。故或下以取，或下而取。故大邦者，不过欲兼畜人；小邦者，不过欲入事人。夫皆得其欲，大者宜为下。

大的国家，居下流而能容纳百川，拥有天下至柔的女性特征。在原始郊野，雌性通常以靓丽赢取雄性。因为拥有靓丽的特征，所以其心态更柔和、谦虚。大国对小国谦虚，则可以获取小国的归属心；小国对大国谦虚，则可以获得大国的宽容、保护。因此，一个用谦下取得了小国的依附，一个用谦下取得了大国的包容。大国不过想令小国归附，小国不过想令大国包容，两者通过谦下各得其所，因此大者宜为下。

引起“二战”的群体心理是民族中心主义、沙文主义，这些群体心理因素产生的根源是归属感和安全感的缺失。对于当时的德国而言，以犹太人为代表的精英严重威胁着人们的归属心，而日本作为地震、海啸、火山等自然灾害频发的地区，群体心理长期充斥着安全焦虑，而民族中心主义、沙文主义能在满足群体归属感和安全感的条件下快速团结一些日本人，产生摧毁性的蛮荒之力，这种群体精神状态促进了“二战”的爆发。在国与国的相处过程中，民族中心主义是使一个国家团结、强大的动力，同时也是使一个国家侵略、欺凌的动力，两者的差别就在于国民道性的程度。国民得道者，自我强大而不欺凌；失道者，抱团取暖导致强硬而欺凌。现在欧美国家强大，中国觉醒并日益强大，国际舆论有“修昔底德陷阱”，认为中国的强大是第三次世界大战的引擎。事实上，现代社会与人类过往历史时期有本质的区别，最本质的就在于人类关于自我实现意志的挖掘与培育，对应着过往以妒忌、仇恨、蔑视、欺凌等负面要素为基础构建起来的非此即彼的对立面文明意志。创造力意志是以自我实现意志为基础构建起来的文明，从个人和群体的角度而言，都以相互之间的良性竞争为表现，是道性和佛性的统一。反道意志和言行极易被大众识破从而无所作为，所以现代社会不会因为他者的强大而衍生出整个民族的害怕、妒忌之情。尽管在传承过往文化的路径依赖作用下，旧文化传统仍有星点的影响，但显然即使基于最自私的个人主义角度，以道性为基调的开放社会价值观也会是一种普世化的价值观趋向。自我实现意志的扩散蔓延，有望使国与国之间各得其所，而不会滋生欺凌、侵略的过度欲望。再加上资本的全球国际化和现代战争技术的毁灭性，各个国家之间是一种相互连接的大网，如果意识到引发战争是自取灭亡谁还会轻举妄动？第三次世界大战不会发生，因为一旦发生，其结果很可能是真正的世界末日。这个世界末日没有审判，谁也不会进入天堂，全人类都会被上帝抛弃。

> 道者万物之注也，善人之葆也，不善人之所葆也。美言可以市，尊行可以加人。人之不善也，何弃之有，故立天子，置三卿，虽有拱之璧以駪驷马，不若坐而进此。古之所以贵此者何也？不谓求以得，有罪以免与，故为天下贵。

道，能使万物归宗，是善人的精神源头，也是不善人的追寻所在。得道的语言，可以产生扩散传播效应；得道的行为，可以潜移默化地感染他人。即使是不善的人，道也不会放弃他。进而拥立天子，设置司徒、司马、司空三卿之职，致使人们有了多余的宝玉和先进的马车，不善的人选择信仰神。古代的人为什么遵从这样的神仙信仰呢？不就是希望求得道，然后赦免自己的罪么？所以，为了天下，领导者应该建立使自己不用作为的制度。

此段说的是神的信仰产生的原因，是一种失道之人在追寻道的过程中所产生的信念。对于失道之人，道也不会抛弃他，所以拥立天子、设置三卿以供人们信奉，从信奉中失道之人不会为非作歹，并使自己得到赦免从而达成心理的平衡，有机会借此达到道的体验。这就是有信仰的人有时候显得更仁慈、善良而有人性的原因，因为从信仰中，人们获得了无条件的爱的满足体验感。但这却未必是道的真义，因为真正得道的人，会体会到他自己就是自己的神，自我原谅、自我救赎、自我奋斗、自我实现。

资本是不分善恶的工具，唯得道者才能使资本实现自身增值的使命。得道者用之它就是利己利人的工具，失道者用之它就是损人害己的利器。尽管道拥有着感化一切恶念的力量，但其作用要通过外化的形式表现出来。在资本出现之前，道创造的外化形式是石头当工具，用火驱赶猛兽，饲养牲畜，种植，定居，以及由此自然被万民尊崇的天子；在资本出现之后，道的外化形式是量化生产、市场运作、创新孵化、证券市场等，以及在市场经济下脱颖而出的企业家、资本持有者等精英。如此说来，在神权、王权世袭的制度下，人类就一步步被奴化、驯化，进入创造力退化的阶段，而资本唤醒了人类远古时期就进化出来的创造力热情。当然，换一种角度而言，能被驯化并不是一件坏事，驯化是基于同理心情感的激发培养，是一种孕育的女性化的智慧，正是因为人类能被驯化，然后通过语言文字相互交流达成共识形成群体意志，于是才能成为万物之主。不然，只会爬树的猴子凭什么战胜狂狮猛虎，成为地球之王？但是这种同理心意志过早地植入男性意识，则会抑制其创造力的自我实现。通常而言，男性只有有了孩子以后同理心才会在激素的刺激下苏醒从而突飞猛进，从而三十而立，四十不惑，五十而知天命。所以，一般情况下，就人类个体一生而言，创造力最旺盛的生命阶段是青少年时期，过了这个时期，创造力激情就会消磨；但资本的存在使创造力不论在哪一个个体阶段，都可以为其带来收益。从资本持有者的角度而言，反而是年龄越大者，同理心越强，越能识别他者创造力的时代价值，从而做出正确的投资决策。所以，现代成功人士一生的轨迹一般是：少年时期尽本性成长，青少年时期以创造力赢得第一桶金并积累一定的资本，中年以后用资本赚取资本。

为无为，事无事，味无味，大小，多少，报怨以德。图难乎其易也，为大乎其细也。天下之难作于易，天下之大作于细，是以圣人终不为大，故能成其大。夫轻诺必寡信，多易必多难，是以圣人犹难之，故终于无难。

应该努力建立使大事不会发生的制度，应该努力以恬淡无味为佳味。无论得到的是大小还是多少，都应该以德报怨，从容易中寻找困难的根源，从细节中谋求大事的顺利。天下之难从容易处着手，天下之大从细节处着手。所以，领导者的目的不是为了大事，才能成就其大事。轻诺必寡信，多易必多难。如果领导者惧怕困难的话，也会灭亡于没有困难。

此处和“反脆弱”性理论、随机突变理论相契合。真正有生命力的事物，能从随机性、不确定性、困难挫折中成长，从而变得更强大；而且生命意志强者拥抱不确定性，越是艰难曲折就越使其兴奋、使其强壮。人类理性思维的发展使“反脆弱性”能力削弱，如现代人为孩子扫清一切成长的障碍，使其失去反脆弱性地成长；杀死一切可能引起疾病的病毒细菌，使人们失去抵抗力；经济运行中严格遵循理性法则不允许一点的混乱，使群体失去试错、纠错的不同声音。真正的资本持有者、企业家，是从一点点的细微挫折中成长起来的；真正强盛的市场经济社会，是允许百家争鸣、杜绝强权、无畏小混乱小错误的。

其安也，易持也。其未兆也，易谋也。其脆也，易破也。其微也，易散也。为之于其未有也，治之于其未乱也。合抱之木，生于毫末；九层之台，作于累土。百仞之高，始于足下。为之者败之，执之者失之。是以圣人无为也，故无败也；无执也，故无失也。民之从事也，恒于几成而败之，故慎终若始，则无败事矣。是以圣人欲不欲，而不贵难得之货；学不学，而复众人之所过。能辅万物之自然，而弗敢为。

安稳的局面容易维持、控制，征兆未现之时容易谋划，事物脆弱的性质容易判断，事物微弱之初容易消散。应该在危机未出现之前有所作为，应该在动乱未发生之前有所防治。合抱之木，生于毫末。九层之台，起于累土。千里之行，始于足下。故意作为的反而会使其失败，执念于某事物的反而会使其失去。所以，圣人不刻意培植，就不会失败；不抱持执念，就不会患得患失。人们从事很多事情，往往在即将成功之际失败，所以应该自始至终抱持谨慎的态度，才不会导致事情的失败。圣人不追求贪欲，不贵难得之货，学习“不学”以体验和创造新经验，弥补众人的过错而创造新知，最终达到有足够的能力辅助万物生长、发育，而自己不会干涉。

此段反映无为之本质，即应该建立自由的制度，使人民自然繁衍生息，不用国家权力的干预。在管理的过程中，一件件小事都应该当作大事处理，长期建立直面小困难的防治机制，才能避免大困难的诸如“黑天鹅事件”的强大负面作用。这是现代反脆弱性思想的根源，也是资本持有者、企业家的管理经营之道。

故曰：为道者非以明民也，将以愚之也。民之难治也，以其智也。故以智治邦，邦之贼也；以不智治邦，邦之德也。恒知此两者，亦稽式也；恒知稽式，此谓玄德。玄德深矣，远矣，与物反矣，乃至大顺。

所以说，为道者的目的不是传授仁、义、礼的道理，而恰恰是去除人民的仁、义、礼的执念，回复本真的道。人民为什么难管理啊，就是因为被灌输了太多不是自己经验所得的道理偏见。所以，用仁、义、礼管理国家，是国家的盗贼。以真我管理国家，才是国家真正的德。若知道两者的奥妙，便知道管理法则了。知道管理法则，就是玄德。玄德深远，返璞归真，乃至大顺。

现代人有太多偏见，正是这些偏见阻碍了人们正确认识自我，认识世界。去除偏见，以客观感受应对社会，更容易获得成功。尤其是在瞬息万变、竞争激烈的资本市场，理性偏见极易产生误导，需时刻谨慎观察、感知，以空灵的思维框架去应对，才能更精准地识别市场态势，从而做出正确的决策。

江海之所以能为百谷王者，以其善下之，是以能为百谷王。是以圣人之欲上民也，必以其言下之；其欲先民也，必以其身后之。故居前而民弗害也，居上而民弗重也。天下乐推而弗厌也。非以其无争与，故天下莫能与争。

江海所以能成为天下川谷的统治者，是它善于居下的品质决定的，所以它能够成为天下的川谷之王。因此，要想成为民众的统治者，必先以谦下的言辞赢得信赖；欲走在民众的前面，必须把自己的利益置于身后。所以，圣人处于民众之前而民也不感到被妨害，处于民众之上而民并没有增加负担。天下百姓乐于拥戴而不厌烦，正是因为圣人不争，所以天下自然没有人能与他竞争。

现代社科理论认为，领导力的本质是激发那些值得拯救的人的自我实现意志，并帮助其达成工作使命。领导力需要充分发挥团体的作用，需要员工在相互尊重的前提下各抒己见，需要最大限度地发挥每一个个体的能力和作用。所以，领导者对被领导者不能有居高临下的权威感，态度上应该是尊重、平等的，当然这不等同于不尊重事实地故意迁就。态度上的平等，不等于认知领域的无条件认同。被领导者有权力表达自己的意见，领导者也有权力表达自己的意见。领导者在基于现实的见识上往往更胜一筹，而且他们更擅长不带偏见地根据现实状况的改变做出新的判断。作为领导者一定要基于组织的愿景、目标坚持哪怕不被别人认可的意见措施，才是领导作用的价值所在。

小邦寡民，使有十百人之器而毋用，使民重死而远徙。有舟车无所乘之，有甲兵无所陈之，使民复结绳而用之。甘其食，美其服，乐其俗，安其居，邻邦相望，鸡犬之声相闻，民至老死不相往来。

小邦寡民的理想社会，百十人共用的工具不再使用，人们重视生死而拒绝迁移，有车舟也没有人愿意乘坐，有甲兵也没有人愿意使用，人们复结绳种植和养畜。人们以食物为甘饴，以服装为美丽，陶醉于其快乐的风俗中，享受安适的家居生活；邻邦相望，鸡狗之声相闻，民至老死不相往来。

这里形容的是一种以真本性为起点和终点的美妙生活。人们致力衣食住行的劳作，并享受之。人们尊道守情，国与国之间不再有战争。统治者不以政治权力干预其经济权力，人们悠然乐活。

在老子生活的时代，人们生活的理想状态是安居乐业。而在资本时代，在合作极大扩散的时代，人们的理想状态是乐投资，从投资经营中获得生活物质和精神的双丰收。老子主张“执今之道，以知古始”，就是指植根于人们所在的时代，满足而不是否定时代价值，满足乐活，自然地尊道守情，就是最理想的状态。若生于古代，不喜畜牧务农，或生于现代，不喜经营、投资或上班，都是不想以自己的努力实现自己的价值的，都是折损了自我实现的生命意志的，都是自取不适的。不适，吾葆亡已，生命之根灭矣。

信言不美，美言不信。知者不博，博者不知。善者不多，多者不善。圣人无积，既以为人，己愈有；既以予人矣，己愈多。故天之道，利而不害；人之道，为而弗争。

真诚守信的言辞不一定美妙动听，美妙动听的言辞不一定真诚守信。专精的人不博学，博学的人不专精。善仁者不会想占有、多得，想占有、多得的人不善仁。圣人不会积财守富，越是尽全力帮助他人自己越是富有，越是尽全力给予他人自己就收获越多。天道规律，有利于万物而不妨害万物的方为道。圣人的准则，是为天下创造更多而无须争夺。

这里说的是一种共赢的创造精神，通过利人而利己的精神。批判的是守财奴式的无为而富。资本是自然而然地生产更多、创造更多，以使人们获得剩余价值而交换。所以，“既以为人，己愈有；既以予人矣，己愈多”是一种双赢的关系。资本的目标之一就是将相关人纳入利益共同体，在自由、平等的基础上实现共赢。“人之道，为而弗争。”需要争的，不是资本持有者所想要的。与其在争夺上浪费生命能量，折损自我实现意志，不如把精力全心放在创造更多价值的人和事上。这是得道的资本持有者、企业家面对恶性竞争的基本态度。

天下皆谓我大，大而不肖。夫唯不肖，故能大；若肖，久矣其细也夫。我恒有三宝，持而宝之。一曰兹，二曰俭，三曰不敢为天下先。夫兹，故能勇；俭，故能广；不敢为天下先，故能为成事长。今舍其兹，且勇；舍其俭，且广；舍其后，且先，则必死矣。夫兹，以战则胜，以守则固。天将建之，汝以兹垣之。

天下人都说我大，不拘小节。正是因为大，所以不必担心细枝末节；若把心思放在细枝末节上，细枝末节将会堵塞（滞留我的生命能量）。我心智遨游天地是因为有三大法宝：一是对内生命意志强烈，二是对物珍惜守俭，三是对人不敢为天下先。因为生命意志强烈所以能勇敢；因为珍惜守俭所以能简单而至广博富裕；不敢为天下先，所以能有所成就而成为领导。现在的人们，不求内修生命成长力，一味追求勇敢刚强；万事争先恐后，长此以往的舍本逐末必然是加速死亡的结果啊。唯有内在生命成长力繁盛，方能战则胜，守则固。天行健，君子以自强不息。

这里的“大”，是一种格局，是指凡事不要斤斤计较；前文“合抱之木，生于毫末”强调注重细节。这两处看似矛盾，其实是统一的。生命意志本身是一种格局，一种能抛开偏见执念、不受偏见执念侵染的人生格局，是能不念过去、不畏将来的豁达；但这种生命意志在生命运动成长的过程中又是非常注重细节的，非常珍爱自我和与自我有关的一切人事，与奢侈放纵的精神截然相反。所以，越是大格局的人越是注重细节，这才是真正得道的精神。

善为士者不武，善战者不怒，善胜敌者弗与，善用人者为之下。是谓不诤之德，是谓用人，是谓配天，古之极也。

将帅之才不崇尚武力，善于作战者不会被激怒，善于战胜敌人的人不会施与，善于用人的人长于激发其自我实现价值。是谓不诤之德，是谓用人，是谓天道，这是古往今来的极致境界。

此处可理解为保证社会中人人自我实现，是天之道。自我实现者不崇尚武力，不会被激怒，不会居高自傲，也不会怜悯施舍，所以不会引发争端。尼采认为，同情、怜悯皆是恶德[1]，既诱惑他人折损自我实现意志，

---

① 尼采．查拉图斯特拉如是说［M］．杨恒达，译．南京：译林出版社，2012：171.

也促使他人为获得不属于自己的东西而谋划争执。要助人，也要助拥有自我实现心愿的生命意志强者，即“救急不救穷”。所以，道德制高点之施舍怜悯、圣母心其实也都是引发“诤”的源头，而不诤之德才是古往今来人类最高的境界。

资本权力相对于政治权力的好处在于，它不需要以施舍、怜悯等道德为行为准则，它只需要遵守法律和市场规则即可。资本没有人类千年文明传承下来的各种爱恨情仇，它很现实、很简单，它不尚武，不会被激怒。能利人的、有剩余价值的就是被他人所需要的，他人所需要的就要以相应的金钱作为交换，所以资本能在极短的时间内席卷全球成为现代社会创造之力的源泉。对于资本持有者而言，当资本增值之时，就是自我实现之时，是自我力量增长之时，是能为所爱的人、所在的群体甚至全人类谋取更大利益之时。当资本持有者能量足够大的时候，他为全人类的普世福利而奉献的精神不同于对个体人的施舍、怜悯，前者可能有助于其他个体的自我实现，后者则折损其他个体的自我实现。Facebook 首席执行官将自己价值 450 亿美元的股份捐献给教育、医疗行业，这是为改变世界而做出的努力，是自我实现意志的另一种体现。在中国国内，目前有些人在进行一对一的帮助中，将被援助者的个人信息公开在新闻报纸网站上，更有甚者，经常进行乡村援助的，目的只是在宣传资料上添上一笔；这样，被援助者不仅不可能产生感激之情，还会产生怨恨之情，使自己的一生都披上弱者的、接受援助者的标签。不是以无条件的爱为基础的个体之间的援助，必然存在利益交换，没有对等的利益交换就会引起各种怨、恨、嗔。一般来说，现代社会理想的慈善事业应该是以机构组织的形式存在，由公开、透明、合理、公正的制度约束。这些是不诤之德。

> 用兵有言曰：吾不敢为主而为客，吾不进寸而退尺。是谓行无行，攘无臂，执无兵，乃无敌矣。祸莫大于无敌，无敌近亡吾宝矣。故称兵相若，则哀者胜矣。

用兵有言：“战争中我不敢主动进攻而选择被动防守，我不敢侵略寸土而宁愿守护尺地。”养兵是为了不用行兵，礼仪往来不用摇臂彰显，固守繁盛则不用行兵打仗，如此无敌也。最大的祸患莫大于人心无所适从；没有内心充实而至的平和宁静，人们便会失去生命成长的意志。所以说，如果战争中双方实力相当，则因爱护生命而产生哀怜之心的一方更容易获得胜利。

此处提到人心无所适从的失衡情况，认为心理的平衡（适）是孕育生命力（葆）的关键所在。战场是凶杀所在，面对一个个生命的消亡，得道者为之感到悲哀才是使自我获得平衡的心理要素，就像犯罪者需要赎罪一样。哀兵必胜。

在人类历史上，大多数时候是处于战争时期——大多数时候是失道的相互争夺欺凌和反争夺欺凌时期，充满了尊卑贵贱、高下主客。老子反复强调居高则从善如水。王侯将相以孤、寡、不谷自居，这是为了众生的自我实现意志，是从人类的基本情感出发的。而在资本时代，每一个个体和经济实体都是独立存在的，不存在所谓的尊卑贵贱，交换以市场价格为准，愿者上钩。市场只会回报有创造力的人、对顾客有剩余价值的人、自我实现的人，市场只会回报强者而不是弱者。

> 吾言甚易知也，甚易行也；而人莫之能知也，而莫之能行也。言有宗，事有君。夫唯无知也，是以不我知。知我者希，则我贵矣。是以圣人被褐而怀玉。

我所说的话，很容易理解，也很容易实行；但人们都不知道，也无法如此实行。说话都依据君子圣人，行事都依据祖宗先例，唯独没有自我的感知，是无明的，所以无法理解我。能理解我思想的人是极少的，所以显得珍贵。真正的圣人外表朴素，内在真挚、宝贵。

“言有宗，事有君。夫唯无知也。”说的就是教条主义，批判将神旨、圣人语、权威、理念、主义、教条当作言行依据却没有自我独立思考、判断的人。没有独立思考、判断的人，不可能产生有价值的创造力。尤其是在现代社会，在教育体系非常完善且充足的情况下，若没有自己的感知，没有自己的独立判断，被牵着鼻子走，则极容易陷入无明的人生状态，失败了也不知道是怎么失败的。这不是说教育不需要，学习不需要，而是应该在自我理解、觉悟、体验的基础上进行实践应用。所以，很多思想若能正确地理解和应用就是神器，若错误地理解并使用就是魔咒。

> 知不知，尚矣；不知不知，病矣。是以圣人之不病，以其病病，是以不病。

知道自己不知道，是高尚的；不知道自己不知道，是病态的。所以，圣人很少有缺点，是因为知道自己不知道，总是谨慎行事而不显露缺点。

知道自己所知是容易的，知道自己所不知是困难的。得道的投资者能以开阔、包容的心态接纳一切变化，善于用“不知道”的态度去接纳、探求万事万物。承认自己不知道，承认宇宙中无限的可能，是使自我平静免于封闭自我的密码，是使人类免于自傲谨慎探求真理的密码，也是资本市场中价值漫溯的密码。从“不知不知”到“知不知”，是人性创造力奇点的表现之一。

> 民之不畏威，则大威将至矣。毋狭其所居，毋厌其所生。夫唯弗厌，是以不厌。是以圣人自知而不自见也，自爱而不自贵也，故去彼取此。

人们只有不再崇拜权威，那么真正的得道权威才会到来。不要堵塞人们生活的门路，不要使人们厌恶其自身的生活。人们只有热爱生活，才不会厌恶他所在的社会。所以，圣人自知、自明而不显山露水，自爱自尊而不自以为高人一等。所以，应该去掉虚妄的外表而取其自知、自明、自爱、自尊、自强的内在。

现代社会人应该热爱其工作，热爱其所在的团体。只有热爱，才能投入，才能创造更多，才能收获更多；若不爱，就离开，就放弃。市场经济中处处是机会。不要浪费自己和他人的时间、精力和生命意志能量。自我实现者以劳动为荣，以劳动为生命意志的体现，赋闲休息只是为了下一次更好地投入创造中。现代人多以自己的方式达成自我实现意志。很多青少年都迷恋网络游戏难以自拔，事实上是将在现实生活中无法满足的自我实现意志迁移到虚拟游戏中去。人们应该投入生活、工作中，热爱生活、工作，在真真实实的生活、工作中寻求自我实现的方法，长此以往将达到利己利人的成功体验。

> 勇于敢者则杀，勇于不敢者则活。此两者或利或害，天之所恶，孰知其故？天之道，不战而善胜，不言而善应，不召而自来，坦而善谋。天网恢恢，疏而不失。

那些勇于违反天道的人会招来杀身之祸，勇于顺从自然的人则会活得潇洒自如。这两种不同的勇敢，一个有利一个有害。天也有它所厌恶的，谁知道是什么缘故呢？天道的规律，不与万物相争而善胜万物，不与万物言语而善应万物，不召万物而来而万物自来。它随机振动却善于筹划。天道就像一张巨大的网，虽然疏松却不失一切。

现代资本市场也类似一张疏而不漏的天网，社会中的个体，只要有能力为他人创造价值并且自爱者，就有途径获得周围人的认可，获得团队的认可，获得资本的青睐，并且创造之价值就会回馈到他自身。自强不息者，自爱并且爱人，就理所当然地是资本市场天生的赢家。天网恢恢，疏而不漏。

> 若民恒且不畏死，奈何以杀惧之也？若民恒且畏死，而为奇者吾得而杀之，夫孰敢矣。若民恒且必畏死，则恒有司杀者。夫代司杀者杀，是代大匠斫也。夫代大匠斫者，则希不伤其手矣。

若人们永远不畏惧死亡，为什么要以杀来威慑人们？若人们终有一死，对于执意为非作歹者，我将依法抓获而杀之，那么谁还敢为非作歹？若人们生生不息且必然畏惧死亡，那么总有专门掌管司法惩杀的部门。对于挑战法律制度的人，就像挑战长于工匠的人，鲜有不伤其手的。

这里说的是对于违反制度者的态度。显然无论多么理想的市场经济制度，都会有铤而走险者，都会有漠视法律、天道和人道者。这些明知制度规则而执意违反人类公约的人和那些损人利己者，则需要法律的制裁。现代市场人不需要费心去防范被侵占、被欺凌，因为有法律制度的约束，谁若敢非法获取所得，就由法律去制裁。所以，保证市场经济运行的制度基础是依法、守法、执法。

> 人之饥也，以其取食税之多也，是以饥。百姓之不治也，以其上

有以为也，是以不治。民之轻死，以其求生之厚也，是以轻死。夫唯无以生为者，是贤贵生。

人们之所以会饥饿，是因为税负过高。百姓无法自己治理自己，是因为上面有为苛捐杂税而刻意管理的统治者，所以人们无法自给自足。人们不怕死亡，是因为求生意念太强烈了，所以被迫勇敢。唯有不以生存焦虑为心理基础的生活，才是贤能且珍贵的生命意志力。

这里说的是“生”与“活”的关系。人们若经常忍饥挨饿，则所有意志都只想生存下去，所以变得勇敢无畏。若人们经常自给自足，则生命力自然强壮，生活自然繁盛，是能感知到幸福的充实的生活，有别于长期焦虑环境下外强内弱的生存状态。只有生命意志力旺盛，其创造力才旺盛。基于生存焦虑威胁的生活是刻板、机械的生活，是反抗勇猛者的生活，是自我实现意志折损的过度消耗生命能量的生活。就中国人的生活状态而言，20 世纪 70 年代之前出生的人基本上处于生存焦虑状态，基于物质匮乏的价值观影响其一生，这种价值观认为人生就是为了生存下去，或者过得更好，而不是只考虑生存的意义与价值。“80 后”处于物质充裕阶段，他们很在乎生活过程中有没有感情，有没有爱。“90 后”当中很多人的自我实现意志与生俱来，无论外在物质情况、精神情况如何，他们都能根据当时当地的资源，整合成自利和利他的团体要素，从而通过创业、投资、团队合作等方式达成自我实现。他们的目的就在于自己想做能做，并且他们所想做的、所能做的很巧合地也总是市场所需要的，这往往也是资本自我实现意志的天然本能，会将自我和社会天然地结合在一起。但无论贫富、顺境逆境，都将自我实现作为婴幼儿的精神意志，那么这种精神意志会伴随其一生使其无论贫富、顺境逆境皆能出类拔萃，成为人生赢家。所以，“夫唯无以生为者，是贤贵生”。

人之生也柔弱，其死也筋仞坚强。万物草木之生也柔脆，其死也枯槁。故曰：坚强者死之徒也，柔弱者生之徒也。兵强则不胜，木强则烘。强大居下，柔弱居上。

人们活着的时候身体温热柔软，死亡的时候冰冷僵硬。万物草木生长的时候柔脆，死亡的时候枯槁。所以说，外在坚强者，其实是生命意志削弱的结果；而显得柔弱、渺小的人，则是生命意志的强者。兵强势则难胜利，木强硬则停止生长。以此而言，强硬是生命意志的弱，柔弱、微细则是生命意志的强。

这里说的是生命意志的强者的状态。生命意志的强者，具有爱人爱己的情怀。生命意志的弱者，具有恨人、反社会的铁石心肠。使气过强则易折。心气过高过傲者，就会过度消耗生命的能量，从而更易折损生命。体验不到无条件的爱的人，就会向外索取能量从而陷自身于旋涡中。热爱生命，好好生活。这是给现代人浮躁而无所适从的生活开出的简单良方。

天之道，犹张弓者也，高者抑之，下者举之；有余者损之，不足者补之。故天之道，损有余而补不足；人之道则不然，损不足而奉有余。孰能有余而有以取奉于天者乎？唯有道者乎？是以圣人为而弗有，成功而弗居也，若此其不欲见贤也。

天下之道，就像张弓的人一样。居高的人要抑之，居下的人要举之；志得意满的人要损之，萎靡不振者要补之。所以，天之道，是损有余而补不足，是自然平和之道；人之道，是损不足而奉有余，是人刻意为之的法则道理。谁能虽有富余而仍以索取对待天下人呢，这难道是得道者吗？真正的圣人，为而不占有，成功而不居功。据此道理，圣人是不希望别人视他为圣人的。

天之道，是自我实现的。心气过高者要打击他，心气过低者要振奋他，所以是“损有余而补不足”。而对不符合天道的人呢，越是高傲的人，人们越是奉承他；越是自卑的人，人们越是践踏他。这些是社会衍生出来的不符合天道的潜规则。真正爱人者，爱其自我实现本能，心气过高则打击他，心气过低则使他振奋，以使人们平和，从而自我实现。在资本市场中，有幸来往者都是自我实现者，自然能根据其能力高效地运作；而对于社会中大量非自我实现者，则需要管理者有意地激发其自我实现意志，以使个人能力和团体愿景相互协调达成效能最大化。

天下莫柔弱于水，而攻坚强者莫之能胜也，以其无以易之也。柔之胜刚，弱之胜强，天下莫弗知也，而莫能行也。故圣人之言云，曰：受邦之垢，是谓社稷之主；受邦之不祥，是谓天下之王。正言若反。

天下最柔弱的莫过于水，而攻克坚固没有比水更能胜利的了，因为没有东西可以改变它的特性。柔之胜刚，弱之胜强。天下人都知道这个道理，但没有人能真正做到。所以，圣人之言说，能接纳和承担国家诟病的，才是社稷之主；能接纳和承担国家之不祥的，才是王者。正直的话语就像反话一样。

自我实现者和自我实现者之间没有太多的忌讳，能坦然接纳他人的异见而不会有所不适，能理所当然地表达各种不同的意见。在真挚的情义之下，嬉笑怒骂皆是情。在得道者面前，争执吵闹皆有礼。对于一个国家或一个团体而言，必须采取开放式的自由言论的态度，允许异见争执的存在，允许小波动小混乱的存在，才能避免类似“黑天鹅事件”的影响。

和大怨，必有余怨，焉可以为善？是以执右契，而不以责于人。故有德司契，无德司彻。夫天道无亲，恒与善人。

和解大的仇怨必有余怨难消，何以为善？所以，应以契约治国，人各守其分，而不以责罚施于人。有德者推行人人自我实现的社会运行方式，无德者推行控制剥取的治理政策。天道不看亲疏远近，永远给予有德之善人。

一味地消除异见维持表面的和谐，必有余怨。应该实行舆论自由，实行法治，不以神的惩罚等意识威胁人。天道不会施予惩罚，只有制度能约束人，法律能惩罚人。独立、自由、民主的制度理论上是公正、透明的，是大众相当长一段时间内需共同遵守的约定，是群体意志、集体意志、合作意志的反映。守法守纪，就是爱人、爱社会的表现。现代社会通过法律允许的途径自我实现，实现财富资本的增值，这就是自爱与爱人的天道。很多人错将个人主义的创新意志当作违法违纪的叛逆意志，叛逆不过是助长违法违纪意识，与“心使气过强则易折”是一样的道理。叛逆意志只有在群体文化或父母失道之时对其自身和社会才是有利的。打破常规进行创新是可取的，挑战法律、违背天道是不可取的。天道不会施予惩罚，但法律制度可以。法律制度的惩罚于被惩罚者而言，在天道的角度、普世价值观的角度来说，只是暂时的、可以被原谅的，是防止歧途上的人们自我毁灭的措施，是上帝的救赎。

三、《下篇·道经》翻译与解读

> 道，可道也，非恒道也。名，可名也，非恒名也。无名，万物之始也；有名，万物之母也。故恒无欲也，以观其妙；恒有欲也，以观其所徼。两者同出，异名同谓，玄之又玄，众妙之门。

“道”，可以用语言说清楚，但此时说得清楚的不是恒久不变的道；“名”，是可以命名的，但这个名不是道的恒久的名字。万物开始于无，意识开始于无。当我们寻求知识、建立意识的时候，万物运作有了依据规律。所以，我们应该常常撇除偏见，保持虚无的意识状态，以体验万物自我的本源。我们也应该常常满足自我的种种欲望需求，以体验万物“有”的外在形态。有与无两者同出，其实本质都是一样的。玄妙里面有更深的玄妙，是所有真理之门。

“道”“名”都是可以说得清楚的，但又是永恒变化的。不同的时代，道有不同的表现形式。生命意志的自我实现是一种在体验到无条件的爱的前提下不断探索、体验、创造的过程。所有探索出来的已知都会成为陈旧的体验从而无法产生创造的满足愿望，所以任何创新在普及之后很快都会成为过时的知识。真正符合自我实现意志的事情，是那种最本质的东西，在人类社会历史中不停地演化出各种外在的东西。唯有变化才是唯一不变的真理，因为人类是有创造的阳光本能的。所以，“道，可道也，非恒道也。名，可名也，非恒名也”。反映在资本市场中，就是任何规律一旦为大众所知就不成为规律，唯有未知的、未命名的才是价值所在。能说出来的规律基本上已经是过时的规律，有名字的规律更是陈旧的规律。得道的资本持有者能拥抱不确定性的，在随机波动中获益，能时刻处于探索和发现的欲求中。对于理性主义过强者，资本市场的随机波动性会把他逼疯。奥古斯丁认为理性思维是信仰的仆人①，人类的历史擅长在个体婴幼童年时期就灌输信仰，以使他们顺承，从而建立起排他性的思维紧箍咒。哈耶克在《通往奴役的道路》② 中认为，使人们通往奴役之路的是一切单一化的理性思想理念，是用思想控制自由的结果，是用政治权力控制经济权力的结果，是用所谓信仰奴化人们的结果。在国家管理领域，单一化理念一旦被政治工具化，便开启了通往奴役之路。只有善于突破者，用开放性思维拥抱变化、拥抱不确定性才能成为时代的引领者。越是拥有开放性思维并且爱己爱人的现代人，越有可能成为社会的精英。道非恒道，唯一不变的就是变化。

> 天下皆知美之为美，恶已；皆知善，斯不善矣。有无之相生也，难易之相成也，长短之相形也，高下之相盈也，音声之相和也，先后之相随，恒也。是以圣人居无为之事，行不言之教。万物作而弗始也，为而弗恃也，成功而弗居也。夫唯弗居，是以弗去。

天下皆知美之所以为美，是因为丑恶的心灵在作祟；皆知善之所以为善，是因为不善的意念在作怪。有无相生，难易相成，长短相形，高下相盈，音声相和，先后相随，恒也。所以，当你想教导别人的时候就以身作则，而不要说教。万物过去了就不要强求开始，人们有所作为而不占有，功成名就而不自居；唯有不自居功，功德才不会消失。

这里说的是社会群体的一种心理状态，或者说是意识形态，是不断演化的八卦过程。越是缺失越是渴求，越是满足越是不屑。为下文的“实其腹”“强其骨”埋下了伏笔。传统道德观大多建立在非此即彼的对立面上，对立面客观存在应该是被容纳的，没有对错之分，对错产生于对立面被否认。基于对立面的道德观灌输着对错的必然，灌输着他者恶，本身是不道的。资本持有者若能体会到群体文化与现实情况的演变，而永远处于变化

---

① 奥古斯丁．忏悔录［M］．西安：陕西师范大学出版社，2008：125.

② 哈耶克．通往奴役的道路［M］．滕维藻，朱宗风，译．北京：商务印书馆，1962：85.

的浪潮之巅，带着团队创造和体验更美好的未来，将会所向披靡。

> 不上贤，使民不争。不贵难得之货，使民不为盗。不见可欲，使民不乱。是以圣人之治也，虚其心，实其腹，弱其志，强其骨。恒使民无知无欲也，使夫智不敢，弗为而已，则无不治矣。

如果人们不崇尚所谓贤能的话，就不会相互欺骗、争执；如果人们不以难得的东西为珍贵的话，就不会盗窃；如果人们没有产生自己得不到的欲望的话，民心就不会乱。所以，圣人应该这样治理国家：使人们虚心，使人们饱暖；削弱人们的意气，强健人们的体魄；长久地使人们处于温饱、身体强健的状态，从而体会不到饥饿、羸弱的威胁，从而无知、无欲；使人们知道不是不敢为非作歹，只是没必要如此做而已。那么天下就没有不能治理的了。

物质的丰裕使人们精神充实，使人们知书达理。没有饥饿的威胁，没有精神的缺失，社会自然和谐、太平。但现代社会，教育理念充斥着太多的“圣贤真理”，父母们充斥着太多权贵思想，社会中处处是消费欲望的刺激。唯自我实现者才懂得择取自己所需，抛弃累赘，在有限的生命时光里，充实自己，最大效率地创造更美好的世界。

> 道盅，而用之有弗盈也。渊呵，似万物之宗。挫其锐，解其纷，和其光，同其尘。湛呵似或存，吾不知其谁之子也，象帝之先。

道的所在，能量源源不竭而又不会满溢。它浩瀚无边啊！是创造万物的源泉。它能让锐利消挫，让纷争和解；让光芒温和，让尘埃同化。高深莫测啊！无所不在。我不知道这种能量是从哪里来的，是在三皇五帝之先就已存在了吧。

基于自我实现的创造力能量是无穷无尽的，而基于情感疗愈的能量是有限的。在人生旅途中，失道的心是由挫折引起的，是人们尤其是童年时期的人们没有足够的能力应对各种挫折、困惑而导致的。在童年受过创伤的人，有可能关闭和停止某一种情感思维的成长，从而促使其他方面的异常发展，显示出过早的天才倾向。史上有杰出贡献的艺术家、文学家往往都曾有过困苦艰难的人生经历，从而激发出其某方面的天分——这是人类面对人性的苦难仍苦苦追寻人性光辉的表现。但这种疗愈激情一旦释放出来，为外界所接纳，或者他们苏醒了，那么天分就可能随之消失，创造能量也随之会衰竭；若一直不愿醒来，那么他们的生命意志将会因某方面过强而过早折损，这是大多数天才短寿的原因。自我实现的创造力能量则不会衰竭，它在人的不同年龄阶段会表现出不同的特征，但贯穿一生的是自爱与爱人的宁静满足心境以及以此为基础的周而复始的新陈代谢的创造运动，“不以物喜，不以己悲”，在一次次的自我实现中达到人生的巅峰体验。这种生命意志能量是无穷无尽的、善始善成也善终的，能在恒久知足的心理状态中不断地发展，不停地自我超越。

21 世纪初，自我实现者仍是少数，人类虽经文艺复兴已有很大的觉醒，但全球仍存在太多文化本能的约束。所以，疗愈文化仍必不可少，它是将与人类文明相伴相生而积累的怨、恨、恶、妒释放不可少的要素，是唤醒人类道性必不可少的要素，是资本市场中努力寻觅的符合大众文化、与时代共振的要素所在，是自我实现者帮助、救赎或者说利用非自我实现者的灵魂之殇以促成后者自我破茧重生从而达成前者人生价值的重要因素。自我实现者、资本持有者、企业家未必是某方面的天才，但他们拥有着一往无前、越挫越勇的天分，能与周边群体，与时代，与社会达成和谐的统一。

天地不仁，以万物为刍狗；圣人不仁，以百姓为刍狗。天地之间，其犹橐龠与，虚而不屈，动而愈出。多闻数穷，不若守于中。

天地超越仁的概念，任凭万物像祭祀时的草狗那样自生自灭。圣人超越仁的概念，任凭百姓自作自息。天地之间的一切生命，都犹如风箱一样。虚空但无穷尽，越动风云越大。听到越多的教诲越是窘迫，不如坚守内心。

现代社会自我实现者通过资本的方式进行普世价值的创造更符合天道。天地不仁，以万物为刍狗。耶稣、释迦牟尼终究过于仁慈，非要以己之身普度众生。笔者毫不怀疑耶稣、释迦牟尼对人类的大爱是真挚的，但他们缺少爱自己的能量和勇气，缺少自我实现的强壮。耶稣是上帝之子，是无辜的，为了拯救世人而以身殉道；70 年，罗马大军攻克耶路撒冷，犹太人开始了颠沛流离、受人歧视的异地生活。释迦牟尼更是直接放弃王子的地位，一袭袈裟普度众生。根据《出律记》推断释迦牟尼生卒年为前 624 和前 544 年，此时的印度物产富饶，商品贸易繁荣，刹帝利阶层兴起①，阶层斗争激烈。此时与老子和孔子所在的中国春秋战国时期极其相似，都有着相对物质丰裕的阶层，处于物质丰裕阶层中的人也思考着人类生存的意义和痛苦的根源。由此可以推断，此时是人类纪元前创造力发展到巅峰时期的时代，此时相伴而生的是在面对人间斗争、苦难之时无力解脱而衍生的意识形态，是物质较为充裕而精神缺失之时的产物，是启发复苏人类母性“无条件的爱”的产物，于是产生了佛学、儒家等试图消除矛盾、斗争的学说。佛学否定一切欲望，为了不苦就要杜绝甜，为了不悲就要杜绝喜，为了不怕死就不能恋生。人们因为无法坦然面对死亡而寻求解脱之道，产生了佛学。事实上，这是人性软弱的反映。佛学意识讨厌一切变化，渴求静止。佛学存在的群体文化基础是人们对无条件的爱的追寻。佛学追寻无条件的爱，也以无条件的爱为终点。这点是佛家与道家的差异所在，道家观点认为，“无条件的爱”是人生的起点。只有缺失了这个起点才需要一辈子追寻，在佛法的启发下追寻无条件的爱的体验。满足了这个体验，才有足够的生命能量进行创造。无条件的爱的能量是创造力能量的基础，是人在婴幼儿时期应该获得的充足能量，而不是成年之后一直要索求的能量。换言之，只有你的母亲、你的至亲、你的养育者，才是有资格和责任给你无条件的爱的人。无法从至亲处获得的无条件的爱的体验，就要从外界索取，就成了人类万恶之源。所以，要用佛法普度失爱的众生。而道法，则是在满足无条件的爱的基础上自我实现意志的弘扬。人类进入封建皇权、神权时代以来，儒家、佛家兴起，道性严重被扭曲、压抑，沉睡了 2000 多年。

在米开朗琪罗《创造亚当》壁画中，上帝的形象是饱含爱意的创造神

---

① 郑孝时．释迦牟尼成佛记［M］．上海：上海人民出版社，2015：1.

的形象，而亚当作为人类的代表形象，则充满了人性的软弱。如果说上帝代表了神一样的无所不能的创造力，那么亚当显然代表了人性软弱的一面。在人类文明发展过程中，创造意志逐渐退化，人性软弱的一面越来越强。这不符合道。对于道来说，天地不仁，以万物为刍狗。越是倡导仁慈的社会，人性越是软弱。对于每一个个体而言，你必须努力使自己强大，才会拥有创造之力。除了父母即你的创造者，再也没有人有责任给你无条件的爱，也没有资格给你无条件的爱。父母的责任就是，让你有足够的能力独立生存和繁衍下一代。

图5－1　创造亚当

资料来源：米开朗琪罗作于西斯廷礼拜堂的壁画。

人类关于无条件的爱是怎么丧失的呢？传说上帝先创造了亚当，亚当寂寞，于是上帝取亚当身上的一根肋骨创造了夏娃陪伴他——亚当和夏娃同是创造之物，但拥有着不同的人类意志，是生物界分工所产生的雌雄两性。夏娃受诱惑，与亚当一起偷吃了善恶果，从此人类就有了分别心。有了分别心，无条件的爱就被侵染，创造力个性就被诽谤、压抑，女性化的智慧——对无条件的爱的追寻，就成为统领和左右人类文明发展的方向。从人本性上而言，女性成长早期拥有着天然同理心意志，男性成长早期拥有着天然自我实现创造意志。男女相合后，意志交叉相合，女性自我实现创造意志和男性同理心意志开启，同时带着对过往意志的否定情绪。再博爱的卵子也只能容纳一个精子，有了孩子以后的女人变得自私警觉，她所有的爱只够给予她的孩子，而对其他孩子则无暇顾及甚至有所防备。自从人类有了分别心，怨恨恶念就不断，至20世纪才复苏——上帝之创造意志才再度在人类身上复苏。与此同时，善恶执念、分别心也逐渐消散，关于无条件的爱也得到广泛的认同，开放社会价值观逐渐得到普及，人类进入工业化、市场化的物质丰裕时期。所以说，人类社会的未来在每一个为人母的女性身上，她是否能给予无条件的爱从而开启孩子的自我实现人生，是未来社会到底是和平竞争发展还是战争残杀的关键所在，也只有父母才有资格和条件做到这一点。其他人的给予和救济就是施舍，是非道的索取与给予，是折损自我实现意志的恶之源，要么自毁要么毁别人。助人只能助自我实现者，物质的直接援助是罪恶的，精神的直接干预是非道的。当然现代公共福利慈善行业、社会保障制度的大力发展，使企业家、资本持有者规避了人道主义上的道德困境——他们可以借助于捐款给慈善机构从而达成符合道的救济法则，达到既不折损其他个体自我实现意志又能体现自己价值的目的。

谷神不死，是谓玄牝，玄牝之门，是谓天地之根。绵绵呵若存，用之不勤。

掌握采集大道能量的方法就可以长寿，就好比掌握了复制生命的方法。复制生命的不二法门，是与天地同寿的根本。绵绵不断的生命形式就是这样存在的，大道的能量是用之不竭的。

此章节谓女人之爱的力量、智慧的力量、孕育的力量。道的能量产生于此。自我意识产生于此。无条件的爱是孕育自我实现意志的创造力之根，这种无条件的爱所带来的能量是用之不尽的，“绵绵呵若存，用之不勤”。

天长地久。天地之所以能长且久者，以其不自生也，故能长生。是以圣人退其身而身先，外其身而身存。不以其无私与，故能成其私。

天长地久。天地之所以能长久，是因为不为自己生而生，故能长生。所以，圣人自强不息而能一马当先，置之于身外而能保持自身；正因为圣人无私心，故能成其私。

真正有能力创造出有价值事物的人，对社会和他人是充满了爱心的，能感受到大众的心。努力自修以使自己强大，有能力一马当先，又有意愿置身事外而允许他人自我实现。正是因为允许他人的自我实现，才能成就自己的自我实现。正是因为有能力帮助更多的人，才有资格获得更多。在传统社会，有能力帮助他人自我实现的，被大众心甘情愿地奉为王者；在市场经济社会，有能力帮助他人的，自动收获更多的财富。不是为财富而财富，而是为了创造以帮助更多的人，才能收获财富。“不以其无私与，故能成其私。”

上善似水，水善利万物而有静。居众之所恶，故几于道矣。居善地，心善渊，予善天，言善信，政善治，事善能，动善时。夫唯不争，故无尤。

上等的善行犹如水一样。水善利万物所以能有安静平和的时候，水往低处流甘居众人所厌恶之地，所以是最接近道的真义的。甘于善仁之境地，心犹如大海一样广博，社会群体相互之间充满信任，国家治理良好，能人辈出，天时、地利、人和一切应时而生。所以，唯有顺应时势而动，才能无所忧虑无所恐惧。

上善如水，几于道，但终究不是道，它是人类社会接近道本质的性质，是根源于人类半边天——女人的本质，是同理心的基础，是智慧之源。如果说男性是创造的力量，那么女性便是孕育创造性力量的爱之力量，道性是包含创造力和爱之力的，但如果创造性之力被抑制，那么只有依靠爱之力才能使其得到激发和弘扬。所以，善仁是社会失道之时的一种权宜之策，是导人向道的一种路径。善者失道就是软弱，善者得道就无须善了。

“夫唯不争，故无尤。”这句话反映了道家与佛家的不同点。佛家是追求静与平和的，而道家则是围绕着善而不断地运动着的。当社会失爱之时，要不断地谋善：“居善地，心善渊，予善天，言善信，政善治，事善能，动善时。”而当社会得道之时，万物生长繁盛。只有不断地运动着，才是生命意志的体现。佛是向死而生，道是向生而生。

资本的特性之一是运动，没有周转、不能创造、不能产生价值的财富不算资本。资本必须在永不停息的运动中增值才是其意义所在。资本观是符合道的永不停息的创造意志的，是拥抱变化，渴望变化，能在变化和随机波动甚至挫折失败中成长从而变得更强大的。从佛家的观点来看，资本的折腾就是产生差异、变化的罪魁祸首，是人类不平静的根源，是人类动荡的根源。笔者想说，人类不平静、动荡的根源正是失道，是否定变化，是不能坦然接受差异化，不能坦然接受未知的表现。或者可以这样说，人类揭示、发现和传播规律知识，创造丰富的物质条件，正是为了更好地探索更多的未知，而不是躺在已知的舒适窝里岁月静好。

> 持而盈之，不若其已。揣而锐之，不可长保也。金玉盈室，莫之守也。贵富而骄，自遗咎也。功述身芮，天之道也。

过满而溢，不如适可而止。锯木成柱，无法长保鲜活。金玉满室，没有能坚守的。富贵而骄，那是为自己积聚的罪过。功成更要自强不息，方是天之道。

这里“功述身芮”是误解很多的地方，通行版都是“功成身退”。但此版本的意思却是顺应自己的功德，在此基础上继续自强不息，使自己和自己所在的群体更繁盛，而不是叫人功成身退。不同的字眼和解析，导致对结果有退缩和进取两种截然不同的理解。

物质丰盛而溢，敛财过多而折。现代社会囤积狂与守财奴都有着相同的物质缺乏焦虑症——不懂得舍弃与投入。人的心气应该守中，不因物质缺乏、地位低微而卑，也不因为物质丰裕、地位居高而傲，如此才能常保积极向上的意志。越是成功者越要努力不懈，这种努力不懈是自发的，是为了使自己更强壮、体验更丰盛而做出的努力，是全身心投入其中的努力，而不是为了应对物质匮乏、精神缺乏、焦虑症而做出的被迫努力。所以，有时候普通大众往往会觉得企业家、资本持有者不近人情，其实他们不是冷漠无情，而是忠于自我。他们无法忍受那些无法引起他们兴趣的事物消耗他们的时间和精力，或者说对于一般大众而言，他们所索求的，如无条件的爱，企业家和资本持有者早已获得充分的体验，他们不愿让他们的生命能量消耗在对他们而言无聊的事物上。这是自我实现意志的天然本性。他们不骄不傲、忠于自我，无论成功还是失败，都处于自强不息的自我实现运动过程中。

载营魄抱一，能毋离乎？抟气致柔，能婴儿乎？涤除玄鉴，能毋疵乎？爱民治国，能毋以智乎？天门启阖，能为雌乎？明白四达，能毋以知乎？生之畜之，生而弗有，长而弗宰也，是谓玄德。

精神与形体统一，能永远不分离吗？结聚精气以致柔和，能像初生的婴儿吗？洗涤心灵之镜，能没有瑕疵吗？爱民治国，能从本心感情出发吗？感官自然舒展开启，能不带警觉吗？明白四达，能不带偏见吗？生他养他，生而不占有，养育而不主宰，这便是玄妙的德。

弗洛伊德提出了潜意识理论，老子在2000多年前就意识到了这个问题，提出人们不要用显意识压抑自己的潜意识，而应该建立"自我"的完整人格，所以问："载营魄抱一，能毋离乎？"知识思想是安排偏见的武器，是超我对抗本我而成就自我的武器，所以老子反复强调勿以"知"左右自我，强调自然的本心、感情、自我的统一。老子提出自然感受万物而无须带着警觉偏见，方能明白四达。

卅辐同一毂，当其无，有车之用也。埏埴为器，当其无，有埴器之用也。凿户牖，当其无，有室之用也。故有之以为利，无之以为用。

卅根辐条围成一个轱辘，因为中间有空隙，车才能行进。燃烧黏土使其成为器皿，因为中间有空间，器皿才能容纳物品。开凿门窗建造居室，因为中间有空间，居室才有光明。有形的东西之所以被人们利用，是因为看不见的无形在起作用。

五色使人目盲，驰骋田猎使人心发狂，难得之货使人之行妨，五味使人之口爽，五音使人之耳聋。是以圣人之治也，为腹不为目，故去彼取此。

五色使人目盲，驰骋狩猎使人意气风发，难得之货使人小心翼翼，五味使人甘之如饴，五音使人振聋发聩。因此，圣人之治，为腹不为目，所以能去彼取此。

这里形容的是声色犬马使人心凌乱的原因，认为道之真义不以外表的声色彰显，而应从内在的感受出发。例如，当时的礼乐等级、比赛、奖赏之类的行为都是本末倒置的行为，所以圣人之治应该“为腹不为目”，有所取舍。

宠辱若惊，贵大患若身。何谓宠辱若惊？宠之为下。得之若惊，失之若惊，是谓宠辱若惊。何谓贵大患若身？吾所以有大患者，为吾有身也；及吾无身，有何患？故贵为身于为天下，若可以托天下矣；爱以身为天下，如可以寄天下矣。

宠辱若惊，贵大患若身。何谓宠辱若惊？之所以有宠的存在，是因为有下的存在，得失都会引起惊扰。何谓贵大患若身？我们之所以患得患失，是因为我们有“自我”的意识；如果没有“自我”的意识，怎么会患得患失呢？所以，将“自我”与天下同等视之，那么自我就可以治理天下；爱惜自身为天下的人，才能真正地将天下寄托于他。

这里说的是自我意识（显意识）左右自我的状态，如何将自我与天下相契合，通过对自我潜意识的接纳和感知达到感知天下的目的，从而实现为天下的王者意志。

视之而弗见，名之曰微。听之而弗闻，名之曰希。播之而弗得，名之曰夷。三者不可致诘，故混而为一。一者，其上不皦，其下不昧，绳绳不可名也，复归于无物。是谓无状之状、无物之象，是谓忽恍。随而不见其后，迎而不见其首。执今之道，以御今之有，以知古始，是谓道纪。

看到而没有进入意识的事物，称之为“微”。听见而没有进入意识的声音，称之为“希”。感受得到而看不到形态的物质，称之为“夷”。这样看似无知无觉的事物能量无穷无尽，共同构成人们的潜意识意志。潜意识笼统归一，没有上下贵贱之分，对上不谨小慎微，对下不疏忽轻率。无边无际啊，不可名也，复归于无物，于是万物没有形状，万物无不有形象。

似有还无，似无还有。跟随它看不清它的样子，迎接它看不清它的面貌。唯有当下之道，才能掌控当下之势，以此推断、感知上古的来龙去脉，这便是自然之道的纲纪。

这里描述的是潜意识的存在与能量。人类看不到的、听不到的、触摸不到的事物植入人类的潜意识成为左右其一生的意志来源。能感知到它，接纳它，发挥它的作用，就能掌握道。聚焦于当下，不念过去、不畏将来的心态方能让潜意识作用萌发出来，所以"执今之道，以御今之有"。此处与通行版的"执古之道，以御今之有"截然相反。植根于本我而非超我的自我才是道的真义。这是老子一直强调的对抗传统社会习惯的以超我统领自我的精神，是老子与孔子最大的区别，是西方文艺复兴以后新思想潮流对抗传统道德规范的最大区别，同时也是中国现代社会新精神对抗传统思想的最大区别。

古之善为道者，微妙玄达，深不可识。夫唯不可识，故强为之容。曰：豫呵其若冬涉水。犹呵其若畏四邻。严呵其若客。涣呵其若凌释。敦呵其若朴。混呵其若浊。旷呵其若谷。浊而情之，余清。女以重之，余生。葆此道不欲盈，夫唯不欲盈，是以能敝而不成。

古代善于为道的圣贤，微妙玄达，深不可识。正因为没法详细诉说，只能勉强形容之。等待啊，像冬天过河一样谨慎，不断观察以找到合适的时机和地点。犹豫、谨慎啊，像怕惊扰四周的邻居。严谨、自律啊，像在别人家做客。涣散啊，如冰雪消融。混沌啊，就像淳朴、无知。浑厚啊，犹如浊水。沉醉啊，犹如入浴。浑浊而情真，方能清明无杂念。女子重视如此自明的创造力意志，生命便有了源头。坚持此道不求满溢。正因为不求满溢，所以能历久弥新却不会因循守旧。

此处描述的是为道的状态，看似无知无觉却是运用潜意识能量的秘诀。不求万事清清楚楚、明明白白，能坦然接纳一切哪怕不能理解的事物。这种精神状态实际上是无限统领有限，以未知统领已知的精神。能最大限度地撇除偏见，感受自身以及周围的情感波动。这是人类创造意志的源泉。对生活的体验能历久弥新，创造力能常葆不衰。此处提及"女以重之，余生”，是说女人看重创造力，生命意志方能强盛，为下文“守情”做了铺垫。

至虚，极也；守情，表也。万物并作，吾以观其复也。天物云云，各复归于其根曰静，静是谓复命。复命常也，知常明也。不知常，帀帀作凶。知常容，容乃公，公乃王，王乃天，天乃道，道乃久，沕身不殆。

摒弃一切执念，达到人性极致，是一种天道极致的精神状态，而这种状态的外在表现是守情。万物生生不息，我观察其循环往复。芸芸众生，各自苦苦追寻的都是自我的根本，而其根本便是静。静，是众生交还生命后的本源状态。生死是常态。知道常态，才能洞察一切；不知道这种常态，就会帀帀作凶。知道这种常态，就能包容，能包容才能公道，公道才能天下归心，天下归心才能符合道，符合道才能长久，即使身死灵魂也不灭。

此处说的是情与道的关系，情是修身得道的根本——老子多次提到修道的关键在于情。守情、得道，两者统一就能产生生命意志的创造力能量。越是能感受到无条件的爱，越是获得自我实现的能量，就越具有为苍生谋幸福的创造力。无条件的爱表现为情——亲情、爱情、友情……最终都将反映到爱情中去。荣格的“情结理论”认为人类行为的基本动机源于各种各样的情结，弗洛伊德认为性是人类行为的终极动机。千奇百怪的情结、情怀产生各种形式的爱情，爱情的终极目的是将爱的能量复制、繁衍下去。对于人类来说，无论过程有多纠结，终极目的都是一样的，就是将自我意志扩散繁衍，自我意志是不容否定的爱与创造力。爱因斯坦同样有言：“爱是宇宙的终极真理。”① 可见，古往今来，修道的心路历程是不变的，其中的表现便是情。人类社会众生百态，得道者极少，自我实现者极少，绝大多数都是情感疗愈者，于是人类悲喜剧、诗书画都围绕着情而展开，越是在文艺上有卓越天赋者，越有着灵魂之殇。而对于得道的人，心

① 20 世纪 80 年代末，爱因斯坦的女儿 Lieserl 公布了爱因斯坦写的 1400 封信，并捐给了希伯来大学。爱因斯坦在给女儿的信中说道：“爱是宇宙中一切能量的源泉。”

其实是没有路的，他们在人的生命之初就已经形成，并且不易更改，那便是自我实现意志。他们极少有故事，有的只是看似普通的生活和不断自我超越的成功——人们不太喜欢听成功者的故事，那很普通，几乎毫无新意，而且没有疗愈的感召力。对大众而言，有疗愈的感召力的是激情、柔情、豪情等情感，这些才能引起多巴胺的分泌。拥有这些特征者，一般是曾被人为激发这些情感特征的，而为这些特征所吸引的一般是曾缺失者，无论被激发还是缺失，都会同时拥有另一面缺失和激发，他们相互吸引便产生爱情，相爱相守便能疗愈，所以爱情是人生的疗养场。正如老子所说：“天物云云，各复归于其根曰静。”而自我实现者会被自我实现者吸引，他们相互吸引的两极是道性和佛性——道性以创造为自我实现，佛性以爱为自我实现。道性和佛性每个人天生都有，通常男人的道性发育成长得更早，在青少年之前都以道性为主，产生爱情有了孩子以后，佛性开始成长；通常女性的佛性发育成长得更早，在青少年之前都以佛性为主，产生爱情有了孩子以后，道性开始成长。所以，人一生经历的成长敏感期是不同的。不管男女，能得以尽本性成长都是最佳的生命意志状态，而这有赖社会条件的允许，有赖社会共识的达成，有赖制度建设的完善。

太上，下知有之。其次，亲誉之。其次，畏之。其下，母之。信不足，案有不信。犹呵，其贵言也。成功遂事，而百姓谓我自然。

上等的君王，人们仅仅知道有这个君王而已；次等是越是亲近的人越是赞誉他；再次等是人们都害怕他的威严；最差的情况是，像父母一样管理百姓。信任不足，即使有文案合约也会出现失信的情况。谨慎做到不随意发号施令。成功遂意，百姓都认为自然应该依靠自己的努力所得，和王没有关系。

此处说的是君王不要干预人们的休养生息，跟现代所提倡的政治权力不干预经济权力的理念是同一个道理。对于领导者，最理想的方式是为人们搭建自我实现的舞台，以公平、公正的态度对待所有人，每个人自我负责。次之的方式是任人唯亲，再次的方式是威逼利诱，最差的方式是像父母一样事事督促、管理人们。

> 故大道废，案有仁义。智慧出，案有大伪。六亲不和，案有孝慈。邦家昏乱，案有贞臣。

因此说，大道废止，才有仁义显现。崇尚智慧，才有大伪显现。六亲不和，才有孝慈显现。国家昏乱，才有忠臣显现。

在一个社会群体中，人们对真善美有多大程度的追寻，便意味着对假丑恶有多大程度的掩藏；而讽刺的是，正是对真善美的绝对化标杆，才导致了人们的分别心，才导致了假丑恶的盛行。以仁义、智慧、孝、慈、忠诚为教条，若不顾道性治理国家，无异于舍本逐末。

> 绝圣弃智，民利百倍。绝仁弃义，民复孝慈。绝巧弃利，盗贼无有。此三言也，以为文未足，故令之有所属。见素抱朴，少私而寡欲。绝学无忧。

弃绝所谓的圣人和智慧，则民利百有。丢掉所谓的仁义，则百姓又复回孝慈。扔掉所谓的巧和利，则盗贼将不会再有。仅此三者作为法则是远远不够的，还要使人们有归属感。生活朴素能拥抱简单，没有自私和过多被刺激的欲望，不学礼义廉耻高低贵贱自然常保无忧。

此为小结之段。正因为以仁、智、孝、慈、忠等外显的教条为国家的治理之法，会导致更大的问题，所以应该让人们回归根本的道，让人们满足其基本的生存需要、精神需要，减少人为的被刺激的欲望，顺自然之道，则人的生命力意志自然成长，所有人的终极目标都是善，长此以往，民族和国家亦能强盛。

> 唯与诃，其相去几何？美与恶，其相去何若？人之所畏，亦不可以不畏人。望呵，其未央哉！众人熙熙，若飨于大牢，而春登台。我泊焉未兆，若婴儿未咳。累呵，如无所归。众人皆有余，我独匮。我愚人之心也，沌沌呵。俗人昭昭，我独若昏呵。俗人察察，我独闷闷呵。忽呵，其若海。恍呵，其若无所止。众人皆有以，我独顽以俚。吾欲独异于人，而贵食母。

唯诺与呵斥，有什么差别呢？美丽与丑恶，相差多少呢？人们所畏惧讨厌的，也正是使人们畏惧讨厌的根源。浩瀚的荒漠啊，有多少未知。众人熙熙攘攘，画地为牢。而春登台祭祀，我淡泊没有任何兆示，犹如婴儿平静恬淡。贪、嗔、痴啊，似无所皈依。众人皆追求积累富余啊，我独推崇遗弃。我是愚人之心吗？迷糊不清啊！众人明白吗？我独昏沉啊！众人明察秋毫吗？我独沉闷迷糊啊。恍惚啊，有如大海无边无际。众人都有所目的地去生活啊，我独独凭己心游玩于世。我不是故意独立于世人的啊，只是遵守道的真义而已。

此处说的是人们沿着既往的偏见，固执地追求曾被刺激的欲望，意指在“自我”的掩盖下潜意识的力量和作用。人们没有明白“本我”最深处的需求，却受“超我”与“自我”错误协调的摆布，从而作茧自缚。看似熙熙攘攘的忙碌，实际上是受偏见的摆布，积累了过多的贪、嗔、痴、怨、恨、妒等执念。不明初心的忙碌，再努力，得到再多，终归也是一个无力的“累”。众人在执念的刺激下越积越多，我却告诉大家要舍弃。老子感叹：我是故意愚人的吗？世人对我误会过多啊，我糊涂之心谁能懂？潜意识理论的出现，将文学、艺术范畴的作用彰显出来，只能意会而不能言传的感知意念才得到更大范围的传播与认可，从而更让世人惊叹中华民族远古的智慧。

孔德之容，唯道是从。道之物，唯恍唯忽。忽呵恍呵，中有象呵！恍呵忽呵，中有物呵。幽呵冥呵，中有情呵。其情甚真，其中有信。自今及古，其名不去，以顺众父。吾何以知众父之然也，以此。

能容纳像上古皇帝一样的德的，唯有大道。道是什么啊，唯有恍恍惚惚的观望才能体会得到。恍恍惚惚的观望啊，中间仿佛有庞然大物啊！幽谷冥冥啊，中间有情啊。情真意切啊，充满自信啊。自今及古，道的真义都是不变的，以使有创造力的诸神众父顺从。我是怎么知道诸神众父怎么产生的呢？正是因为此。

“我”进入道，在混沌中感受到爱的请求，所有神、父的意志都顺从，这便是道的由来，爱的载体，对“我”的肯定。自我在本我被肯定的条件下获得创造力，神的意志产生于获得无条件的爱的条件下自我实现的天性达成。人的自我实现意志、人的创造性能力正是这样产生的。从精子遇到卵子的那一刻，自我实现意志与无条件的爱就是一体的。在生命过程中，这两者相互作用产生更强大的生命力能量并由此产生创造力能量。相反，若生命过程中本我被反复地否定，超我持续地在自我的掩饰过程中产生，就会产生削弱生命意志的情况，人的创造力受到压抑，从而无法达成自我实现的人生巅峰体验，在这样的情况下人们的所作所为就会产生焦虑和无力感。

马王堆的《道德经》出现后，人们发现该版本提到“牝”“情”，尤其是此段的描述，简直就是精子在卵子的召唤下进行生命初始化的生动描写。基于此，有学者认为老子所说的道是女性的阴道，暗示女性的智慧、温柔且宽广无际、能量无限，所以认为老子的意思应该是教化世人柔弱、甘居下、清静无为。而笔者却以为，所谓修道得道，实际上是“自我”（精子）所需拥有和寻求的基础孕育的能量，这种孕育的能量可以称为“无条件的爱”，即爱他的本性的一切，也就是爱他“自我”的感受、爱他创造的意志、爱他自我实现的意志。无条件的爱的提供者是拥有孕育功能的女性，而不是要“自我”变成女性一样的特征，不是要拥有创造能力能产生精子的男性变得像女性一样柔弱、多情。爱的能量是创造能量的基础，这甚至是有科学根据的。[①] 在这一段中，爱的能量是使众父顺承的能量，也是使精子被卵子吸引的能量，是使具有强创造力的神、父的意志服从人类爱的能量。这种爱的能量若丧失或者难以寻觅，创造能量就会转变为毁灭的能量，带给人间怨、恨、恶、妒。也就是说，若男人得不到女人的爱——小时候感受不到母爱，大的时候寻不到爱情，就会产生毁灭执念，要么自毁，要么毁他人，可见“家和万事兴”不是没道理的；当然这种“家和”应该是由内而发的，出于情感相互吸引而发的“家和”，与外在的意见争执相左没有矛盾。相反，若外表一团和气，而人心各异，这种“和”就不是真正的和，是潜藏积累大怨的所在。《道德经》本质上是关于人类潜意识的探究杰作，潜到生命之初时，潜到精子在道中游弋时，潜到

① http：//health. sohu. com/20071128/n253501817. shtml.

宇宙万物生成时。请相信，只要拥有使女人最深处的潜意识都感到愉快的创造能力，你就一定能成功——看“马云创办淘宝赢天下”就知道了。男人拥有创造力，无爱的女人也能变得有爱；女人拥有爱的能力，无创造力的男人也能变得有创造力。所谓女权主义，不是要求女人像男人一样，而是要让女人有权利做一个女人，心安理得地做一个女人，做一个拥有天然同理心的充满爱的女人。女人只有乐于做一个女人，才能成其为一个人。当然正如开放社会价值观一样，没有任何必然的非此不可的思想理念；关键是每一个个体都能尽本心，爱己及人，只有真爱自己、接纳自己者才会真正地爱别人。

企者不立，自是者不彰，自见者不明，自伐者无功，自矜者不长。其在道，曰余食赘行，物或恶之，故有裕者弗居。

抬起脚后跟站立会不稳定，只看得到自己者不懂得如何向别人展示自我，只表现自我者做不到世事洞明，自我标榜功劳者别人不会以为他有功劳，自我怜悯者不懂得自我成长。表现在道上，就是多余的事物和累赘的行为，那是让人产生厌恶的事物，所以即使有某些欲念也不以这些欲念为执念。

这里主张适度。人们基本的欲望满足即可，不要偏执于某种欲念从而导致余食赘行，奢侈贪欲、浮夸浪费都是欲念成执的表现，过度的自我标榜或者自卑自怜都是为外欲所累的表现。得道的人，只取自己应得，只取自己所需，既不奢望期盼也不浪费浮夸。

在物质充裕、信息爆炸的现代社会，甘于舍弃，只取自己所需的资源，是一种让自己轻装上阵不断自我实现的外在表现形式。不浪费，若过多则舍弃。拥有破旧的魄力才拥有立新的潜能。不浪费，只取所需，使人们有了积累的能力和资本；勇于舍弃，使人们有了创新的空间。中国高速城市化的进程，从一定意义上而言，就是不断促进新的消费产生从而促进经济增长的过程。

综合而言，要达成自我实现，就要既不奢靡浪费也要懂得适时适度舍弃。银行不自我革新被支付宝超越，邮局不自我改革被快递业冲击，诺基亚拒绝尝试安卓系统被苹果打败……不愿自我革新就会被时代抛弃，因循守旧躺在舒适窝里必然会被淘汰，只有不断地自我革新发展，才能不被时代抛弃，甚至走上时代之巅，引领时代发展。不停地自我革新超越，这是现代物质丰裕社会规避“余食赘行”的方式。

> 曲则全，枉则定，洼则盈，敝则新，少则得，多则惑。是以圣人执一，以为天下牧。不自是故彰，不自见故明，不自伐故有功，弗矜故能长。夫唯不争，故莫能与之争。古之所谓曲全者，岂语哉！诚全归之。

贵如黄金柔软易曲，树木生长扭曲变形却让整体更加稳定牢固，低洼之地能日渐盈满，推陈才能出新，甘于少才能收获更多，事物过多则容易迷惑。所以，圣人应该坚持最基本的一念，以自由放牧的态度为天下。不以自我为中心方能明达事理，不自我表现则能彰显自我，不自我标榜功劳则有功劳，不自我矜持怜悯才能自我成长。唯有不刻意地争取，才没有任何人能和他争。古语所说的“曲则全”不是虚妄的话啊！精诚所至，金石为开。

这里所说的事实是一种内强外柔的精神，是一种在挫折和歪曲中变得更强大的精神，与被人们称为“黑天鹅”之父的纳西姆·尼古拉斯·塔勒布在21世纪初所提出的“反脆弱性”，以及在《随机致富的傻瓜》中所提倡的“强者精神”相印证，也与索罗斯、波普尔所提倡的开放社会价值观相印证。现代人鲜有能理解“曲”“枉”“洼”的含义，鲜有能理解挫折之含义。当我们面对失败和挫折的时候，尤其是在资本市场中，人们无法从内心深处坦然地承认自己的错误，而总会为自己找种种借口。在面对失利之时，“承认自己错了”是行走资本市场必不可少的性格特质。勇猛和激情在资本市场无异于引火自焚。不懂害怕的人不配活在资本市场，没有敬畏之心的人定然会被市场绞杀。能在资本市场中长久活下来的，是精英中的精英，是生命力最自然的绽放，是获得充足的无条件的爱体验的人，是拥有充足创造力能量的人，他们是真正的不畏惧挫折的人——因为他们能直面挫折并将挫折变成使自己更强大的要素；与逃避挫折、歪曲挫折、否认挫折、善用理性安排偏见而至勇猛者有着本质的区别。也就是说，当你失败的时候要懂得伤心，当你受挫折的时候要能感受失意，当你亏损的时候要会心痛，直面七情六欲与逃避七情六欲有着本质的区别，尽管后者往往似乎更让人聪明，但却是迷失自我的诱饵，是人没有能力面对挫折而生成的自我保护、自欺欺人的盔甲，是防止自我成长的铜墙铁壁。所以，老子说："勇于敢者则杀，勇于不敢则活。"没有比无法直面自己的软弱无能更软弱无能的了。能直面失败、挫折才能从失败、挫折中成长起来，使自己变得更强大。直面接纳是基础，强大是目的。怨、恨、贪、恶、妒、痴都没有错，错的是怨、恨、贪、恶、妒、痴得不到自己的承认和宣泄，从而积压到一定基础后害人害己。怨、恨、贪、恶、妒都没有错，错的是因怨、恨、贪、恶、妒而害人害己的行为；尤其是将怨、恨、贪、恶、妒作为思想意识的基础并强行推广，这种情况就跟病毒繁殖、扩散一样，毒害整个人类，那就真是世界性的天灾人祸了。尼采指出欧洲传承千年的旧道德体系是基于复仇对立面而建立起来的，当直面人性之时，积累千年的仇恨意识浮出水面泛滥成灾。当时，欧洲基于仇恨他族意识驱动的纳粹主义盛行，从而引发了大战。最恶毒的戕害往往披着最正义的外衣。

希言自然，飘风不终朝，暴雨不终日。孰为此？天地而弗能久，又况于人乎！故从事而道者同于道，德者同于德，失者同于失。同于德者，道亦德之。同于失者，道亦失之。

得道的语言有如天籁。狂风刮不了整个早上，暴雨下不了整天。什么能做到这样呢？天地都不能让狂风暴雨持久，更何况人呢？所以，为人处世尊道者会收获道，尊德者会收获德，担心失去者会收获失去。尊德的人，道会使社会以德对待他；患得患失者事实上是担心失去，道会使社会以失去回报他。

此处说的是心理上的吸引力法则。人们所担心的正是他们所诅咒的，人们所热爱的正是他们所祝福的。这与现代社会之潜意识与显意识的反作用理论有着惊人的相似。例如，很多美容美体的广告，用臃肿的身躯、满脸的皱纹"恐吓"消费者不用它们的产品就会和这些一样。这种饱含负面信息的广告营销事实上会引起消费者的反感，消费者会因为讨厌这样的身躯和满脸的皱纹而讨厌这个商品。根据吸引力法则，人们的心是什么样的，就会吸引什么样的事物。如果感觉到富足，生活自然会让他富足；如果感觉到匮乏无力，生活自然会让他匮乏无力。所以，“道者同于道，德者同于德，失者同于失。同于德者，道亦德之。同于失者，道亦失之”。佛陀基督，是同于德不同于道的人，所以社会以巨大的德行美誉回报他们。但他们活得很辛苦，死得很惨烈。

> 有物混成，先天地生。寂呵寥呵，独立而不改，可以为天地母。吾未知其名，字之曰道。吾强为之名曰大，大曰逝，逝曰远，远曰返。道大，天大，地大，王亦大。国中有四大，而王居一焉。人法地，地法天，天法道，道法自然。

有一种物质浑然而成，先于天地产生。五彩缭绕，蛮荒之地独立运行永不止息，是产生天地万物的能量。我不知道它的名字，称之为道，取大道之意。它可以预知遥不可及的过去和未来，遥不可及的过去和未来也可以说是无比深远，知道它的深远是因为能了解它周而复始的缘故。所以说，道是伟大的，天是伟大的，地是伟大的，王也是伟大的，宇宙中有四个伟大，而人也占据其中之一。人类取法于地，地取法于天，天取法于道，道法本来就是宇宙中最自然本质的真义。

此处说到“道”的由来与作用。很多译文认为道等同于自然，尊道就是一切顺其自然。但笔者认为，老子所说的道应该是创造万物最本质的东西。现代研究万物最本质的理论中，比较通行的是弦理论，它是最有希望将自然界的基本粒子和四种相互作用力统一起来的理论。弦理论认为宇宙最基本的构成物质是一种振动的能量弦，弦的振动频率与相互共振产生出各种不同的具有引力和斥力的基本粒子。弦理论宇宙观与老子提出的道的宇宙观极其相似，都是一种能量的聚合裂变，万物相互之间能产生引力与斥力，而对于人类来说，其引力和斥力表现为意识。人类的意识（包括潜意识）能产生神奇的宇宙吸引力，而这种吸引力作用的强弱表现为生命意志能量的强弱，生命意志能量的强弱表现为自我实现意志的强弱，自我实现意志的强弱取决于无条件的爱的体验的强弱。物理学理论已经证明了能量和物质是可以相互转化的，如果意识是一种振动的能量，那么意识就可以通过爱使自我成长即自我实现意志增强，通过不爱使自我生病消亡甚至自杀即自我实现意志消损，而其他一切外物都是在意识的主导下进行创造或者破坏，人类的一切创造行为基于爱，一切破坏行为基于恨。拥有越强烈的爱的个体，就拥有越强大的团结起来创造万物的力量。理论上，宇宙拥有充足的庞大物质，这些物质在充分的知识基础上，可以实现任意的能量转换，足够人类千万代使用。正如王阳明的心学，需先致知然后才能格物。也就是说，唯有正视自我意志，才能更好地探究万物，一切都是可知的，哪怕未知的永远比已知的多。爱因斯坦的梦想是建立宇宙的大一统理论，而他在给女儿的信中说，当科学家们苦苦寻找一个未定义的宇宙统一理论的时候，他们已经忘了大部分充满力量的无形之力。这种无形之力就是爱，而爱正是弦振动所产生的能量在人类意识中的感觉。我们可以认为老子所说的“道”，在现代可以解析为振动的弦能量。道的真义就是爱，爱自己，爱他人，爱身边的一切，爱宇宙万物。爱的体验是自我实现意志的基础——渴望通过自我的创造力获得社会认可的能量。如果能认识到这个道的真义，便能判断他人以及整个社会的能量状态与流向，从而更进一步地帮助达成自我实现，于是便有了老子所说的“簸”，能预知过去、未来的能力。古今中外大多数先知、圣人都是自我实现者，他们也都是得道的。老子所说的“王亦大”，那个时代得道的自我实现者可谓凤毛麟角，唯王而已，所以与通行版的“人亦大”是有所区别的。在现代物质充裕的互联网信息爆炸的社会，有望人人成为自我实现者，那么可以预见的未来必然是创造力前所未有的大爆炸的时代，而资本则是创造力大爆炸聚核裂变的中心。

文艺复兴之后，人类进入工业化时代，全球物质运动飞速演变，创造力无所不在，其中让一切井然有序的是市场这只“无形的手”。21 世纪的某一天，笔者坐在办公室，手持手机阅读《道德经》并写下一些个人感想。苹果手机，源于创新偏执狂乔布斯。它在美国设计，在中国组装，其中不同的零件来自世界不同的地区。手机里面有很多软件，笔者打开微信，收发来自朋友的交流，来自老家兄弟的问候；回复了几条合作伙伴的询问；看了一下孩子在学校的视频……忽然觉得饿了，然后打开“外卖”APP，周边数千家美食任挑选。笔者选了最喜欢吃的下午茶套餐，然后看着地图上骑手一路送过来。到门口，门铃应声而响，助理把笔者点的饮食送进办公室，顺便问笔者有没有兴趣参加李总提倡的一个增发项目。笔者快速估算一下增发的可能收益，并衡量着是否值得投入时间和精力，然后让助理约李总来办公室详谈未来合作投资的计划……短短半个小时，笔者已与全球各地发生了联系沟通，发生了与古人和未来的连接；尽管外面的世界在急速地运转，但丝毫不影响笔者此刻静享下午茶的惬意时光。“有物混成……独立而不改。”什么样的独立而不改的能量创造万物，让万物围绕着人类、围绕着“我”自动运行呢？是爱的振动能量产生了运动不息的愿景；运动不息的愿景让我们持续不断地去创造、去体验更强大、更美好的一切。没有创造着的永恒体验，爱要怎么去证明？没有创造着的运动不息，爱有什么意义？

重为轻根，静为躁君，是以君子终日行，不离其辎重。唯有环官，燕处则超若。若何万乘之王，而以身轻于天下，轻则失本，躁则失君。

重是轻的根基，清净是躁动的主宰。所以，君子终日行走，离不开厚重的辎轮。将相环绕，王者方能如燕子轻灵明达。为什么作为万乘之王要将己身看得比天下轻呢？看轻自己就失去了能量之本源，浮躁则失去了自我掌控的能力。

这里说的是轻重之间的关系，强调要有重作为基础，才能有轻灵明达的资格。强调王侯将相先要自爱自重才能爱天下，所谓“修身齐家治国平天下”就是此道理。此处解析与通行版的解析认为“君王应该自轻”是相反的。

事实上，自我实现者都有着强烈而坦然的自尊，他们拥有惊人的现实感受力，希望有所作为，希望通过自我的努力获得他人发自内心的认可。他们不屑于为成功或失败寻找种种借口。他们只认定自强不息的价值。若他们的努力获得成效，却没有得到相应的回应，他们就会生气，并且坦然地表达出来。他们天生有种王者风范，这种王者风范以自强不息、超强自控力为基础，以外在的严格执行力、高要求、高自尊为体现。他们自己这个样子，也希望别人是这个样子。所谓自我实现者，希望他人也是自我实现者。自我实现者就是永远处于对更美好事物的努力追求过程中。

> 善行者无辙迹，善言者无瑕谪，善数者不以筹策。善闭者无关钥而不可启也。善结者无缧约而不可解也。是以圣人恒善救人，而无弃人，物无弃财，是谓袭明。故善人，善人之师；不善人，善人之资也。不贵其师，不爱其资，虽智乎大迷，是谓妙要。

善于行动者不会留下痕迹，善于言谈者不会留下话柄，善于算术者不用筹码工具。善于关闭的人，没有钥匙无法开启门。善于绳结的人，不知道秘诀而无法打开绳结。传道授业解惑者应该是永恒善意的，有教无类，人无弃人，物尽其用，这是神一样明达的事理。所以，善良者，是善良者的老师；不善者，是善良者赖以依存的资源。不以善良者为尊贵，不以善良者赖以依存的不善者为爱好，唯有明白人处于中间迷糊的状态，才是高远境界的所在啊。

此处原文与通行版的原文差异很大，与通行版翻译出来的意思也有很大的差异。通行版的意思是应该尊重这样的老师，爱惜这样的资源，否则就是虽智仍迷糊。但笔者以为老子的原意就是不以这样的善良为贵：你善了，就假定别人是恶了。假定别人的恶让自己处于道德制高点，实际上是一种更阴险的恶，是建立在对他人歧视的心理基础上，是失道而后德的心理状态。真正的善的灵魂，是没有恶的侵染的，善乃自然，无须贵之，无须以不善为滋养，无须让自己处于道德制高点。所以，得道者的善行、善言不留痕迹，有教无类，无分别心。

没有一个人的人生与别人相同，没有任何一段历史可以完全套用在现代社会中。善于为人处世者，每一段时光都是独一无二而无迹可寻的。自我实现者不喜怀旧，过往的经历他们不在乎，不再爱的人希望他们离得远远的。自我实现者更注重当下，更憧憬未来。只有过往存在所未达成的心愿，才会为人所留恋，即被过往时光所伤害过的人才执念于过往。自我实现者不会让这样的事情发生，他们有矛盾当即化解，有仇恨当即宣泄，既往不咎，是一种江湖情怀的快意人生，所以善行者无辙迹。当你渴求一切清清楚楚、条理分明，把一切详细规划得清清楚楚的时候，就不是“善行”“善言”“善数”——如果你认同随机波动的概率运动比线性规划的确定性运动更符合现实发展情况的话，你就能理解“虽智乎大迷，是谓妙要”的含义了。

知其雄，守其雌，为天下溪。为天下溪，恒德不离。恒德不离，复归婴儿。知其荣，守其辱，为天下谷。为天下谷，恒德乃足。恒德乃足，复归于朴。知其白，守其黑，为天下式。为天下式，恒德不忒。恒德不忒，复归于无极。朴散则为器，圣人用则为官长，夫大制无割。

知道阳刚的雄健，却甘愿安守雌柔，此乃天下汇聚泉水的溪流；恒久的德永远不会离开，就像婴儿一样平和。知道自己的清白所在，即使处于污泥中也不会被污染，就能虚怀若谷。为天下虚怀若谷，恒久的德使人知足，由此复归于淳朴。懂得阳光明媚的白天，就能坚守漫漫长夜，可以为天下人的榜样。为天下人的榜样，恒久的德行永远不会滋生出“莫须有”的执念，由此复归于无极的平和圆满。简朴的木材可以作为工具器物，圣人使用简朴的道与德则可以成为领导，所以最好的制度是不会损害任何人的制度。

此处说的是社会中黑白是非观点与道的关系，以及道的使用与圣人治国的状态。知道阳光雄健清白的力量，将之内置为灵魂的本初颜色，恒久不变，但外在却甘于柔弱、低洼、险恶的状态，这正是为了激励社会中他人自我实现的领导者特征。这也是西方现代关于领导者本质的研究结论——领导的本质是为了激发他人的自我实现意志，从而激发他人最大的创造能力，有能力使别人得到提升的领导者才是优秀的领导者，与传统观点关于王者利用权力对大众的道德施压、威胁施惧截然相反。

将欲取天下而为之，吾见其弗得已。夫天下神器也，非可为者也。为者败之，执者失之。物或行或随，或嘘或吹，或强或羸，或培或堕。是以圣人去甚，去泰，去奢。

将征服天下作为人生目标，我预见其不能获得成功。天下是神圣的，人们无法左右它。若想控制、左右它必然是失败的，执着于为王必然会失去为王的资格。万物先后随行，风吹明灭，强弱相伴，培土刨木，皆是常态。圣人应该去除偏执的观念，去除控制一切的观念，去除一切不应得的奢望。

执念是自我在本我得不到满足甚至被扭曲、否定后，在超我的引领下安排的偏见。痴、恨、妒、怨、贪、恶等执念都是本我被否定后的产物，是人类为释放本我而强加的自缚的茧，是一种难以被轻易摆脱的文化本能。其中一个执念是自我实现意志被否定后滋生的权力欲和控制欲，这种权力欲和控制欲有点类似生命强者意志，但却有本质的区别，前者是失道的，而后者是得道的。为权力欲和控制欲而欲取天下的执念，是会半途而废不可能获得成功的。自我实现者只有在不否定“道”的前提下，即拥有让万物自我实现生长繁荣的能力，才有资格成为王者。

权力欲和控制欲是一种潜意识能量，它不容易被他人发现，也不容易被自己觉察。但它无时无刻不存在于人类社会中，如幽灵一样盘旋在人类文明的上空。尽管很多时候它也是一种人性的自然产物，但它在个体能力的限制下得不到充分的满足，从而滋生出强烈的恶意，导致权力欲和控制欲过强而产生执念。这种执念存在的目的是扼杀和歪曲他人自我实现的意志，从而扼杀和歪曲他人的生命强者意志。这种执念若发生在政治领域，则是人类社会的整体灾难；若出现在企业领导者和资本持有者身上，则会导致企业和资本的低效运作，导致经营亏损；若出现在父母身上，则会使他们的孩子形成过于软弱或过于反社会的人格特征。

以道佐人主，不以兵强于天下，其事好还。师之所居，楚棘生之。善者果而已矣，毋以取强焉。果而毋骄，果而勿矜，果而勿伐，果而毋得已居，是谓果而不强。物壮而老，是谓之不道，不道早已。

以道辅佐王者，不以兵器威胁天下，因果循环。社会根本不会存在战争，军队所处的地方，荆棘丛生。这是仁善者自然而然收获的果实而已，不是凭借武力强求所能取得的。得善果勿骄傲，得善果勿矜持，得善果勿居功，得善果勿据为己有，是为得善果仍不执念于此，不强求为之。万物强壮则易老，是根源于不尊道，不尊道的话就会过早衰亡。

此处说的是遵守道容易成功，成功后勿自认为强大，仍要以平常心处之，那么就能保持长久的道的状态。自我实现者关注人生体验，不会满足于某种特定的成功，而是在自我实现的道路上一次次自我超越从而体会更多，却从来不会患得患失，所以能长久地繁盛下去。相反，若执着于某一果，得善果后骄傲、矜持、居功、自满，便会物壮则老，强壮反而加速了他衰老的状态。真正的得道不会因为收获的任何外在东西而使自我生命意志折损，但事实上现代社会的很多人，小富即安，在困难的情况下充满斗志，在物质丰裕年代却精神匮乏无所适从，以致饱暖思淫欲。这是非自我实现者的典型状态。这里的“以道佐人主，不以兵强于天下”对应着“以爱己、爱人的自我实现心态作领导者，不以权力欲、控制欲的心态作领导者”。这样的领导者就能坦诚地表达自己的意愿，理所当然地对下属做出要求，依据正气魄力带领整个团队走向更美好；不会为趋炎附势者、卑躬屈膝者所迷惑，也不会被困于舍己为人、大义灭亲等道德绑架中。

> 夫兵者，不祥之器也。物或恶之，故有裕者弗居。君子居则贵左，用兵则贵右。故兵者非君子之器也，兵者不祥之器也，不得已而用之，铦袭为上。勿美也，若美之，是乐杀人也。夫乐杀人，不可以得志于天下矣。是以吉事上左，丧事上右。是以偏将军居左，上将军居右；言以丧礼居之也。杀人众，以悲哀莅之。战胜，以丧礼处之。

兵器是不祥之物，人们都讨厌它，所以欲为道者有所避讳而不居住在有兵器的地方。君子居住以左为上，用兵者则以右为上；兵器不是君子所应该使用的物品，此等不祥之物，如果不得已用之，应该利用其锋利进行速战速决的袭击，千万不要以凶杀为美。通过凶杀表现自我英姿飒爽者，事实上内心深处是很喜欢杀人的；而喜好杀人者，不可能使天下归心。吉事上左，丧事上右，所以未出战的将军居左，而出战胜利的将军居右，意味着以丧礼对待战争。如果战争过程中杀的人过多，应该为其悲伤；胜利后，也应该以丧礼处理他们的尸体。

此处说的是对待兵器的态度。日本侵华期间，以杀人为乐，进行细菌战、毒气试验，制造南京大屠杀。他们以殉道为最高美德，连剖腹自戕都上升到了仪式化的境界。当然，古今中外错将勇猛当坚强者，违背本心、违背道义以杀人为美者不计其数。而老子所说的，兵器只能在不得已的情况才能使用，而使用过后要为战争中死亡的人悲伤并举行丧礼，这在心理层面上就是一种自我赎罪然后自我原谅和解的过程，缺乏这个过程，人们就会因杀人而变得麻木甚至喜好杀人。西方强调赎罪，其实就是在不得已而做了违背本心的事情之后的一种自我赎罪、自我原谅的心理释放过程，经历过赎罪后方能回复初心而不至于结上自我掩饰的茧变得冷血。

> 道恒无名，朴唯小，而天下弗敢臣。侯王若能守之，万物将自宾。天地相合，以雨甘露。民莫之令而自均焉。始制有名，名亦既有，夫亦将知止，知止所以不殆。譬道之在天下也，犹小谷之与江海也。

永恒的道没有特定的名字，淳朴的本源微小看不见，但天下没有人能使之屈服。侯王若能遵守道的真义，万物将自愿成为其朋友、宾客。天地相合，风调雨顺；人们无须命令管理，而自动均衡和谐。遵守道的规范，形成制度，有了制度规范，人们自然知道何谓适合的行为举止，知道适合的行为举止就不会遇到危险。所以，道对于天下来说，就像溪流对于江海。

在市场经济之前，人们不知道不需要政府管理命令而能达成人人自动均衡是一种什么样的状态。过去理解“均”，认为人们“不患寡而患不均”。于是“重农抑商”，以防止贫富分化。事实上，“不患寡而患不均”的心理基础是妒忌，是将自我价值确认建立在外在物质上的，是他者实现而不是自我实现。当有这种心态的时候，人就只有通过践踏他人、损害他人才能获得心理满足，其中“道德制高点的指责”就是这种心态的表现。如果不理解这种心态，为了满足人们“不患寡而患不均”的心态反而搞平均分配的乌托邦社会，显然是南辕北辙的，只会进一步纵容人性的懦弱、懒散，并且让那些无处宣泄的自我差异化实现意志转移到政治差异化竞争上，从而导致社会中人与人之间的相互算计。从爱的角度看，人们也是喜欢竞争的。为什么文明程度越发达，反而越是消磨了竞争意识呢？借用一句广告词：挑战不是逞能，是本能。[①] 追求完全平等无差异化的人生，是静止的、没有生命力的人生，跟死亡是一样的。我们希望有一个能被绝大多数人认可的自我价值实现平台，不需要救济，不需要命令，不需要……依靠自己的力量就能使自己和所爱的人生活得很美好。显然，这个平台就是市场经济制度。市场这只“无形的手”可以使供求关系自动均衡，可以使国民财富最大化，可以使资源配置最优化——不需要命令管理，不需要政治权力干预，人们自动、自愿地进行生产、交换。能力越强者，越能为他自己和社会带来更多的价值。个人在市场经济中依据自我的价值判断达成自我价值，既不需要评价、干预他人，也不需要接受别人的评价、干预；市场经济本身有着雪亮的眼睛，能依据天道而行。“民莫之令而自均焉”，是老子思想与现代“政治权力不干预经济权力”“市场经济自动获得均衡”的思想相互印证的地方。

知人者智也，自知者明也。胜人者有力也，自胜者强也。知足者富也，强行者有志也。不失其所者久也，死不亡者寿也。

能了解别人的人，是智者；能了解自己的人，是聪明人。能胜过别人的人，是有能力的人；能自我超越的人，方是强者。知足者，是富有的。为超越自我而努力的，是有志气的。任何时候都能得其所的，生命更长久。即使死亡了，人们仍念念不忘的，可谓之灵魂不灭、寿与天齐。

这段话很鲜明地表达出自我实现者与非自我实现者的本质区别。自我实现者努力达到自知的境界，任何时候都努力地自我超越，他们的价值认可不建立在财富名望上，他们任何时候都是富裕的，任何时候都是王者——任何时候都透着贵族的气质，哪怕是身陷牢狱。但传统价值观只看

① 东风雷诺汽车有限公司“科雷嘉”汽车 2016 年广告词。

得到“智”者、“有力”者和“强行”者，即能明白别人的人、能胜过别人的人和有志气的人，这些是建立在外在传统价值观上并成长的人，与内在的自我教育、自我突破有着本质的区别——自我实现者的人生是无限的，非自我实现者的人生是亦步亦趋的。

道泛呵，其可左右也。成功遂事而弗名有也。万物归焉而弗为主，则恒无欲也，可名于小。万物归焉而弗为主，可名于大。是以圣人之能成大也，以其不为大也，故能成其大。

道啊，能量无所不在，可左右万物。让人们功成、万事遂意而又不觉得有什么了不起，让万物顺从而从不为其主，事实上是没有故意欲为的，我们可以把它命名为组成宇宙万物最基本的物质。万物归顺而从不居其上，我们可把它命名为宇宙最庞大的能量场。圣人之所以能成为有力量的人，是因为不以自我为大，故能成其大。

道的能量是一种吸引力。这种吸引力使人们热爱生命，热爱生命的意志在于追求永无止境的体验，在于向往更美好、更强大的事物。这种能量拥有着难以名状的吸引力，能左右、控制宇宙中的一切物质，能左右、控制一切却不会成为其主宰，那是无条件地爱着宇宙中一切的能量。掌握了这种能量就掌握了宇宙的终极密码，那是以自我实现方式永无止境地寻求和体验无条件的爱的生命历程。

执大象，天下往；往而不害，安平太。乐与饵，过客止。故道之出言也，曰淡呵其无味也。视之不足见也，听之不足闻也，用之不可既也。

拥有符合大道自然之象的地方，天下人都向往归之。聚往归之相互都不会有损害，人们安享太平。作乐与美食，过度出格了马上适可而止。所以，道念有言：“淡而无味啊。定睛看看不到，用耳听听不见，使用它无法再度追寻重复。”

在人类历史的发展中，人们都盼望有一个可以安享太平的盛世。在这个盛世，人们可以不用担忧被威胁、被掠夺，可以不用相互算计而和平共处。这个和平不是以万物静止为代价的，不是以自我实现价值为代价的。这个和平的基础是人心的和平，是悦纳万物的平和，是相信一切美好，并且相信凭借自己的努力可以拥有也值得拥有美好事物的平和。当人们拥有这个信念的时候，人的最本质的情感就会浮现并得到正视，定睛看看不到，用耳听听不见，只能用心感受，而一旦时光流逝，感受也随之改变——这是不用思想理念控制自我的状态，是不用超我隔离本我的状态，是不断自我实现的人生巅峰体验。允许个体以这样的方式生存，是国家、社会的职责，是社会全体人民在爱与自我实现共识下构建的和平发展的状态，在古代是日出而作、日落而息的小农社会，在现代是以独立、自由、民主为基础的完善的市场经济社会。

将欲翕之，必固张之；将欲弱之，必固强之；将欲去之，必固举之；将欲夺之，必固予之：是谓微明。柔弱胜强。鱼不可脱于渊，邦利器不可以示人。

将欲马上收敛的，必是原有张之过度的；将欲逐渐削弱的，必是原有强制过头的；将欲立即废除的，必是原有兴奋超前的；将欲重新夺取的，必是原有被迫给予的。这是微妙简明的道理。友善软弱胜过勇猛刚强。鱼无法离开水，一国之强大的武器不可以被别人看到。

这里说的是在道的作用下，事物两极相互作用的情况。在得道者看来，两边都是相互依存的，翕对张，弱对强，去对举……两边都是引起变化必不可少的要素，这种矛盾发生在人与人之间，那么无论外表看起来是善还是恶，双方都是失道的。例如，八国联军罔顾人道主义悍然发动侵华战争是不道的，满清政府懦弱、无知、无能也是不道的。对于真正得道的群体和国家，有足够的能力和魄力化解矛盾，保证和平发展；如果不能化解而致战乱纷争，一定是失道已久而致积重难返。

道恒无名，侯王若能守之，万物将自化。化而欲作，吾将镇之以无名之朴。镇之以无名之朴，夫将不辱。不辱以情，天地将自正。

道恒久存在没有固定的形态，侯王若能遵守它，万物将自动化育。化育过程执念滋生，我将用无名之朴去除其执念。用无名之朴去除其执念，他将不再感觉到委屈、羞辱。没有了委屈、羞辱，人们自动会产生真情，天地将自动回归正途。

此处说的就是情感疗愈啊。人们若在成长过程中自我意志被压抑、被否认，那么音乐、绘画、文学等所产生的无限想象的艺术将会使人们回归本真，去除杂念。中华民族在封建思想控制下是怎么走过来的？那么多自我实现意志，那么多情感，那么多难言之隐，大都寄托于梅兰竹菊、唐诗宋词了啊。所以，中华民族醒了，尽管从某种意义上说是被吵醒的，但我们仍然能快速疗愈回归正途，这与中华民族仍存道家精神有密切的关系，人们通过移情寄物而得以弘扬本性。

四、八卦与资本精神

先天八卦是中国古人在面对未知的时候，借助于占卜的方式与神沟通，从而预知福祸、趋利避害的依据。八卦占卜起源于人类文明史之始，演变至今仍为人类在神秘领域探究的宝典。相传，周文王姬昌根据先天八卦和《连山易》《归藏易》推演出《周易》。20 世纪心理学最卓越、最具影响的大师荣格对《易经》有着浓厚的兴趣，他试图揭开易经占卜的准确性中那深邃的秘密——对此他坚信不疑。他认为占卜所得的答案和问者心理学上的盲点极度吻合，荣格评论道："《易经》彻底主张自知，而达到此自知的方法却可能百般受到误用，所以个性浮躁、不够成熟的人士，并不适合使用它，知识主义者与理性主义者也不适宜。只有深思熟虑的人士才恰当，他们喜欢沉思他们所做的以及发生在他们身上的事情。"① "想要进入《易经》蕴含的遥远且神秘之心境，其门径绝对不容易找到。"② 这等于是明确在说，说易经占卜扯淡，那只是你不够资格碰。荣格对《易经》的总体判断是："《易经》的精神对某些人，可能明亮如白昼；对另外一些人，则曦微如晨光；对于第三者而言，也许就黝暗如黑夜。不喜欢它，最

① The I Ching or Book of Changes [M]. Richard Wilhelm, Cary F Baynes, Translation. Princeton, New Jersey: Princeton University Press, 1977: 28.

② 同①16.

好就不要去用它；对它如有排斥的心理，则大可不必要从中寻求真理。”①

更具体地说，对于深谙道家精神的人而言，《易经》的精神明亮如白昼；对于文化本能强烈者，则曦微如晨光；对于否定道的人，更是黝暗如黑夜。而神奇的是，史上善始善成善终的伟人，绝大多数都是有着道的精神，有着神一样的爱人爱己的自我实现意志，有着拥抱变化的强者生命意志。

那些深谙《易经》占卜的先知们，不是真的有预知未来的能力，他们说话大多模棱两可，只不过深悟人性，知道什么话人们会有什么不同的理解，不同的结果他们会有不同的解析。然而人性如此，先知们也毫无办法，觉悟只能靠自己。所谓“风水”，其实都是社会人性，符合社会人性的就是好风水，否则就是不好的风水。

预见的能力，是自身得道的外在表现，也是使他人愚昧的首因。有道之人，能预见和感受他人的精神意识，从而能预测个体和群体的行为动向及相互作用和结果，而一旦将预测公告，预测本身就会变成事件演变的起因，从而改变结果，所以预测者一旦以先知自立，那么他所预言的就变成他所诅咒的，他所寄望的就变成他所祝福的，而他所祝福或诅咒的都将植入人的潜意识中变成吸引力之能量，从而带来所预测的结果。占卜测卦之事，能测得准的，是因为能洞察他人的精神意识；而一旦神化，便变成事件的因，左右着信者的命运，干涉着他人自我实现的意志，得道者由此失道。所以，大丈夫应“居其厚而不居其薄；居其实而不居其华”。即传道授业之时，应传道之本质，即爱己、爱人的精神，而不是外显形式的“德、仁、义、礼”；当解惑释疑的时候，应肯定其自我意志接纳和释放其担忧与恐惧，从而助其自我超越和自我实现。这才是得道的真义。爱因斯坦的遗愿是将自己的骨灰撒入大海，就是为了避免他的墓地成为圣地，避免他被神化而使民愚昧。真正的乾坤意志，是不需要占卦的。

① The I Ching or Book of Changes [M]. Richard Wilhelm, Cary F Baynes, Translation. Princeton, New Jersey: Princeton University Press, 1977: 34.

《易经》中的“易”本意是“变化”，根据人生各种境况的变易而产生各种现象和相应的趋利避害措施。其中的“乾”和“坤”是最能接纳各种变化的卦象。乾通过自强不息创造各种有利条件从而一次次地超越，在自我突破成长过程中将所有否定都转变成让自己更强大的能量。坤通过厚德载物化解各种矛盾从而一次次地自悟，在自悟的过程中将所有否定转化为让自己更强大的能量。乾和坤若能相爱而融为一体，则为人生至高境界。乾是寻求差异化自我实现的创造意志，是运动的力量，无休无止；坤是消除一切矛盾的力量，是宁静的力量，无咎无誉。乾通过自始至终地遵循阳性成长繁盛，坤通过自始至终地遵循阴性成长繁盛。所谓阴性是基于同理心无条件的爱的意愿，所谓阳性是在满足无条件的爱的体验上的自我实现意愿。两者的发展过程不是没有否定和挫折，而是在植根于乾坤的基础上将外在的一切消化成自我成长的能量，而其他各卦都在成长过程中遭遇自我否定逆转的心理过程，即除乾和坤外，其他各卦都有着特定的文化本能，都在成长过程中曾经否定自我而滋生被压抑的自我意志，从而促使超我、自我、本我的隔离，从而产生执念。所以，在八卦图中，乾卦是极阳的三直线，即“☰”；坤卦是极阴的三断线，即“☷”；而其他各卦都是有直线和断线的图像。尽管乾性通常是男性，坤性通常是女性，但并不绝对。如基督、佛陀是坤性的男性，是拥有强烈同理心并将之贯彻一生的神人，而上帝、伏羲则是乾性的神人。《易经》中详细说了不同卦象者在人生不同的际遇中所遇到的状况和应对之策。此处不对《易经》做详细翻译和解说，而选最基本的八个卦象来说明个体人性和群体人性的演变，以及相对应的不同人性在资本市场中的反映。

乾卦的卦象是：“天行健，君子以自强不息。”“君”是主宰之意；“君子”的本意是能主宰自己的人，通过主宰自己从而种因得果，他所想要的正是他所努力的，他所努力的必能带来他所要的结果。自律、自强的人被称为君子。对于乾卦的人，对于纯阳性的人，能通过自强不息让自我经常处于自我实现的巅峰体验中。乾卦者从根本上说，是一直坚信自我实现意志的人。从这个角度而言，他同时也能正视自己的不足，知道自己欠

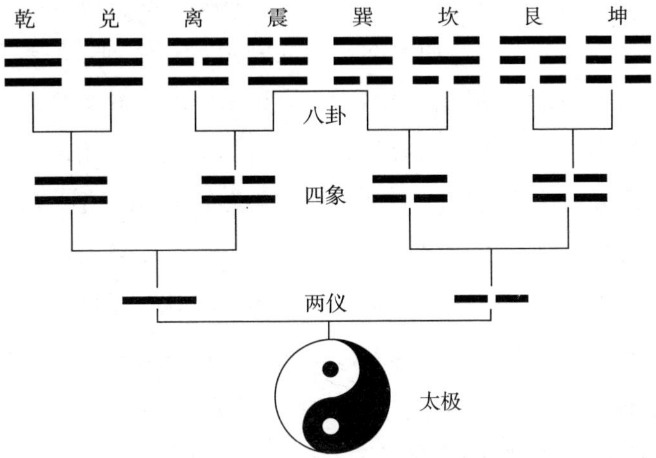

图5－2　太极生两仪

缺同理心的关怀他人的能力，他和拥有同理心者之间是欣赏和吸引的。乾卦和坤卦是得道的最佳状态的原因在于，此两卦者都不会否定自我意志。乾卦者不否定自我实现的意志，坤卦者不否定同理心的爱的意志。在乾卦和坤卦中，乾卦者是容纳坤的意志的，在乾意志文化传播的过程中也传播着爱的意志，因为乾意志是在无条件的爱的基础上形成的，所以它非常认同坤的意志，但坤的意志未必会接纳乾的意志，如佛教在普度众生的过程中无形地压抑了竞争力和创造意志，因为佛教志在让众生脱离苦海。换言之，佛教是志在要求他人根除七情六欲，以无欲无求达成大爱。事实上，人是通过矛盾运动来体验爱的，越是缺失对爱的需求越偏执。否定天然之欲求不是真爱，通过过度刺激非爱形成的执念也不是真爱；圆满的爱的体验，取决于对爱的充分体验和坚信，并出于爱的达成而永不停息地创造体验。为爱而爱的执念，是一种疗愈人生，除了爱和要求别人的爱，难以有更好的自我价值实现方式。道家更注重自我修炼，目标在于对自我的要求，而不是对他人的要求。从这点来看，乾的意志在文化方面拥有着让群体更壮大的能量，拥有着让群体中的个体成员由内而发成长的能量。也就是说，真正的乾的象，是乾坤意志并存的状况——两种意志都被承认和正视的时候的最佳状态。“坤”应该是个人自然的状态，不应作为群体文化以传播。坤意志泛化成群体文化尤其是泛化成道德教化体系，将会在无形中削弱群体文化的创造力，使乾的意志受到否定和压抑。尼采旗帜鲜明地反对的是软弱的宗教、形而上学、颓废主义、悲观主义等一切软弱、颓废、自我保存的价值，而将权力意志视为最高原则、宇宙的本体和最高的价值标准。尼采所主张的实际上是一种“乾”的意志，是一种基于充沛的爱的信念的自我实现的生命强者意志。在《易经》中乾卦的最高层状态是“用九，见群龙无首，吉”。“群龙无首”通常被认为是贬义，但事实上是群体成员之间达成人人平等、人人自我实现的创造力最大化的状态，是希腊诸神共存的状态。

“天行健，君子以自强不息。”这是基于人道主义的强者文化的首要原则，而人道主义强调的是“地势坤，君子以厚德载物”，人道主义包含开放社会价值观，即接纳不同文化、不同思维框架下的群体和个人。乾坤意志坚信“人之初，性本善”，一切恶念不过是在特殊环境下的自我保护盔甲而已，只要在善意、接纳的前提下，只有不否定乾坤的道的意志，那么任何卦象的人格都可以充分地融合而团结成一个力量无穷的整体。人性本是乾坤意志的统一体，但又有不同的人主导的意志：乾主导（对应右脑主导）和坤主导（对应左脑主导）。无论是乾主导还是坤主导，都应该能完美接纳另一种意志的同时成长。例如，乾意志的人，在需要柔情似水的时候就柔情似水；坤意志的人，往往也表现出自强不息的气质。关键在于任何时候都能正视最本质的自我。事实上，其他六卦都是曾遭遇自我意志否定的心理状态，是被超我掩盖本我的状态，是本我得不到承认宣泄的状态。其他六卦的卦象分别对应着不同的处世原则，这些原则是基于这些卦象的心理需求的，是基于他们所接受的文化本能的需求的。若某些卦象的人格严格按照卦象的要求而处世，则更易达到疗愈的目的，从而使其达成平和前提条件下的自我实现巅峰体验，一步步破除文化本能并达成乾或者坤的天人合一的境界。就人的一生而言，就一家企业的成长历程而言，往往会遇到各种情况，而乾坤意志则能将其他各卦的情况变成自身的体验，然后再将之转化成乾坤的要素结果。换言之，乾坤不是不会遇到否定之体验，而是在接纳这种种不快体验的情况下，正视它并积极地寻求各种破解之道，也相信自己能寻求到破解之道，他们不张狂也不悲怯。其他六卦的体验和策略也是乾卦和坤卦的精神所在，能悦纳各种际遇而从不否定自我“道”的意志，这是乾卦坤卦与其他卦的本质区别；也就是说，乾卦者和坤卦者是最能接纳自己是凡人的状态，该“巽”的时候“巽”，该“震”的时候“震”，该“坎”的时候“坎”……其他卦者若能按照卦中所言，接纳际遇并且采取积极的措施趋利避害，也终将能一步步突破以达到乾卦和坤卦的境界。但这种“接纳”的体验过程是神秘而难以言说的，从其他各卦际遇过渡到乾卦和坤卦际遇的过程也是神秘而难以言说的。对于成功人士而言，对于某些幸运者而言，乾坤的意志感受是不言而喻的。但对于被自我困在其他各卦境况的芸芸众生而言，要自我突破却难寻出路，甚至会再度安排新的偏见，再度结上一层更坚固的自我保护茧，又或者，在自我否定中疯魔成狂。所以，需要借助于文化的力量潜移默化地唤醒世人。这也是易经八卦数千年以来欲说还休、只可意会不可言传的关键所在。当然若人能深度自明，将过往被否定之自我意志一层层抽丝剥茧，能让自我意识潜入最初的意识体验，能潜到三岁之前，潜到初生之际，甚至潜到卵子遇到精子之体验，潜到祖先开山劈石、钻木取火之体验……那么乾坤意志才算修达了。

“随风巽，君子以申命行事”，其中“巽”卦代表风，本性阴，成长初期和中期受“阳”，用“☴”表示。巽卦的文化本能通常是“听话”，但缺乏独立判断，巽卦象者通常是家长的好孩子、学校的乖学生、单位的好员工。“顺势而为”是巽卦象者趋利避害的关键所在。他们非常适合团队工作，每一个个体在团队中都能找到独特的位置，顺势而为，只为应为之事，天时、地利、人和的时候，蝴蝶振翅也能引起龙卷风。

“洊雷震，君子以恐惧修省。”震卦代表雷，本性阳，成长初期和中期受阴，从而呈现出“震”的人格特征，在八卦阴阳变化中用“☳”表示。本性阳而受阴者，常对自我和他人的恶怀有警惧忧患之心，从而促使其反省自我和他人，此性格者危机意识强烈，擅长以震慑威吓他人，擅长提防他人。危机意识是震卦象者趋利避害的关键所在。

在八卦中，巽卦和震卦都是迷失本性较为严重的人格特征，一方面是能力发展的严重受阻、压抑，另一方面是过分的意气欲求。

“善如水，君子以作事谋始。”坎卦代表水，本性阴，中期受阳，成长后期回归阴，八卦图中用“☵”表示。金庸作品中有个典型人物与这个卦象的人格特征非常近似，那就是《倚天屠龙记》中的周芷若。周芷若本性纯良，被师父铁石心肠的刚硬所侵染，变得阴、狠、毒，历经波折，最后回归本真。这就是不忘初心方成正果的现象。坎卦预示，当我们遇到困难、误会的时候，我们需不忘初心，从善如流。投资市场是一个讲求概率的地方，无数大大小小的亏损是一种常态，观点激烈碰撞，错对交相辉映，如果没有从善如流、广纳百川并且不忘初心的执着，就很容易迷失在错综复杂的江湖中。

坎卦代表的是两阴爻在外，一阳爻在中间，表示四面向心性发展的趋势。外柔顺，而内刚健。坎卦卦德为险陷，有坑穴之象，故易陷落沉溺。坎，为冬至前后万物归藏之季。孔孟始，中华民族中个人的意志即进入冬藏状态中。孔子意气风发，欲一展抱负，向老子求道，老子劝他：“顺自然之理而趋，遵自然之道而行，国则自治，人则自正，何须津津于礼乐而倡仁义哉？津津于礼乐而倡仁义，则违人之本性远矣。”“上善若水：水善利万物而不争。”孔子聪明，顿悟了老子“上善若水”的智慧，但执念于“有功于世”，而不是“道”的根本，了解得了他人却了解不了自己。因此，孔子的仁，出于文化本能，仅对士大夫；孔子多了一重自我否定意志，变成了坎卦者。墨子和爱因斯坦则是真仁真善，是坤卦的意志，是得道的兼爱，两者伴随着宇宙相通的能量，能洞悉万物运作的规律，这才是“厚德载物”的真义。同是阴的本性，佛陀、基督仅限于传播兼爱；而墨子和爱因斯坦在彻底自明的兼爱前提下，探究宇宙万物。从人文精神和科学精神上而言，墨子精通天文地理、人文科学，他就是2000多年前的爱因斯坦。老子说“上善若水，几于道”，但终究不是道；孔子是上善若水，是如水的坎卦；而墨子、爱因斯坦是坤卦，是更彻底得道的意志，后者能洞悉宇宙万物的运行法则。孔子与宇宙法则差了一层隔膜，正如孔子形容老子一样："鸟，吾知其能飞；鱼，吾知其能游；兽，吾知其能走。走者可以为罔，游者可以为纶，飞者可以为矰。至于龙吾不能知，乘风云而上天。吾今日见老子，其犹龙邪！"① 学识渊深而莫测，志趣高邈而难知；如蛇之随时屈伸，如龙之应时变化。孔子难以明白老子，其根本原因在于这层隔膜，在于无法自明最深处的潜意识，在于在世事洞明中少了一颗"心"。

早在尧舜禹禅让的故事中，谆谆嘱咐代代相传的便是以"心"为主题的十六个字："人心惟危，道心惟微；惟精惟一，允执厥中。"② 关于"人心惟危，道心惟微"，朱熹在《中庸章句集注·序》中有着如下释义："盖尝论之：心之虚灵知觉，一而已矣，而以为有人心、道心之异者，则以其或生于形气之私，或原于性命之正，而所以为知觉者不同，是以或危殆而不安，或微妙而难见耳。然人莫不有是形，故虽上智，不能无人心；亦莫不有是性，故虽下愚，不能无道心。二者杂于方寸之间，而不知所以治之，则危者愈危，微者愈微，而天理之公卒无以胜夫人欲之私矣。"③ 唯乾、坤二卦是一心的，而其他六卦均是"道心之异者"，一旦有异，将"危者愈危，微者愈微"。因此，必须努力寻回初心。孔孟之后，儒家起，道心失，直至秦始皇焚书坑儒，天下大乱，回天无力。世人有心者在极权之下被逼将情感寄托于花草树木、田园山水。陶渊明为人性打开了一个隐晦的出口，从此很多文人移情寄物，万水千山总是情。人们在逐渐寻回自我中复苏。唐诗、宋词、元曲是释放人性的巅峰时期，《红楼梦》是民族疗愈的恢宏悲剧。

贾宝玉，可谓古往今来最懂人性情感的男人，他是一个突变的天才。世人研究红学，但至今没发现这个天才诞生的根本原因。胡适提出，贾宝

---

① 司马迁．史记［M］．北京：中国华侨出版社，2013：1050．

② 李申，译注．四书集注全译（下册）［M］．成都：巴蜀书社，2001：707．

③ 同②．

玉是作者曹雪芹本人的投射[①]，一时以为中肯；因研究发现，曹雪芹身世与贾宝玉有所出入，又有一说，贾宝玉的原型是曹雪芹的父亲，《红楼梦》原稿为曹雪芹父亲所作，后经曹雪芹“披阅十载，增删五次”[②]而成书，笔者比较接受这种说法。但无论如何，贾宝玉都应该是作者本人的投射，书中人物情节都有事实作基础。那么，贾宝玉这个人物的天赋是如何产生的呢？是什么样的隔离机制，让他的心不被2000年的封建礼教侵染呢？笔者注意到，《红楼梦》中寥寥数笔提到的一个人物——贾珠：“十四岁进学，不到二十岁就娶了妻生了子，一病死了。”[③]贾珠是贾家的长子，宝玉的哥哥，从小聪明好学，在宝玉六七岁时夭折。在痛失长子的家庭，父母的心思有一部分永远跟随长子，投射到其他孩子身上时，是缺失的父爱与母爱。贾政痛打宝玉时，王夫人怀念贾珠，说有他活着，宝玉便死一百个她也不管了。[④]贾政听了，堂堂男子汉，“那泪珠更似滚瓜一般滚了下来”[⑤]。从宝玉被打得面青唇白的一刻，从贾家人所透露出的极端情绪便可以看出贾珠对贾家的影响。整部《红楼梦》里，贾宝玉是受到贾母和王夫人的过分宠爱的，其中便饱含着对贾珠早夭的恐惧。父母的爱跟随大儿子渐行渐远。宝玉的心智停留在那时，拒绝成长——他不会像哥哥一样聪明懂事，稍微有志于学便透露出贾珠之影，他不愿意如此。宝玉在潜意识里拒绝像哥哥一样成长，像哥哥一样充满阳光能量，充满理智。当宝玉的乾意志停止成长，同理心的坤意志便得到异常的发育，他能洞悉身边人的情感意志，大观园中几乎所有人都喜欢他。在宝玉的眼中，每一个角色都透露着神奇的美好；他能和大观园中的所有人产生情感联系，唯独和他父母之间却隔着一个贾珠。宝玉是“通灵顽石”，看透世间诸事专注于“修真”[⑥]，但无论他如何“上穷碧落下黄泉”，也仍了解得了世人了解不了自

---

① 木心．文学回忆录［M］．丹青，笔录．桂林：广西师范大学出版社，2016：501.

② 曹雪芹，高鹗．红楼梦［M］．北京：人民文学出版社，2005：7.

③ 同②27.

④ 同②447.

⑤ 同②445.

⑥ 同②3.

己。失去兄长的宝玉，是贾家悲剧之源，是红楼一梦的悲剧之源，是乾意志缺失的结果，是单纯坤意志贯彻的悲剧的结果，是像基督、佛陀、梵·高一样的单纯坤意志贯彻的悲观情怀的结果，是用悲观意志向世人彰显坤意志的结果。也正因为如此，宝玉能建立起强大的心灵防护墙，不被封建礼教侵染，不被当时的文化本能侵染。贾宝玉之于《红楼梦》，基督之于十字架，释迦牟尼之于佛教，梵·高留下千古名画……当人们谈及这一切的时候，是借他们的灵魂之殇唤醒众人之心——这也是这些人的终极愿望，是他们大爱达成的自我实现，是在坤意志中苦苦追寻自我的自我实现。

谁再来改写《红楼梦》后四十回？后四十回除悲歌以外，还应该有贾宝玉泣血回溯生命之初的历程，回溯人生点滴的过程，回溯被自我囚禁而停止成长的乾意志的过程。若非潜意识里的乾意志被否定，贾家大权何以会落到凤姐手中？贾府何以后继乏力？贾宝玉何以连自己心爱的人都没有足够的能力保护？从此角度而言，贾宝玉是用整个贾府的陪葬来自我疗愈、自我觉醒啊！“背父兄教育之恩，负师友规训之德。”① “灵性已通，却无才补苍天。”② 作者晚年唯一的自我救赎就是完成《红楼梦》，“半生潦倒之罪，编述一集，以告天下人”③。然而，《红楼梦》后四十回终究失散了，因为真正的现实结局，一点都不美好！……高鹗给贾宝玉的结果是出家，但笔者想，在宝玉临死之际，脑海中闪现的一定是贾珠陪他玩耍、打闹时的音容笑貌，那种暖暖的充满无穷力量的梦想和创造一切的情怀意志。彼时彼刻才是寻回自我之时，才是“复还本质，以了此案”④ 之时。

就像所有乾意志被女性阴柔侵染（被悲剧文化、教廷文化、儒家文化、佛教文化影响）而极力自我觉醒、疗愈的文学家一样，尼采、木心都曾反思过这些文化对他们灵魂的侵染，他们的成长历程都缺乏男性意志的

---

① 曹雪芹，高鹗．红楼梦［M］．北京：人民文学出版社，2005：1.
② 同①4.
③ 同①1.
④ 同①3.

影响：尼采一生困于母亲和妹妹强烈的爱中，木心自言对其影响最深的是母亲。他们一生都在极力唤醒男性意志而不得，在自我和现世中纠结而难以超脱，文学、艺术和哲学就成为他们的突破口。

“火同人，君子以类族辨物。”离卦代表火，本性阳，后受阴，最后以阳呈现，八卦图中用“☲”表示。如果说工具的使用是人类智力进化的标志，那么火的使用就是人类“人性”进化的标志。远古时候，人类以火光驱散猛兽，将同类聚集在一起。从此，团结让人类一步步进化为万物之灵。见到火光，人类自动获得温暖的团体安全感，所以火是群体团结的力量。正所谓物以类聚，人以群分，团队意志在历史长河中早已进化为人性基因的一部分，即使是在现代社会，团队意志也仍以所向无敌的情怀将任何个性纳入其中。火是凝聚的力量，但同时也可能是离间的力量，当群体意志形成时，也是群体对外斥力形成之时。越是小团体多的地方，越是是非多；越是民族主义强烈的地方，越是动荡不安的所在。沙文主义在“二战”之际汹涌澎湃，就是人性中火属性者太好胜，最终焚人焚己。诺贝尔奖得主罗素说：“孝道和族权或许是孔子伦理中最大的弱点。家族意识会削弱人的公共精神。”① “其错误之处都是教诲人们对人类的某一部分尽特别的义务而将其他人置之度外。”② 火的义气与水的善仁一样，是基于人性回归人性的重要特征，是向道回归途中的正义所在，但终究不是道，不是彻底回归的道。在失道的社会，人们极易将义和仁当作群体文化道德的标准，就像溺水之人慌乱中抓住看得见的稻草一样，一旦义和仁泛滥成普世的道德观，前者会攻城略地意图烧掉群体外的一切假想威胁，后者会压制群体创造力导致过度软弱和退化最终被外来的更强大势力欺凌甚至灭族。所以，事实上，两者都不是真正的得道，只有当“☵”变成“☷”，“☲”变成“☰”时，火和水才能得道。也只有在乾和坤的得道社会群体意志下，火和水才不会泛滥成灾。极恶者重情，极善者重理。“战士邀功，必

① 王京生．文化扬弃关系中国未来［N］．人民日报（海外版），2014－05－28（07）．

② 同①.

借干戈成勇猛；逸民适志，须凭诗酒养疏慵。”①过度的火会导致干戈，过度的水会导致慵懒。在现实中，拥有水和火的特征的人，因其强烈的情感色彩，往往成为文艺创作的佼佼者，这种能量是在世俗叛逆中追寻自我的艺术灵感的创作力量，是离卦和坎卦追索乾意志和坤意志的能量表现——人文艺术创作的价值所在，是资本需要搜寻的目标。这些艺术家们、文学家们，或许外表不在意金钱，不在意名利，不在意权力，居高自傲或者放任懒散，但哪怕只要有一个人执着地理解他们，支持他们，帮助他们，他们就能破茧成蝶，成为人中龙凤。的确，诗词、歌赋是懒散软弱的温床，因为那些美好的强者意志都寄托在诗词、歌赋中了，强者意志找到了释放的出口，所以对人生没有更高的要求了。从这个角度而言，放纵他们的软弱和懒散方是成就艺术的正确方式。若真能自控自强自明者，有几个是有艺术天分的？对于艺术天才来说，人生若真能参破，终究是寂寞。基于此，出于道的回归精神，出于自爱和爱人的意志，人类对于人文艺术，尽管不可或缺，但也不可过度沉迷，尤其是不能成为逃避生活困境的借口。

“步泽履，君子以辨民安志。”兑卦代表泽，本性是阳，在阳得到一定的成长坚固后，启发阴性，并最后以阴性应世，象卦中用“☱”表示。“履”同礼。兑卦者崇尚礼仪，他们认为礼仪是社会行为的基本规范。每个人都要明白自己的位置、角色，为应为之事，并以礼仪处世。当代社会正处于价值观冲突、融合、重构之际，礼仪是承认个性的必要条件，是相互理解、尊重的表征之一，是个人文明程度的体现，也是社会行为规范的基本要求。礼仪是兑卦象者人格趋利避害的关键所在，也是他们对自己和他人的要求。

“艮山谦，君子以裒多益寡。”艮卦代表山，本性是阴，在阴性得到一定的成长坚定后，启发阳性，并最后以阳性应世，象卦中用“☶”表示。艮卦者崇尚谦和。“三人行，必有我师焉。”谦和是现代社会文化的融合剂。修道者承认自己的个性和价值，同时也承认其他个体的个性和价值。

① 车万育，李渔．声律启蒙·笠翁对韵［M］．北京：中国少年儿童出版社，2014：7.

裒多益寡，取别人的长处弥补自身的短处，并不会削弱个性的色彩，而恰恰是为了在群体的力量中确保和展现个性的色彩。

礼和谦是社会中大多数精英的状态。他们具有一定的本性的坚定性，同时又能兼顾另一面。兑卦是八卦中最接近乾卦的卦象；艮卦是八卦中最接近坤卦的卦象，是社会中的一般领导者、行业精英的特质。乾卦和坤卦是人类史上伟大领导者的特质。对于“兑”和“艮”而言，能否千古流芳，变成“乾”和“坤”，仅有一步之遥。但这一步之遥能不能跨过却是个千古难题。

综上所言，乾坤八卦分别揭示了自强不息、厚德载物、顺势而为、危机意识、不忘初心、团结、礼仪、谦虚这八大原则，是不同人格特征面对不同际遇的应对法则。乾、坤是统领八卦的意志，是能在八卦状态中随时切换的自由意志，是能根据不同状态在尊道的前提下随机应对的能力。乾、坤是完整的人格特征，信奉基于人道主义的强者文化。所谓强者，更多的是一种精神意念上的强者，是一种无论在何种环境中皆自强不息的精神。乾意志能接纳自我和他人的不足，认为那些没有足够精神力量和知识力量为自己赢得理想生活的群体，只是不够幸运而已，所以对于其他各卦所呈现出的人、事、物，都采取接纳的态度。万事万物无所谓对错，皆是选择。人生在世最不能辜负的就是自己的内心，不能辜负那份由内而发的情义和才华。正视自我内心最深处的需求，这是允许世人自我修道得道的途径，是疗愈灵魂之伤的必经之路。人类最本质的需求，在生存之上就是安全感和归属感，在安全感和归属感之上就是自我实现的需求，而在现代社会中只有自我成长超越的需求才是健康的人性本质的需求。其他诸如权力感、安全感、归属感而导致的努力动机都是执念，所有偏执皆是病态。不可忽视的是，大多数人取得成就的动机都是执念，但因执念而努力，注定达不到天人合一的境界，无法发挥自己最大的能量，所以除了乾、坤两卦，其他卦象者在人生成长中总会遇到难以逾越的坎。人类总喜欢用种种保护甲进行自我美化，大多数人一辈子也不会明白自己真正需要的是什么。唯有正视自己的执念，明白执念的源泉与所限，并无条件地接纳自己，才能心无旁骛地向阳成长，使自己真正变得更强更大。逆转思维、破除执念、逃离心理舒适区，是一种痛苦的心路历程；但现代社会中信息爆炸，任何人如果不愿意破茧重生，都会被市场竞争淘汰甚至利用。这种突破，必须是自发的由内突破的过程，任何人都没有权利以野蛮的力量对特定个体从外而破。执念如鸡蛋，内力破壳是新生，外力破壳是毁灭。所以，对于资本持有者和企业家而言，都应该无条件地接纳身边的人，人们或许会有性格的差异，或许会有观点的冲突，但要明白，正是彼此的不同才是团结的合力所在。完全一样的没有个性的一群人是无法真正团结成一个有机整体的，而承认个体的独特性才是团队存在的根基。承认个体的独特性在于承认人有天分才华的差异，但却不能视作懒散、软弱、奸猾的借口，强者文化不需要纵容一切自我欺骗的消极趋向的执念。我们或许有所不能，但我们一直自强不息。我们或许有观念冲突，但我们正视自己，超越自己。在自我实现的世界里，同情、怜悯皆是恶德，人们只需要尊重、接纳、认同，并尽己所能释放出最强的魄力。这便是资本哲学基于人道主义的强者文化，人们正视和接纳自己，正视和接纳他人，正视和接纳客观的一切；在此基础上，努力自我超越，山泽水火风雷都能逆转成乾坤。

第六章　资本与人文科技

一、资本与制度

资本在个体层面上，是自利与利他的结合体，而在群体层面上则是无所谓善恶的中性工具，遇善则善，遇恶则恶。在政治权力与财富权力结合的制度之下，资本更多呈现出恶的群体特性，而在政治权力与资本权力相分离的制度下，资本更多的呈现出善的群体特性。可见，制度在资本力量能否良性发挥的过程中起着关键性的作用。规则制度是公共约定，以固定的看得见的公平的规则约定代替旧的约定俗成的道德规则，从而规避了人伦之间的阴谋算计，使政治权力与经济权力相互平衡良性发展。

老子的“为无为”就是主张建立（为）尽量精简的政治制度，以保障经济的自由发展，让民自化（无为）。但人类历史上大多数时期，政治权力与经济权力紧密相连，“天下莫不王土”，人们没有选择的自由，自然也就没有了独立的基础，更遑论民主。只有独立、自由、民主的思想深入群体潜意识文化，在言论自由、经济自由、政治自由的制度约束下，政治权力才能与经济权力相互独立运行。自由的经济权力一旦获得制度的支持，资本的力量便是得道的力量——因为没有自由的选择，就没有平等的交易；而有了自由的选择，基于自愿原则市场经济就能达成效率最大化。自由的选择取决于制度的保护以及物质的丰裕程度。物质匮乏时期，争夺是必然存在的，对应着政治权力的干预。所有漠视他人生命带着仇恨意识的群体文化都是精神匮乏的另一种变形，如沙文主义，这是人类物质焦虑和精神焦虑所导致的失道的潜意识的暗黑能量而致的偏执。

在制度经济学里，产权理论是基础，也就是必须清楚哪些是你的，哪些是我的，哪些是公共的。在产权清晰的条件下，市场经济才有运行的基础。只有界定清晰的产权，才能使该物品效用最大化；也只有物品具有清晰的产权，个人的自由交易才是公平的交易。人类历史上大多数时候是封建帝制时期，为官掌权者拥有生杀大权，更别说财富分配权力了，由此产生了影响人类数千年的儒家学说、佛家学说，以使大众驯化。驯化的结果是人类得以进行更大规模基于同理心的群体化协作活动，与之相对应的是创造力的退化。

从产权清晰度来看，原始社会、奴隶社会是产权自然清晰的时期，所以那时候人类的创造力也是自然的发展，及至封建帝制社会，人类进入帝王统治时期，财富产权变得模糊。财产所有权状况与人类创造力状况息息相关，当产权清晰的时候，能极大地激发人类的创造力；当产权模糊的时候，人类就处于或霸凌、张扬或懦弱、奴化的消耗自我实现意志的状态，而这一切都反映在人类文化姿态上。从产权角度而言，奴隶社会向封建社会转变的时期是产权从清晰到模糊的过程，同时也是人类创造力从蓬勃发展路径到退化路径的转变过程。文明达到人性创造力激情的巅峰时，以古希腊文明为代表的文学艺术充满了人性抑扬顿挫的光辉。而在几乎同时代的中国，从考古中能不时发现古代的灿烂文明，老子的《道德经》是人性发挥得极致辉煌时期的象征。随后中华文明进入封建帝制时期，西方文明进入教廷统治时期，地球上整个人类进入人性压抑与退化时期。

所谓产权清晰，需要公共的承诺约定，需要制度的保护和支持。我国 1982 年宪法包含了部分私有财产保护的规定，2004 年修宪时明确规定了保护公民的合法私有财产不受侵犯。这些简单的道理，对于大部分知识分子而言，是理所当然的。就我国的群体意识形态而言，还是有相当一部分人始终躺在“铁饭碗”“吃公家饭”“吃皇粮”的心理舒适渴求区中，过去长时期以来的公务员热即是一个表现。所谓乌托邦，内在的心理动机真的是安稳、平坦、舒适，是失去自我实现动机然后开启疗愈人生模式的表现。值得一提的是，就个人而言，追求疗愈并不是错误的，反而是通过追求真善美回归自我的善的方式。但若沿着既往自我实现意志否定的方式前行，是反疗愈的，是在自我保护甲外面再度结上一层。文化为人类的疗愈回归提供了真善美的途径，但将文化真理绝对化，就束缚了人类自身的发展。所以，从产权的角度来看，中国从封建时期的王权帝国归属，再到改革开放时期的个体归属，其间所经历的文化历程与制度变迁是深入骨髓的。经济熙熙攘攘的动力，都来自外面奇异缤纷的世界。尽管中国文人一次次地呐喊，从鲁迅到王小波、吴晓波，但都难以唤醒群体文化的内在自我力量。“善建者不拔，善抱者不脱。”人们岂非只是“善建善抱”而已，其文化本能的传承扩散迅速而猛烈——只要父母不觉醒，群体就永无觉醒之日。可见，制度变迁具有路径依赖性，过去的制度形成特定的群体文化本能，文化本能的突破重建需要数代人的努力。这是制度经济学上路径依赖性文化心理层面上的逻辑。

制度具有路径依赖性。中国晚清时期被外来力量侵略，外敌入侵的时候，是面临灭族之灾的时候。中国人民奋起反抗，历经艰辛，这些都会变成中国人内在觉醒的历史性机遇——没有一个民族不需要自强不息从而强壮。中国近现代的社会制度，是一种内在觉醒的、缓慢进展的市场经济制度建设过程，是中国人从封建帝制的人性创造力压抑到逐渐觉醒以致弘扬的过程，是文化本能破除和革新的过程，也是龙的意志被唤醒的过程。就人性而言，道的真义一直都是不变的，变的是外显的各种形式。每一个个体天生带有神性和人性，天生有道的精神。古往今来，个体的人都没有错，错的是时代和群体制度文化，所以每一个个体要活得清楚、明白，就不能“言有君，事有宗”，都需要“执今之道，以知古始”，“绝仁弃义、绝圣弃智”。只有懂得自爱者才能真正爱人，只有懂得爱人者才是真正地自爱，这两者对于道来说，从来就没有矛盾之处。从中国改革开放的发展历程来看，越是得道者，越是具有冒险创新的勇气者，越能成为中国市场经济的“领头羊”，成为中国企业家精神的第一批代言人。吴晓波是关于中国企业家精神研究得较为透彻的文化人，他的《激荡三十年》较为全面、完整地展示了中国改革开放30年中企业家的浮沉。

改革开放以来，产权制度日渐完善。因为制度具有依赖性，没有革新不需要传承，没有开创不需要既往。任何新生的思想文化，都需要个人和群体内在的觉醒；任何新制度的设立，都需要尊重既有的人文关系。即使是颠覆性的制度建设，也不能颠覆道的真义，不能漠视人性的延续，不能否定文化本能的存在。这是制度依赖性与文化本能的相关关系。正视人类道义，相信未来一定会更美好、更强大，才是生命强者意志的基本态度。

到了21世纪，不可否认的是，资本已经以网状的结构将全球连接成了一体，每一个节点的震动都会对全球产生影响，而每一个震动之后又能在市场经济力量的作用下自动取得均衡。政治权力与经济权力相分离的过程，是伴随着群体文化意识突破重构的过程，其中的纷繁复杂可以有各种变形，所以对于中国巨龙而言，唤醒远古文明极具活力与创造力的精神意志，则是文明寻根、构建自主、自强不息的时代精神的关键所在。追寻中华民族文化与现代市场精神的契合则是中国由内而发的自主觉醒的一个极佳的诱因——中国人，必须从心理感情上找寻到与现代市场经济精神相契合的文化感知，才能真正开启拥有创造力的生命强者意志，并在这种文化认同上进一步达成内在与外在的统一，从而在自我实现道路上一次又一次地自我超越，与时代群体文化共振。唯有民族的才是世界的。单纯外迫的醒悟，终究孤独。若能体悟到中华文明与现代市场经济的一脉相承，市场经济制度的建设障碍也许会自动消散，资本的能量也许会自然而然地释放，此时资本道路上的自我实现才是真正得道的自我实现；否则，以资本达成自我实现的道路将会有艰难险阻，甚至资本会成为滋生失道暗黑能量的所在。所以，群体文化的道的寻根觉醒是现代市场经济制度建设的人文基础，市场经济制度建设是产权明晰、政治权力与经济权力独立运行的制度基础，而产权明晰、政治权力与经济权力独立运行是资本自我实现能量发挥的基础。

二、资本与平等、竞争、公正

传统经济理论认为，资本所引起的财富不均是不平等的根源。事实上，不平等的根源不是资本，而是创造力。创造力强者、生命意志强者、百折不挠者、热衷于拥抱不确定性者、追求卓越者，都是造成外在贫富不平等的根源。如果这些不平等根源消灭的话，等同于否定自我实现意志，等同于否定人性，等同于否定人类的创造力，等同于否定生命存在的意义。人的自我实现意志本身就是追求差异化，追求独特的自我认同。这种生命意志在过去长达2000多年的封建统治下被压抑被奴化，整个社会在消磨创造力竞争意识中达成了外在的中庸、和谐，而将这种自我实现的竞争意识迁移到政治权力中去的时候，财富的不平等就变成了政治权力的不平等。财富的不平等是通过为更多人创造价值而达成的自我财富的差别化；而政治权力的不平等，则更多的是通过阴谋诡计而达成的统治霸权。《三国演义》就是人类史上政治权力达成自我实现意志的典范，是通过政治权力达成竞争意识的巅峰典范，尽管它也有抑扬顿挫的竞争激情，但它并不是真正意义上的自我实现，因为它对人类的创造力毫无助益，以《三国演义》激发现代人的竞争意识，是舍本逐末的。政治权力的自我实现需要以同理心为基础的心理行为动机，这种动机与创造意志的差别化自我实现动机有很大差别。换言之，在政治领域，由内而发具有仁慈属性（即天然同理心）而不喜居功的人才有资格成为政治领导者；而喜居功的人，喜霸权控制的人，在政治领域，是人民的噩梦，“凭君莫话封侯事，一将功成万骨枯”①。

关于竞争意识，现代人衍生出姿态各异的样子，有所谓的厚黑学，有所谓的内群体意识形态，更有甚者，从幼年时期就开始培养儿童的竞争意识。这些故意刺激人类非自然竞争创造意志的行为，事实上是以滋生个体妒忌、群体仇恨心理动机为基础的，导致群体文化要么是“窝里斗”，要

① 《读点经典》编委会．唐诗［M］．南京：凤凰出版社，2012：591.

么就是民族中心主义，是创造力自我实现意志折损的祸首，也是政治领域霸权欺凌的祸首。而基于道的竞争意识是自发的，是基于人性的天然属性，是通过为更多人创造更多福利而达成自我生命意志彰显的愿望。这种竞争意识渴望一种公平、公开的机制以确保自我价值的正确弘扬，所以基于道的竞争意识钟情于资本——钟情于自利与利他的结合体。资本在得道的竞争中焕发出光彩，在竞争中改造世界创造财富，在竞争中激发人性的浪漫情怀，或功述身芮万众瞩目，或悲壮退场也无怨无悔。得道者，善始善成也善终；得道者，日月风霜皆是诗。

关于公正，不是外显形式的完全一样，不是财富一样、衣着一样、性格一样，而是灵魂的平等、机会的平等、自我实现意志的平等。公正是法律面前人人平等，法律制度反映个人的意志。“我未必同意你说的话，但我誓死捍卫你说话的权利。”[①] 公民不但有足够的途径发出自己的声音，而且发声是一种基本的责任和权利。个人意志的充分表达与自由表达是民主的前提，而自明是个人自由意志的前提，缺少自明者不足言自由意志，反而容易受到操控和利用。所以，民主化进程应该与人的自我觉醒意志进程相一致。民主制度下的公共约定具有前瞻性和一定时期的稳定性，以确保群体人都能得到公平、公正的保障，所以公正是保证任何人发出自己的声音，公正是在法律面前人人平等、机会面前人人平等，人人都拥有独立、自由、民主的权利。公正就是依法保障人们获得自己所应得的。极权是公正的天然敌人。

资本导致资本所有者的财富增加或消散，其中关键因素是创造力——为更多人创造更多福利的力量。公正就是保证创造力更强大者收获更多，而保证的唯一途径是通过市场这双“无形的手”，个人福利的唯一判断依据是自己，个人通过对自己福利的判断决定需要什么能付出什么；如果让政治权力侵入公民个体之间的交换领域，那便是凭借强权否定公正。没有失败可能性的资本不是充满生命力的资本。公正不仅仅是要保证资本所

---

① 18 世纪法国启蒙思想家伏尔泰语。

得，也要保证资本所失。“为无为”，对于资本市场来说，国家政治仅仅是一个平台而已。

所以，资本平等的意义在于：资本使人人借此实现自我意志，资本使人人可以成为独立、自由、民主的个体，资本是保证阳光竞争的能量所在，资本是公正的媒介。

三、资本与科技创新

笼统而言，资本的利润之源有两大种类：一是科技创新，二是文化创作。

在科技创新方面，资本是社会化大生产的纽带，能促使更多的人协作生产。协作产生分工，分工产生效率，从而产生工业化创新利润，所以社会整体经济福利会获得极大的发展。在漫长的工厂式生产时期，资本以组建工厂的形式促进工业化进程，是在工业化的创新中获取利润。当工业化基本完成，一级市场的直接投资就遇到发展“瓶颈”，此时长期过细的分工使人们的创造力退化，经济出现停滞；随后，出现股份制公司形式，使二级资本市场的形成有了基础，而当资本一、二级市场形成后，资本脱离单纯的生产而致力价值的挖掘。价值挖掘的主要方面就是创造力的挖掘，所以人类进入资本市场阶段，创造力独立出来成为能被估值和被买卖的要素所在。由此再度焕发出创造力之光彩，带来20世纪晚期大量科技创新公司的繁盛，从而引致信息化革命，人类进入创造力的鼎盛时期。资本的成败与科技创新的程度息息相关。可以说，资本能根据科技发展的最新情况和演化情况，做出符合人类需求的创新选择，即资本具有搜寻科技创新价值的功能。

经济周期的繁荣与衰退就是创新能力的突破与衰退，就人类的创新而言，并不是直线型往上发展的，而是螺旋形突破发展的。每一次科技的突破都会带来一轮资本的盛宴，每一轮资本的盛宴都会带来一轮经济的高速繁荣；科技突破过后会带来漫长的停滞时期，以寻求新的突破。与之相伴随的就是经济增长的放缓甚至倒退，经济增长的放缓又会促使新的科技创新或突破。经济的萧条不需要救助，只需要休养生息，让经济酝酿新的创造或突破；所有的救助都不过是延缓萧条、延缓创造或突破的阻滞而已。另外，还有一种应对经济萧条的声音甚嚣尘上，那便是通过战争解决经济萧条问题，这种方式是人类竭泽而渔的倒退。将战争视作经济萧条解决之道的学者是伪学者，是本身失道且否定道的极致，不足道也。

资本是创新的纽带，是创新价值的搜寻和达成力量。资本过去通过组织工厂、公司等实体的方式促进工业化革命，现在资本通过一、二级市场将创新和利润的周期大大缩短，使创新得以量化生产，并迅速普及市场，迅速变现。现代证券市场体系将资本和创新直接相连，在人类创新价值波诡云谲的时代，使机遇和风险都前所未有地强烈；同时，也将得道的自我实现意志发挥得淋漓尽致，让非道的诡计无所遁形。未来，在全人类关于独立、自由、民主的自我实现意志的共识上，在得道的共识上，人类将引来创造力的大爆炸时期。互联网和大数据，以及与之相对应的信息技术的高度发展，使每一个个体只要有积极向上的意愿，就能在开放的社会中汲取成长和创新的能量——创造力孕育的土壤肥沃无比，机会无处不在，惊喜无处不在。个体仅仅需要一个设想，就可以通过众筹平台将设想呈现给世界，获得资金的支持。此外，还有大量的创新孵化器、创投公司将创新和资本直接连接。资本的目光聚焦在一个个或大或小的突破性的创新上，Magic Leap 是一家增强现实（AR）技术研发公司，主要研发方向就是将三维图像投射到人的视野中，现已获得包括谷歌、高通资本、阿里等大牌投资机构的投资。这样的案例不计其数。创新与资本就这样神奇地结合在一起，将曾经被视为不可思议的种种在极短时间内通过资源的集中调配变成现实，使人们的生活体验日新月异。

但并不是所有创新皆有价值，消费者不需要的创新，或者成本相对过高的创新都没有经济价值。如何创新和如何衡量创新价值一样，都几乎无章可循。人们往往关注所看到的成果，但成果如何诞生似乎不可解。例如，人们都知道比尔·盖茨大学尚未毕业就依靠编写程序创立了微软，并以迅雷不及掩耳之势垄断了市场，使艰涩难用的计算机成为人人都轻易上

图6－1 增强现实（AR）技术展示

资料来源：搜狐科技，http：//it. sohu. com/20160204/n436921547. shtml.

手的家用电脑，而他也凭借微软多年高居福布斯全球财富榜首。但比尔·盖茨的创新能力和市场判断能力是如何来的呢？他如何断定家用电脑的时机即将到来，哪怕舍弃学业也值得刻不容缓、机不可失地投入呢？事后世人都知道他是成功的，然而在他创业之初，他又凭借什么背水一战呢？依笔者看来，是坚定的独立意志、自我实现意志促使他走上微软之路的。比尔·盖茨的母亲玛丽曾是一名教师，她非常注重对孩子的熏陶和引导。玛丽发现比尔从小就喜欢读书，便有意买各种科普图书给他。事实上，玛丽一直是站在观察者和引导者的位置来对待比尔的，因此他从小成长起来的便是自我实现的意志——他很明白自己想做什么，并且非常专注和努力地投入自己渴望的事情中，他所渴望的在自己的努力争取下总能得到父母和周围人的回应。父母尽管拥有很好的社会资源，但他们并不会将之强加给他，而是根据他发自内心的自我实现的需要给予肯定和支持。所以，比尔·盖茨拥有天然的强烈的自我实现意愿和能力。这种意愿不可或缺的基础是天然的善良。敏感善良、独立好强，这两种难能可贵的精神完美地融合在他身上，这得益于父母从小对他自我实现意志的呵护。这种能力是在充满爱和支持的环境中成长起来的——他要向世界证明自己的能力。正因为如此，他的创新能力和自我实现能力非常强。独立、自由、专注，使他在创新领域极度投入，智力和创新能力得到完善的呵护。友善、和谐的群体环境、父母无条件地对他独立意志的精神关爱，使他拥有空灵的时代群体感知精神，他能感受和判断当时人们对计算机简便的操作界面的渴望，他有能力满足这种渴望。他的创新之处就在于在当时当地，人们面对愚笨的计算机束手无策之时，他能认识到拥有友好界面的个人电脑时代即将到来，从而从哈佛大学辍学开始创业，以抓住证明自我能力的机遇——而且他通过自己的努力说服了父母和朋友。自我实现意志，是在深度自明自知的基础上，争取他人支持并获得社会认同的过程和能力——它和中国大多数孩子在父母的强控制力下被推着、拉着、扯着往前走有本质的区别。自我实现意志，是自我突破在前、父母支持在后，继而社会群体良性反馈的过程。缺少自我成长的突破意愿，其他都是空谈。无条件的母爱是包容和滋养自我实现意志的天然养料，而不是像传统教育观一样，母爱反而变成折损自我实现意志的罪魁祸首——通过控制孩子、左右孩子、让孩子听话、熄灭孩子的欲望诉求、责骂羞辱孩子以刺激其意气斗志……这种父权母权的价值观是阻碍创新能量萌生的罪魁祸首。判断一个人的创新能力和价值判断能力，判断一家公司的领导者，就看他自我实现意志的程度。自我实现意志越强烈、能力越强，他能为资本创造的价值越大。

创新本身无迹可寻，它处于时刻变幻着的时代的最前端，综合时代的资源特征，突变出新的而又为人们所喜爱的特性。创新之所以为创新，就在于它无章可循；创新之所以有价值，就在于它不重复前人之为；创新之所以能避开前人之作，就在于它站在了巨人的肩膀上，就在于不停地学习、兼收并蓄。在植根于道的基础上将外在的一切能量转化为自我的、强大的能量，风起云涌。无章可循而又兼收并蓄，这或许才是道的能量所在吧。

四、资本与文化

在古代社会，除了科举仕途和权谋治国以及西方社会的教廷文化，其他文化均被视作邪门歪道，所以文化生产者与文化之间几乎毫无利益相关，那时候的人写书不署名，诗书传抄无交易。孔子也好，苏格拉底也好，他们的思想都是他们的学生口述其言论而成的。《荷马史诗》的作者据说是荷马，但至今人们也不知道到底是不是有“荷马”这个人。在古代社会，“君要臣死，臣不得不死”，思想言论都受到严格的控制，个体价值、个人欲望、自我意志都受到严格压抑。所谓文化，必须严格遵循统治阶级的需要，其他都是不务正业，正如《红楼梦》中正统儒士贾政对贾宝玉诗词才情的否定一样。古代人文实际上是在压抑的潜藏下发展而来的，唐宋时期相对比较开明，但即使如此，唐诗宋词也还都是欲说还休的状态。古代文人之中，李白、杜甫这样的诗仙、诗圣实属罕见。《三国演义》《红楼梦》出现后，世人懂得了恨和悲；独立与民主的抗争，用顽强完成了人性复苏。如今人性复苏了，什么样突变的天才会引导我们向往人性之美、生命之丰盛？这是现代文化亟须解决的问题，也是资本在文化方面所需搜寻的富有价值的方向。

纵观全球历史，到了近现代，文艺复兴后人的价值得到正视。毕加索凭借自身天才级的绘画才华和营销技巧，让自身成为史上最富有的艺术家。毕加索诞生于资本主义萌芽地西班牙，青少年时期往来于西班牙和浪漫之都法国巴黎，后经历第二次世界大战。在曲折而丰盛的人生旅途中，毕加索一生画风多变，在不同的时期有着完全不同的人生感悟，他只钟情于自我内心最真实的声音，从来不为固定的条框所限定。然而，唯一不变的是——他的人生一直都有着和谐密切的亲友关系。他的全名为：Pablo Diego José Francisco de Paula Juan Nepomuceno María de los Remedios Cipriano de la Santísima Trinidad Ruiz y Picasso. 因为他会在他的名字后面加上对他而言重要的亲友的名字，和他来往密切的画廊经营者、朋友都为他的艺术和财富人生打造着稳固的共赢圈。艺术家若善于与群体互动，感染时代群体的思想意识，便能与财富结缘，与资本结缘，达成自我实现的巅峰人生体验。所谓善于与群体互动，事实上是一种开放的接纳他人的心态，而不是像有的艺术家那样陷在自我旋涡中封闭起来。它不是一般意义上的所谓情商，而是一种基于性本善、同理心的，现实而又理智的自然情感生成和流露的人生应对模式，饱含着清晰的、即时的爱恨情仇。毕加索拥有这种人生应对模式，因此他能在深度自明中绘画，能在人生百态中卓越，能在活在当下的心态中一次次自我超越。

事实上，到了21世纪的市场经济时期，影视、新闻、出版等媒体都已经打上了深深的资本烙印。在资本的利他社会效应下，文化创作者有了自我实现的坦途。郭敬明在2011年荣登“中国作家富豪榜”第一名；2016年第一网红papi酱，“一个集美貌才华于一身的女子”[①]，获得真格基金、罗辑思维、光源资本和星图资本共计1200万元人民币融资，估值1.2亿元人民币左右。在当代社会，若果真有才华，展示的途径非常宽广，哪怕刻意隐姓埋名的人也能被资本掘地三尺找出来。例如，网名为“阿耐”的小说家，世人不知道他到底是谁，但资本已将他的《欢乐颂》拍成电视剧。从他的作品中，可以看出他精通经济、企业运作、人文、心理学，并且他本人据说是个企业管理者。从他的《欢乐颂》《大江东去》等作品可以看出，他是个深谙道家精神的人，是个深谙人性的人，在他的作品中，人物角色性格迥异，但有一个共通点，就是都是非常通性情的。他唯一反对的就是在文化本能的压制下失去道性的人——反对的是基于静止状态的不思进取的懒散、懦弱的人。《欢乐颂》制片人侯鸿亮评价说：“《欢乐颂》只凭借那一句‘生活虽然荆棘满地，但是不能阻挡你一路高歌’，我就觉得应该拍一部戏。”阿耐的作品家喻户晓，笔者猜想，他本身一定是一个自我保护意识强烈而又自强不息的人。他不愿公开真实身份的原因，要么是他有已自明而不愿面对的软肋，要么是他有已自明但群体文化本能无法接纳的内情。若他有一天能坦然面对，无惧世之诽谤并接纳世之赞誉，或许

① 2016年第一网红papi酱自称。

中国作家第一富豪就非他莫属了。但愿资本能让强者意志焕发出光彩，能让群体道性苏醒——依靠资本与文化互动的力量。

在现代社会中，资本与文化连接为一体，光线传媒、华策影视等得以在资本市场和文化界之间自由往来，切换自如。能深入人心的作品就能获得大众的支持，就能获得资本的青睐。通过资本的作用，搜寻有价值的作品并将之传播进而影响世人，这是资本的文化价值所在。文化能感受人类的七情六欲，准确来说是能把握时代发展的态势下人类个体与群体的生存本能、社会本能、文化本能三者的交互演变，包括不同制度政策所引起的群体情绪波动和行为选择。中华民族走到今天，亟须寻回符合人本性的道家精神，亟须寻回温暖阳光的自我实现能量。老子曾发出感叹“不道早已”。道的失落，需寻回。欧美社会通过文艺复兴寻回了被教廷奴化的人性，韩国通过悲剧寻回了归属感，日本通过漫画寻回了安全感。这些都是在资本与市场、文化相结合的情况下完成的人性疗愈或者释放而回归“道”的文化历程。对中华民族而言，道的精神存在于老子、庄子中，是一种以人性为基础的开放的社会价值观，是一种以爱为基础的自我实现意志，是一种从本心出发的道的精神。但中国在儒家的封建极权统治下，心道日渐式微，经历过唐诗宋词元曲明清小说的疗愈后，日渐复苏；在疗愈之外乾的意志电闪雷鸣，魏晋风度具有乾的意志，金庸、木心等也有乾的意志——首先他们要自信、自尊、自明、自度，才能度得了他人。向往一切美好、强大的事物，是得道的文化的基本出发点，是资本要搜寻的价值所在。自明是自爱的基石，自爱是爱人的前提，通过利他而利己是资本的利润所在。

五、资本之所不能

资本是乾的自我实现意志，追求的是差异化的自我价值确认。资本必须是自利和利他的结合体，但在无法衡量的自利与利他方面，则有所不能，如，公权力职责，资本是不应该涉及的。《道德经》中所说的“民自化”事实上就是说政治权力不应该干涉经济权力。哈耶克在《通向奴役的道路》中论述了计划经济是如何导致极权的。他认为，追求计划经济，其无意识后果必然是极权主义。从政人员应该对纳税人负责，而纳税人是一个宽泛的、集体的、群体的概念。公共财产、公共物品难有明确责任的产权，公共财产的维护需要依靠公民的公德心。公共权力需要公民意识，需要独立、自由、平等、民主的公民意识。从政不为财，经商不为权。所以，创造市场经济条件，建设完善的市场经济制度，是为创造力旺盛的乾意志者的自我实现提供公平竞争的舞台。在政治领域，应该是坤意志自我实现的舞台；没有天然的同理心，没有为人民服务之心，没有一定的奉献精神者，则不适合从政。

新中国成立之初，可谓一穷二白。在反思之后，中国走上“摸着石头过河”“软着陆”的市场化体制转轨过程。用经济学理论分析这种情况，就是社会中存在制度依赖性。在本书更深层次的分析上，则是基于人道主义的文化本能破除和重构的过程。现代群体文化意识与现代市场经济体制意识应该相互影响、螺旋式向前发展。这个发展过程是合理的，现代心理学、社会学、经济学都有相关的科学理论给予证明；世界各地的经济实践情况也证明了这种发展方式的可行性，相比于“硬着陆”和“拉美陷阱”，中国作为后发展起来的发展中国家，显然走得沉稳而踏实。尽管得益于全球工业化的高速发展，中国通过市场换技术、市场换资金的方式，用政策之力量使经济获得超常发展，但民间资本力量在源远流长的道家精神中发芽，成长，在渐进改革中完成了民间资本的积累进程，完成了市场经济体制构建的民间基础。道家精神、个人独立精神的文化复苏，促使民间资本力量汹涌澎湃，构成了中国转轨过程中璀璨的文化经济。在体制建设方面，全国人民代表大会制反映了广大人民的根本意志。显然，中国改革开放的脚步从未停止。古往今来，从来都没有“放之四海而皆准”的法则，“变化”才是恒久不变的。唯有植根于道的精神，植根于人们所在的时代、所在的群体，在自爱、自明、自强的基础上，爱己及人，方是正念。

另外，还有一点是资本所不能的，那便是超越时代理解范围的科技和人文。尽管这些是人类进步的表现，但由于远远超出时代理解范畴，所以无法通过资本而达成利他和利己的目的。提出和维护超越时代理解范围的科技和人文，需要一种献身精神，就像为了维护“日心说”而被教会用火烧死的意大利思想家布鲁诺一样，就像老子关于“道”的精神被群体时代淹没一样，就像《红楼梦》等影响力深远的著作被特定朝代列为禁书一样。这些超越时代理解范围的科学和人文，同样需要伟人的献身精神。后世万代的缅怀是对他们最好的回报。尽管笔者非常注重现世意义，但从不否认那些千古流芳的价值。对于自我实现者而言，有着远超时代精神的科学发现或人文创作，本身就已经是极大的欢愉。这正如屈原、但丁、普希金创作之时，就已经知道自己终将永垂不朽——“每个艺术家生前都公正地衡量过自己”①。所以说，在超越时代理解范围的科学和人文方面，资本难以发挥自利和利他的纽带作用。

综上所述，在政治领域和远超时代理解范围内的科技人文领域，资本工具是难以直接达成自利与利他目的的。必须依靠一种奉献精神，这种奉献精神是在个体拥有卓越的能力、魄力且在深明自我历史价值的基础上做出奉献的精神，这种精神不是为了掩盖自我无能、软弱而滋生的保护甲，实实在在是为了某种得道的目的不顾一切、舍弃一切的精神。

---

① 木心．文学回忆录［M］．陈丹青，笔录．桂林：广西师范大学出版社，2013：14.

第七章　资本增值与资本运作

在马克思的资本观中，资本的利润源于劳动者的剩余价值；而在开放社会的资本观中，利润源于劳动者的创造力。事实上，在资本的主导下，很多创造者都依靠自身的天赋和能力实现了财务自由。例如，2016 年“胡润百富榜”①（《68 位 80 后企业家上榜，IT 成白手起家热门行业》）中，有 21 位白手起家的“80 后”企业家上榜，基本都从事 IT 行业。这 21 个年轻人凭借 IT 行业大发展的机遇，借助于资本市场，短时间内即获得人生第一桶金，跻身百富榜。现代社会已经构建起了较为完善的联结资本与个人创造力的制度体系。人们需要做的是从僵化的、传统的生产企业思维转变为综合的资本思维，搜寻无限可能的资本增值机会。

一、资本思维

所谓资本思维，是以资本为中心的涵盖设计、组织、生产和销售的创造过程。在资本思维的主导下，过往几乎所有的传统企业都要打破重组，未来几乎所有新生企业都被纳入资本体系大网。资本思维是搜寻一切价值的源泉，能进行多维的资源整合。例如，小米手机就是典型的资本思维模式。小米仅依靠一个“全新手机”的创意，就去找投资方，拿订单，找代

---

① https：//mp. weixin. qq. com/s? _ _ biz = MzA3OTM5NTkxNA = = &mid = 2652408657&idx = 2&sn = 84615b621 d3f12f1f34c9e02499d62cc&chksm = 84580674b32f8f62487553ef676790680010fc51012421dc8a8db22b775 be2cf7cea96a60932&mpshare = 1&scene = 1&srcid = 1102nJuj1SPVhPiYNLdNP9M0&pass_ ticket = rF0O0w4jz3z9ygMKtoE3AJQjy6dhX89TP0c0hjbNNxdsti AVziKga44N1beFykdq#rd.

工，短时间内即组建起具有传统生产经营企业功能的公司，再以此为起点，进一步融资、投资，将更多品类的创新科技纳入小米帝国，打造闭环生态圈。诺基亚经历了140多年的发展市值达到150亿美元，联想用了30年市值达100亿美元，海尔经营了30年市值达到50亿美元，而小米仅仅用了5年的时间，经过五轮融资，市值达到450亿美元。资本思维能让企业快速成长壮大，即使是传统企业，发展至今也离不开资本市场的渗透。苹果看似传统经营的科技企业，但其实是个收购达人，iPhone的核心科技都是买来的。资本思维是传统企业经营思维上突现出来的更高维度的系统（见图7-1）。历史上的手工作坊、家庭耕种等劳动形式是第一维度的个体劳动形式，20世纪以来的企业生产经营是第二维度的规模化劳动形式，而资本思维则是第三维度的资本运作形式。每一个更高维度的突现系统都以前一维度系统的要素为运作对象。第二维度的企业经营以个体的劳动为运作对象，第三维度的资本运营以第二维度的企业组织形态为运作对象。第一维度中的生产合作形式，类似古代社会的村族运作模式，是基于每一个个体层面的交互合作，交互范围狭隘、选择权低，所有个体几乎都要服从村族的权威；第二维度的生产合作形式，类似工业化初期和中期的企业为主体的社会，交互范围更广、选择权更大，但会加深分工专业化，在人与人、群体与群体之间树立壁垒，从而促使个体人进入脑力退化模式；第三维度是在更高的层面、更大的范围内进行的资源整合，可以更大范围地打破行业壁垒界限，搜寻跨界整合的利润价值，直达人性创造力和整合能力的极致。

第二维度传统生产企业的利润源于分工产生的效率，依赖特定行业、特定经历、特定背景。例如，郭敬明凭借《小时代》披荆斩棘在资本市场上一路高歌；毕加索依靠其绘画才能，通过和画廊等商家合作使自己的财富剧增。这些模式如果离开了特定的才华，其资本财富也就随之停止增长，如郭敬明离不开其作品，毕加索也离不开其绘画。传统生产企业依赖分工，所以以前各行各业都有着明确的分工界限，追求精益求精而对其他一切置若罔闻，搞艺术的不在乎理工常识，工程师不屑于音乐、绘画，这

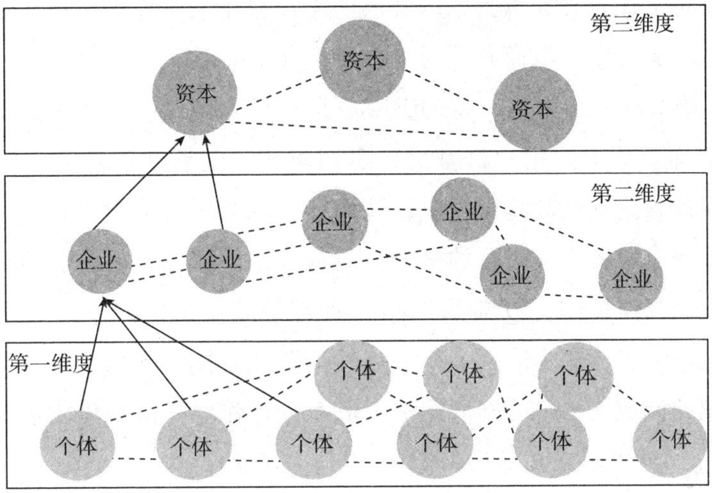

图7－1　资本思维突现维度

样的分工使人更容易在失道的道路上强化其文化本能从而使人类进入退化模式，即过细、过专的分工会使人脑力退化。不可否认的残忍是，哪怕是再有天分的艺术天才、文学天才、科技天才，都有才思枯竭的时候；哪怕是再有创意的文艺者，消费者对之都有审美疲劳的一天，像金庸、莎士比亚这样一生写了多部作品而又部部经典的在人类史上几乎是绝无仅有。更残忍的是，哪怕是再努力的文艺家，在他生前，其作品几乎都难以达到天价。这些富有某方面优势的天才们，是其经历的特殊产物，既可以视作人类文化突变的奇迹，也可以视作个人资本原始积累的途径。由于依赖某种创新或资源的传统企业经营具有边际收益递减效应和规模收益递减效应，所以传统依靠分工而产生利润的企业发展到一定程度后就会遇到发展“瓶颈”，此时亟须进行突破以谋求新的发展。

资本思维方式是在原有的基础上不断突变、求新、求破而使自我更加强大的思维模式。“苹果”品牌从最初的个人台式电脑，到iPod数码音乐播放器，再到iPad和iPhone……它的制胜武器是通过资本收购不断自我革新，从而使自身永远站在时代创新的最前沿。马云凭借支付宝让淘宝成为电商王者，淘宝盛极之时，第三方支付平台各种“宝”层出不穷。马云毅然放开支付宝让它独立出去，以开放的态度接纳其他企业的进入，从而保证了淘宝和支付宝在电商和支付平台上的王者地位。马化腾在移动终端上舍弃QQ培植新势力微信，将QQ用户自动导入微信，壮士断腕而生。从此，微信有了基本的用户群基础，迅速崛起，随后通过春晚“摇一摇”，一夕之间让微信支付赶超支付宝，从而让中国第三方支付平台从一枝独秀的格局，变成两大巨头对垒的格局。再如山东影视集团，作为身处孔孟之乡的影视剧制作集团，以前的作品一直都带着儒家的气息，如《孔子》。近几年风格突变，转为以“心”“真性情”为导向，推出了被誉为良心之作的《温州两家人》《琅琊榜》《欢乐颂》等作品。山影集团近年出品的《伪装者》《温州两家人》《琅琊榜》《他来了请闭眼》《欢乐颂》等作品，大有道家风范。尤其是《温州两家人》中的侯三寿和黄瑞诚两大企业家主角，正是“得道”意志与“修道”意志的典型，是道家文化本能与传统文化本能的典型。诸如山东影视集团这种求变的、破旧立新的意志反映在一级投资市场中，让公司摆脱旧有的依赖、开拓新的出路进而变得更强大。传统企业经营模式通常是线性的，需要沿着专业方向不停深耕，制造壁垒，从而获取超额的利润，而资本思维模式通常是网状的、综合的。在网状思维里，根据实际需要可以随时切换中心点，点和点之间是高度关联动态发展的。传统企业经营思维通过鼓励分工制造壁垒而产生利润，资本思维则通过整合资源打破壁垒而产生利润。传统企业经营模式在现代快速变幻的社会环境中，习惯于因循守旧，其成长依赖特定的机遇，具有脆弱性和偶然性；而资本思维能综合全局，具有反脆弱性，能坚持站在时代前沿，善于拥抱变化。在跨界资源整合和科技创新、人文创新中搜寻利润源。

资本思维方式是以企业孵化、对外投资、股权买卖、收购兼并重组等方式实现资本增值的经济活动方式。资本思维本质上是近现代市场经济的高阶资本运动形式，是以资本为核心的，纳入创造力、组织力、劳动力、机器厂房等各要素的资本运动形式，是将过去、现在、未来等高维度价值进行整合的资本运动形式。它是需要高度的合作、协调才能达成的群体性愿景。在这个群体性愿景下，通过制度设计，每个成员都自发地发挥自己的力量，并因此获得相应的报酬。在现代市场经济制度设计中，股权是其中很核心的一个设计，股权代表着企业所有权的一部分，股权既可以由财富转化而成，也可以由个人的创造力（专利设计）、组织力（团队领导）转化而成。理论上，人人都可以凭借自身的创造能力获得股权；事实上，每个人的创造能力都是不一样的。每个人对社会的贡献是不一样的，越是自爱者越有爱人的能力和意愿，越有创造力能量，所以创造能量的最大程度释放需要道念牵引下的致知格物，需要构建一个“不净”的自由、透明、公正的市场经济制度，需要互联网技术的高度发达（技术上达成信息高度互通互联的客观世界）和物质水平的充裕（精神上基于性本善的充沛的安全感和归属感的精神世界）。当社会中的创造能量得到最大程度的释放时，也就达成了真正意义上的各尽所能、各取所需的理想国状态。在这样的社会中，每个人都有其独特的存在价值和意义，每个人都有自我实现的意志和自由，每个人都深度自明并且做出自己的选择并对自我负责。但是，这种理想状态只有关于独立、自由的自我实现意志达成共识才能实现。因此，资本思维的根本，是对人个体的创造价值的挖掘与估值，是对个体和团队过去的努力、现在的表现、未来的创造力进行评估的过程。从这个角度而言，资本最看重的，一定是企业领导者的道念及其牵引下的自强不息、厚德载物的精神，越是拥有这种精神的人越具有创造力能量。这种创造力能量包括自身的创造力能量和团结他人的创造力能量。

资本思维以企业团队为基本运作要素，企业团队是人类团结力量的最佳表达。在现代社会，如果人人都是自我实现的，那么就意味着每一个个体都有其独特的价值，没有任何一个个体能垄断所有的创造能量，人和人之间需要高度的交流、互动和合作，才能团结起来产生更大的创造能量，资本就是其中强有力的团结纽带。资本的团结作用在于：它能在更大程度上不带偏见地团结一切可以团结的力量。人类历史上大多数时期的“团结”力量是建立在对立面价值观上的，而以资本为纽带的企业的团结力量能在更大程度上消磨非此即彼的偏见，能在更大程度上消磨人与人之间的以怨、恨、妒、忌、悲、怜等负面情绪为基调的文化本能。在企业的运作过程中，是非恩怨不过江湖一笑，要么分道扬镳、相忘于江湖、各自相安，要么打不死就嫁，各种模式层出不穷；但对个体而言，却不会触发明显的生存焦虑、安全焦虑、归属焦虑，因此不会催生出这种人性黑暗面的负能量。个体在各个企业之间也是高度自由流动的，因此企业的团体式运行，无论其成功失败，都是以个体自我实现为人生目的的，能充分满足个体的生存需求、安全需求和归属需求，所以能比其他团队运行更符合人道主义法则。诸如帮派等团队运作，根源上都是利用人性的归属心理而组织起来的，它具有一定的排他性，事实上是进一步安排偏见的过程，它能让人沉醉其中，但并无助于人类自我实现意志的弘扬。所以，如果说“火同人，君子以类族辨物”，如果说族类群体的团队意志是人类进化出来的基本人性，那么以企业为团队的模式无疑是解决生存焦虑、归属焦虑、安全焦虑的理想方式，是现代社会普世价值观与团队意志统一的理想方式，是无须再度植入排他性偏见的团队意志的理想方式，是人类智慧发展到足够高阶的化解人性焦虑本能激发人性自我实现本能的理想方式。资本思维是站在更宏观、更长远的角度，审视每个企业的真实价值，进行更大范围的资源整合，从而打破壁垒，产生协同效应，实现资本的增值。现代社会资本思维主导下的资本运作方式主要有并购重组和创业投资。并购重组是通过不断整合现有资源，实现更高效率的社会资源配置，从而产生整合价值，带来资本增值。创业投资是通过投资于具有创新价值的人和产品，不断发现和创造新生事物，从而产生创造价值，带来资本的增值。在资本思维的主导下，2010 年以来，世界各国的资本形成相互联系的网状结构，并购重组和创业投资兼而有之。

二、并购重组与利润源

美国著名经济学家、诺贝尔奖得主 George Stigler 曾说：“综观世界上著名的大企业、大集团，几乎没有哪一家不是在某种程度上通过收购兼并等资本运营手段而发展起来的，也几乎没有哪一家是完全通过内部积累发展起来的。”[①] 并购重组是市场经济中打破行业壁垒进行资源整合、优势互补，从而产生“1 +1 >2”效应的常用方式。从并购重组的发展历史来看，美国已先后经历了五次大的并购浪潮，包括横向并购、纵向并购、混合并购、杠杆收购和全球战略并购，而中国资本的并购运作，是每种并购方式几乎同时进行的格局。从不同的并购重组方式可以发现不同的利润源，即不同类型的整合效应。

所谓利润源，是资本运作搜寻的终极目标，是将最大范围的消费终端和资本始端联系起来的中间要素。换言之，并购重组的目标就是使所运作的企业增值从而使自身增值，是价值投资的核心要素，其利润源于资源整合价值。中国市场经济发展早期，由于体制不完善和信息不充分流通，产生了一批不以资本增值为目标的“资本运作”模式，将资本运作单纯作为敛财的工具。这些所谓的资本运作并不是真正意义上的资本运作。真正意义上的资本运作，一定是以创造“利润源”为目的的，一定是以使社会整体资源配置更优化为目的的。从经济学角度而言，创造资本的利润源无非有两种途径：一是增加消费者剩余，二是缩减生产经营成本。并购重组可以通过整合资源，提高规模效应，减少竞争消耗，从而缩减生产经营成本，增加消费者剩余。其中，横向并购是整合同行业的并购重组，侧重于提高规模效应，减少竞争消耗；纵向并购是供、产、销生产链条间的并购重组，侧重于减少生产经营成本；混合并购是多元化经营的并购重组，侧重于无形资产的整合利用；杠杆收购是通过资本的杠杆效应进行的并购重组，目标对象是高风险高收益的资产；全球战略并购是跨国度的并购重组，是更大空间范畴内的资源整合利用。下面，笔者将详述历史上的各种并购重组方式及其利润源。

从过往的资本运作模式来看，横向并购是两个或两个以上生产和销售相同或相似产品公司之间的并购行为，如两家航空公司的并购，两家石油公司的结合等。这种方式的利润源是：由于规模效应而使生产成本降低，

---

① 曾鹏．我国企业并购中的风险管理与防范［J］．现代企业文化，2012（9）：150－151.

提高了市场份额，从而大大增强了企业的竞争力和赢利能力。例如，J. P. 摩根创建的美国钢铁公司通过收购卡内基钢铁公司等785家独立竞争对手公司，最后形成了钢铁巨人——美国钢铁集团。它的产量曾一度占美国钢铁行业生产总量的75%。此外，通过横向并购成为巨人企业的还包括杜邦、标准石油、通用电气、柯达公司、美国烟草公司和航星国际公司。

纵向并购是指生产过程或经营环节相互衔接、密切联系的企业之间，或者具有纵向协作关系的专业化企业之间的并购。纵向并购的企业之间不是直接的竞争关系，而是供应商和需求商之间的关系。这种并购的利润源是提高经济协作效益，消除生产链过程中多重加价对市场价格的扭曲，降低最终产品市场价格，有利于提高消费者剩余。例如，通用汽车通过并购整合与汽车相关的多项业务，从而成为一家实力超群的巨人企业。

混合并购是指一家企业对那些与自己生产的产品不同性质和种类的企业进行的并购行为，其中目标公司与并购企业既不是同一行业，又没有纵向关系。混合并购的利润源于资产尤其是无形资产整合利用。企业从本质上而言是能够从事一定独立经营活动的有形资产、人和无形资产的资源集合。企业通过混合并购进行多元化经营可以充分利用这部分资源进行协同运作，从而产生利润源。例如，互联网企业阿里巴巴，借助于互联网入口的优势可以入股各个行业的龙头企业，扶持其成为更具竞争力的国际一流企业。

全球战略并购是在全球化背景下进行的跨国并购。这种并购的利润源是打破国与国之间的壁垒，进行资源整合从而产生的利润。通过跨国并购，可以实现战略资源掌控和全球创新能力整合的目标。

上述并购方式是传统的资本并购重组方式，是企业主动的内生式改革；此外，还有一种争议颇大的资本并购重组方式，是外界资本力量打破企业旧有经营模式的外迫式并购重组，典型代表是杠杆收购。杠杆收购是指公司或个体用收购目标的资产为债务抵押，收购另一家公司的策略。杠杆收购是一种以极低的现金通过举债获取或控制其他公司的方法。这种方式是较高风险的一种资本运作模式，其利润源于收购方对收购后的企业进行资产剥离、兼并重组从而提高资本利润率的运作过程。相对于前面各种并购方式，杠杆收购含有更大的风险，也伴随着更大的收益，其利润源存在更高程度的隐蔽性和前瞻性，依赖收购方更高的智力和能力。杠杆收购风行于20世纪七八十年代的美国，当时的美国经历了“二战”后的长期发展，出现了很多多元化的、传统的、具有较长历史时期的上市企业，这些企业上市多年股权极其分散，内部的管理层掌控着大量的资金和资产，效率很低，股价不高。此时，出现了大量投资公司用杠杆收购的方法争抢这些公司的控制权，然后对这些历史深远的上市公司进行深入内部管理的改革、资产重组、资产剥离。这一系列运作将大大提高这些上市企业的经营绩效，再提高其股价后转卖出去获取高收益。从资本的角度而言，这些运作本身无可厚非。但由于是对旧有的、巨型的传统大企业进行深度改革，所以触动了很多内部控制人和企业员工的既得利益，并对当地经济产生了深远的影响。正因为资产并购过程泥沙俱下，往往通过秘密操作、野蛮手段进行收购、控股、资产剥离重组，用极小的资本就撬动了这些传统的巨头企业，所以杠杆收购往往被称为“门口的野蛮人”。那时候的杠杆收购，事实上是以资本强有力的手段打破传统经营方式进行资产剥离重组的活动，它与横向并购和纵向并购这种企业从内自我突破主动寻求并购重组的方式不一样，是一种外界资本侵入从而逼迫原股东和企业员工接受变革的野蛮方式，因而伴随着其他股东、企业内部人、管理者、普通员工的不满情绪。这种变革可以打破既得利益者的利益链条，进行资源重新组合，从而释放出新的生产力，提高社会整体福利。它的利润源表面上看来是通过兼并重组提高生产效率从而产生利润、推高股价，事实上是资本思维对传统企业经营管理思维的打破；从更深层次上而言，是不断求新求变的资本持有者对墨守成规、岁月静好者的惊扰。杠杆收购最初只是家族企业变现出售股权引起的，后来在举债税收优惠、风险股权基金等华尔街金融机构的推波助澜下，其资产价格越来越高、规模越来越大。1983 年杠杆收购的交易额为 45 亿美元，而 1988 年杠杆收购的交易额已经达到了 766 亿美元。伴随着杠杆收购的泡沫化，“垃圾债”增多，民怨沸腾。为了抵御杠杆收购进一步恶化，1989 年，宾夕法尼亚州议会提出了新的公司法议案。对此议案争议如潮，但仍得以推广，其后美国有 29 个州采用了类似宾州的新公司法。伴随着经济的复苏，杠杆收购开始走向价值投资，这个时期股权投资更注重被收购公司经营状况的改善和长期发展，并且重视被收购公司管理层的作用——更注重资本持有者与公司管理者和员工多方的共赢。

杠杆收购催生了专门进行资本运作的私募股权投资公司，但与横向并购、纵向并购、综合并购这些以企业自身积极主动寻求并购重组的方式不同，私募股权投资公司更多的时候是以第三方的身份进行对其他企业的并购重组，并视情况既可获利退出又可继续参与企业经营的股权投资基金。私募股权投资兴起于美国，从 20 世纪 80 年代开始，风行至今，在我国近年来也呈现出风起云涌之势，所以我们有必要详细了解它的来龙去脉及其所造成的影响。对以私募股权为主动出击方的收购，评价褒贬不一。它为华尔街及一众金融精英们提供了常人难以企及的高额报酬，同时以裂变的态势迅速瓦解旧有商业体系重组新的商业格局。当私募股权收购的野蛮洪水袭击的时候，人们不明白“这些人为什么如此关心计算机中出来的数据而不是工厂的产品？他们为什么如此热衷于拆散一家公司而不是去建设它呢？所有这些与商业精神究竟又有什么关系呢？”[①] 事实上，所谓商业精神、科技精神、创业精神……所有这些都不是固化的，而是随着环境的变换不停地呈现出新的形式，正如《从 0 到 1》里所描述的：“成功人士总能在意想不到的地方发现价值，他们遵循的是基本原则，而非秘籍。”[②]《从 0 到 1》这本书通过大量企业的成长和发展，论述了人们如何脱离“从 1 到 n”的传统竞争思维，开创了从“从 0 到 1”即从无到有的创新思维。这本书源于作者彼得·蒂尔在斯坦福大学所教授的课程。因为他发现“大

---

① 布莱恩·伯勒，约翰·希利亚尔．门口的野蛮人［M］．张昊，何淑燕，译．北京：机械工业出版社，2004：376.

② 彼得·蒂尔，布莱克·马斯特斯．从 0 到 1——开启商业与未来的密码［M］．高玉芳，译．北京：中信出版社，2015：27.

学生可能娴于几项专业技能，但是许多人从未学过在广阔的世界中如何应用这些技能”①。“我教授此课程的目的主要就是帮助学生超越学术专业设定的路径，开创广阔的未来。”② 商业精神、创新精神、竞争精神……所有这些，更多的是从教育而来，而非从人们的心之本能而来。彼得·蒂尔是硅谷中唯一一位支持特朗普的名人。他们是遵循心之本能，既具有同理心的仁慈意志又具有自强不息的强者意志的人，所以他们能深明自我和他人的特质，遵从基本原则，并将之贯彻于实践中，从而取得投资、创业、管理各方面的繁盛和完满。传承和革新，传的一定是心之本能原则，而非外在的各种形式教条，如曾经承载了整个小镇几辈人情感的纳贝斯克公司——闻名全球的杠杆收购对象，人们所需要传承的一定不会是纳贝斯克公司这一名号，而是它曾经为众人带来的满足生存需求的收入，满足情感需求的归属感、安全感，以及自我实现的意志。当资本大潮席卷而来的时候，当地人们欢欣于所拿到的巨额资金，诚恳、感恩地与曾经的纳贝斯克公司告别，投入新的更大也具有更多可能性的资本市场，开创更美好的生活。资本并购重组、私募股权投资在我国近几年呈现出几何级发展的态势，资本思维与传统企业经营思维的对抗与融合必将成为商界的热点，也是考验我国管理层、资本持有者、股东和企业内部人之时。监管层、资本巨头、中小投资者、企业内部人……你来我往，必然伴随着一场场舆论旋涡；资本思维、商业思维、企业家精神、中小股东与普通大众利益……必然在高度互动中取得动态均衡。

资本运作从最初的横向并购、纵向并购，再到后来的综合并购、全球战略并购、创业投资，事实上是一次次从小范围到更大范围打破信息流通障碍的过程，是一步步地实现更大范围、更高维度的信息流通透明的过程，而这伴随着信息传播技术的相应发展。通过并购、重组等资本运作方式进行的利润源挖掘，在互联网高速发展的年代，能产生更强大的整合效

---

① 彼得·蒂尔，布莱克·马斯特斯．从0到1——开启商业与未来的密码［M］．高玉芳，译．北京：中信出版社，2015：28.

② 同①.

应。通过资本运作，投资者可以快速搜寻市场中的价值点，通过资本的纽带作用进行快速的资源整合，使创新从设想阶段到实现阶段仅一步之遥。资本运作为资本持有者带来了超凡的投资收益，为创业者带来了巨额的第一桶金，为消费者带来了超预期的体验和收获。

在资本运作下，大多企业行业都将被纳入资本大网，从而也将催生一场深刻的企业大洗牌。今天的互联网已经不是一个行业，而是一种普遍存在的基础设施和生活方式。在这个快速变革的时代，80%的传统企业都将经历严酷考验，包括出租车公司、代运营公司、大量流通环节的经销商、中介、传统工厂等，而在互联网与股权投资的双重作用下，必将催生出一大批新型的企业和品牌。这些新型的企业和品牌，是在资本的主导作用下，借助于工业技术、互联网技术，直达消费者心智的资本运作的结果。资本将主动地搜寻价值源，主动地打破旧有的商业格局，创造新的格局。能顺应这种趋势的传统企业就能获得新生，否则将会在资本强有力的袭击下边缘化并最终被市场淘汰出局。

在资本思维的主导下，中国商界价值源仍有很多有待进一步挖掘。很多行业仍存在过多杂乱品牌，良莠不分。不健康的食品行业、千篇一律的代工产品，消费者懈怠，审美疲劳。中国急需一场品牌大洗礼，打造一大批经久不衰的百年企业和品牌，而这需要巨额资本的撬动。从消费者心智方面重估企业价值、品牌价值，在资本的介入下可以实现快速的转换、更迭、推广。

如果说资本运作的利润源于资本对传统企业经营的统筹协调，那么什么才能使理论上存在的利润源变成现实呢？答案在于人。投资的根本在于人。相同的企业、相同的钱、相同的时间，如果还想保证高回报，就要看投资的是什么样的人。这时候，人决定一切。笔者论述了从非此即彼的价值观过渡到开放型价值观的人性奇点的逆转过程——尽管运用了大量社科理论，但归根究底论述的是人。可以说，企业经营运作大多是基于这样的价值观才得以发展壮大的，是基于这种价值观的高强度劳动。在群体文化演变过程中，除了“群龙无首”的自我实现意志，其他意志的价值观都是相辅相成的——善与恶，弱对强，正与邪，假对真。这些人性的因素都同时存在着，都不过是基于曾被否定的自我实现意志而滋生出来的保护甲。在这种文化背景下的企业运作，需要高度的人治，需要管理者不断地挥动“鞭子”才能运转，需要通过标杆、奖惩等“心灵鸡汤”进行驱动。开放型社会的企业，则是通过最简单的制度设计，满足人性的基本需求并激发和弘扬人性从而激发员工由内而外的强者生命意志。在这种氛围下工作，每一个员工都自觉努力，并且收获自己所应得的，享受工作的过程。例如，滴滴出行，将无数私家车联结起来进行高效的统一调动，以前几乎是难以想象的，但移动互联网时代到来后就那么轻而易举地实现了。每个出租车司机都积极主动地“接单”，就是因为打车系统有着明确的盈利分配体系。八卦中乾卦的最高境界是“群龙无首”，就是一群“龙”在一起各尽所能，团结互助，忠心不二，积极发展，故曰“吉”。“群龙无首”的境界正是我国资本综合并购时代之后即将形成的各尽所能的社会格局，从个人到团体都有着自我实现的腾龙精神。这是资本网状结构下的企业生存运动状态，在这个网络体系中，每个节点都是独立存在的“龙”，同时每个节点都与其他节点直接或间接地产生牵连动力作用。在我国文化本能的影响下，拥有得道意志并在知行合一的原则下进行生命意志弘扬的个体属于极少数，绝大多数仍受制于文化本能，无法充分地释放自我能量，所以拥有得道的企业家精神就显得尤为珍贵。资本的功能在于搜寻这样的自我实现意志者，他们有能力将道念进行更广泛的传播，能知行合一地促使更大的人群自我实现意志的觉醒。换言之，这样的企业家精神需要资本的挖掘。投资除了搜寻价值利润源，更重要的是搜寻能将这种价值利润源付诸企业实践的人才。传统企业在资本运作上是闭环系统，企业过去的盈利用于该企业自身产品的扩大生产和销售，企业的未来发展依赖过去的资本积累。在资本思维下，资本所有权和经营权相分离，企业股权随时可以变动，资本的进入和退出灵活自如。这就为资本所有者提供了极大的自主权，资本能专注于价值挖掘与扶持，在这个过程中聚集大批具有“腾龙精神”的企业家，实现“群龙无首”的境界。

在过往并购的案例中，很多整合失败，没有产生应有的协同效应，大多源于资本思维与传统企业经营思维的冲突——开放型社会价值观与非此即彼的传统价值观的冲突。很多并购后的整合失败都源于资本与企业管理团队的矛盾对抗。例如，2004 年盛大全资收购起点中文网，开始了长达 10 年的资本所有者和管理团队之间的融合，但 2013 年起点创始团队集体从盛大离职。Google 在 2014 年收购加州一家非常知名的企业以后，一年时间里原来被收购企业的高管大量离职，变卖股票。即使像 Google 这样的企业，在收购过程中也会因为价值观冲突面临并购失败的可能。所以，并购只是开始，更重要的还是企业在之后的价值观融合，以及团队的融合和整合，而这才是资本运作成败的关键。

资本运作，是一项需要高屋建瓴的统筹运动。现实社会不缺乏理论研究的“知”，也不缺乏企业管理的“行”，但缺乏知行合一的具备得道的企业家精神的资本运作者。从知和行到知行合一隔着“群龙无首”的团结合作意识。这种意识，是采取开放的态度不停地纳入自己所需要的一切资源并且协调好他者关系的过程，是假定每一个个体都拥有独立自明的自主意志并且群体文化也支持这种意志。只有这种团结合作意志才是真正非排他性的团结合作意志，是一种高度配合的不以排斥和损害任何一方为目的的团结合作意志——尽管客观上也可能损害不具备竞争力者的利益，但那是以更大范围包括消费者利益在内的更高的社会福利为回报的。在这个过程中的资本运作，必然对应着传统经营企业股权的稀释和控制权的削弱。过去很多企业都通过高压管理实现利润，一旦过渡到释放人性的鼓励员工自主努力的阶段，则举步维艰，同时也意味着巨大利润空间的出现。过去，企业家精神依赖高度的自律。尽管他们也有腾龙精神，但他们是独龙，是盼望着“飞龙在天”的。然而，资本思维需要的是“群龙无首”的团结合作意识。中国现有企业存在着巨大的没被挖掘的价值，如企业的“历史价值”——长久生产营销过程中形成的具有生命力的网络体系和企业组织，这些历史价值没有反映在财务数据中。被压抑的潜藏价值，未被释放的个体和组织活力，都值得资本去挖掘。资本巨大网络的作用就在于如何将

"独龙"变成"群龙"，从中实现更高的社会福利，为资本带来更大的利润。

在文化方面，文明的建构需要几代人的努力，是一个更长期的渐进过程，是意识形态不断冲突、融合、变迁、改良的过程，任何民族的文化体系都容不得外来压力的颠覆，否则会造成文化断层式的自我毁灭，导致社会严重的冲突，所以文化的发展必须是在自强的基础上兼容，是基于内在自我觉醒前提的借鉴与兼容发展，这样才能确保该族群的强大与融入全球。中国拥有更强大的兼容能力与更多的优良传统，所以能确保历经落后与挨打仍能追上全球工业化浪潮乃至成为全球潮流的引领者。事实上，随着体制的公平、公正的进一步发展，贫困人口群体的消失，人类关于文化的发展将取得根本性的共识，在市场经济环境中，每个人各尽所能，各得其所，合作、共赢与良性竞争的整体和谐社会将得以形成。

图7－2是一个克莱因瓶的模型。这种瓶子根本没有内、外之分，无论从什么地方穿透曲面，到达之处依然在瓶的外面，所以，它本质上就是一个"有外无内"的古怪东西。看似瓶颈穿透了瓶子自身，但事实上理想的克莱因瓶是不穿透自身的。克莱因瓶是数学家克莱因脑中的"虚构物"，存在于四维空间中，在人们所能看到的三维空间根本制造不出来。正如金融工具是人类自然历史中并不存在的事物一样，金融工具是人类文明发展到一定程度后，在市场经济基础上衍生出来的工具。金融工具的真实作用，并不会容易地被直接观察和感知到，必须在人类文明（包括科学技术、社会制度、人文思想、风俗习惯等）的动态基础上，在抽象思维的作用下感知到其作用和力量。欧美国家的金融市场历经300余年的洗礼，而我国的金融市场，从1990年上海证券交易所成立至今不足30年。要将金融工具的意识内化为社会群体的文化意识，需要更彻底的道家精神；换言之，需要更彻底的道家精神，才能以开放的思维，以当下的心态，快速、精准地把握时代脉搏，融入全球市场经济，并在市场经济激烈竞争的过程中获得自己的话语权。从"实业经济主导社会发展"过渡到"金融经济主导社会发展"，是一个从"有限的线性发展模式"过渡到"无限的综合网

状发展模式”的过程。从传统行业财富到金融改革后的资本财富，看似内外有别，却是一脉相承的整体。金融改革使财富能量从有限到无限。从改革的整体方向而言，都是“使民自化”的过程，是尽量促使经济权力和政治权力相分离的过程，哪怕是国有资本，也有着规范的运作制度与流程。在完善的社会主义市场经济制度下，制度和法律法规是资本包括国有资本和民间资本运作的不二准则。在古代社会中，王侯将相即从政人员才有富贵的可能性，而在现代社会，人人皆有机会，人们已经脱离了需要依靠政治权力谋求经济权力的时代。在我国，这个过程在短短40年内迤逦绽放。金融改革的目的，是不侵犯原有产权利益基础上的再创造与再生产，是一个激发更大创利可能性的过程，而不是一个侵吞原有利益进而成就新的利益集团的过程。包括金融改革在内的市场经济改革，都是放开市场经济权力并使之独立运行、公正运行的过程。将传统各行各业的财富通过金融市场的力量进行资本化，从而能释放资本能量，产生更多更有价值、更有创造性的产品。

金融市场的作用在于，在个人或团体之间构建起连通创新技术和资本的桥梁。大量中小资金可以通过金融市场集合成更有效率的资本并获得更高的收益，大量有发展前景而缺乏自有资本的个体和微型企业也可以通过金融市场使自身迅速发展壮大。金融使创新市场化，“创新”变成可迅速变现的产品。金融的市场力量可以使资本运作效率更高，使中小微型创意企业在短时间内发展壮大，并且通过上市、股权变卖等方式实现资金的退出。在完全信息的市场经济体制中，金融本质上是风险的评估与买卖工具，但在真实的不完全信息的市场中，金融事实上就是关于创新和未来的评估与买卖工具，能对创新和未来进行定价评估和买卖，以及提前变现。

在当今世界经济格局中，大众普遍认为起着主导作用的有英美金融、欧美创新、中国智造三大力量，如图7－3所示。这三大主导力量是在平等、自由、公正、公开的市场经济力量下形成的。市场经济是一种社会资源的配置形式，未来资本力量是各国相互竞争的焦点所在。在这些看得见的全球一体化的经济层面之下，是极具差异的三大文化渊源：中国古代的

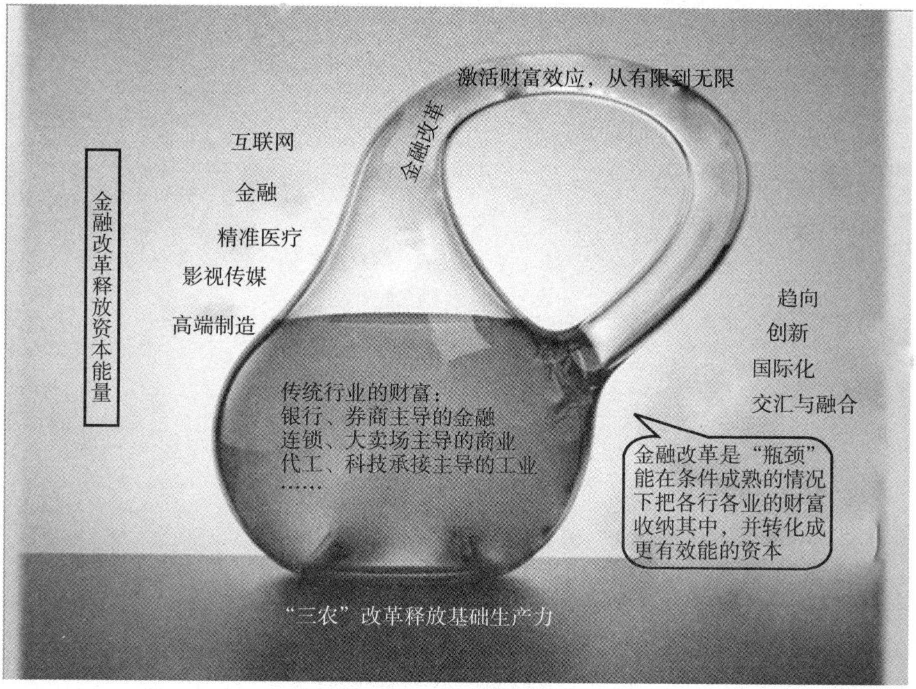

图 7－2　金融改革

道佛儒、西方传统的宗教、近现代的共产主义。这三大文化渊源是在经济外壳下更深一层的文化本能层面的根源。所有这些最终都归结到在历史发展进程中，人性、科技与经济的平衡，这核心层次的三者平衡则社会和谐发展，失衡则矛盾冲突不断。

当今世界格局就是在科技发达背景下的全球日趋一体化。关于全球化，其雏形可以追溯到西汉张骞出使西域。汉通西域，打通了中西方政治、经济、军事和文化交流的丝绸之路，使其成为此后2000多年影响全球交流与融合的主干道。事实上，在文艺复兴之前的人类文明史中，独立于国家来往、宗教信仰交流之外的第三方力量交融，是古代各国之间的商旅往来，那是以丝绸之路为主要特征的古代国际贸易体系。丝绸之路在西汉以首都长安为起点，经河西走廊到达西域，联结起亚洲、非洲和欧洲，从而促进了沿途政治、经济、文化、宗教信仰的交流与融合。万事万物最终

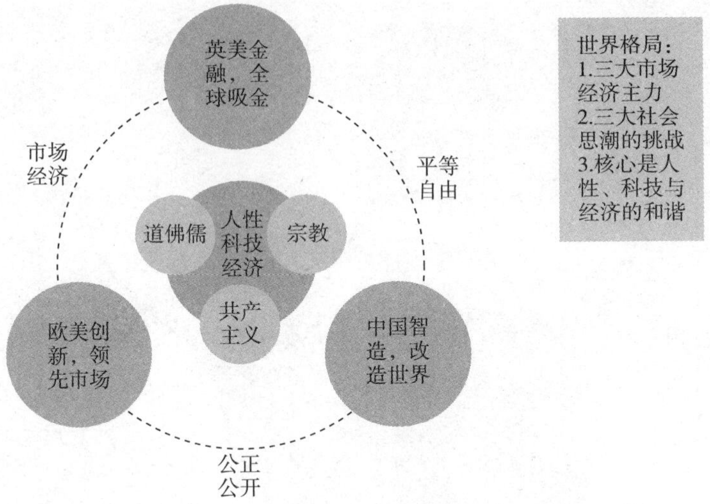

图 7－3　当今世界格局

都要回归一的本源。人类的思想文化无论走得多远，最终都会回归生命本真——那种爱与被爱中的渴求和因此而产生的无穷无尽的运动体验。在全球化群体对抗中，有多强烈的仁慈善良就有多强烈的野蛮霸凌。人们只有回归道念，在从不否定的自爱中不停地运动体验，才能创造出更美好的世界。这样才能做到真正地接纳一切，从而开启幸福的创造历程。当今一系列国际演变被媒体称为逆全球化进程。事实上，全球化既不需要支持更不需要遏制，它就是一件自然而然的事情——科技、人文发展到一定程度的自然而然的事情。在这个过程中，每一个国家都要找到自爱、自信、自强的信念，不以武力干涉、控制他国，才能真正地实现全球化。某些大国只有植根于道念，不干涉和控制他国的时候，其他国家才能得以发展真正的自强、自尊、自爱的独立自主的文化本能，建立以道念为核心的能容纳水、火、山、泽、雷、风的天地正气。火的特性和水的特性变化成的群体意志都是片面的，唯有天然道性才是群体文化的根本。当某些大国能回归初心道念，正视自我需要的时候，它与外界的合作才是真正双赢的、伙伴式的合作，而不是舆论旋涡中的付出与潜藏下的操控利用；当以道念为潜意识根基的开放社会的文化得到共识时，每一个纳入全球化体系的国家都是全球化的获益者。

中国古代繁华盛世史上有名，以《道德经》为标志的道学和以王阳明心学为标志的心学至今在全球社科文化领域中占有重要地位。国际贸易理念，应该是基于人道主义的国际贸易理念，是开放的、独立自主的、选择自由的社会价值观。这种价值观是鼓励人们遵循心之本能创造世界、改造世界的理念，对应的是人类历史上违背心之本能的教条主义。当今全球经济日趋一体化而文化本能却激烈对抗。不管世界上有识之士自认为西方强国自由市场、民主体制的思想有多么先进，但就是无法让欠发达国家和地区的人们接受，而中华民族在对人类社会的智慧洞察上拥有更为深刻的见解，在对人类文明中滋生的文化本能执念上有更人道的包容。中国人有包容性、坚韧性，既自强不息又海纳百川的精神可谓所向披靡。所以，也唯有中国有足够的能力和经验接纳全球更广泛的民族。经济发达、物质富裕、政府强大是所有社会稳定发展的根基。中国追求的是平等互信、包容互鉴、合作共赢的国际关系，而不是经济上的霸权，更不是通过施舍实现道德制高点的精神控制。从经济上到政治上，中国追求的都是八卦中“群龙无首”的境界，此时群体文化必然是乾坤一体的，是开放社会下群体文化的最大凝聚力所在。

在现代市场经济中，资本和互联网已经将全球联结成一个网状结构的共同体，未来将进入全球经济加速一体化的进程。在这个进程里，全球进入创造力大爆炸的时代，科学技术突飞猛进，人类自身的幸福诉求得到极大的尊重和释放，如图7－4所示。在此后百年全球一体化的进程中，更多过往不可思议的理想也可能达成，如图7－5所示。

中国经济高速发展40年，经历了从计划经济到市场经济的转轨过程。这一过程中的社会是机遇型社会，人们只要有足够的勇气和机遇，往往就能收获财富，而经济转轨后的市场经济环境是能者天下，才华与智慧是社会竞争的焦点所在；与此相对应的是，高端行业进入全面发展的阶段，智能科技、文化产业、生物科学等凸显出巨大的财富效应，而资本市场更是激发财富效应的不灭火炬。从一定意义上来说，从计划经济到市场经济转

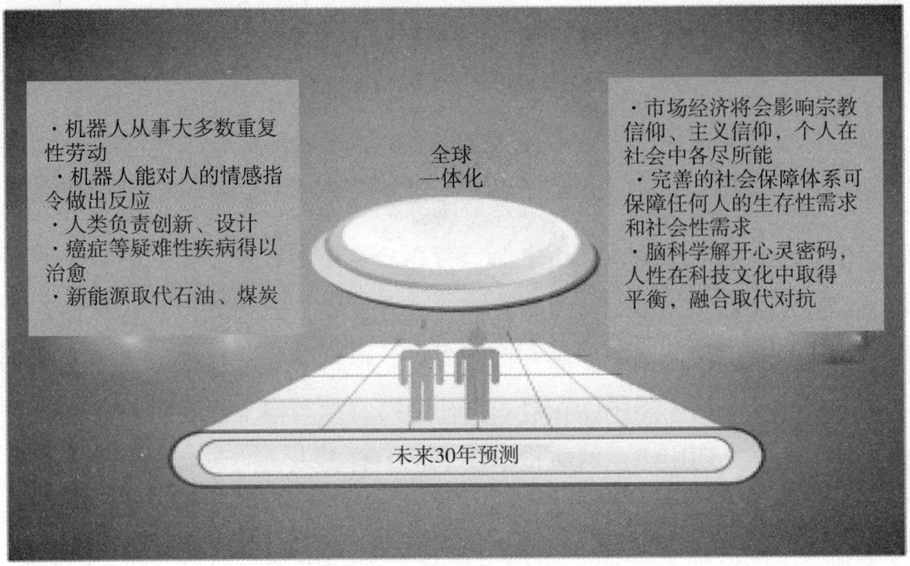

图 7－4 未来 30 年全球一体化

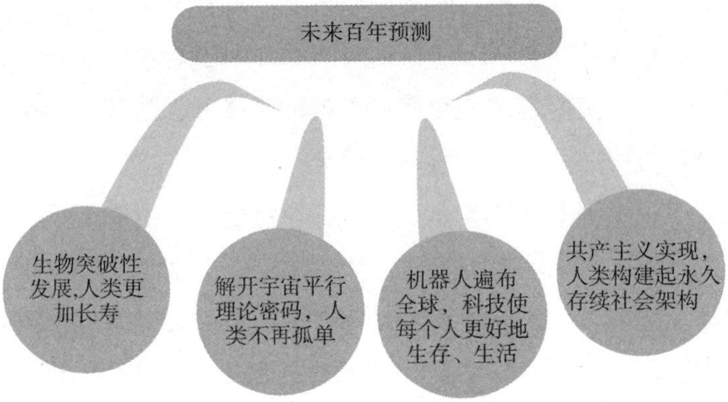

图 7－5 未来百年预测

轨的过程就是逐渐放开市场的过程，也是释放中国经济能量的过程，而每一步放开都意味着机遇。如果说直接受益于体制变革下的财富积累者依靠的是勇气和机遇，那么 2005 年以来的中国，在互联网、电商、智能产品等行业中异军突起的企业家则更多的是依靠才华与智慧，他们或有学贯中西的渊博知识，或有跨界整合资源的睿智，在财富积累道路上走得阳光而激昂。截至2016年，放眼中国商业在全球的地位与形势，能应用于市场的全球最新、最高尖的科学技术，中国丝毫不逊色；全球能整合的资源、跨界整合的商业模式，中国也发挥得淋漓尽致，在全球商业竞争优势上也处于领先地位。各行各业各形态，皆已有资本力量或被动或主动日渐成为主力。中国经济高速发展40年，民间已积蓄了巨大的财富，伴随着富豪排行榜一年比一年让人瞠目结舌的巨额数字，一个个赫赫有名的企业家应运而生；除此之外，民间还有隐形冠军不计其数。此时，资本市场和金融市场皆有较为完善的运行体制，而资本思维投资理念和模式也悄然风行。在资本思维中，几乎每一个创业企业都离不开资本市场的支持。从宏观的角度而言，在市场经济早期，大多数企业都是传统企业经营模式，是利用某一特定机遇进行实业投资，然后慢慢进行资本积累；当资本积累到一定程度后，由于依赖某种创新或资源的企业经营具有边际收益递减效应，所以企业发展到一定程度后就会遇到发展“瓶颈”，亟须进行突破以谋求新的发展。此时的企业拥有了一定的资本，可以通过资本运作进行外界资源整合利用。也就是说，资本运作是传统企业经营进行到一定程度后的产物，是传统企业经营过渡到资本运作经营的外在方式，是资本独立出来作为买卖对象的高级市场形态的重要方式。此时，将会出现大量专业资本运作机构，即专门对外搜寻资本运作项目的机构，如红杉资本、真格基金、IDG资本、经纬中国、软银中国等。在私募股权投资、兼并重组、创业投资的推动下，一级市场、商业格局呈现出快速变幻的态势；而依托这样的一级市场和商业格局的二级市场，又有着怎样的演变法则呢？

第八章　证券投资理念与方法论

如果说人在满足生存需求之后谋求的是安全需求和归属需求，在安全需求和归属需求满足之后谋求的是尊重和自我实现的需求，如果说对应不同的需求衍生出不同的文化本能，不同的文化本能在不同的文化体中衍生出不同的人格特质，那么证券市场上理想的投资理念和特质是什么呢？由理想投资者的理念衍生出来的方法论又是什么呢？面对瞬息万变的证券市场，非理性作用如何相互作用演变呢？投资者如何直面自我，尽最大可能客观地把握证券的真实内在价值呢？作为手握大资金的机构投资者，又如何客观地整合不同价值观从而做出更符合实际的预测呢？下面，笔者将分析证券市场中不同投资观念中的本质要素和成功要素，并提出基于本书资本理论的动态价值投资观。

一、投资理念的演变

如前所述，人有左思和右想的区别：当我们左思的时候，对应的是“应然”，也就是事物“应该是什么”；当我们右想的时候，对应的是“实然”，也就是“事实是什么”。在一个得道、包容、开放的文化体中，人得以依其本性成长，人的思想和感受是高度协调统一的，能轻易感知应然和实然之间的动态联系；但自人类文明化以来，衍生出很多以思想反噬感受的文化本能，人为地竖起一扇扇偏见之墙，眼中只有应然而漠视实然，或者只有实然而漠视应然。当投资者注重应然的时候，他会更关注价值投资；当投资者注重实然的时候，他会更关注投机。价值投资和投机，是传统意义上证券投资中两种较为经典的投资理念。价值投资是不停地探究市场中存在的确定的、长时间的投资机会；而投机是不停地观察市场中即时的不确定的变动因素，搜寻偶然性的投资机会。价值投资观是依靠学习和理性判断，依靠分析研究，做出全面、系统、有根据的预测，在此基础上做出长线买卖决策。投机观是依靠观测、猜想，凭借直觉，做出临时的、概率性的预测，在此基础上做出短线买卖决策。巴菲特是典型的价值投资成功的代表，杰西·利弗莫尔（著有投机经典《股票作手回忆录》）是典型的投机成功的代表。除此之外，价值投资阵营的代表还有本杰明·格雷厄姆（代表作有《聪明的投资者》《证券分析》）、菲利普·费雪（代表作有《股市投资致富之道》《怎样选择成长股》），以及霍华德·马克斯、彼得·林奇等。价值投资阵营反对投机，主张通过分析企业的盈利情况、资产情况及未来前景等因素来评价证券价格。投机阵营主要有维克托·斯波朗迪（代表作有《专业投机原理》）、比尔·威廉姆（代表作有《证券混沌操作法——低风险获利指南》）、罗伯特·希勒（代表作有《非理性繁荣》）、范 K. 撒普（代表作有《通向金融王国的自由之路》）等。

过往价值投资观和投机观是两种相互平衡极少交集的策略，鲜有人将两者视作一个整体。应然思维是通过学习而来的，实然思维是通过观察而来的。火的使用使人们进化出社会性需求，从而懂得了团结、合作、交流的作用。正是因为对文明的学习和传承，人类需要更长的时间历练才得以独立成人。也就是说，应然的思维方式是文化横向传承和纵向传承的结果，你投入学习的热情越高、时间越长，就越能习得古今中外属于群体的文化智慧，因此更能判断出应然的合理性。在工业化、市场化早期，高学历是极少数人的专利，所以依靠应然的价值投资的判断方式，更能获得成功；而在工业化、市场化后期，高学历者在人群中的比例更高，市场中的资本持有者更多是拥有渊博知识的人，他们相互之间依靠应然竞争并不能获利，相反，谁更拥有实然思维方式，谁反而更容易获得成功。例如，索罗斯获得伦敦经济学院学士学位，是一位比较典型的高知投资者，然而让他纵横资本市场的却是他的实然思维。他会关注当前全球经济演化局势，从中寻找投资机会，无论是打赌英镑贬值，还是狙击泰铢和港元，都是他凭借时态演化所觉察到的随机的投机机会；虽然他是全球著名的“投机专家”，但他与杰西·利弗莫尔不同的是，他以充分、大量的应然为思维基础，也就是说他懂得经济学、投资学等社会科学的理论知识，他知道经济应该怎样运行，但他更看重经济事实是怎么运行的，在应然和实然之间寻找投资获利的机会。

在人类资本市场经济发展的数百年历史中，大多数时候是应然思维决定投资的成败，如投资工厂、投资企业、投资艺术品等，都必须要有清晰的理性判断作投资的依据。当投资者看中一项技术创新或者一项市场需求的时候，就会进行长期的投资，期间会经历种种挫折，但都会在应然思维的指导下贯彻执行下去，并最终获得成功。当资本市场经济发展到一定程度，资本独立出来成为买卖的依据的时候，二级资本市场形成的时候，实然思维模式有了新的用途，投资者不用了解过去复杂的经济运行的内在规律，也不用了解企业经营和管理过程中各项复杂的竞争要素，仅仅凭借观察K线图，或者仅凭借突发事件，就能进行投机的操作买卖，并从中获利，如杰西·利弗莫尔。就这样，应然的思维方式和实然的思维方式在现代资本市场中有着割裂明显的两派——价值投资派和投机派。有确定性思想的人很难接受不确定性的观点，而有不确定性的观点的人又很难习得确定性的思想知识。如前文所分析的，若非文化本能的禁锢作用，人的意识成长并不会非此即彼，而是相互融合促进成长的，应然并不会反噬实然，实然也不会否定应然，而是在知行合一的原则下构建起自我完整的人格特质和渊博的知识基础。因此，理想投资者的特质应该是：一方面拥有充分的应然的知识基础，另一方面以实然为意志导向。也就是说，洞悉社会经济的内在运行规律，在这个基础上根据现实演化情况做出投资判断，在此可把这种投资方式称为动态价值投资观。动态价值投资观关注实然，但又知道应然，所以事实上他关注的是群体的易谬性——即实然和应然之间的矛盾根源，是一种联系的、动态的投资观。与动态价值投资相对，过往的以应然为指向的价值投资观和以实然为指向的投机观是将价值投资和投机割裂的一种投资状态。在动态价值投资观里，由于应然和实然是高度联动的，所以价值投资和投机是统一的，是在不同时代、不同群体中的不同策略。动态价值投资观是基于不确定性社会发展观和悦纳变化的心理动因而展开的价值挖掘的资本观，是与时代共振、与群体共振、与时俱进、得道的资本观。

二、动态价值投资观

前文根据价值投资观和投机观、应然和实然的思维模式，引出动态价值投资观。所谓动态价值投资观是指最大可能性地尊重和接纳市场中任何一个个体的应然思维，直面实然，通过自我的应然与实然之间的动态关系，做出关于证券市场的全面的、客观的、动态的预测和操作。具体而言，就是要求投资者具有开放灵动的思维框架，能理解他者的思想演变，能理解科技的无限可能性，动态地、直面自我和社会地进行各种要素的分析研判，从而辨析出证券市场中哪些是客观要素，哪些是虚妄诱吓要素，从而进行客观性的价值挖掘与投资。传统价值投资事实上是忽略了他者观念、群体情绪、宏观言论、突发事件等企业经营以外的影响因素；而投机则是根据技术曲线、群体情绪、宏观言论、突发事件等因素做出买卖决定。与价值投资相反的是，投机观大多忽略企业未来的潜在价值。如果说价值投资观关注的是应然，投机观关注的是实然，那么动态价值投资观关注的就是应然和实然之间的相关关系，以及由这种相关关系做出的预测。

综合而言，证券市场是一级市场创新、风险、利润、亏损等要素的杠杆化反映，是将一级市场长期效益进行短期量化的反映。其人性的波动性、技术的创新性、经营的风险性等要素在二级市场即证券市场反映得更为激烈。因此，即使是基于客观判断的应然和实然之间的动态关系曲线，也是一种艺术化的波动曲线。这种艺术化的波动源于认知差异，即应然和实然之间隔着的认知差异。这些认知差异大都是非理性因素，包括投资者个人的认知差异和群体无意识的认知差异。这些饱含非理性色彩的认知差异是如何起作用的，会导致什么结果呢？这就涉及本书所提到的文化本能及群体和个体的非理性动机行为。正如本书所反复论述的，人类文明历史上经常存在着理性主义和非理性主义的鸿沟，在社会制度建设方面大多依赖理性的社科文化。本书强调理性与非理性的结合，社科理论与人文艺术的结合。尽管我们未必会精通琴棋书画各种艺术，但作为投资者必须擅长体验、鉴赏和理解这些艺术，并根据不同的艺术探究不同人的非理性动机。只有对人性——包括自我和他人及人际关系洞悉深刻，直达潜意识深处，才能对应然和实然间的非理性作用力做出精准的感知和判断。用应然和实然的相关关系分析证券市场飘忽不定的波动，往往能让当局者恍然大悟。例如，笔者的口头禅是“该涨不涨必然大跌”，其实就是用应然和实然之间的关系来预测未来走势的一个例子。“该涨”是应然，“不涨”是实然，“必然大跌”是用两者相关关系做出的预测。“该涨不涨必然大跌”这句话用投资观和投机观都难以理解，但用应然和实然的相关关系就很好理解了。这是本书大费力气从古至今论述人文变迁、经济变迁的意义所在，是动态价值投资的脑力基础和理论基础。动态价值投资观不仅能思考应然和实然，更重要的是能从应然和实然之间的差异来判断群体文化舆论，并能站在人性的高度洞察应然和实然之间的动态关系。所以说，动态价值投资观是用综合的、长远的、立体的全局观和整体观来进行分析和判断，在这个过程中实事求是地对经济面、政策面、技术面、市场面、公司运行等几乎所有相关要素进行分析和判断，然后做出对大行情、大趋势的判断，再选定特定行业板块，最后再根据当时当地的舆论导向、突发事件做出买卖判断依据。

巴菲特是幸运的，生于市场经济制度相对成熟的美国，成功企业层出不穷，所以能依靠长期的价值投资获利。如果他出生于一个动乱的国家，体制经常变来变去，无论是长期的价值投资还是短期的投机，都是极难成功的。动态价值投资观不同，它不依赖特定时代，不依赖特定社会文化，能在任何环境中脱颖而出。这是索罗斯能从“二战”中幸存下来，并凭借资本征战全球而辉煌的原因。这也是笔者极力倡导的动态价值财富观、投资观。

动态价值投资观关注易谬性——个体和群体的非理性所导致的认知差异，将失败的情况纳入投资全程，每一次失败都构成成功要素，越失败越成功，因此动态价值投资观具有反脆弱性。要从理性上理解这种饱含感性色彩的思维模式，需要理解概率论和混沌理论。很多人都无法客观地正视概率论和混沌理论所揭示的世界运行法则。例如，在感性上，人们容易将投资的成功与失败归结为运气。笔者以为，运气往往是无能者的敲门砖，但却是高能者的试金石。投机者希望凭借运气开启财富之门，而动态价值投资者则将运气当作试金石。衡量运气的术语叫作概率。那么概率论到底有什么意义呢？举个例子。看医生的时候，人们往往会习惯性地问医生：出现某种后果的可能性有多大。医生毫不客气地回一句：即使概率只有1%，一旦发生，对你来说就是100%。这句话用在投机者身上再合适不过。这种无法承担不良后果的投机是失道的投资。与其没有能力进行动态价值投资的话，那么从热爱生活的角度而言，倒不如舍弃投机从事一份常规的工作。动态价值投资观努力规避这种无法承担不利后果的投资，正视概率论和混沌理论，根据应然和实然之间的关系动态地做出投资决策，当实际情况与预期出现差异的时候，及时调整投资规模和投资方向。从概率论而言，动态价值投资观需要评估出每一次投资的成功概率，并且评估出需要多少次投资才能确保整体获利。这是一种基于现实混沌运行而预测的动态投资能力。这种动态投资是容纳失败的，即使是类似“黑天鹅事件”的小概率事件，也在动态投资的决策范围之内，表现为为每一次投资都准备了足够的安全垫。这是一种类似强者生命意志的投资策略，每一个失败都能使之变得更强大，“曲则金，枉则定”便是这个道理。在这种能力的作用下，正确的投资决策甚至先于其原因之前出现——实然判断先于应然判断。正如索罗斯的儿子所言，父亲在人前对经济形势侃侃而谈，解析他买卖的经济原因和技术原因，但真正让他做出投资决策的原因仅仅是因为背痛——某种类似动物直觉的因素在影响他的决策。索罗斯的儿子透露，父亲背部痉挛就是提前警告的信号，而他人能理解的经济原因、国际形势则是事后分析。大多数人不会拥有索罗斯那样的直觉，或者说没有靠谱地善用自己的直觉。直觉需要直面自我最深处潜意识的能力，而人们大多为文化本能所困，所以大多数人都只能是价值投资者或投机者。要成为动态价值投资者，就必须拥有洞察应然和实然之间动态关系的能力，在自身得道的基础上进行知行合一的人生实践，从而洞察经济的发展方向和群体舆论情绪的演变。

传统价值投资观将目光聚焦在某一次特定的投资机会上，而动态价值投资观则将目光聚焦在无数次投资聚合而成的全局上，是将所有应然和实然纳入观测视野的综合投资观。传统投资观具有偶然性、脆弱性，一旦遭遇“黑天鹅事件”就会让投资者措手不及。在社会经济运行过程中，“黑天鹅事件”无处不在，因此传统投资观是不足取的，那不是富有生命力的投资生涯。富有生命力的动态价值投资，是像索罗斯一样的投资，是在确保每次失败都在能承受的范围内并且还有足够的资本进行再度投入的情况下而进行的投资，是一种基于客观事实判断、概率判断的无数次投入的综合结果的投资。后者也有失败的时候，但投资者能坦然接受和面对这些失败，重新审视实然和应然之间的矛盾，能将失败的经验转化为下一次成功的能量。因此，动态价值投资是一种纳入理性思考与非理性感知的关于波动艺术的辨析与鉴赏。这种投资观，需要不同于传统思维的投资方法论，需要健全的人格特质和深厚的理论功底，需要得道的投资心学。下面，笔者特详述基于动态价值投资观的投资方法论、理想投资者的特质与理论功底、投资者心学，并构建证券市场价格模型，论述如何进行证券市场势能判断。

三、证券投资方法论

所谓方法论，就是人们用什么样的方式、方法来观察事物和处理问题。当人们遇到不可解析和预测的事物的时候，总会不自觉地为其找出原因，并依据过往的规律解析事物并预测其方向。人们固执地相信，万事万物都有其固定的规律。人类可以通过观察、归纳、验证的方法得出规律，然后根据规律去指导人们的行为。这便是人类的“确定性”心理需求，对应着应然，当事物不按照理性预测的方向走的时候，人们便会下意识地认为是他人错了或者是社会错了。“确定性”心理是人类心理软弱、懒散的表现，是规避更多更复杂情况的结果，是选择性忽视更多信息的结果，是失道的弱者精神，往往伴随着迷失自我、欺骗自我的精神。根据动态投资模式，人们需要抛开“确定性”心理的自我蒙蔽，正视混沌随机运行的真实世界，以此为基础的方法论就是怀疑和试错的证伪方法。这种方法要求投资者接纳实然，用实然去统领和矫正应然，当然前提是投资者思想中的应然足够充分。

根据证伪方法，所谓规律即使被证明对了一千次，也不能证明其就是真理。根据波普尔的认识论①，所有科学知识只能被证伪，而不能被证明。我们只能在一定的范围和条件下提出假设，直到它被证伪，然后再度提出新假设，证伪的过程就是科学发展的过程。波普尔的证伪理论并不为大多数人接受，因为那违反了人类“观察—归纳”的思维定式以及由“归纳”所带来的“确定性”心理安全感。“确定性”更多是人类为了达到心理舒服而产生的特殊需求，而不是事物解析的真实需要。绝大多数人沉浸在既有知识中能活得很好，而开放式思维的人却会根据实然不断自我否定，不断证伪，不断提出新假设，波普尔理论最坚定的支持者包括爱因斯坦及多位诺贝尔奖获得者，如梅达华、薛定谔、艾克里斯等，正是怀疑和试错的精神为这些人带来了非常规的新知。但错误的发生和存在并不是没有意义的，过往无论被证伪了还是没被证伪的科学知识（应然）都是新假设提出的前提条件，证伪得越多就离真理越近，但永远无法到达。从这个意义上来说，所谓理论、规律虽然都没有绝对性，都有可能因时因势而变，却是新假设的必要前提。我们能做的便是在最大程度上传承过往的知识体系，在这个前提下去证伪或者提出新假设。

反映在资本市场中，投资者必须谨记：没有“放之四海而皆准”的必

---

① 卡尔·波普尔. 猜想与反驳——科学知识的增长［M］. 傅季重，纪树立，等，译. 上海译文出版社，1997：52.

然法则，不要试图探索出市场的终极规律，并对所谓的规律不屈不挠地去执行，所有最终失败的投资者都是因为过于自信。我们能做到的便是对市场抱着敬畏的态度，时刻观察市场态势的变化，根据新的变化发现新的规律进行买卖操作，一旦发现与假设不相符，即自己的观点被证伪了，那么必须调整思路和策略。也就是说，犯错不可怕，可怕的是不能及时否定过去的投资思路。这种时刻出现的新态势判断，快得有时候甚至只是表现为直觉，因为直觉是一种发散的、快速的和综合的思维模式，是左右脑共同协作的最大效度发挥的反映，直觉发达的人能在危险出现的瞬间就能识别出并迅速做出反应。当然，仅有直觉还是不够的，还需要有超强的学习能力和灵敏的数字敏感度以及强烈的获取财富的欲望。这些都是作为一个投资者必不可少的特质。超强的学习能力预示着你可以对错综复杂的资本市场有充分、理性的认识，包括经济理论、管理理论、财务知识、金融知识、群体心理、文化国情等，因为社会上一切人文、科学知识都有可能对证券市场价格产生影响，这些影响或大或小、或远或近，都需要你去判断，唯一不需要的就是钻牛角尖般的深入分析——像科学家那样排除一个个外在因素去做探究式分析。任何一份深入研究报告都仅仅是作为判断交易的其中一个影响要素，而不能作为唯一要素。在真实证券投资操作上面，需要撇除一切偏见，聚焦于当前股票活跃度、大盘指数、板块热点、即时信息等，以此做出判断，而其时，所有过往的知识、历史经验、前期研判都会在潜意识里起作用，包括经济变化、政策动态、企业资讯、舆论情绪等。优秀投资者和普通投资者的重要区别在于，谁能更快、更精准地识别出新的市场态势，而要达到此目标就要求投资者必须有广博的知识和迅速的应变力。

价值投资和投机的观点对于很多投资者而言是容易理解的，而动态投资观点是难以理解的。对于证券市场上外在表现有点像投机的动态投资，大多数人停留在认知的低阶，认为投机就是赌博，是赌概率，会造成市场的非理性动荡，对经济无益。但笔者以为，真正深谙动态投资之道的大师，事实上同时也是价值投资大师和投机大师，既衡量企业的长期效益、实际盈利水平、未来可能盈利水平，又考虑短期的影响因素——不可否认的是，“黑天鹅事件”无处不在，一个公关危机就可能击垮一家百年企业，忽视这些“黑天鹅事件”是盲目的。正是基于此，动态投资者在投资市场上会时刻谨慎而为，时刻保持以审视的态度对待投资，时刻准备着应对一切突发情况，然后做出更有价值的决策。除了类似“黑天鹅事件”这样的突发事件，还有很多只可意会不可言传的群体文化舆论变迁的影响因素。这些舆论会影响政策取向，从而影响企业经营情况。群体言论情绪如云似雾聚散，它往往散发着愚不可及的非理性因素（参见《乌合之众》[①] 中对群体心理的描写），它就像或暗黑或光明的能量一样产生、流动、转化，它没有固定的形态，没有固定的规律，甚至没有特定的时间周期，你必须不停地感受、分析，然后做出尽量切合实际的决策。在西方证券市场上，引起非理性波动的是恐惧和诱惑；而在中国证券市场上，引起非理性波动的是“羊群效应”。有些中国人的思维目前主要仍然是抑制性的理性思维，感受不到情绪波动，却会对他人的行为跟风——你亏得一点不比我少，我就心安了。不要轻易将国外的技术分析套用到中国证券市场上，中国证券市场有自己的波动规律。

投资既是一门融会贯通各学科的科学，也是一门精妙独到的艺术。为学日益，为道日损。为学是开发左脑的过程，需要循序渐进地在科学的道路上一步步攀登以达到学术研究的高峰；为道是开发右脑的过程，是在人文社科的引领下一步步修炼以达到人性极限的境界。科技与人文，对于人类来说是相通的。投资本身需要博览知识的高效头脑，也需要纵横江湖的浪漫情怀。经济运行法则是容易理解的，追求的是一种条理分明的科学；人性情怀是难以理解的，追求的是一种只可意会不可言传的睿智。股海滔滔之间，万千理念之上，其实全是人性使然。当理性与感性完全融为一体时，投资就变成本能。对动态投资而言，投资是一种本能；不断地自我超

① 古斯塔夫·勒庞．乌合之众：大众心理研究［M］．何丽，译．北京：民主与建设出版社，2014：26.

越，是一种本能；始终如阳光般以独特的方式发光发热，是一种本能。自我超越精神是资本的核心基因，也是道家文化的体现。唯有敬畏古今中外的一切智慧，尊重当代市场经济制度和人文制度变迁的本质，并密切关注当今全球经济社会发展过程中的细微变化，用极富空灵的思维框架感受和预测经济市场脉搏，方能洞悉市场经济的脉动规律。

四、理想投资者的特质与理论功底

资本市场波诡云谲，风险无处不在。人们急需一种在错综复杂的市场环境中能所向披靡的资本观，这是一种以生命力成长为动因的悦纳变化和不确定性的动态资本观。这种资本观要求资本持有者本人具备开放的、反脆弱性的、接纳变化的、接纳不确定性的资本意识，既具有谨小慎微的珍重、爱惜能量，又具有能在波动的市场经济环境中乘风破浪的勇气和激情。具备这些价值观的创造型人才也是资本所搜寻的目标，但这种创造力的人性奇点并不容易达成——用实然思维主导大量应然思维的意志并不容易达成。

人性创造力奇点如此重要，有些人在人生之初就已经开启，所以能以空灵的思维框架接纳群体变化和科技人文知识。这种天赋是将道家精神内置为灵变的文化本能的生命意志，是爱已及人的天然的生命意志，是深信人性本善的精神意志，所以能最大限度地接纳社会中存在的几乎一切的人文科技，与古今中外的思想达成共振，这便是王阳明心学的“致知格物”。反映在证券市场中，就是一种动态资本观天赋。这种天赋比学识更重要，没有这种天赋，再聪明的人、付出再多努力也无济于事，反而会适得其反，所以证券投资市场注定只有1%的人才可能是长期成功者。有天赋的人，可以通过努力达到交易大师的境界，这种努力包括更高的学历、更渊博的知识、更广泛的见闻以及更透彻的感悟。

天赋是与生俱来的，成年后如果没有机缘巧合的顿悟的话，即使再努力也难以获得，而交易者的天赋可以概括为左右脑都协同发达的直觉思维能力。这种直觉思维能力往往是伴随着其成长踪迹，内化成一种主导思考方式，形成与大多数人的左脑主导的逻辑思维方式相反的一种思维方式。这种思维方式是开放的、发散的、跳跃的、网状的，能调动自己的全部知识经验，通过丰富的想象做出敏锐而迅速的假设，它省去了一步一步分析推理的中间环节。它是思维过程的高度简化，却清晰地触及事物的本质。这种思维方式会导致异常灵敏的数字敏感度，会导致非常强的全局观和大局观，使人能从整体上把握事物的发展态势。值得一提的是，直觉思维的培养和发挥受情绪影响，情绪的不安会导致直觉判断被抑制甚至被歪曲，而与生俱来的广阔的胸怀、坚定的信任感（对自己和对他人的信任感）、长远的眼光等积极的个人特质将会导致更稳定的情绪，从而导致更精准的判断。换言之，只有在不带情绪的现实性前提条件下，直觉思维能力才能发挥最佳状态，表现在对现实的把握能力能不偏不倚、不带偏见而且切实符合各种情境地看待事物。直觉思维还有一些特点，如很大程度上的模糊容忍度，与传统要求“确定性”的心理需求相反，因为在直觉思维里，事物的解析都是多样化的、动态的。又如，因为有较强的同理心，直觉思维者更容易感知到他人以至群体的心理感受。在证券市场上，群体心理感受能力强的人能感受到随着股市曲线的波动，相应的投资者个体和群体的心理互动态势，并且能判断出这种群体心理对股价的反馈作用。综合而言，这种天赋就是反应迅速精准、具有整体观、数字敏感、记忆力强、客观现实性、动态化，它的形成有赖自幼年时起在尊道守情的基础上发展起来的植根于“本我”“当下”的价值观、世界观；这种价值观是深信“自我价值和他人价值、社会价值一体”的、从不怀疑“性本善”的、得道的精神，是一种自强不息与厚德载物共存的精神。

直觉思维一旦形成，就会取代更多烦琐的推理过程，然而，只有具备与现实相匹配的能力，它们才能更好地发挥作用。一种不合适的直觉思维反而会导致决策的失败。在证券市场上，决策者需要从最大程度上掌握影响证券市场变动的一切要素，金融精英最大的表现就在于此：融会贯通艰涩的经济学、管理学、财政学、金融学、社会学、心理学，对科学技术、人文动态都能信手拈来。知识基础很重要，没有一定广博的知识就无所谓理解，更不可能发现新规律、提出新假设，没有知识背景、理论基础的直觉思维能力在证券投资市场上只能是一种情绪的反映，与赌博行为无异，而有了知识背景、理论基础的直觉思维判断才称得上是投资。除了各学科的知识理论，交易者还需要对各国国情、制度、人文、群体心理，甚至人情世故都要能深刻洞察，因为证券市场说白了就是一个人类营造的江湖，它的潮起潮落全系于人性。

最后，交易者还必须有强烈的获胜欲望，能长时间面对大量枯燥的数据，能十年如一日地盯着那从左至右延伸的曲线。勤奋，带着长久高度热情的勤奋，是任何领域成就卓越的不二法门。

人性是社会不确定性发展的吸引力，道德、体制、资本、文化、信仰等都围绕人性随机波动。《反脆弱——从不确定性中获益》的作者纳西姆·尼古拉斯·塔勒布深谙此道。这位来自于黎巴嫩艾姆云的"漫游者"是典型的具备理想投资者特质的"天才"。在商业领域，他是安皮里卡资本公司的创办人，被业界誉为"深有影响的商业思想家"。在学术领域，他是纽约大学库朗数学研究所的研究员；而在投资界，他曾在纽约、伦敦、芝加哥等地做过专业的市场交易员。在个人学习方面更是大丰收，他拥有沃顿商学院硕士学位和巴黎第九大学博士学位，通晓法语、阿拉伯语、意大利语、西班牙语，还对古代语言有深入的研究，包括大量希腊语、拉丁语、阿拉姆语、古希伯来语以及迦南语的经典文本等。除了《反脆弱——从不确定性中获益》，他还出过三本书，都是关于不确定社会演变中的投资法则的：《随机致富的傻瓜》（*Fooled by Randomness*）、《黑天鹅》（*Black Swan*）和《随机生存的智慧》（*The Bed of Procrustes*）。他作品虽少，影响力却巨大。其中，《随机致富的傻瓜》和《黑天鹅》已经成为华尔街投资人士必读的经典著作。他和索罗斯都是拥有交易大师特质（广博的知识、灵敏的直觉思维）的人。

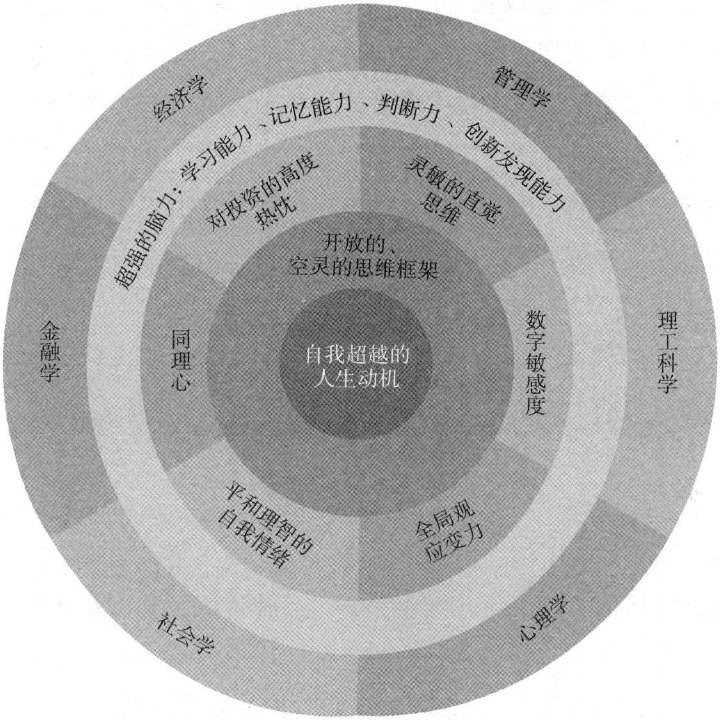

图8－1　理想投资者的特质

动态投资，要求投资者具备杰出的整体才华，具备自强不息的乾意志，具备反脆弱性的能力，具备强的投资生命力，这种投资不限定特定的时代背景、不限定特定的个人机遇，无论何时何地都能成为具有“腾龙精神”的自我实现者，无论何时何地都能以资本的眼光搜寻价值、发现价值、使价值增值；这种才华尽管有时候也依赖投资者的某些特定优势，但这些特定优势并不能成为决定性的主导优势，即使失去，此种投资者也仍能寻觅出更有市场价值的新的优势。这是拥有动态价值投资观的理想投资者的特质。

五、投资者心学

前文论述了应然和实然之间动态关系的价值投资观，并论述了这种投资观下的方法论和理想投资者的特质。动态价值投资观更适合直觉灵敏者，也就是不受僵化文化本能约束的得道意志者，是开启了人性创造力奇点者；而对于习惯于僵化文化本能者，则不适用此方法，因为他们无法建立起客观的实然思维，选择性地忽视某些应然思维，甚至其真实潜意识与显意识是两种相反的作用力，越是该恐惧的时候他们越是勇猛无畏，越是该前进的时候反而越是瞻前顾后。要达成人性创造力奇点的逆转，需要修道的回归本我的心路历程。这也许就是为什么许多现代成功的投资者非常相信道家精神的原因。那么投资者如何踏上回归本我的心路历程呢？下面，笔者将浅析动态价值投资观的投资者心学。

面对人性，不同水平的投资者会有不同的态度。普通投资者会听凭自我的简单直觉，受舆论的操纵影响，在恐惧、贪婪、迟疑、冲动的情绪下进行投资，看似总有希望，但结果总是一次次的失望；学院派投资者会仔细研究宏观经济面、政策面、行业、公司品牌价值、公司专利等与价值面相关的要素和市盈率、交易量、振幅、MACD 指标等技术面要素，然后做出投资的决定，这种操作策略只在特定时候特定状态有效，一旦时易世变，就极容易遭遇“黑天鹅事件”。

在普通投资者和学院派投资者之上，还有一种能认识到人性重要性的精英投资者，他们非常重视对证券市场情绪波动的研究。在精英投资者之间，很流行的一种观点是认为证券市场是反人性的，因此在投资理念中尽量隔离投资者自身的情绪波动，试图置身事外地衡量引起证券市场各种波动的要素，他们以为这就是所谓的“客观”。但笔者认为，精英投资者的这种投资观也是不可取的，尽管通过隔离“自我情绪”观照社会和证券市场，的确对于观察股市脉动和走向有一定的帮助，很多人也确实是这样获得超常规的利润回报的，如杰西·利弗莫尔就是通过严格的自律修炼，将自我情绪进行隔离从而洞悉证券市场波动的——每年年底他把自己关在金库三天，进行苦行僧式的修炼。在一次关于投资情绪的控制中，他写道：“它每涨一个点就意味着我又少赚了 500 块……但我没有听从内心喧嚣的希望和信心，我只关注来自经验和理智的忠告，把自己牢牢地粘在椅子上……六周耐心的等待，最终，理智战胜了贪婪和希望。”[①] 像这样的描述在书中不计其数，杰西·利弗莫尔专门有一章论述人性：“第十章　有人性的人做股票，本身就是个错误。”[②] 这一章详细论述了如何在证券市场中通过严格控制自我情绪、隔离自我情绪的感知从而获利的方式，投资界中关于证券市场中的“反人性”论调大多由此而来。杰西·利弗莫尔叱咤华尔街几十年，经历了大起大落，最终却饮弹自杀。他成就于人性，亡于人性。“封闭感情，不愿吐露感情就是他的天性……他觉得自己在生意上不能有情绪反应，因为不能也不愿宣泄情绪，他的压力就永远无法排解。”[③] 在他的生活中，他总是独来独往，几乎从来不和任何人建立感情联系，哪怕面对挚爱桃乐茜，也仅限于相互吸引而没有感情的交流碰撞。他其实也是想觉醒的，探究自身到底出了什么问题，他甚至去读弗洛伊德的著作，然而生活并不给他觉醒的机会，当他在富甲一方的人生高峰期试图开放自己与外界交流时，却被骗（或者说受诱惑）从而一再破产。他一直深爱的前妻桃乐茜是他性格的另一面——压抑内敛、深思熟虑；她直爽豪放、随性天然。他们两个相互深爱，却在感情的前者隔离和后者渴求中越走越远，最终不得不以离婚告终。离婚后，她放任自我嗜酒成性，开枪射击了他们的大儿子，使其致残；离婚后，他娶了一个跟他一样情感隔离的妻子——阴冷得令人恐怖的尼娜，最终他穷困潦倒饮弹自杀。他知道他的交易理论无懈可击，堪称开创了投机界的先河；然而他却说：“我的一生是一场失败。”[④] 为什么会如此具有戏剧性？

事实上，像杰西·利弗莫尔这种反人性的投机心法，就像《葵花宝典》一样，要从本质上去除人本性的七情六欲，进入彻底的反人性反智力反道德状态，才能取得数字账面上的成功。然而，资本市场事实上又是一

---

① 埃德温·利非弗，杰西·利弗莫尔．股票作手回忆录［M］．屠建峰，马晓佳，译．长沙：湖南文艺出版社，2015：328.

② 同①219.

③ 理查德·斯米顿．杰西·利弗莫尔疯狂的一生［M］．高海嵘，译．太原：山西人民出版社，2012：161.

④ 杜大可．华尔街之狼［M］．北京：中国华侨出版社，2011：115.

种充满人性张扬和诱惑的市场。在资本市场上投资，是一种类似在红尘中修炼佛学境界的过程，是在无尽欲念的牵引下努力压抑和否定欲念的过程，长此以往极易导致人格分裂，甚至会使人走火入魔，疯癫自杀。事实上，笔者认同他的投资技术，但不认同他的投机心法。同样的武林秘籍，内功心法不一样，结果只会南辕北辙。志在长远的投资者必须先修炼得道的投资者心学，然后再有所批判地学习和运用杰西·利弗莫尔的投机思路，才能成为资本市场真正的高手。

那么得道的投资者心学应该是什么呢？在武侠传奇和道家修仙小说中，往往都有正邪之分，反映在现代社会中，也充满了要么光明要么黑暗的能量。不同的出发点，面对现代日益强大的科技，有着截然不同的理解和发挥。高校所教授的管理学、营销学、证券学等，都仅限于脱离人性而展现的外在规律性内容，不同的人对这些学科有着截然不同的感知。例如，营销学和心理学，得道者学了后会在真善美强的方向上发力；而失道者会恣意利用人性之弱点，通过威吓利诱进行营销，更有极端者可能会利用人性之弱点诱使他人自杀，可谓杀人于无形。我们必须明白，爱己及人的正念是必不可少的。不然学历越高、知识越渊博，对自己和他人的危害越大。木心认为，达·芬奇的“公式‘知与爱永成正比’，似乎缺了一项什么，寻思之下，其‘知’其‘爱’已饱含了‘德’”[①]。木心没有明说，在失道者那里，在漠视人心者那里，知与爱是成反比的，知得越多，越容易伤己伤人。正如《股票作手回忆录》里的心法一样，将自我的情绪完全隔离乃至否定，断绝与外界的感情联系，单纯从数据的波动规律来衡量一切，如此深入骨髓的孤独，即使腰缠万贯又如何？

杰西·利弗莫尔认为恐惧和希望是投资的大敌，有人性的人活在资本市场中，本身就是个错误。而笔者恰恰相反，认为没有恐惧和希望的人不配活在资本市场；没有人性的人活在资本市场中，本身就是个失败。那么要如何才能在正视自我和他人，并让自我与他人和社会建立充沛的良好的

---

① 木心．素履之往［M］．桂林：广西师范大学出版社，2016：58.

感情联系，如何才能在此基础上进行成功的投资呢？理想投资者心法到底是什么呢？在此，我们用王阳明知行合一的心学来说明。知行合一意味着有什么样的认知就进行什么样的实践。表现在证券市场中就是，当你感觉到有希望的时候，就是按希望的方向操作的时候；当你感觉到恐惧的时候，就是应该逆向操作的时候；当你感觉到愤怒的时候，就是市场没有按照你的意愿走的时候，事后又被证明只是市场短期失灵。也就是说，你的本能反应对应着证券市场的本能反应，你只需要听取内心的本能声音就能在大多数时候进行正确的操作。要达到这种境界，则需要回归初心道念（即王阳明的“致良知”），用空灵的思维框架感受一切，进行基于独立意志的体验和客观判断，从而实现致知格物（先致良知然后才能探究事物）。而其时，不仅仅是投资方面的顺利，投资者本人的生活也会是万事如意的，投资者与他人、社会都会产生高度的互动和充沛的感情联系，从而天人合一，万物皆情。类似利弗莫尔的精英投资者，之所以认为证券市场“反人性”，是因为社会中大多数人都是缺乏独立思考精神的，也就是说，大多数人都受文化本能的影响，做不到“致良知”，所以才会受到情绪的错误牵制。此时，不良的情绪反映提醒人们应该修身养性了，但人们不思如何回归初心道念，却错误地以为是自己的情绪骗了自己，将之进一步隔离和否定，是为自己结上了一层更厚的茧，于是自我离本我更远——离快乐幸福更远。那么，如果更多人拥有了独立的精神，证券市场竞争演化又会如何进行呢？此时才是真正的价值投资之时——每一个实实在在的创新为社会所带来的价值都是值得投资的，价格将会严格遵从价值的走势。得道的投资者心法，不仅仅在乎证券市场标的物的内在价值，也在乎外界大众舆论情绪的影响力，更在乎自我情绪的感知力。

王阳明的心学包括“致良知”“心即理”“知行合一”等核心内容。其中的致良知理论认为良知是人的本能，也就是本书所说的性本善，当人们达到良知本能境界的时候，就能更好地认识事物。人们在成长过程中会受到群体文化的影响，从而迷失本性，错误地附上各种偏见，由此影响人们正确认识和判断外在的客观事物，而一旦恢复良知本能，那么外界一切都理所当然，因此他认为“心外无事、心外无物”。这便是“致知格物”，与朱熹和传统儒学的先“格物”再“致知”相反，所以事实上，王阳明也是反对教条主义的，反对通过单纯学识的传习达到知书识礼的目的，而主张实践，在实践体验的基础上学习认知，也就是“知行合一”，这也是一种身心灵合一的健全人格的成长方式。

表现在证券市场中，投资者要如何达到知行合一呢？也就是说，要如何做才能让个人的情绪感知与证券市场的脉动一致呢？其实，说起来方法也很简单，就是你必须找到志同道合的一群人，和你一起游走在资本市场，真心地分享或分担你的喜怒哀乐，与利弗莫尔的“独行侠”行为截然相反。这是因为人作为进化演进的将“团结、合作、交流”内置为族群本能之一的智慧型生物，拥有生存本能、安全本能、归属本能、自我实现本能，只有这些基本本能得到满足，才能更好地开启个人的自我潜能，感知天地万物运作的根本。拥有得道精神的投资者，本身就会注重知行合一的处世方式。他们自小拥有独立体验判断的精神，不断地通过自身的努力实践将自身的精神传播给周围的人。王阳明在《传习录》中解析为什么要强调知行合一的时候说：“世间有一种人，懵懵懂懂地任意去做，全不解思维省察，也只是个冥行妄作，所以必说个知，方才行得是；又有一种人，茫茫荡荡悬空去思索，全不肯着实躬行，也只是个揣摸影响，所以必说一个行，方才知得真。”①

对于得道的投资者而言，他有足够的智力去知，也有足够的勇气去行，而当他行的时候，就会不自觉地产生影响力，影响他的至亲，影响周围人，影响社会，当他的影响力在作用的时候，如果没有足够的能力协调自我和社会的关系，就会陷入自我意志消磨的旋涡中。正如利弗莫尔，当他在证券市场上风云突起的时候，外在的人情舆论围绕他打转，他并没有足够的能力调理好这些人和事，几经破产之后，他认为“来自亲戚、爱人、老友……所有的消息都有危险——他们伪装成各种各样的模样——勿

① 王阳明．传习录［M］．姚彦汝，译．北京：北京联合出版公司，2015：26.

听勿信”[①]。从表面上看，利弗莫尔的铁一样的交易纪律似乎统统指向“知行合一”，但事实上他的“知行合一”和王阳明的“知行合一”是背道而驰的。得道的投资者在面对来自亲友的各种信息时，能以辩证的态度接纳并且将之反馈给对方，与对方协调达成一致；失道的投资者会回避，甚至在潜意识掩饰下恶意歪曲事实，实际上是因为自己没有足够的能力辩证分析并将自我意志传达给对方，从而导致结果与预期的差异——导致应然和实然的差异。

利弗莫尔投机操作的真正目的是向世人证明自己的力量——尤其是向他那一向否定他的父亲证明。也就是说，他自律的根本目的在于获得世人的认可，而他独行狼一样的性格将他与世人远远隔离，即使有世俗的交往，也无法使他与他人产生真实的情感联系。王阳明知行合一的“知”，是彻底自明的“知”，而不是隔离自我情绪的“知”。精英投资者错将隔离自我情绪的“知”当作知行合一的知，走得越远离目标也越远。深度自明的“知”，一定是内心深处明白自我是希望获得他人认可的，是希望借助于资本市场的力量彰显自我价值的。无论最终成功还是失败，他的终极目的都是让自我和社会产生情感联系，产生真实、有效、正能量的人际关系。具有独立体验意志的人，当他面对错误的信息传输时，有足够的能力和意愿去辩论并转化为自我认知的一部分。在这个过程中，他与周围人的观念是在独立自主的基础上相互沟通协调而形成的，也就是说，他有足够的能力判断他人传输给他的信息是否客观正确，并有足够的能力将自我独立思考后的结果和意愿传达给对方，在这个过程中建立起真实的情感联系。例如，当投资者投资的仓位过重，而标的物下跌，并伴随着巨大利空消息的时候，投资者是一定会有担忧恐惧的，此时他不应否定和压抑这种情绪努力使自己冷静下来，而应找自己信得过的朋友交流，在交流的过程中释放压力。当他交流完毕，自然能恢复平静的心进行冷静的更符合客观

---

① 理查德·斯米顿．杰西·利弗莫尔疯狂的一生［M］．高海嵘，译．太原：山西人民出版社，2012：113.

的判断；当然万一不小心找了个嘲笑他胆小的人来交流，作用只会适得其反，加深他的非理性判断。能否和周围亲友团建立良好的互动关系，考验着个人得道的水平、知行合一的水平，而这绝非一朝一夕可以做到，是需要长时间尊道守情的成长才能发展出来的。在得道的社会中，这种方式是伴随着自强不息的精神自然而然产生的价值投资，投资者要衡量的企业的创新价值、市场价值的权重更大；而在失道的社会，在一个文化本能强烈的权威型社会、极权型社会，人们失去独立判断思考的心之本能，更容易产生“羊群效应”，反映在证券市场中的非理性情绪波动更激烈。所以，应然和实然之间的出入会更加严重。在失道的社会群体中，理想投资者需要更顽强的自我实现意志和自强不息的精神才能建立良好的与外界沟通的互动模式，这虽然艰难甚至不为大多数人所理解，但理想投资者仍然会执着于搜寻志同道合者，哪怕可能需要花费更多的精力作搜寻成本也是值得的；即使是在失道的社会中，通过得道的方式进行投资，也能在和周围人相互协调的过程中实现情感共振，从而洞悉证券市场脉动，尽管这种反映在证券市场中的情感共振饱含着恐惧、担忧、诱惑等让人不快的非理性因素，但这种非理性因素无论源自投资者自己的心理还是源自产生情感共振的他人的心理，理想投资者都能在道念的支持下将之转化为积极向上的能量。在这种方式下，伴随着投资越来越成功，他的得道的思想价值也能传播出去影响社会，他的至亲、他的朋友、他的团队也在相互确立认可的基础上建立起深厚的直达潜意识的情感联系，这种情感联系会进一步滋养他的投资技能……如此螺旋式成长发展，才是理想投资者的理想之路，才是真正的知行合一。

希望、恐惧、担忧、期盼等人性的因素都不是阻碍人们成为理想投资者的要素，阻碍人们成为理想投资者的要素恰恰是处理这些情绪要素的方式。情绪宜疏不宜堵，人性要释放而不是否定，要疏导而不是压抑。要达到释放和疏导情绪的目的，则需要与亲友与社会达成良好的互动关系，需要在社会人伦的潜意识层面达到知行合一的境界，这便是理想投资者心学。

六、证券价格模型

1. 实然价格与应然价格

前文论述了拥有道念的开放的、自由的、平等的、民主的群体文化和制度设计之间的关系。证券市场从严格意义上而言，就是一个开放的、自由的、平等的、民主的制度设计，人人皆可参与、自主决策，每个人都有自己的“应然价格”判断，但没有任何一个人能凭借一己之力决定“实然价格”。这与群体文化上“没有任何一个人有资格垄断真理”的道理是一样的，群体间的共识需要建立在高度自明、独立、交流协调的基础上。证券市场正是这样一个开放、自由、透明、自主的机制，而价格就是众多投资者高度互动后达成的“共识”。换言之，“实然价格”是众多“应然价格”的集合（见图 8－2）。正如国泰君安研究所所长黄燕铭所说：“股票价格的形成穿越了客观世界、内心世界和符号世界。”①(《证券研究的 2＋1 思维——谨以此文纪念国泰君安证券研究所成立 20 周年》）其中的客观世界和符号世界是可见的，是理性可以理解和掌控的，而内心世界却需要感应、同理和共振，需要在深度自明前提下对古往今来的文化本能演变进行透彻理解，需要“致知”然后“格物”，需要在道念的牵引下顺势而为。

假设 Y 代表实然价格、X 代表应然价格、n 代表市场中参与的个体，那么 $Y=f(X_1, X_2, X_3, \cdots, X_n)$。对于投资者 1 而言，应然价格 X_1 代表其理性思考；Z 代表非理性思考，这种非理性思考包括他自欺的思考和他所不知道的他人的思考，而要洞悉这种非理性因素，则必须等实然价格 Y 出来以后才能真正地了解，并且将之应用到下一轮应然价格中。事实上，$Z=Y-X_1=g(X_2, X_3, \cdots, X_n)$。所以，非理性成分与他者（自我之外

① https：//mp. weixin. qq. com/s? _ _ biz = MzA3MTEwMDIyNw = = &mid = 2647930955&idx = 1&sn = 7088 71a172c8942c2440a8ed3ac866da&chksm = 87122a67b065a371b2e372ec4251 d609efc4ca0c46 7f6f1d780bbd 8b0a34336b1ae89a9a1342&mpshare = 1&scene = 1&srcid = 0909Eqvc8N4M4D eWJnEnt-bB4&pass_ ticket = Lcq7q01qTMe4LeyZ1% 2FMEpKN9BKo704ib% 2B8BpHPHXRxfO2KRlljx EtdT9EQ u6GNoB#rd.

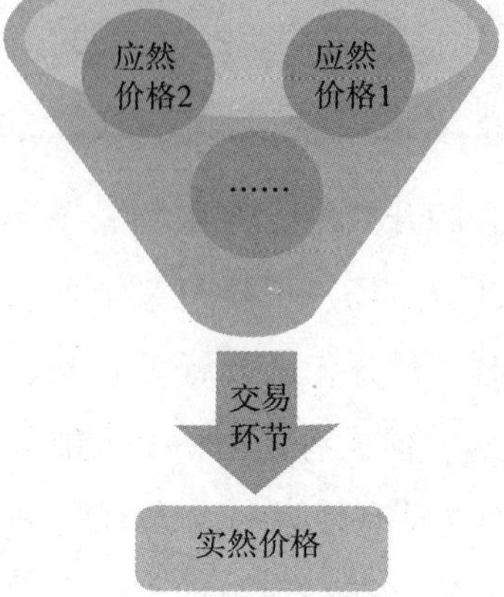

图 8－2 应然价格与实然价格

的其他人）的应然价格相关，即与 X_2，X_3，…，X_n相关。当投资者 1 纳入客观的非理性成分后，他第二次的应然价格 X_{12}就由第一次应然价格 X_{11}和“第一次应然价格和实然价格之间的差异”即非理性因素 Z 共同决定，从而变成了 $X_{12}=p(X_{11},Z)=p(X_{11},Y_1-X_{11})=h(X_{11},Y_1)$。如此，在量化分析上，如果一个投资者每次做出忠实、明确的应然价格 $X_{11}\sim X_{1n}$，并且收集足够量的 $Y_1\sim Y_n$，那么就可以借助于统计学模型模拟出该投资者应然价格和实然价格之间的关系 h，这必然反映了该投资者认知局限之外的因素，然后据此关系做出更可能趋近于实然价格的预测。

对于每一个投资者个体而言，如果说动态价值投资研究的是应然和实然之间的相关关系，那么真实价格 Y 作为实然当之无愧的代表就包括应然和人的掌控范围之外的非理性要素。在上述关系式中，X_1，X_2，X_3，…，X_n代表证券市场中的理性预测；Z 代表证券市场中的非理性情绪，其中包括投资者个人的非理性情绪和群体非理性情绪，也就是人们无法正视、疏导和管理自我三大本能动机所导致的非理性情绪。在极端状态下，如果社会中人人都是充分理性的，能深刻自明，信息充分流通，那么人人都能明确地判断资产的理想价值，那么 $X_1=X_2=X_3=\cdots=X_n$，即价格严格遵循价值规律。此时，Z 为 0，价值投资将大放异彩，社会创造能量最大化，人人自我实现，所有创新者都能获得合理的报酬。然而事实是，在市场经济相当长一段时期内，各个投资者的应然价格都不尽相同，个体和群体的非理性色彩非常浓烈，并且将这种非理性色彩反映到实然价格中，再形成各种技术曲线形态，投资者依据新的技术曲线形态再度做出新的应然价格判断。

应然价格是投资者基于理性判断的价格，包括标的物内在价值和根据技术指标模型算出的价格。关于应然价格，经典看法是：价格取决于价值。价格围绕价值波动，价值是主线。其隐含的暗语是：价格偏离价值是市场的错。随着时间的推移，必然要回归，因此可根据价值估值来买卖：当实际价格低于估值的时候，就是买入时机；当实际价格高于估值的时候，就是卖出时机。以上价格形成的路径，基本上是传统投资学院派的路径，是我们能从高校商学院中学习到的规范的课程内容。然而正如“我们听过很多道理，却依然过不好这一生”一样，我们学习了很多模型，学习了很多建模方式，但依然无法从市场上获利。从严格的市场经济模型来看，在一个充分竞争的市场，证券市场理论上是一个“零和博弈”的游戏，再扣除各种交易费用，投资者总体收益为负。之所以会出现这样的结果，是因为证券市场严格意义上是一个风险买卖的平台，在这个平台上，只有极少数人才能成为赢家；而商学院课程，不过是证券市场技能基本课程，对于真正夺冠盈利并不起决定性作用。商学院金融精英们拥有杰出的才华和能力，自信满满、兴致勃勃地研读完一系列课程，最终会发现，大多数只能从事一些“技术性”的工作，如银行职员，这些工作严格来说，与工业化早期车间的纺织工工作性质并无差异——这是21世纪初期群体中的文化本能和教育系统相互作用造成的后果。绝大多数高校毕业生或研究生、学者，其实并不一定具备证券市场投资的天赋。对于大多数人而言，人类本性中的天赋早就在童年的教化中被磨灭，当然此处不是反对教化，而是反对扼杀人性的天赋的教化。得道的教化是弘扬人的天性的——多样化的天性。绝大多数优异者是基于高压环境下的艰苦奋斗而取得优秀成绩的，因此得以继续深造，他们潜意识里认为学习是责任，是苦功。拥有道性天赋的人会认为，学习是一种生命的自然状态，是在好奇心的驱动下充实自我的运动，是智慧启发下的自律行为，因此是一种主动的轻松愉悦的努力过程。我们总试图希望商学院的课程可以帮助我们战胜市场或至少战胜那些非专业人士，从而从市场中获利，但其实大多数学院派人士并不比非专业人士高明多少，因为专业人士意识中有更多固化的条条框框，他们因能适应当前群体文化的需求而得以深造，却无形中扼杀了自我天性，扼杀了道性，所以他们无法感受到群体的情绪波动。换言之，他们了解得了 $Z=Y-X_1=g(X_2, X_3, \cdots, X_n)$ 中自己的应然价格 X_1（其中一个 X），却了解不了其他人的应然价格即 X_2，X_3，…，X_n，更了解不了 g——其他人的应然价格与非理性之间的动态关系——关于实然价格和应然价格之间的差异来源，因为这些内容不在商学院课程中。因而他们固执地认为 Y 就应该等于 X，如果不相等，就是市场的错。事实上，Y 才是合理的，与 Y 有差异的 X 是投资者个人的偏见。如果 Y 不等于 X，那么一定是存在投资者还没理解的要素，承认和接纳并重视这一点非常重要。如果潜意识中排斥这一点，不愿意承认自己错了，或许就是为自己穿上了自我保护的盔甲，竖起了通往潜意识道路的障碍。所以，市场永远是对的，如果不对必然是存在着理性难以理解的非理性因素 Z。

非理性因素 Z 难以量化，难以验证，而且时刻如云似雾变幻。价值分析和技术分析在博弈上的最终均衡及“黑天鹅随机性事件”的广泛存在，使传统价值分析方法在实践中几乎完全不具有可行性。面对价值分析和技术分析的无能为力，有学者又提出演化分析方法，注重历史、文化、制度等因素。例如，2002 年诺贝尔奖获得者丹尼尔·卡内曼将心理学等因素纳入经济学研究范畴，提出期望理论，从而催生了行为金融学。但这种演化分析方法，大多仍停留在定性描述的框架内，或者基于特定范畴的定量分析如风险测评与选择的量化分析。本章在理性人假设的基础上，利用应然和实然相关关系的思维方式，引入关于个体和群体的人本性需求变迁理论，探究这个纳入非理性要素的证券价格的模型 $X_{12}=p(X_{11}, Z)$，探究其中的非理性因素 Z 在证券价格中的作用机制，以及非理性作用在文化演变中的变化。尽管这个模型探究未必详尽，但可谓将最广泛的人文因素纳入资产价格模型的一个探索。

2. 非理性作用路径

过往经济模型和价格模型都基于理性人假设，本书也肯定理性人假设的价值模型，并且将之作为本章构建模型的基础，然后将非理性的作用纳入同一套体系中，以反映价格形成的历程——饱含历史的纵向和群体间的横向相互作用的历程。所谓理性人假设，是指作为决策的主体都是充满理智的，既不会感情用事，也不会盲从，其行为是理性的。非理性人假设恰恰相反，认为决策主体是非理性的，容易感情用事和盲从，容易受到权威或舆论的操纵和煽动。商学院达成共识的投资理念是价格总是围绕价值波动，其中波动的程度就是非理性的作用。价格低于理性价值时就应买入，价格高于理性价值时就应卖出，如图 8－3 所示。

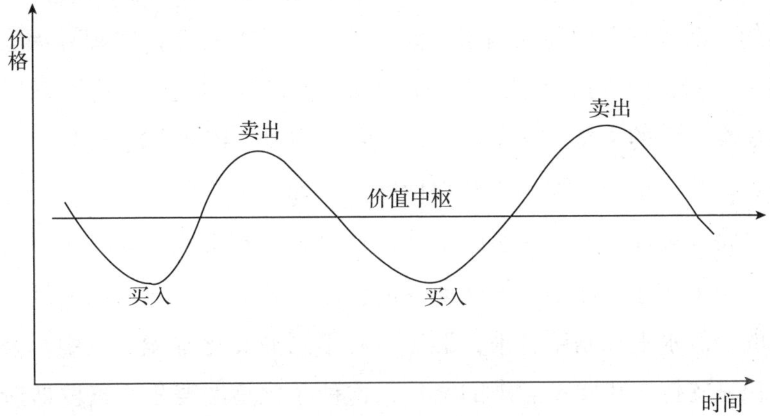

图 8－3　价格/价值关系模型

在这个传统经典价格/价值关系模型中，非理性作用被认为是错误的，使价格偏离价值，并且最终回归价值，价格围绕价值中枢波动，如此反复。反对这种理念的主要思想是：实际价格并不会围绕价值波动，反而是价值围绕价格波动。因为价格的形成是众多应然价格汇合而成的结果，含有单个理性投资者难以理解的非理性因素，市场是正确的，错的是投资者个人的认知局限；而且，即使市场是“错”的，这种市场的谬误也能在资本市场的作用下“一直错下去”。这就是索罗斯的“反身性理论”，这种理论为大多数成功的实践派投资者所支持，却被大量的理论学院派反对。传统价值投资观过于自信是建立在理性主义基础上的，认为一切都可以自控；而动态价值投资观认为，尽管一切可以探究，但未知永远比已知的多。这是一种用无限统领有限的思维方式，是接纳未知的不断探究的方式，是开放的不断兼收并蓄的成长意志，表现在证券市场价格变动中，就是理解应然价格，直面实然价格，然后继续探究预测的思维方式，是网状的、动态的，而不是传统价值投资观中只关注应然价格的直线思维方式。当投资者更能直面实然价格的时候，就不会执念于过往的判断，能在危险来临的第一时间觉察出来，并修正自己的判断。动态价值投资与投机的区别在于，前者是从整体观、全局观上做出的系统性调整，而后者则是见风是风见雨是雨的短视性调整。传统价值投资理念和价格投机理念几乎是严格分离的，前者只考虑理性因素，如巴菲特；后者只考虑非理性因素，如利弗莫尔。动态价值投资理念既考虑理性的价值因素也考虑非理性因素，并且考虑在不同的文化理念背景下，两者的相关关系和表现形式。

可见，我们把问题聚焦于非理性因素是如何运作的，以及是否可以预测。本书将非理性因素分为生存本能、社会本能和文化本能三类。这三类本能反映了个体和群体相互影响演变的作用力和效应。在不同的社会，对应不同的经济水平和制度水平，群体拥有不同的文化本能。其中，得道的群体文化是支持自我实现意志的文化，这种文化是波普尔、索罗斯所支持的开放社会的文化，是悦纳变化差异的、人人拥有平等自由选择权利的文化，这种文化是老子、王阳明等注重天人合一、知行合一的文化，是反对教条主义、偏见、权威主义的文化，是以真爱为基础的自我实现意志的文化，是承认宇宙无限、未知而又坚信一切可探究、可认知的唯物论。当你站在得道的高度纵观人文演变的历史，并且坚持知行合一的理念时，就会发现非理性因素不但可以认识而且可以量化分析。

得道的群体文化会导致群体中绝大多数人都拥有独立、自由的自我意志，这种意志是在深明自我潜意识最深处的需求并为之不懈努力基础上的自由选择意志。只有群体中绝大多数个体达到高度的自明并且拥有高度的自由选择权利的时候，群体间才能达成高度的共识，股票的实然价格才会严格遵循应然价格的走势。此时，市场上的信息基本上是高度透明的，资产的未来价值取决于它所拥有的创造力，也就是未来依靠它创新而获得盈利的能力，此时群体间的个体都尽己所能发挥有益于他人的创造力，而无须费尽心思进行群体间的筹谋——所有否定自我实现意志的，基于怨恨、妒忌、悲悯等方面的人性阴暗面被照亮，而基于人性阴暗面滋生的保护甲都将融化瓦解。此时，舆论的煽动和操纵基本起不了任何作用，广告的煽动性也大打折扣——针对个体人性的操控起不了作用，每个人都能直面自我，理性判断自我和外界的一切，包括群体意识；人和人之间能高度沟通、无障碍交流，意识动念便了然一切。

与得道的群体文化相反，在失道的社会，或者是在修道过程（疗愈过程）中的社会，资产价格蕴含着大量的非理性因素，这些非理性因素的心理动机是自我既不独立也不思考的伪意志，是在威胁、利诱、恐吓、贪婪等作用下的心理作用力，是基于生存焦虑、安全焦虑和归属焦虑的心理作用力。当这种负面作用力存在的时候，个体是无法做到拥有自明的、独立的自我实现意志的。当这种负面作用力存在的时候，企业的内在价值经过群体投射后，将会扭曲变形，群体间无法达成理性的一致，每个人都有自己独特的应然价格，而由各种高度差异化的应然价格汇合而成的实然价格，事实上是会偏离每一个应然价格的。负面作用力越大，应然价格偏离得越大；群体文化失道力量越强烈，应然价格越容易偏离实然价格，偏离的幅度也越大（见图 8 -4）。

内在价值经文化本能投射后的应然价格，呈现出与客观实在性不一样的面貌，越是失道的文化本能，失真程度越强——非理性作用力越强。由此导致了群体中不同的人产生各不相同的应然价格，各不相同的应然价格交易后形成统一的实然价格。在文化本能的作用下，对每一个投资者来说，他的应然价格和实然价格都会呈现出不同的关系：越是在失道的文化

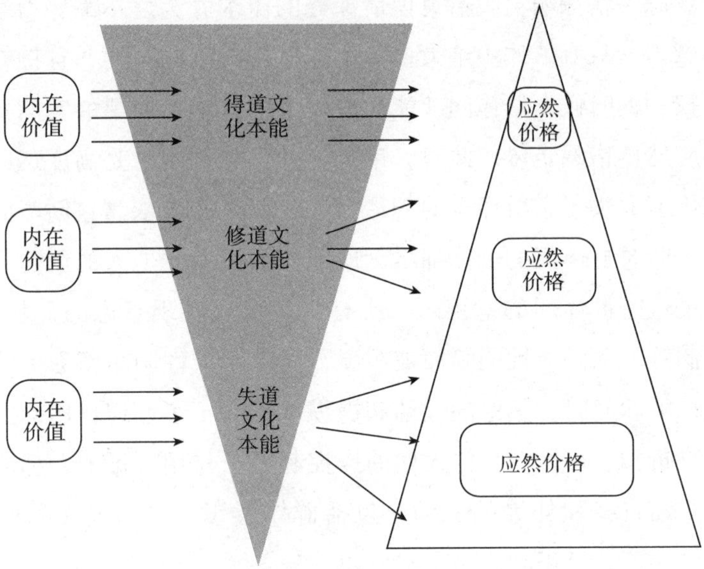

图 8-4 企业内在价值经群体投射后的应然价格

本能下，越多人的应然价格与实然价格会产生偏差；越是在失道的文化本能下，偏离幅度越大。如果以横坐标轴为文化本能的话，就形成了由左向右收敛的应然价格散点图（见图 8-5）。

图 8-5 中非理性曲线是一条凹形的曲线，意味着群体中文化的开放程度越高、自由程度越高、包容性越高越是得道，群体中个体自我实现意志越强烈、独立自由精神越强烈，非理性作用力越小；反之，越是单一文化体、越是封闭、越是失道的群体文化，群体中的个体自我实现意志越薄弱、独立意识越薄弱，其非理性作用力也就越强烈。与凹形非理性曲线走势相对应的是，越是在失道的群体文化中，非理性作用力越强烈，应然价格偏离实然价格的幅度越大；越是在得道的群体文化中，其非理性作用力越薄弱，应然价格偏离实然价格的程度越小，价格预测越能趋近于实际价格。在失道社会中，信息不透明，信息传输扭曲程度高，人们的非理性情绪强烈，不同的人有着不同的应然价格判断；而在得道社会中，信息高度透明，人们之间理性顺畅沟通，判断的预期价格更趋于一致，所以各个投资者的应然价格更靠近实然价格。这意味着，随着文化开放程度的提高，

波浪线的波峰和波谷越来越小，人们理性分析的应然价格越趋近于实然价格，非理性作用力的影响越来越小。换言之，越是在得道的群体社会中，人们越能深度自明，越容易接纳彼此、坦诚沟通从而达成价格上的共识。

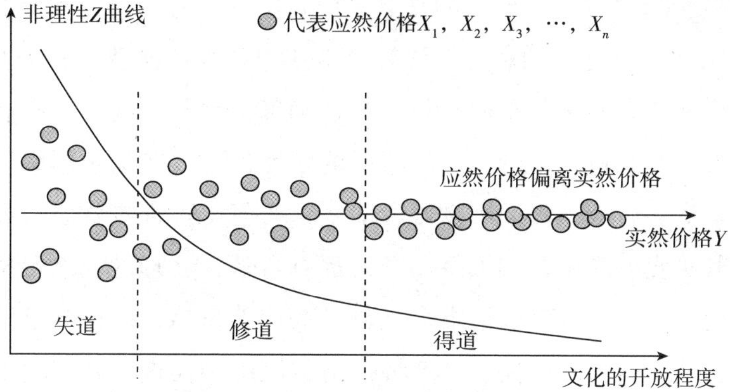

图 8－5　非理性曲线与应然价格

在市场经济社会中，媒体在非理性中起着关键的作用。通常情况是，引起资产价格变动的突发事件诸如科技创新、品牌丑闻等经过媒体的宣传会发挥作用，在高度自明、独立、自由、民主、自我实现意志的群体中，资产价格变动受到影响的作用非常理性，如科技创新若能引起该资产增值20%，就能迅速反映在该资产实际价格中，即证券市场中该资产的价格上涨20%。但在失道的社会，媒体一旦将该科技创新的作用饱含激情地宣传，就能引起100%的涨幅甚至是更大的价格泡沫，该资产在证券市场中就可能翻番甚至连续涨停；当然，若媒体情绪倾向偏低，那么也能导致该资产价格可能只是上涨10%。总而言之，在得道的社会中，群体之间拥有高度透明的舆情环境，绝大多数都拥有自明的独立思考的能力，所以能理性判断价值；而在失道的社会中，习惯了教条主义、宗教主义、权威主义的人们，长期缺乏独立思考和判断的能力，迷失了自我，容易受到周围人和媒体的舆论影响，更容易出现跟风行为，更容易产生“羊群效应”。这些几乎是不言自明的——“天下多忌讳，而民弥贫”，越是规矩或戒律多的地方，人们越是守旧顽固；越是在自由奔放的社会中，人们越能洞若观火。

在图8－3价格/价值关系模型，即传统价值投资分析模型中，价值是中枢，价格围绕价值波动；而在本书的应然价格与实然价格波动曲线中，实然价格是中枢，应然价格围绕在实然价格周围。很多研究分析师、投资者都很容易接受“尊重市场”的观点，但在实际思考、研究和分析的过程中，却只尊重“自己”的观念，认为价格在非理性地波动。事实上，市场中的每一个参与者几乎都是从“投资”的角度去参与市场的，鲜有人抱着纯赌博的投机心态进入市场——从赌博的角度而言，赌场和彩票显然比证券市场更具优势。如果每一个投资者都坚信自己是理性投资者，如果每一个人都有其买卖的理由，如果每一个人都有自认为合理的应然价格，那么投资者如何将众多的应然价格集合成自己的应然价格，以使自己的应然价格更符合实然价格呢？下面，笔者将在格雷厄姆和彼得·林奇的价值投资观的基础上，结合本书的动态价值投资理论，提出“独立预期价值”的概念，并简述之。

3. 独立预期价值

从传统价值投资观点来看，证券价值取决于投资者预期的企业未来的收益，即企业未来可能产生的现金流。价值投资研究致力挖掘和证明企业未来的现金流是否能保证现在的投入获得一定的回报率。基于预期价值概念和动态价值投资观，在此提出一个新概念——独立预期价值，即投资者的判断是否是基于客观立场，经独立思考而做出的判断，包括判断他人是否是基于客观立场，经独立思考而做出的信息交流。传统价值投资研究的是企业的预期收益。每一个投资者关注的“预期”都是从自我角度出发的“预期”，而证券价格的最终形成（即实然价格）却是众多投资者的众多“预期”交互作用而成的。因此，动态价值投资研究的是大量投资者的预期价值，以及这种预期价值的切实可行性，即客观实在性的预期收益，是在最大程度上排除个人偏见、群体非理性而做出的具有客观实在性的预期价值挖掘。这种独立预期价值不仅取决于理论上的“知”，还取决于现实中的“行”，事实上是基于大量理论知识的综合之后关于企业价值的可行性研究。独立预期价值依赖研究要素的客观性，这些要素来源于人。根据过往的社科理论，人的客观性其实是个伪命题——投资者很难判断哪些因素是客观实在性，哪些因素是人的非理性动机作用。根据三大本能理论，能更客观地洞察人性的演变，从而洞察理性与非理性的作用。对于单个投资者而言，须在植根于道念的基础上，透过他人的动机、性格、处境判断他们所传递信息的客观性和可行性，从而做出预期价值的判断。

传统价值投资观的经典理论提出者是本杰明·格雷厄姆，他在《证券分析》一书中提出内在价值“由资产、收益、股息和确定的前景等事实证明，与被市场操纵或无节制的欲望所左右的市场报价截然不同”①。“投资是以过去为基础，而投机主要看未来。……未来之于投资是需要加以防范的风险，而非从中获益的良机。”② 证券分析师的主要障碍是“数据不足或不准确、未来的不确定性、市场的非理性行为”③。事实上，《证券分析》一书主要强调的是企业过去和现在所积累的资源以及由这些实在的资源创造出来的具有较大确定性的未来价值。因此，全书大多数篇幅都在论述专业投资者如何分析企业的“内在价值”——透过财务报表、企业经营分析其内在价值，如图 8 –6 所示。

格雷厄姆研究的那个时代，企业经营数据仍是大量缺乏的，即使有很多数据也带有很多隐蔽性。因此，分析师针对企业内在价值诸如对资产负债表、利润表、现金流量表的分析，挖掘很多不为大众所注意的内在价值，也就是基于过去和现在的经营状况而分析出的内在价值很有投资参考意义。在现代社会，账面数据公开而又透明，分析师针对账面数据和市场数据事实上很难挖掘出有价值的观点，而真正影响证券市场价值的因素却主要集中在对未来和未来不确定性的衡量上——格雷厄姆时代所故意回避的分析要素，这些未来的不确定性要素在很大程度上源于人的非理性要素，是基于人性的隐蔽性、多变性、创造性变化衍生出来的不

---

① 本杰明·格雷厄姆．证券分析［M］．巴曙松，陈剑，译．北京：中国人民大学出版社，2013：76.

② 同①116.

③ 同①79.

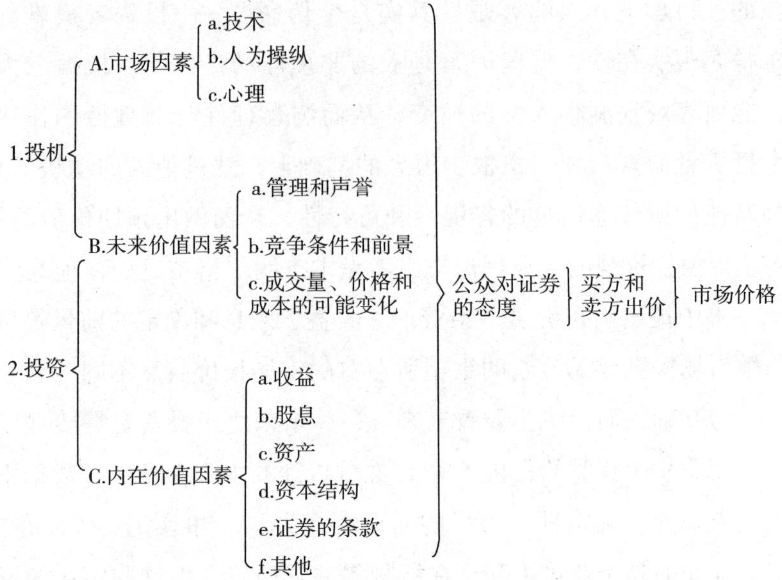

图 8－6 内在价值因素与市场价格的关系

资料来源：本杰明·格雷厄姆．证券分析［M］．巴曙松，陈剑，译．北京：中国人民大学出版社，2013：82.

确定性。格雷厄姆的价值分析是从专业分析师的角度进行的分析，与他相反的并且也是以价值投资著称的彼得·林奇则非常关注非专业的普通大众对证券的价值分析。格雷厄姆聚焦于专业证券分析师的价值投资，而彼得·林奇聚焦于普通大众如何战胜华尔街专业分析师。前者认为专业分析师可以通过分析其他人的非理性而战胜市场，后者认为普通投资者可以通过植根于自我优势而战胜市场。格雷厄姆从企业本身的经营财务数据出发挖掘真实的内在价值，彼得·林奇从普通大众每一个自我的独特优势出发挖掘企业的市场优势进而挖掘内在价值。例如，用他们的观点分析美的集团。格雷厄姆会从美的集团的公开财务报表，从现金流量表、生产规模、销售规模分析其内在价值，从而判断它是否是一只值得投资的股票；而彼得·林奇会从每一个普通大众视角衡量美的集团的价值，如普通消费者在终端市场是否会选择购买美的集团的产品。又如，一个普通工厂的工人，可以根据其特有优势判断美的集团的产品是否质量过硬……通过普通大众每一个自我的独特体验而做出对上市公司的价值判断。

综合格雷厄姆和彼得·林奇的观点，无论是专业投资者还是非专业投资者，其实人人都可以成为投资圣手，唯一需要做到的就是战胜自己的非理性以及识别出外界基于特定立场传达的错误信息。事实上，就是要求投资者从自明的本我角度出发，按照自己的判断，识别出企业的内在价值。只有基于自明的独立思考，才能识别出人性恒久不变的要素，从而对未来的不确定性做出更为精准的预测与把控。“善建者不拔，善抱者不脱。”一个自爱自强的企业家，能做到慎独自律。一个尊重市场终端消费者的企业家，不会为了一时的利益而生产伪劣产品，破坏品牌声誉。一个尊道守情的企业家，不会困于陈规陋习的偏见，能于任何困局中开天辟地。资本只是基础，真正能让资本增值的是手握资本的人。价值投资，投的不仅仅是企业现存的工厂、机器、品牌，还有整个组织的文化、信念，以及营造这一切的企业管理者。

证券分析从本质上而言，是分析上市公司未来能产生的收益，而对于一家上市公司而言，较为公开透明和具有确定性的是过去的经营业绩；具有不确定性的难以预测的却是未来能产生的收益，它取决于该公司的创新能力、态度和对人性社会的洞察——归根到底取决于该公司的大股东和管理者的尊道守情的实践魄力。格雷厄姆时代的价值投资聚焦于分析出企业现有的实际经营能力以区别于当时证券市场中的非理性操纵，彼得·林奇时代的价值投资聚焦于每一个个体自明前提下独特的价值体验与辨析以区别于社会上基于特定立场而传达的众多信息。独立预期价值，这种动态价值投资观视角下的价值分析，是基于每一个投资者——包括专业投资者和非专业投资者，在深度自明的前提下，具有独立思考的能力，从而通过辨别他人和社会公众媒体中记者、作者是否基于自明得道的信念传达信息，基于这样的角度做出价值判断。在这种独立预期价值视角下，非理性的“羊群效应”自动消失，有目的的证券市场操纵无所遁形。社会上的投资者和相关工作人员自动尊道守情，不会费尽心力操纵市场，也不用费尽心力反操纵。所以，“独立预期价值”的概念更有利于投资者进行价值投资的研究分析，是真正得道的、悦纳未来不确定性的、具有反脆弱性的动态价值投资概念。

独立预期价值概念的理论基础是格雷厄姆和彼得·林奇的价值投资理念，除此之外，还有“谜米”的概念。独立预期价值正是基于批判式的独立思考而进行的证券价值分析，并且也支持和接纳其他人批判式的独立思考而进行的证券价值分析；依赖这样的理性谜米来实现自身信念的复制与传播，便是独立预期价值在证券分析中的作用和状态。如图8-7所示，这种独立预期价值是在自我批判思考的基础上，广泛接纳社会中其他思想理念的、类似人类文化本能基因传承的价值分析。这种独立预期价值可以有效地将社会中的理性和非理性因素进行内生式的整合，从而形成更符合客观世界的应然价格，使自身的应然价格更趋近于实然价格，事实上是在自爱爱人、自信信人的得道信念上关于证券价值的研判，所以符合动态价值投资观——最大程度悦纳各种应然价格后形成投资者自我的应然价格的价值研判方式，这样的应然价格才更符合实然价格。在这个 $Z=Y-X_1=g(X_2, X_3, \cdots, X_n)$ 的关系式中，当完全基于独立预期价值观念进行价格预测的时候，能最大限度地使得 $Y=X_1$，即 $Z=0$。换言之，当基于完全独立预期价值观进行判断的时候，从 X_2，X_3 到 X_n 所有其他人的认知偏差 Z_1 到 Z_n 都得以相互抵消，剩下的都是市场中参与者的独立预期判断价值。他们之间的最终预期价值高度相近，并将实现独立思考基础上的思想的复制与传播——类似基因复制传播的、得道的、人类文明的复制与传播。

独立预期价值与传统预期价值概念的重要区别在于，尽管两者都强调投资者个体独立的理性判断，但前者将自我和他人的非理性纳入考量范围之内，后者将自我和他人的非理性排斥在考量范围之外，即前者是接纳的，后者是排斥的。后者认为外界非理性是妨碍价值投资的根源，前者认为外界非理性也是价值投资的一部分。后者除自己的价值判断之外，很难接纳他人和社会外界的价值判断；前者除自己的价值判断之外，也能接纳

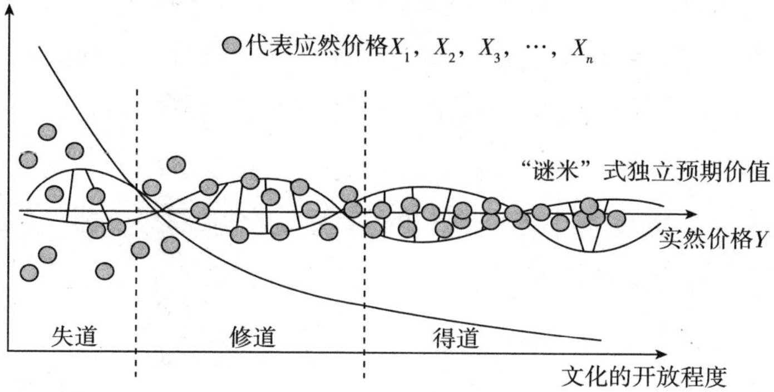

图 8－7　"谜米"式的独立预期价值

他人的独立预期价值判断，前提是有足够的智力识别出其他信息是否属于"独立预期价值"。格雷厄姆反复强调，要从财务报表、现金流等可见的符号世界去寻找蛛丝马迹以验证上市公司的价值，而不是从企业管理者、媒体记者等人的言论去判断公司的价值。确实，大多数时候大多数人都拥有自己的立场和偏见，所以传递给外界的信息是非理性的。彼得·林奇也反复强调，投资者要从自我独特的经验去挖掘真正的价值所在，他认为每一个人都能根据自我独特的经验、专长去挖掘独特的价值。两种价值投资的缺陷就在于，只专注于投资者的自我，而忽略掉他者的"独立预期价值"，或者说没法接纳他者的判断。如前所述，实然价格的形成是由众多应然价格汇合而成的，一个人无论他有多么笃定的信念，如果其他人没有和他同样的信念，就无法反映在实然价格上。要想你的应然价格和实然价格一致，必然要求你的应然价格是在最大程度上与外界沟通协调并得到一定共识之后整合而成的：这样的应然价格才能更符合实然价格。如果你的信念无法从最初就获得投资伙伴的支持，就很难最终获得大众的支持，从而也很难和实然价格一致；而要获得投资伙伴的支持，必须确定两者都是基于独立预期价值的判断而进行的交流，如果有非理性存在，这种非理性也能在交流过程中被否定。例如，"仓位轻重"通常是非理性的一个因素。如果投资者仓位重，就会对突发事件保持更乐观的态度；如果投资者仓位轻，就会对突发事件保持更悲观的态度。得道的投资者能不受仓位轻重的影响进行理性判断，并且在和其他投资者交流的时候也能感受到对方的情绪，从而判断它是否是基于独立预期价值的态度进行分析研究的，而不受他曾经的仓位、言行的影响而做出带偏见的价值判断。同理，动态价值投资者能分辨社交媒体、新闻媒体、公司公告、企业管理者、研究员分析师是否是基于独立预期价值观念而做出的言论，如果是基于独立预期价值而做出的言论，这些观念就更有客观现实的价值，投资者就更能采纳这些观念；如果不是基于独立预期价值，投资者就应该判断为什么会如此，背后有什么因素促成了这一切，这些非客观现实的言论能否影响价格，影响程度如何。基于独立预期价值的言论对价格的影响更直接，更容易预测；基于非客观现实的言论的影响更有隐蔽性，更难以预测。后者需要对人的三大本能，尤其是非理性的根源有所领悟才更能洞悉其中的影响机制。如此，独立预期价值，事实上是与群体高度互动的容纳理性和非理性要素的价值研判。如果投资者用独立预期价值研判，就更能接纳市场中如云似雾聚散的理性和非理性谜米，从而更能感受到证券市场中的价格势能。这种价格势能拥有特定的趋势和动力，对价格产生着可预期的影响，下面将用势能曲线分析之。

4. 势能曲线

独立预期价值是在对证券较长时间内的内在价值进行判断的依据。证券投资者每个交易日几乎都全神贯注于跳动的行情数据和大量的新增信息，那么，如何透过跳动的数据与新增的信息判断证券的独立预期价值，并做出交易上（而非个人理念上）的正确决策呢？对于动态投资者而言，应能正视群体文化和舆论的作用。当他衡量某项资产是否值得投资的时候，除了衡量该资产的设备等硬件实力和技术水平、团队等软实力外，还衡量该资产的品牌价值，以及该资产在群体文化中的认可程度与当前的舆论社情；当衡量了所有条件后，他仍认为值得买入或需要卖出，才会采取相应的措施。在更多的时候，这种理念是顺舆情的，顺人性的，而非逆人性的。他暗含的语言是：大家都想买入的，所以值得买入。人们的非理性情绪在理性行为之前发生。如果能感受到人们的情绪，就能预测出人们下一步的行为。他的思想理念与群体的思想理念是：我理解大众，所以我能采取与大众一致的行动。这种策略经常表现为势能判断，即趋势动能判断：趋势是判断行情发展的趋势，动能是判断该行情趋势的力度。

在动态投资思维中，势能判断是笔者非常看重的一种关于价格判断的思维。这个势能很多时候都是由证券中的买卖力度与信息力度交互呈现的，是投资者之间理性判断和非理性作用共同影响而导致的，是一种类似动力学中的趋势动能的作用力。这种作用力，只有基于动力预期价值的观念，接纳理性因素和非理性因素，才能做出更符合客观实在性的判断，从而做出更符合客观实在性的交易决策。势能根据其作用力性质可以分为引力势能和弹性势能。引力势能是较为明确的价值触发事件，如一个企业的某项创新发明，能引起该企业的股价上涨，通常这种创新作用力就表现为引力势能。引力势能是由创新引起的，是判断价值投资的依据，是人类真善美强方向上创新的能量，通常是理性分析的价值所在。引力势能的作用如吸引力把相关的要素吸引在一起，从而产生新价值，促进价格的上涨，它在数学模型上表现为向某一方向呈直线上升的趋势，边际作用力为零。弹性势能的引发事件是较有争议性的、斗争性的、竞争性的、潜藏性的，是历史制度依赖的结果，是传统文化本能与新生文化需求对抗的结果，如制度改革、反垄断等。弹性势能往往包含着强烈的非理性因素，是人类群体无意识的结果，是群体显意识对潜意识压抑后释放的能量。群体中的潜意识压抑得越长久越强烈，其弹性势能积蓄得越强大，在数学模型上表现为边际递增或边际递减的抛物线（见图 8－8）。在工业化、市场化的过程中，科技创新、人文创作都是引力势能，都会拉动资产的价格上涨。例如，中国的互联网革命，是科技创新和应用的结果，拉动了一大批相关资产价格上涨，是引力势能。制度改革、市场放开等因素都是弹性势能，是释放潜藏能量的因素所在。例如，2015—2016 年，打车软件公司的资产迅速发展，是打破出租车行业垄断潜力的结果，是弹性势能，其能量来源于长期垄断而被压抑的市场竞争需求潜力。在证券市场总体价格成因中，在公开、公平、公正的得道的自我实现的开放社会，引力势能起主要作用；

在权威、垄断的社会，弹性势能起主要作用。

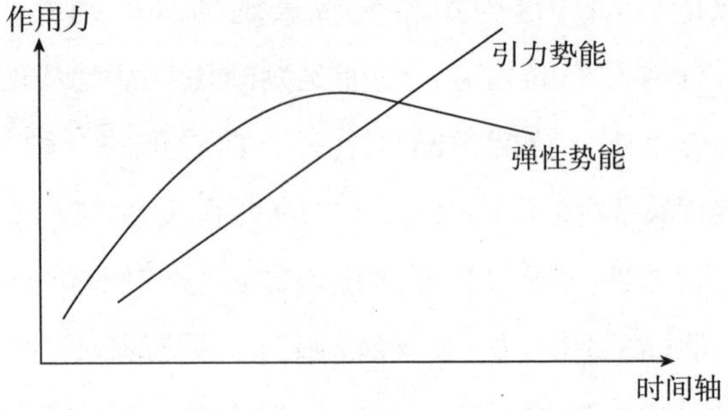

图8-8 引力势能与弹性势能

在现代市场氛围中，如何识别资产价格的弹性势能呢？在很多时候，人们的心理动机是隐形的，并不会直白地表现出来，但可以通过信息面和价格的走势识别出来，也就是判断市场的内在力量，这是判断市场强势和弱势的重要依据。例如，当信息面偏向空方而价格依然上行时，表明内在做多力量强大，行情强势，资产价格将上涨；相反，如果信息面偏向多方而资产价格依然下跌，则表明市场内在做空力量强大，行情弱势，资产价格将下跌。从制度和人文释放方面来看，压抑潜藏的能量越强，其弹性势能越强。

5. 现代文化本能及其资产价格

纵观古今主流文化，哪些时期实然价格更容易偏离应然价格，哪些时期实然价格更趋近于应然价格呢？严格来说，当今全球并没有任何一种文化拥有完全开放的社会价值观。美国对文化采取相对较为融合开放的态度，但偏见也无处不在，人们有时无法设身处地地为他者所处的特殊时期着想，缺乏同理心的理解只是操纵和利用。中国对文化也采取较为融合开放的态度，但因自身是个多民族多文化的国家，南北的差异、东西的差距时不时会引起观念上的碰撞，一部分人学贯中西搏击商海，一部分人安居乡村悠然自得。从表面上看，世界是平的，实际上世界终究是垂直的——您的价值观、世界观来自童年经历，来自父母、亲友和自己所在的群体，并以自身的吸引力吸引相同类型的人，将之遗传教化给下一代人。

从流行影视剧文化来看，大多数国人仍愿意沉迷于悲剧主义、沙文主义中，尽管说法有所不同，本质却都是一样的，仍在归属焦虑和安全焦虑中寻求疗愈。真性情的自我实现精神仍不是主流，甚至不为主流文化所包容；我们所谓的独立思考，在缺乏自明的情况下，既不独立也不思考。在这种情况下，资本市场必然是实然价格严重偏离应然价格的——市场经济体制建设得很完善，价格却轻而易举被操纵——被多种舆论、突发事件、群体事件影响，使绝大多数人的应然价格远远偏离实然价格。在应然价格变动中，越是市场经济建设早期，越是失道社会向得道社会过渡早期，人们的精神越容易受到诱惑或者威胁，行为越容易受到操纵和利用，应然价格越容易非理性波动，泡沫越容易被吹大。荷兰的郁金香炒作、法国的密西西比公司泡沫，以及英国的南海泡沫都是早期资本市场价格泡沫操纵的典型。

尽管中国市场经济建设早期也不乏非理性的炒作成分，如 20 世纪 80 年代，东北三省炒作君子兰盛行；2007—2008 年，股市的非理性上涨和下跌；局部兴起的金融传销……尽管我国也曾经历过阵阵非理性炒作，但基本上都被遏制在一定的范围之内，而不至于造成过大的影响。中华文化让中国拥有一个爱己及人的以自我实现为人生目标的人群，能把非理性控制在一定的范围之内。同时，中国是一个人口大国，鲁迅所批判的人性劣根性变形后仍以代际传播和群体间传播的方式繁殖，中国的自我实现仍有一段较长的路要走。整个社会理性市场经济的建设需要以相应独立自主的自我实现意志为基础的文明建设，是一个需要历经三代人甚至更长时间的缓慢演化的进程。

前文曾论述了我国现代社会文化本能的情况。20 世纪 80 年代前出生的群体，主要心理动机是物质匮乏背景下基于生存焦虑的性本恶的文化本能；20 世纪 80 年代后至 21 世纪前出生的群体，主要心理动机是物质相对丰裕而精神相对缺失的基于社会性焦虑的性本善的文化本能，主要表现为安全感缺失和归属感缺失；21 世纪后出生的群体，心理动机大多则是拥有自我实现精神意志或至少努力寻求自我实现精神意志的群体。换言之，当前我国劳动力的主体（投资的主体）主要是基于社会性焦虑的性本善的文化本能群体，也就是说大多是安全感缺失和归属感缺失的群体，此时的社会文化是从权威社会过渡到开放社会的状态。在这种情况下，资产价格变动的非理性要素就主要根源于安全感需求和归属感需求，资产价格就主要表现为弹性势能。例如，牛市一旦形成，就会一直“牛”下去直到疯狂的地步。这是因为当看到大家都盈利的时候，人们觉得安全才会买入，并且大家都买入所以自己也要买入。这便是安全感和归属感在起作用。在这种文化背景下，牛市一旦成型就会水涨船高，直到泡沫被吹大到整个社会的资金都被卷入进来，即使人们想买也没有足够的资金给予支撑了，才是泡沫破裂之时。这就是理性设计的市场经济制度会如此非理性的原因，只有明白了人们潜意识深处的心理动机，才能觉察到这种作用力，从而更接近客观现实地判断行情走势，顺势而为。

潜意识理论为我们揭开了人类的非理性之谜，这种非理性动机一方面包括进化而来的生存本能和社会本能；另一方面包括成长过程中来自群体的文化本能。生存本能和社会本能是全人类有文明记载以来共有的，而文化本能则在不同的历史时期和不同的群体中有着不同的表现。由于文明的交汇演化和经济发展水平的不同进程，现代人的文化本能更是错综复杂，每个人都因其不同的经历衍生出不同的文化本能感知。唯直面自我者才能摆脱无明的困境，直达本我深处，并在格物致知的原则下学习古今中外的知识，在更大程度上达到古今群体文化共振的目的，从而达到天人合一的境界。《道德经》有言：“以身观身，以家观家，以乡观乡，以邦观邦，以天下观天下。吾何以知天下之然哉？以此。”从自我的道念出发，感知和观察各个群体不同时期的文化本能，就能洞察人性的非理性动机，精准判断和预测天下的走势及人心向背，那么证券市场看似随机诡异的波动背后，亦有章可循。

在证券市场波诡云谲的K线图中，投资者必须学会“心在三界外，身在五行中”。入世求体验，出世求洞察，如此才能逃出自我无意识和群体无意识的迷思，从客观现实性的角度审视符号世界的艺术波动，洞察应然和实然之间的相关关系，进行精准的势能判断，从而进行更符合实际的预测与操作。

牛顿在股市亏损后感叹："我能算出天体运行的轨道，但算不出人类的疯狂！"天地有道但天地不仁。在很多时候，面对证券市场的非理性，不能用理性去解析，也不可能用理性去探究，但我们却可以去感受和思考。未来，伴随着互联网商业生态的形成，中国经济真正开始了由创新创造领衔的发展模式，在创新创造的需求刺激下开启艺术、社科、教育的人本主义，从而启动中国人文觉醒的、自强的得道意志——只有得道的"致良知"者，才更拥有创造创新的能量；只有依靠这种能量成长的自我实现者多起来，才能真正实现国富民强。

全球经济发展趋势看中国，中国经济发展趋势看金融，金融发展趋势看证券。证券市场对经济而言，表面上看是经济变幻莫测的始作俑者，实际上却是经济力量与人心所向共同作用的航行塔。证券市场既是经济的晴雨表，也是文明的催化剂。世事如棋局局新，证券市场态势随着经济改革、人文发展而不断呈现出新的局势。投资的本质是认清其长期和短期态势，择机而为，而要精准地判断市场态势，不仅需要渊博的知识，还需要灵敏的反应力。作为投资者要敬畏古今中外的科技与智慧，精通当代市场经济制度，深谙中国人文变迁的本质，并密切关注当今全球经济社会发展过程中的细微变化，用空灵的思维感受和预测证券市场的脉动。顺势而为，道法自然。这便是动态价值投资理念在证券市场上的体现。

第九章　结语

文明到达不了的地方，那是本我。往往文明越发达，人类离本我越远。神性救不了人类，人性才是人类的终极真理。人性是动物性、社会性和神性的统一体，而这个统一体，必须从心出发，“人心惟危，道心惟微；惟精惟一，允执厥中”。道家的出发点在于心，力求身、心、灵的统一。人类所有的活动，都围绕着从心出发的人性——爱与自我实现，在爱与自我实现的矛盾纠结中滋生出怨、恨、仇、妒等执念，在对怨、恨、仇、妒的对抗中滋生出文化本能，在文化本能中内置怨、恨、仇、妒。伴随着人类社会的发展融合，人类文明史在文化本能“打破—构建—打破—构建……”中循环往复，从而产生了求道的心路历程。一旦“得道”，就产生了超越文化本能的力量，从而产生了自我实现的人生体验需求。自我实现的人生巅峰体验没有止境，是在“无条件的爱”的体验满足的基础上，“创造能量”的一次次释放、一次次自我超越，是通过自强不息彰显自我能量的表现。资本为自我实现提供了天然优越的工具，相比于政治领域的自我实现，经济领域的自我实现充满了更多的创造性和人文关怀。资本所代表的意志，既能与时代共振又处于时代前沿。处于时代前沿，意味着必须不断地突破求新，是植根于道的真义，植根于本我，植根于当时当地而生发出来的价值判断能力。尽管有很多规律、主义、理念为人们所称颂，但都不足以构成道的真义。道的真义，只能被感受被体验。一旦变成语言说出来，便已经具有特定的形态，具有特定的历史和文化背景；用语言所表达的理念和主义，取代道的真义，将会掩盖道的真义。现代人，很多早已被固化的教育塑造成理性主义者，所以本书致力构建一个可以用语言理解的理论体系，以理性主义者能理解的方式传达资本的道的真义。道既可简若明辉又可深若浩海，所以道的精神极容易遭到误会和误用；道是三教九流都可借以说事的道具也是诡辩者装神弄鬼的道具，既可欺骗世人于光天化日之下也可借此将自我人性泯灭于物欲横流、纸醉金迷中。本书努力构建一个更宏大意义上的道，使之能得到明确的共识，能在市场经济中发挥更大的作用，达到随机创利的目的，并期望本书的阐述具有更长时期的作用和意义。

一、本书章节逻辑概述

本书以“人的三大本能动机”为理论基础，构建了一个特别的资本理论体系说明资本的秘密和运作法则，目的在于诠释资本的利润之源、资本增长与消散的根本原因、资本对于人类创造意志自我实现的意义，以及开启资本能量的关键所在。资本是利己和利他的结合体，是人类自我实现意志的工具。资本持有者在充分自明的基础上，自强不息，尽最大努力洞悉世界万物运行的法则，从而创造出更美好的世界。本书分析了具有反脆弱性的强大成长能量的资本特质是怎样产生的，有何表现，对世人的迷思进行剖析，以揭示不同思维框架的根本区别和表现，以及陷入自我迷思和陷入文化本能的人如何去理解自我，逆转思维，从而最终达到自利和利他的得道的境界。这个思维逆转的过程如同人性的奇点。本书借奇点来形容人的从非此即彼的惯性思想到以心为出发点的成长性思想的转折点。所谓人性奇点，严格来说，是一种人生的体验，是在获得充分的“无条件的爱”的体验基础上达成的自我实现体验需求的体验。其中“无条件的爱”的体验就是一种转折点，获得这种体验之前，人的所有行为动机都是在搜寻“无条件的爱”；一旦获得这种体验，就能直面自我，开启自我实现的人生，最大限度地释放自爱和爱人的能量，从而最大限度地释放创造力。但困于文化本能和惯性思维，人们并不容易获得“无条件的爱”的充分体验，也就是任何时候都相信自己和他人性本善的信念。人性奇点的前后逆转，表现在行为动机上，是从“我应该”到“我要”（参见尼采关于精神自由的论述）①；表现在思维方式上是从收缩的线性思维到发散的网状思维；表现在价值观上，是从绝对的、单一的、片面的、静止的价值观到兼容的、开放的、互动的、演变的价值观；表现在道家思想上，是从修道到得道的心路历程。过往人文、艺术、哲学等通过感性的方式试图唤醒世人，为世人的感性体验提供良好的素材，这些出神入化的表现形式，正是笔者借以说明本书理论的极佳论据。

在章节设计上，为了说明资本的本质，本书简述了人类的发展演变史，论述了以资本为纽带的市场经济的形成过程。通过介绍资本在人类史上的形成过程和意义，揭示了资本的本质特性，进而构建了资本的总模型图式。在此基础上，论述了资本的力量——资本对个人自我实现和对群体发展的意义，论述了资本对现代化、工业化的作用和意义。最后，基于实践，论述了资本增值与资本运作，以及证券投资理念和方法论，即符合本书所说的资本特性的，在当代市场经济环境中能发挥资本力量的资本运作方式和证券投资理念。从行文安排上而言，本书有一条主线索，一条副线索。主线索是围绕“资本理论构建”而展开的：资本理论的理论基础—资本理论的构建—资本理论的作用表现—资本理论的实践—结论。副线索是围绕“资本的形成、发展和未来力量”而展开的：早期人类社会演变—资本市场的形成—资本在现代化、工业化中的作用—资本在市场经济中的运行法则—结论。章节设计如图 9 - 1 所示。笔者围绕着一主一副的线索行文，注重艺术张力的文学性和科研精神的严谨性。这样做的目的是让本书有一定的启发性，规避纯学术的枯燥，同时兼顾论述的准确性。图 9 - 2 是资本创利思维导图，即资本创利过程的主要思维简化逻辑图。

二、资本理论体系综述

本书认为，最初的人生体验决定人的思维框架，不同的思维框架导致

① 尼采．查拉图斯特拉如是说［M］．杨恒达，译．南京：译林出版社，2012：41.

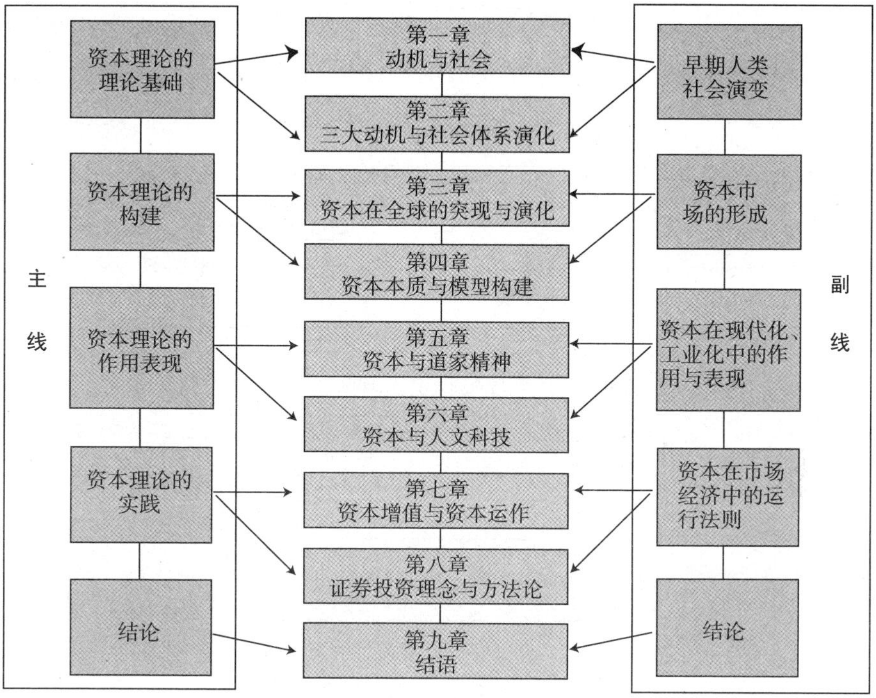

图 9－1　本书章节逻辑

不同的思想流派体系。生命意志的成长性是一生二，二生三，三生万物。这是唯物论的、理性主义的思想。社会中 90% 以上的人都有着特定的催生万种情思的思维框架。人和人之间有着思维框架上的鸿沟。文学艺术是人和人之间沟通的媒介。《道德经》揭示了心灵、思维、群体文化之间这种变化的科学关系。但事实上，《道德经》最深刻的秘密在于它注重心学，认为正是人的心决定了人的思想，人的思想决定了人的言行，人的言行决定了人现在所拥有的一切。它反对教条主义，反对文化本能，反对用特定的思维框架故步自封。换言之，《道德经》认为必须抛开思维框架，用空灵的灵魂体验人生，方能最大限度地释放道的能量。思维框架是可以逆转的，关键是要回归初心。心在哪儿，思想就在哪儿，行动就在哪儿，结果就在哪儿：这便是王阳明心学中的“致知格物”——唯物论和唯心论就这样完美结合。或者说，一个人的经历决定了他的思想和情感；但只要他愿

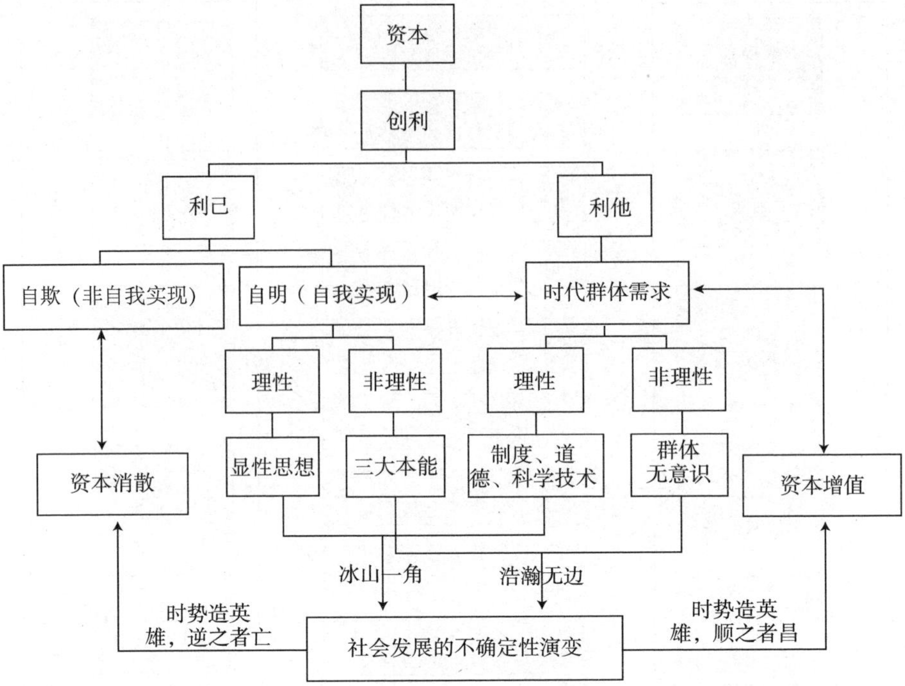

图 9-2 资本创利思维导图

意，他就能逆转思维，从而开启另一种不一样的人生。《道德经》还详细论述了人心的根本需求就在于尊道守情，治世的根本策略就在于让民自化。目前，国际上社科理论越是研究深入，就越能发现《道德经》的真谛所在。心理学、脑科学、社会学、经济学……事实上是老子的个人、家庭、社群、国家理念的延伸。离开了道的精神，思想文化走得越远，社会越是争斗战乱。回归道的精神，在悦纳矛盾、纠纷、挫折、异见的成长发展道路上，社会群体越来越强大璀璨。这是未来的主流方向，也是资本成功者的关键所在。得道者强大，失道者失败。

在资本市场上，时势造英雄，顺之者昌逆之者亡。这个势是什么呢？事实上就是社会群体情绪。社会群体情绪是什么？如何真实感知？什么样的社会会产生什么样的群体情绪？本书用三大本能理论来说明群体文化与群体情绪。

古往今来人类的行为动机可分为三大类：生存本能、社会本能、文化本能。这三大动机驱动着每一个个体的思想和行为，每一个个体的思想和行为相互作用形成群体文化，群体文化进一步影响个体，尤其是处于成长阶段的婴儿、幼儿、儿童，从而形成文化本能。文化本能具有一定时间内的相对稳定性，在人类发展演变的融合过程中产生矛盾和战争。对抗文化本能的方式是认同开放社会价值观，即道家精神，从小都从心出发的成长能量，是在无条件的爱的体验满足下的自我实现能量。本书用现代脑科学、心理学、社会学、经济学重新诠释《道德经》和八卦，揭示人个体成长的奥秘，从而揭示创造的秘密。自我实现是得道的表现，越是自我实现者越有创造的渴求和能量，而创造是资本的利润之源。本书论述了在市场经济条件下，导致资本增值和消耗的人的原因——得道者增值，失道者消耗，并且论述了这个过程的不同形式和表现。本书还认为，受文化本能的制约，受潜意识的制约，人并不能完全认清自我，从而制约了人的自我实现能量。本书通过古往今来的艺术名著和名人事迹，揭示了文化本能的影响作用和道家精神的挣扎觉醒，通过这些优秀的人文艺术作品——通过作者杰出的体验表达，说明了道家体验的真谛。本书揭示了理性主义和非理性主义的相互沟通。

三大本能的概念和理论是本书的理论基础，是人类所有行为的根本出发点和归宿。资本只有满足人类自我和他人的三大本能才能实现其持续增值，并且只有资本所有者正视和接纳人类的基本动机，才能将自我创造能力最大限度地释放出来，从而达到利己和利他的自我实现的人生目标。三大本能相互之间的关系构成群体文化的力量。只有符合道的独立、自由、民主的开放社会价值观才能破除文化本能的根深蒂固的作用力，从而在全球融合中达到社会和谐发展的人道主义目标，而不是在对抗过程中制造人类的群体性悲剧；未来，符合道的独立、自由、民主的开放社会价值观将是社会发展的主潮流，越早认识和感悟到这种力量，越有利于资本的增值。

从三大本能出发，本书提出了资本的哲学假设，并构建了资本的理论体系。该理论体系认为，满足三大本能需求是资本运作的目的所在。对于资本的目的，有科技创新、跨界融汇、精益求精三大创利方式；要实现这三大创利方式，需要与时代共振的能力，即站在时代前沿，引领时代发展，突破时代局限。要具备与时代共振的能力，资本持有者需要有自爱与爱人的得道精神，需要创造能量的自我实现的乾的意志。这种意志在人生成长中具有自强不息的精神，具有反脆弱性，具有空灵的思维框架，因此善于拥抱不确定性，善于拥抱变化。这是基本的资本模型，针对这个模型，本书论述了该模型各个环节的理论基础和构成，如自利与利他的感知理论、自我意识与文化本能理论、社会行业精英与领导者理论、自我实现者与社群文化理论、自我实现者与资本的增值消散理论、资本全民化的制度要素与文化要素理论。这些理论都配以高度简化的图表示意说明，力图让人对资本本质一目了然。在此基础上，基于实践精神，本书分析了市场中的资本增值方式与资本运作，重点论述了资本思维主导下的创业投资和收购兼并，分析了基于此资本理论视角的证券投资理念和方法论，从应然和实然之间的相关关系构建了证券价格模型，并在比较格雷厄姆和彼得·林奇的价值投资理念基础上引入了谜米式独立预期价值概念以分析证券市场的内在动态价值。

综合而言，本书以三大本能动机理论为基础，借鉴道家理论分析人类历史上的群体文化演变规律，提出开放社会下自我实现动机的形成与作用，并分析自我实现动机对资本增值与消亡的影响作用，从而构建起独特的资本理论体系，并对当今社会中的资本运作和证券投资进行了基于该资本理论的探究。

三、主要概念与思想

1. 三大本能动机

从人类茹毛饮血的动物性到人类群居的社会性，再到文明发展后的文化性，都能用这三大本能理论进行分析说明。理解了这三大本能理论就能理解弗洛伊德的潜意识理论，就能理解人类史上战争的起源，就能理解文化的意义所在，就能破解社会发展的密码，就能理解市场经济为什么说是人类发展的竞技场，就能理解资本的秘密。

人类的生存本能、社会本能、文化本能的需求是渐次上升的，其中社会本能分为三个层次：安全感、归属感、自我实现。个体满足了生存需求，便会寻求安全需求、归属需求，当安全需求、归属需求得到满足时，便会寻求自我实现。人类在满足不同层次的需求过程中形成不同文化本能，包括满足生存的文化本能，满足安全感的文化本能，满足归属感的文化本能，满足自我实现的文化本能。越早形成的、越是单一粗陋的文化本能影响力越大。

人的本能动机程度不同，导致不同的思维框架，导致不同的思想体系和群体文化，进而导致不同的财富观、资本观，导致不同的人生经历和收获。本书论述了不同的思想文化的根源，找出了不同思想文化的潜意识逻辑，围绕着“得道的资本的自我实现的创造意志”是什么、怎么样的问题，围绕着资本的理论构建，以此为出发点对人类历史上的思想文化、现行的市场经济制度进行了分析。其中，自我实现动机是人类在满足生存本能、社会本能的基础上开启的文化本能动机——基于性本善的自爱与爱人的文化本能动机。

2. 自我实现动机

自我实现动机是文化本能动机的一种，是在童年时期满足生存需求、安全需求、归属需求的基础上开启的自我实现动机需求，并且将这种自我实现动机内化为一种人生成长的根本心理动力，因此而发展出来一套对抗非道文化本能的自我成长文化体系。自我实现动机与非自我实现动机的本质区别在于，其行为的心理动机是否基于生存焦虑、安全焦虑和归属焦虑。自我实现者植根于完整的人格，完整的人格是自我的完整性，是神、人、兽的统一体，人人皆帝，自我成长，自我原谅，自我救赎。在任何时候，都不要否定人类自身的真善美。每个人都有神的潜质、力量和趋向。自我实现的社会属性拥有爱己及人的得道的精神，这种精神以自我实现为最高目的，是在自爱的基础上达成的爱人的意志，是通过造福他人实现自我能量的意志，具有大爱的精神，具有对一切痛苦感同身受的同理心意志。资本的团队力量可以满足人类社会的安全需求和归属需求，从而使群体达成社会焦虑疗愈的目的，在疗愈的基础上开启自我实现能量。宗教信仰、家国主义、沙文主义根源于人类的社会本能需求，即根源于安全感、归属感的社会性需求，但并不是自我实现的社会属性。自我实现的道德观是：一切有助于自我实现的行为是善的，一切有违自我实现的行为是恶的。自我实现的终极目的，必是自利与利他的结合体。

本书提出了自我实现动机的生成条件。人类幼儿时期都拥有最初的两大需求——独立为自我、依恋为他人的本能。这两种情感得到满足即能获得无条件的爱的充分能量体验，更能达成人生的自我实现动机。自我实现者在工业革命完成之前的人类史上属于极少数，在工业革命之后自我实现者增多。自我实现是物质匮乏年代的奢侈品，是物质丰裕年代的必备品。

资本是否增长取决于资本持有者是否是自我实现的。自我实现者更容易获得各行各业的成功，更容易获得投资和使资本增值。除了政权，各行各业都可以通过资本形成个人和他人的利益统一体。资本是纽带，将个人价值以满足社会需要的方式充分释放出来。

3. 唯物辩证的心学

传统学术观点认为《道德经》属于唯物论，是理性主义的开端。本书提出《道德经》实际上是以心学为基础的唯物辩证观，比任何唯心主义都注重心学。物质决定意识，但人的意识自身是可塑的和可逆的，只有正心正念，意识才会对外界产生正的作用力；若受文化本能所限，隔离本我，那么意识将对外界产生负的作用力，使你所愿与你的努力背道而驰，你的心决定了你的世界。“道可道”“名可名”是唯物的，认为宇宙万物都是可以认识、可以命名、可以交流的；“非恒道”“非恒名”是唯心的，认为道和名都是恒久变化的，是根据个人的人生经历而有不同的理解，有着不同的时代解析和群体解析，《道德经》认为“执今之道，以知古始”。也就是说，要从自我，从自我所在的群体、所在的国家、所在的时代、所在的社会出发，才是理解道的真义的关键所在。“为学日增，为道日损。”为道为什么日损？就是为了破除文化本能，回归道的真义的历程。可见，道固然是可以认识的，有规律可循的，是唯物的；但每一个个体的心都是可逆的，可回归本位的，只有回归初心道念，才能更客观地认识世界。也就是说，你的心之所在决定了你的世界观。所以，实际上在人类的文化传承中，心才是最重要的所在。

本书指出了《道德经》中被误解的关键性地方，并做出新的阐释，古今相互印证。其中的“不见可欲”“罪莫大于可欲”通常被认为是老子主张清心寡欲，但笔者认为老子主张满足先天之欲（即生存本能、社会本能），去除后天的使人偏执之欲（“可欲”“欲得”）（即社会本能）。另外，还有“静”“无为”“功述身芮”事实上是“情”“为无为”“功成更要自强不息”。本书认为《道德经》和弦理论高度吻合，并用现代社科研究成果给予了论述。

4. 文化本能演变与开放社会

在人类历史上，在不同的人文经济历史时期，文化本能有不同的演变。历史不断发展，新发现不断出现，让个体和群体不断更新认识。真理属于人类，错误属于时代。资本的恶是过去的，资本的善是未来的。从文化本能出发，本书提出，开放社会自由与民主的达成需要极权社会下基于生存焦虑、安全焦虑、归属焦虑的极大程度的消融，在人类社会传承上表现为父权、神权的消融，需要长时间的演化。通俗言之，就是要等待习惯于极权社会的人群老死，然后社会才能获得真正的民主与自由；否则，民主与自由不过是另一种形式的操纵与奴役，而且是群体式的操纵与奴役。摆脱极权思想的人才是真正的自我实现者。

“人之初，性本善。”性本恶是因为对性本善的否定，是因为对“无条件的爱”和“自我实现意志”的否定，是在基于生存焦虑和社会焦虑下的自我保护本能。自我意识有“左思”和“右想”。善于“左思”者更善于植入文化本能，产生自我难以觉察的潜意识；善于“右想”者更善于破除文化本能，能时刻处于自觉自明的状态。从性本善的角度出发，人类社会发展意识形态有明显的两条途径：一个是善，另一个是恶。基于善的时候，人类是在真善美强的途径上突破。基于恶的时候，人类是在厚黑的途径上突破。善以真为前提，恶以自我掩饰为前提。所有尊道行为是善的，所有背道行为是恶的——无论表面上看起来多么大义凛然。群体欺霸得以盛行的根源在于文化信念对“道”的背离，在于道德制高点上极权对人性的否定。当我们教给子女道德文化的时候，一定要告诉他们道德背后的人道精神，即心中有他人的精神，而不是教育他们盲从、屈服。人类群体生活中，很多的暗黑能量在隐秘地流转。植根于人道主义者能拥有不被侵染的防范机制，能坚持自我实现的本性，能有足够的智慧和能量驱散阴霾，传播温暖和光。在快速变化的经济体中，由于文化本能的存在，从人道主义角度而言，政权主体应该让群体成员有过渡的时间和空间，应该有充分宽容的人道情怀。

本书揭示了历史发展与资本观之间相辅相成的关系。古代中国“不患寡而患不均”的群体情绪根源于社会本能焦虑，即对被排斥、被欺凌、被歧视的担忧。中国文化认为，普天之下，莫非王土；人是性本善的，金钱是性本恶的。这种观点强调社会的大同，忽视人的个性，认为金钱是不均的罪魁祸首。这种观点是群体文化中社会本能焦虑的产物。一个包容的、允许自我实现的群体文化制度能消除这种焦虑，只要你有能力，能自强不息，就能收获你所应得的，无所谓看得起看不起。

本书提出人文科学的本质是人性，人性的本质是情感，情感的本质早在狩猎时代就已定性，其后数千年都是通过文化对人性进行塑造（压抑、扭曲或弘扬）。情感如气、如水、如雾变幻。绘画、音乐、文学、戏剧等艺术本质上是虚幻的技术，是心灵麻药，是将人性真善美阳光化的技术。人类必须要如此“自欺欺人”才得以成为人类，才得以脱离动物性而成人性，这也是人类创造意义的一种本能需求。根据本书的理论推演可知，贾宝玉之所以免受封建文化本能的侵染，从而在情感世界中破伦常、越尊卑，是源于他有一个早夭的哥哥。著名画家梵·高最后疯癫自杀的真正原因是他觉察到他与弟弟长久的非正常的情感联系，而让他开启自我觉察心路历程的是积极、阳光、骄傲的高更。有别于梵·高“自我隔离”的一生，毕加索辉煌的一生得益于他爱己及人的得道的自由独立的精神意志。

在物质匮乏年代，群体文化在个体心理动机上种植上诸如天堂、地狱的诱惑与恐吓，祖先的祝福与诅咒；在物质丰裕年代，群体文化支持个性发展的自我实现，一切随心。在物质匮乏年代，传统道德观价值观适用；在物质丰裕年代，自我实现的道德观价值观重构。

笔者认为，人和人之间自我实现的根本诉求必然是外在的差异化。灵魂是平等的，差异化是必然存在的。衡量个体差异化给他人和社会带来的价值是资本。也就是说，社会尊重你的个性差异，但你要获得社会和他人回馈的实在利益，需要你为他人和社会做出相应的贡献。对别人没有意义的自利方式和对自己没有好处的利他方式，都不能获得资本的回报。制度和文化的建设应该建立这样的市场机制和文化认同。每一个个体都是值得被尊重的，每一个个体都拥有自由选择的权利。当社会尊重个体的时候，就能维护和建立与生俱来的善与德。当自我和社会的利益出现冲突的时候，自我实现者能尊重人道主义，能自觉地从利已和利他的均衡出发，不会为了一己之私而置他人利益于不顾。通俗地说，他们的自尊不允许他们违背天道人伦，这是人性和善德的真义，是道家的真义，是宗教神的真义。

5. 基于道的资本理论

本书指出了资本生命力与资本持有者之间的相关关系。资本会生长，消亡，移植，在这个过程中实现在灵魂与灵魂间的分配转移。越是保持初心的灵魂越容易获得资本的青睐而成长。资本生生不息，依附于完整的自我人格灵魂。来源于恶的财富，罔顾他人利益利己者，如偷盗、抢夺、欺骗而来的财富，都会受到诅咒，这些财富不可能成为资本，即使成为资本也极容易失败，因为它的持有者的灵魂已被侵染，人格不会被周边人从内心深处认可，经营有违人道，所以财富会消散转移。除非这些恶的财富的持有者完成了自我救赎的心路历程，才可能重获新生。财富不是代际传承的垄断资源，灵魂才是。妄图以财富或权力传承自身的千秋万代是人类文明的执念之一，是不可能实现的。资本只有落在自我实现者身上，即既能利己也能利他的人身上，才能实现成长增值，否则就是伴随着自我的分解和扭曲而至财富的消散。

本书指出了社会主义社会中人人平等的关键所在。在“互联网+”时代，人人都是资本持有者。人以自己的灵魂禀赋奉献给整个人类，人类以财富的方式反馈他。这样的状态通过互联网信息技术成为可能。资本越是增多，灵魂越是暖亮，对他人的贡献越大，越值得更多人的拥护与帮助。资本的利润差异源于人的自我实现程度的差异，尤其是主领导者的差异。领导者的特征会吸引与之相适应的人与事物。得道者得天下。得道者能为自己和团队乃至社会获得更大的利润；失道者不但不能获得利润，而且会将资本消耗殆尽。人类自身的本能追求在于温暖和阳光二重性：温暖意味着社会性的满足，阳光意味着永不停息的成长激情和对创新的持续追求，对人类极限的探究，对未知的探究，对更好更新更美妙的探究，是人类的永恒追求。

资本的自我实现方式，联结着技术创新和人文需要。不符合人性需求的创新是没有价值的，没有创新的人文需求是饱和的。艺术、人文等自我实现方式，仅联结着自我。资本的进入使这种自我与社会价值联结起来，形成自我与社会双赢的局面。

资本和一般财富拥有本质的差异。资本需要自强、创新、冒险精神，而不是躺在财富堆里蹉跎时光，抑或是宣权泄恨。财富只有转化为资本，参与到资本的优胜劣汰中，才是有意义的。没有价值的人生没有意义，虚度光阴是生命的折损。没有价值的财富是暴殄天物。

本书提出资本的创造力理论。资本具有增加、消耗的特性，资本产生于创造，消亡于创造。投资失败意味着资本的消亡。正因为如此，资本能将过往历史中的一神论变为多神论，直至人人皆神论。神就是温暖和阳光的代名词，意味着能满足人类的一切需求，包括温饱、安全感、归属感，以及最重要的自我实现的需求。资本在再生和消亡的轮回之际实现了财富在人际的流动，实现了社会的整体更新，确保了社会整体创造力历久弥新。资本具有溢出效应，不仅仅利于资本本身，而且利于所在团体和消费者，还通过投资方式利于当地社会群体。

自我实现价值观下的资本没有固化阶级之分，即使有过往意义的阶级，也能在创造力的激发和消亡过程中实现阶级转化。资本的任务之一在于搜寻自我实现者，唯自我实现者才能摆脱一切羁绊，在资本之路上越走越远。自我实现的文化本能越早形成，个体在历史上成为伟人的可能性越大，在现代社会获取丰厚财富回报的机会越大。

资本持有者和其他人群心理动机的本质差异在于对不确定性的容纳程度。就人性而言，通常都是厌恶风险的，是追求确定性的。这是理性思维的本质，其核心在于追求静。资本的回报是承担风险的报酬，是创新的报酬，是拥抱变化的报酬，是承受不确定性的报酬，是一往无前勇敢者的报酬，其核心在于追求变。资本性本善的达成来源于完善的经济社会体制的构建，包括独立、自由、民主的制度建设和相应的自由市场经济制度建设。

基于人文历史演变规律，本书创建了独特的资本理论体系，用于解析资本增值的秘密。资本的利润源于创造力，创造力源于自我实现意志，自我实现意志源于开放的群体文化，开放的群体文化源于丰裕的物质水平和完善的制度建设。资本理论体系揭示了群体文化与资本增值之间的关系、个体自我实现与资本增值之间的关系、物质水平与群体文化之间的关系、物质水平与资本善恶之间的关系。

本书理论源于古今中外人文变迁的历程尤其是我国改革开放40年的经济发展历程。用本书理论重现现代市场经济之资本力量，更容易洞悉并购重组、创业投资等资本运作的利润源与运作法则。本书从应然和实然间的动态关系出发，构建了证券资产价格的动态投资理论体系，揭示出证券价格波动背后的理性因素和非理性因素的交织演变，并提出适应动态价值投资理念的方法论，指出理想投资者的特质。结合本书理论和证券市场中的实践，借鉴王阳明“心学”提出了投资者心学，指出过往受困于文化本能的投资理念的荒谬及可能导致的结果，指出得道的投资者心学原理与修炼方法。结合本书理论和过往证券投资中的价值投资理念，提出谜米式独立预期价值概念，这样投资者能使应然价格更符合实然价格，并提出影响证券市场价格的引力势能和弹性势能。

四、本书的现实意义

（1）本书围绕市场经济中的重要角色——资本，展开对其形成、发展过程的探讨。围绕着资本增值或消散的哲学原因，构建了关于资本的理论体系。用人们易于理解的方式，将古今中外的哲学、社会学、理工科技、人文艺术纳入其中。本书的目的在于，让人们明白资本增值的关键所在，让人们走出自我的思维误区而又不至于陷入自我怀疑的心灵误区，从而开启财富之路，回归人们创造之能量。

（2）三大本能理论为社会主义市场经济提供了理论支持。本书分析了中国市场经济体制变迁过程中的群体文化本能变迁的因素与制度依赖因素，论述了由于文化本能和制度依赖性的存在，人民代表大会制度的合理性，同时对欧美社会容易对中华民族产生误会的地方做出了理论性的解析。未来，在全球融合过程中，针对局部地区的动荡问题，中华民族天然的同理心能量具有强烈的吸引力黏性。

（3）根据三大本能理论可知，没有一个民族不需要自强不息的成长，任何野蛮入侵都是非人道的。中华民族能走到今天，正是坚持用自己的语言理解世界、掌控世界的结果。对于中国巨龙而言，唤醒远古文明的极具活力与创造力的精神意志，则是文明寻根、构建自主的自强不息的时代精神的关键所在。追寻道家文化与现代市场精神的契合，则是中华民族在21世纪由内而发地自主觉醒的一个极佳的创造力奇点——中国人，必须从心理感情上找寻到与现代市场经济精神相契合的文化感知，才能真正开启拥有创造力的生命强者意志，并在这种文化认同上进一步达成内在与外在的统一，从而在自我实现道路上一次又一次地自我超越，与时代群体文化共振。唯有民族的才是世界的。《道德经》证明，中华民族早在2000多年前就领悟到了潜意识理论，并将之用于经世治国。直到今天，西方学者才在经济学中提出心理动机是人的行为的基本动机。当各领域学者们普遍意识到潜意识心理动机在社会经济发展中的神奇影响力的时候，正是中华民族再一次崛起于世界民族之林之时。

（4）从情绪的自我意识层面上看，左右脑主导的自我意识不同，导致不同的道德观、价值观和人生观。了解这些内在机制在于尽量去了解他人和其他群体，但不是让你否定自我，反而是为了正视自我的需求，明白自己的根本需要进而去满足。很多人，活了一辈子都不知道自己到底需要的是什么。唯有正视自己，才能建立起良好的与外界沟通的模式。右脑主导是开放的、发散的，信息处理方式从怎么样到为什么；左脑主导是确定性的、线性的，信息处理方式从为什么到怎么样。可以肯定的是，在人类历史上，会怎么样的问题必然要先于为什么的问题。知道这些，就能帮助更多的左脑人成长，以开放的心态。因为他们必须要明白为什么，才能知道怎么办。右脑型的人，只会关注会怎么样，却不会深究为什么。本书为左脑型的人和右脑型的人相互理解提供了一个契机，让彼此更强大，以财富的名义。事实上，源源不断的新文化意识、心灵鸡汤大多是右脑文化对左脑文化的反叛，但左脑主导的人总是没有找到那个根本原因，而得其法不得其术。他们只有知道原因才能知道怎么做，他们容不下模糊性和不确定性。这是本书大费周章地写了很多显而易见的道理的原因。

（5）从思想层面上，本书化解了理性主义和非理性主义的迷思。尼采曾经责怪，在启蒙运动过程中理性扼杀了人性。本书的大量篇幅论述了人类社会非理性随机演变的过程，个体思想意识随机突变成长的过程，以及资本规律中随机动态增长的过程。在此基础上，指出了理性主义和非理性主义的关系本质。过往理论的主要矛盾在于，确定性主义者无法理解不确定性主义者所秉持的观点，不确定性主义者无法理解确定性主义者所秉持的观点。本书为这两大派系提供了一个沟通的视角。用确定性观点来解析不确定性观点，或者说用不确定性观点来肯定确定性观点，可以揭开人类自我误会的数千年文明。理性作为文化本能确实是扼杀了人性，而唯有彻底拥有人性，正视人性者才能开启理性之光，如墨子和爱因斯坦。相距2000多年的他们，同样拥有心之本能仁爱，所以更容易发现宇宙运行的科学规律。这便是王阳明心学的“致知格物”，即先要正本心的致良知然后才能探究万物，与传统儒学“格物”然后“致知”相反。关键不在于社会群体中是否有理性主义泛滥，而在于这个理性思想是否是个体自发的，是否源自心之本能的体验诉求，是否源于在满足“无条件的爱”的体验基础上开启的自我实现的心理诉求。这也是《道德经》中唯物与唯心的关键所在。本书实际上是理性主义与非理性主义之间的一场对话，是破除文化本能、逆转惯性思维、开启随机创利的人性奇点的探究之作。

（6）从实践应用上，论述了现代市场经济中早期资本积累与后期资本运作的作用与意义，进一步提炼出资本思维与传统企业管理思维的差异，并分析了在兼并重组过程中如何进行价值源的挖掘，如何进行兼并重组后的资源整合，以及决定兼并重组后期整合成败的关键因素。股权投资基金是资本运作的高级形式，以此为主导的兼并重组、创业投资能打破旧有的商业体系，打造新的资本增长点，重构商业格局。在证券投资领域，用应然和实然间的关系构建了动态价值投资理论和证券价格模型，论述了动态价值投资理念、投资方法论、理想投资者特质与理论功底、投资者心学、证券价格模型等内容。

后　记

人类的个体文化本能形成于成长时期所激发的人生应对模式，而这些植根于童年的渴求并不容易随着生存环境的变化而变化，除非遭遇到非常强烈的影响力辐射。这便是科技高速发展带来的“恶果”——科技加速了世界的物理联系，人与人之间、群体与群体之间有了更深层次的交汇，然而群体文化和人类自身并没有做好相应的融合准备，于是，融合带来了更大范围内的文化冲突。短时间内野蛮颠覆个体或群体的文化要么带来该群体的自我慢性死亡，要么带来该群体强烈的攻击性乃至两败俱伤。在第二次世界大战之前，人类并没有意识到这一点，人类的自大无知在战争期间暴露无遗。在潜意识概念被提出来之前，人并不容易意识到他对自我的欺骗和掩盖。因此，人类历史上一次次经历以战争的巨大代价换取人类自以为是的普世价值观。从三皇五帝到佛陀基督，莫不是因其普世价值观而在大众传说中走上了神坛；人类的错误在于无法认识到普世价值观的真义，无法将这个真义进行传播以达成全人类的共识。在西方主流价值观中，真正大众化的人道主义精神仍徘徊在独立、民主、自由的主流文化体系之外。就对人类自身的思想探究而言，日益庞大繁杂的思想体系其实也不过是围绕人类自我意志展开的循环罢了。在理解自我方面，现代人与古人并无多大的差异。在人类的群体互动理论中，在关于人类自我的意识与潜意识理论中，现代最前沿的思想几乎都与2000多年前中国就出现的体系完整的道家思想如出一辙。道家思想对潜意识理论有着完整的揭示，从潜意识理论中可以看出文化本能对人类的影响深度，可以看出强硬或仁慈潜意识下的非道的暗语。从道家思想出发——从潜意识理论出发，个人应该在自明基础上自强不息，从而成为创造世界的自我实现者；社会群体文化应该采取开放社会价值观，政治上应该让民自化——事实上是独立、自由、民主的最本质要素。

个体价值观、社会群体价值观、社会政治体制，三者相辅相成。社会群体价值观越是开放，个体越是独立、自由、民主，社会政治体制越是公正。虽说在政治权力和经济权力相互渗透的环境中，由于“劣币驱逐良币”的效应，资本更多呈现出性本恶的特质，但资本在独立、自由、民主的开放社会体制环境中，更会焕发出性本善的特性，更能达成自利与利他的结合。

在开放社会环境中，人们有着充分自明的社会条件，只有在自明的基础上，自爱才是真的自爱，言论自由才是真的自由；只有在真的自由条件下，人们才有自由选择的能力；只有人们有了选择的能力，资本才是性本善的。屈从的意志——无论是屈从于神权、君权还是父权，又或者屈从于习俗、道德，离开了真我的心，都没有任何意义。屈从的意志，失去了选择的能力，从而失去了幸福的权利。如果说人类所有的活动都围绕着道——围绕着人本性的终极幸福而展开，那么未来资本的努力方向必然是通过创造来营造更加美好的世界。人生旅途中越早达成自我实现者，越早得道，越拥有反脆弱性，越拥有为自己和他人创造幸福的能力，他的财富越能增值。资本不停地周转，在周转过程中增值和消损。得道者会使资本不停地增值，失道者会使资本不停地消损。得道的自我实现意志在人和人之间通过纵向传承和横向传播而繁殖扩散。财富不是代际传承中永久不灭的要素，不是人类不平等的根源；自我实现意志才是人类代际传承过程永久不灭的要素，是人类平等的根源——每个人都有追求幸福和自我实现的权利。这本身就值得全人类去共同努力。

必须要认清的是，尽管现代人道性日渐苏醒，但总体而言，现在社会还是一个左脑主导型的社会，群体强烈的归属感和从众心理极易被操纵，而在这个社会中潜藏的右脑主导型的极权者不在少数。左脑主导型的人构成的社会至今对右脑主导型的人并没有足够的理解和宽容，右脑主导型的人经常感受到威胁的存在。开放社会，任重而道远。

历史发展到今天，对于外界理性的探索一日千里，但对大脑里面的方寸之地以及由那方寸之地而引起的爱恨情仇却千年难解。优胜劣汰的演化史需要上万年才成型定性，所以人类基本的社会属性——人类最本质的心灵需求早在狩猎时代就已注定。此后，几千年文化的发展都不过是关于现实社会和人类最本质需求的矛盾演变而已。你现在所思所想所感受到的一切，历史上的智者早已将之汇聚成经典文化。不同的历史时期——或物质匮乏或战争动乱或太平盛世，都有不同的主流文化观。道家文化是太平盛世最好的诠释，也是中华文明经久不衰的源泉，更是当前全球人文研究的前沿——当借助于脑成像技术一点点探索人类智慧和心灵密码时，却往往发现道家文化早就道出了个中真谛。德国哲学家黑格尔、“二进制”的主要发现者莱布尼茨、心理学大师荣格、量子物理学大师玻尔都感叹道家文化的精妙。到底人类是性本善还是性本恶？依照道家文化，你相信性本善，那么你及你周围的一切都是性本善的；如果你相信性本恶，那么你及你周围的一切都是性本恶的。在物质匮乏年代，群体人员大多内置了生存焦虑、安全焦虑、归属焦虑的文化本能动机，必然导致抢夺、欺凌、霸权、贪婪、控制等非道执念。市场经济、现代法律制度有助于消除这些非道执念行为，从而促进经济的发展。经济的进一步发展导致了社会的物质充裕，从而在经历一定代际传承后形成自我实现的群体文化本能，进而形成独立、自由、开放的社会价值观，从而构建了“不净”的社会体系；当“不净”的开放型社会体系形成时，人人自我实现，人人皆帝。

在《道德经》中，唯物与唯心是统一的，这种观点可见于索罗斯的“社会学反身性理论”，也可见于“弦理论”——最基本物质是振动的能量弦，振动的能量弦形成被称为意识的力，振动的能量弦构成万物。从人类文明的视角来看，理工科学与人文科学的差异在哪里？理性主义与非理性主义的矛盾如何化解？人道主义与科学主义的矛盾何在？强者意志与普世价值观之间如何演绎？全球各文明体之间的矛盾冲突如何消弭？个体自我实现价值如何与群体意志达成和解？然后，在当代社会，什么才是调和这一切的行之有效的全球性道具？答案是：资本。

参考文献

[1] 马斯洛. 动机与人格[M]. 许金声,译. 北京:中国人民大学出版社,2012.

[2] The I Ching or Book of Changes[M]. Richard Wilhelm, Cary F Baynes, Translation. Princeton, New Jersey: Princeton University Press, 1977.

[3] 尼采. 查拉图斯特拉如是说[M]. 杨恒达,译. 南京:译林出版社,2012.

[4] 约翰·肯尼思·加尔布雷思. 不确定的时代[M]. 刘颖,胡莹,译. 南京:江苏人民出版社,2009.

[5] 修昔底德. 伯罗奔尼撒战争史[M]. 谢德风,译. 北京:商务印书馆,1985.

[6] 西蒙·蒙蒂菲奥里. 耶路撒冷三千年[M]. 张倩红,等,译. 北京:民主与建设出版社,2015.

[7] 卡尔·波普尔. 猜想与反驳——科学知识的增长[M]. 傅季重,纪树立,等,译. 上海:上海译文出版社,1997.

[8] 霍达. 穆斯林的葬礼[M]. 北京:北京十月文艺出版社,2015.

[9] 尼采. 看哪这人[M]. 张念东,凌素心,译. 北京:中央编译出版社,2005.

[10] 陈鼓应. 庄子今注今译[M]. 北京:商务印书馆,2007.

[11] 尤瓦尔·赫拉利. 人类简史:从动物到上帝[M]. 林俊宏,译. 北京:中信出版社,2014.

[12] 波普尔. 开放社会及其敌人[M]. 郑一明,等,译. 北京:中国社会科学出版社,1999.

[13] 李娟,沈士梅. 荣格的《易经》心理学思想探微[J]. 周易研究,2011(5):57-61.

[14] 詹志禹. 年龄与同理心的性别差异[J]. 教育与心理研究,1992(15):259-276.

[15] 孙中山. 建国方略[M]. 北京:中华书局,2011.

[16] 迈克尔·加扎尼加. 谁说了算? 自由意志的心理学解读[M]. 闾佳,译. 杭

州:浙江人民出版社,2013.

[17] 春山茂雄. 脑内革命[M]. 郑民钦,译. 南京:江苏文艺出版社,2011.

[18] 西格蒙德·弗洛伊德. 梦的解析[M]. 赵辰,译. 北京:西苑出版社,2013.

[19] Markus H, Shinobu K. Culture and the Self: Implications for Cognition, Emotion and Motivation[J]. Psychological Review,1991 (4):224 -253.

[20] George E Vaillant. Triumphs of Experience: The Men of the Harvard Grant Study [M]. Cambridge,Massachusetts:The Belknap Press of Harvard University Press, 2012.

[21] 熊春锦,校注. 老子·德道经[M]. 北京:中央编译出版社,2006.

[22] Simon Baron-Cohen. The Science of Evil: On Empathy and the Origins of Cruelty [M]. New York: Basic Books,2011.

[23] 圣埃克苏佩里. 小王子[M]. 马振聘,译. 北京:人民文学出版社,2013.

[24] 吴承恩. 西游记[M]. 张燕均,主编. 北京:中国文史出版社,2014.

[25] 曹雪芹,高鹗. 红楼梦[M]. 北京:人民文学出版社,2005.

[26] 颜泽贤. 突现问题研究的一种新进路[J]. 哲学研究,2005(7):101 -107.

[27] 无名氏. 增广贤文[M]. 崔钟雷,主编. 哈尔滨:黑龙江美术出版社,2015.

[28] Leo Jansen,Hans Luijten,Nienke Bakker,. Vincent van Gogh —The Letters: The Complete Illustrated and Annotated Edition (Vol. 1 - 6) [M]. London : Thames & Husdon, 2009.

[29] 马丁·贝利. 我心如葵:梵·高的画语人生[M]. 韩子仲,译. 上海:上海人民美术出版社,2016.

[30] 尹成君,冯志才. 高更 列宾[M]. 太原:山西人民出版社,2012.

[31] Cornelia Homburg. Van Gogh: Up Close [M]. New Haven: Yale University Press,2012.

[32] 木心. 素履之往[M]. 桂林:广西师范大学出版社,2016.

[33] 王志艳. 告诉你一个毕加索的故事[M]. 天津:天津人民出版社,2013.

[34] Michael C FitzGerald. Making Modemism—Picasso and the Creation of the Market for Twentieth-Century Art[M]. Toronto: Harper Collins Canada Ltd. ,1995.

[35] 约瑟夫·熊彼特. 经济发展理论[M]. 何畏,易家详,等,译. 北京:商务印书馆,1991.

[36] 纳西姆·尼古拉斯·塔勒布. 反脆弱:从不确定性中受益[M]. 雨珂,译. 北

京:中信出版社,2014.

[37] 刘世英,彭征. 马云正传[M]. 海口:南方出版社,2014.

[38] 梵·高. 梵·高艺术书简[M]. 张恒,翟维纳,译. 北京:金城出版社,2011.

[39] 刘易斯·卡罗尔. 爱丽丝漫游奇境[M]. 黄健人,译. 北京:中央编译出版社,2015.

[40] 皮凯蒂.21 世纪资本论[M]. 巴曙松,陈剑,余江,等,译. 北京:中信出版社,2014.

[41] 菲尔·劳特. 钱是你的朋友[M]. 宋庆万,夏炜,译. 北京:中国经济出版社,2010.

[42] 高明. 帛书老子校注[M]. 北京:中华书局,1996.

[43] 余辉. 干预与出清[J]. 中国金融,2016(3):104.

[44] 奥古斯丁. 忏悔录[M]. 西安:陕西师范大学出版社,2008.

[45] 哈耶克. 通往奴役的道路[M]. 滕维藻,朱宗风,译. 北京:商务印书馆,1962.

[46] 郑孝时. 释迦牟尼成佛记[M]. 上海:上海人民出版社,2015.

[47] 木心. 文学回忆录[M]. 丹青,笔录. 桂林:广西师范大学出版社,2016.

[48] 王京生. 文化扬弃关系中国未来[N]. 人民日报(海外版),2014-05-28(07).

[49] 车万育,李渔. 声律启蒙　笠翁对韵[M]. 北京:中国少年儿童出版社,2014.

[50]《读点经典》编委会. 唐诗[M]. 南京:凤凰出版社,2012.

[51] 古斯塔夫·勒庞. 乌合之众:大众心理研究[M]. 何丽,译. 北京:民主与建设出版社,2014.

[52] 廖丰. 滴滴快的宣布融资 20 亿美元[N]. 京华时报,2015-07-09.

[53] 相欣. 饿了么宣布完成6.3 亿美元新一轮融资[N]. 腾讯科技,2015-08-28.

[54] 罗纳德·伯特. 结构洞:竞争的社会结构[M]. 任敏,李璐,林虹,译. 上海:格致出版社,2008.

[55] 梵·高. 手稿:梵·高书信、画作、珍贵手稿[M]. 57°N 艺术小组,译. 北京:北京联合出版公司,2015.

[56] 皮埃尔·戴. 毕加索传[M]. 唐嘉慧,译. 南京:江苏教育出版社,2005.

[57] 伊曼纽尔·德曼. 宽客人生:从物理学家到数量金融大师的传奇[M]. 韩冰洁,译. 北京:机械工业出版社,2015.

[58] 亚当·斯密. 国富论[M]. 郭大力,王亚南,译. 上海:上海三联书店,2009.

[59] 亚当·斯密. 道德情操论[M]. 蒋自强,钦北愚,译. 北京:商务印书馆,1997.

[60] 马克思. 资本论[M]. 郭大力,王亚南,译. 上海:上海三联书店,2009.

[61] 柏拉图. 理想国[M]. 黄颖,译. 北京:中国华侨出版社,2012.

[62] 凯恩斯. 就业、利息和货币通论[M]. 徐毓,译. 南京:译林出版社,2011.

[63] 托马斯 C. 谢林. 微观动机与宏观行为[M]. 谢静,邓子梁,李天有,译. 北京:中国人民大学出版社,2013.

[64] 查理·达尔文. 物种起源[M]. 钱逊,译. 南京:江苏人民出版社,2011.

[65] 索罗斯. 开放社会——改革全球资本主义[M]. 王宇,译. 北京:商务印书馆,2011.

[66] 吴晓波. 激荡三十年[M]. 北京:中信出版社,2014.

[67] 本杰明·格雷厄姆. 聪明的投资者[M]. 王中华,黄一义,译. 北京:人民邮电出版社,2011.

[68] 本杰明·格雷厄姆. 证券分析[M]. 巴曙松,陈剑,译. 北京:中国人民大学出版社,2013.

[69] 菲利普 A. 费雪. 股市投资致富之道[M]. 广州:广东经济出版社,2009.

[70] 斯波朗迪. 专业投机原理[M]. 俞济群,真如,译. 北京:机械工业出版社,2010.

[71] 索罗斯. 金融炼金术[M]. 孙忠,侯纯,译. 海口:海南出版社,2011.

[72] 索罗斯. 超越金融[M]. 宋嘉,译. 北京:中信出版社,2014.

[73] 罗伯特 J. 希勒. 非理性繁荣[M]. 李心丹,译. 北京:中国人民大学出版社,2014.

[74] 哈耶克. 致命的自负[M]. 冯克利,译. 北京:中国社会科学出版社,2000.

[75] 哈耶克. 科学的反革命:理性滥用之研究[M]. 冯克利,译. 南京:译林出版社,2012.

[76] 加耳布雷思. 丰裕社会[M]. 徐世平,译. 上海:上海人民出版社,1965.

[77] 波普尔. 历史决定论的贫困[M]. 杜汝楫,邱仁宗,译. 上海:上海人民出版社,2015.

[78] 波普尔. 客观知识:一个进化论的研究[M]. 舒炜光,译. 上海:上海译文出版社,2005.

[79] 尼采. 权力意志[M]. 孙周兴,译. 北京:商务印书馆,2010.

[80] 戴维·多伊奇. 无穷的开始——世界进步的本源[M]. 王艳红,张韵,译. 北京:人民邮电出版社,2015.

[81] 埃德温·利非弗,杰西·利弗莫尔. 股票作手回忆录[M]. 屠建峰,马晓佳,译. 长沙:湖南文艺出版社,2015.

[82] 理查德·斯米顿. 杰西·利弗莫尔疯狂的一生[M]. 高海嵘,译. 太原:山西人民出版社,2012.

[83] 杜大可. 华尔街之狼[M]. 北京:中国华侨出版社,2011.

[84] 王阳明. 传习录[M]. 姚彦汝,译. 北京:北京联合出版公司,2015.

[85] 孔二狗. 东北往事:黑道风云 20 年[M]. 重庆:重庆出版社,2009.

[86] 张学亮. 远古人类:中国最早猿人及遗址[M]. 广州:现代出版社,2014.

[87] 戈革. 玻尔的族徽——哥本哈根见闻之八[J]. 自然杂志,1990,13(6):374-375.

[88] 蒋勋. 写给大家的西方美术史[M]. 长沙:湖南美术出版社,2015.

[89] 彼得·弗塔多. 塑造世界的 1001 天[M]. 钟昊,译. 北京:中央编译出版社,2014.

[90] 曾鹏. 我国企业并购中的风险管理与防范[J]. 现代企业文化,2012(9):150-151.

[91] 布莱恩·伯勒,约翰·希利亚尔. 门口的野蛮人[M]. 张昊,何淑燕,译. 北京:机械工业出版社,2004.

[92] 彼得·蒂尔,布莱克·马斯特斯. 从 0 到 1——开启商业与未来的密码[M]. 高玉芳,译. 北京:中信出版社,2015.

[93] 彼得·弗兰科潘. 丝绸之路:一部全新的世界史[M]. 邵旭东,孙芳,译. 杭州:浙江大学出版社,2016.

[94] 司马迁. 史记[M]. 北京:中国华侨出版社,2013.

[95] 李申,译注. 四书集注全译[M]. 成都:巴蜀书社,2001.